Sanne Tanghe
**Marcadores derivados de verbos de movimiento**

# Beihefte zur Zeitschrift für romanische Philologie

Herausgegeben von
Claudia Polzin-Haumann und Wolfgang Schweickard

Band 408

Sanne Tanghe

# Marcadores derivados de verbos de movimiento

Una aproximación cognitiva a su polifuncionalidad

DE GRUYTER

ISBN 978-3-11-048666-7
e-ISBN [PDF] 978-3-11-048901-9
e-ISBN [EPUB] 978-3-11-048710-7
ISSN 0084-5396

**Library of Congress Cataloging-in-Publication Data**
A CIP catalog record for this book has been applied for at the Library of Congress.

**Bibliografische Information der Deutschen Nationalbibliothek**
Die Deutsche Nationalbibliothek verzeichnet diese Publikation in der
Deutschen Nationalbibliografie; detaillierte bibliografische Daten sind
im Internet über http://dnb.dnb.de abrufbar.

© 2016 Walter de Gruyter GmbH, Berlin/Boston
Satz: Johanna Boy, Brennberg
Druck und Bindung: CPI books GmbH, Leck
♾ Gedruckt auf säurefreiem Papier
Printed in Germany

www.degruyter.com

# Agradecimientos

Quisiera expresar mi más sincero agradecimiento a todas las personas que, de un modo u otro, han contribuido a la realización de este libro, que es una versión revisada de mi tesis doctoral, defendida el 27 de noviembre de 2015 en la Universidad de Gante.

En primer lugar, agradezco a mis directores de tesis, la profesora Renata Enghels y el profesor Eugeen Roegiest por su excelente dirección e inestimable ayuda en la realización de este trabajo.

Muchas gracias también a los miembros del tribunal por tener la consideración de leer la tesis y de enriquecer el texto con sus valiosas orientaciones y sugerencias: los profesores María Antonia Martín Zorraquino, Patrick Goethals, An Vande Casteele, Adrián Cabedo Nebot y Clara Vanderschueren.

Finalmente, expreso mi gratitud a mi familia, mis colegas y mis amigos por su apoyo incondicional, su comprensión y su cariño a lo largo de los años de investigación doctoral.

# Lista de las abreviaturas

| | |
|---|---|
| A | Acto |
| AP | Apelativo |
| COLAm | Corpus Oral de Lenguaje Adolescente de Madrid |
| C-ORAL-ROM | Corpus integrado de referencia en las lenguas romances |
| CORLEC | Corpus Oral de Referencia del Español Contemporáneo |
| CREA | Corpus de Referencia del Español Actual |
| EXP | Expresivo |
| F | Final |
| F0 | Frecuencia fundamental |
| Fg | Figura |
| Fo | Fondo |
| GF | Grupo fónico |
| I | Inicial |
| Ind | Independiente |
| Int | Intervención |
| Mo | Modo |
| M | Media |
| MC-NLCH | Macrocorpus de la norma lingüística culta de las principales ciudades del mundo hispánico |
| MD | Metadiscursivo |
| MDi | Marcador discursivo |
| MM | Marcador modal |
| Mov | Movimiento |
| S | Subacto |
| SA | Subacto Adyacente |
| SS | Subacto Sustantivo |
| SSD | Subacto sustantivo directivo |
| SSS | Subacto sustantivo subordinado |
| T | Trayectoria |
| TUD | Teoría de las Unidades del Discurso |
| UC | Unidad Conformada |
| VdM | Verbo de movimiento |
| VdMD | Verbo de movimiento direccional |
| VdMM | Verbo de modo de movimiento |

# Lista de Tablas

# Lista de Figuras

# Índice

# Introducción

*[...] los marcadores del discurso constituyen una piedra de toque para poner en relación el lenguaje y la vida.*

(Martín Zorraquino 2010, 173)

## Antecedentes

Con el interés creciente en la Pragmática a partir de los años 70, los lingüistas prestaron cada vez más atención a los *marcadores*. Desde aquellos años han sido dedicadas al tema suficientes obras como para llenar una biblioteca. Esta avalancha de estudios se justifica por el carácter heterogéneo y dinámico de los marcadores. Es una categoría heterogénea porque es una categoría que agrupa entidades lingüísticas que pertenecen a clases gramaticales muy diversas, como los adverbios (*además*, *entonces*), los verbos (*vamos*, *mira*) y los sustantivos (*hombre*) entre otros, pero que tienen en común su manera de significar. Es, además, una categoría dinámica y abierta porque pueden añadirse nuevas entidades lingüísticas a la clase. Este carácter de *cajón de sastre* ha ocasionado una multiplicidad de términos y de definiciones. Con respecto a estas cuestiones sigue estando ausente la unanimidad, pese a la amplia bibliografía existente. Además de eso, florecen métodos muy diversos para describir el uso de las formas concretas que pertenecen a la categoría de los marcadores (véanse entre otros Aijmer 2013; Fischer 2006a; Pons Bordería 2005). Sobre todo en cuanto a esta última cuestión, quedan algunos retos por superar.

En este trabajo examinamos el funcionamiento de los marcadores derivados de verbos de movimiento *andar*, *ir* y *venir*, a saber, *anda*, *vamos*, *vaya* y *venga*. Antes que nada, hace falta aclarar lo que entendemos por el uso como *marcadores* de estas formas. Como pertenecen a clases gramaticales diversas, los marcadores se definen como una categoría funcional y se agrupan por tener una función similar en el discurso, a saber, no tienen significado referencial sino que ayudan a obtener las inferencias pretendidas (tienen esencialmente un valor de *procesamiento*) (Llopis Cardona 2014, 32).[1] Incluimos, por lo tanto, las formas objeto de estudio en la categoría de los marcadores cuando se usan de la manera siguiente:

(1)    \<H2> Ah, pero ¿ya es...? ¿Ya ha venido Javi?
       \<H4> Javi vino ayer.

---

1 Remitimos al Capítulo 1 para una descripción detallada del significado de los marcadores.

&lt;H1&gt; ¿Fernández?

&lt;H3&gt; ¿Ah, sí? *Anda*. No lo sabía. (CORLEC)

(2)  *PAC: yo es que / no sé cómo se hace / *vamos* no [/] no he programado nunca ...$
yo sólo he hecho / alguna programación en BASIC //$ que en el departamento ...$
(C-ORAL-ROM)

(3)  Pero en fin, efectivos van siete. Y los tengo de todo, como yo digo; los tengo a punto de
salir del bachiller y meterse en la universidad, los tengo... estilo... mitad de bachiller,
reválidas, ¡vaya!, es un pequeño susto para julio. (MC-NLCH)

(4)  *PAC: dice hhh / bueno ya te &con +$ digo *venga anda* / súbete luego si quieres a
tomar café / y no sé qué //$ (C-ORAL-ROM)

Aunque las cuatro formas son también verbos, en los ejemplos (1)-(4) ya no se comportan como tal en varios niveles: (a) semánticamente ya no implican movimiento en el espacio, (b) sintácticamente se encuentran fuera de la estructura oracional y (c) morfológicamente son invariables, es decir, no muestran variación de número, modo, aspecto o tiempo. Más concretamente, en estos ejemplos las formas verbales han sufrido cambios en varios niveles, por lo que en contextos particulares dejan de pertenecer a la clase de los verbos.

Resalta que, cuando se usan las formas como marcadores, una forma puede adquirir varios valores según el contexto en el que aparezca. Así, por ejemplo, el marcador *anda* expresa sorpresa en el ejemplo (1), mientras que en (4) incita al interlocutor a cumplir una acción. De hecho, es comúnmente aceptado que un marcador se presta a cumplir valores muy distintos según el contexto, esto es, son *multifuncionales* o *polifuncionales*:

«Paradigmatically, the same item, depending on position, intonation, and contextual and co-textual factors, can perform various, even opposite, functions. [...] Syntagmatically, the same element within a given context often indexes several discourse planes at once, thus simultaneously performing different functions.» (Ghezzi/Molinelli 2014a, 12)

Un marcador no solo presenta variación funcional, sino que demuestra también realizaciones formales distintas según el contexto (con respecto a la posición, la prosodia, la combinación con otros marcadores, etc.); sin embargo, «few studies look at the formal features in detail» (Aijmer 2013, 16). El estudio de la relación entre la cara formal y la cara funcional de los marcadores en el uso sincrónico es, efectivamente, uno de los huecos más sorprendentes en el campo de estudio. Más en particular, a pesar del interés creciente por los aspectos más formales de los marcadores (prosodia, posición, etc.), falta un enfoque integrador que tenga en cuenta varios aspectos formales. Además, este estudio se destaca entre otros estudios por su enfoque cuantitativo, y por ello estadístico. En suma, nos proponemos estudiar el comportamiento de los marcadores considerando la relación entre sus funciones y sus realizaciones formales desde un planteamiento tanto cuantitativo como cualitativo.

Para el estudio integrador de la interfaz entre forma y función escogimos los marcadores derivados de verbos de movimiento por varias razones. En primer lugar, hace falta disponer de datos suficientes, visto que la investigación tiene también una vertiente cuantitativa y estadística. De hecho, los marcadores de este estudio son muy comunes en el lenguaje hablado (por lo menos en la variante peninsular).[2] En segundo lugar, es imprescindible disponer de formas polifuncionales. Cada una de las cuatro formas cumple, en efecto, un abanico variado de valores en el discurso. Por último, son todos miembros del microsistema de marcadores derivados de verbos de movimiento en modo subjuntivo o imperativo. Dicho de otro modo, las formas verbales originarias *anda, vamos, vaya* y *venga* presentan afinidades semánticas. La comparación entre estas formas afines puede relevar tendencias generales y/o, al contrario, particularidades propias que distinguen un marcador de otro(s). Estas tendencias y particularidades contribuirán a un mejor conocimiento de los comportamientos formales y funcionales de estos marcadores.

La hipótesis de una relación entre forma y función de los marcadores es el punto de partida de nuestra investigación; la lengua no es una estructura autónoma e independiente del mundo exterior sino que, según *el principio de iconicidad,* «the structure of language directly reflects some aspects of the structure of reality» (Haiman 1980, 515). El presente estudio se inscribe, por tanto, en el marco teórico de la *Lingüística Cognitiva.* Como veremos a continuación, este enfoque logra dar cuenta del carácter heterogéneo y dinámico de los marcadores.

## Los fundamentos teóricos

Ante todo, trataremos los principios teóricos que sirven de fundamento para la investigación. El marco teórico es cognitivo y el estudio se realizará desde una aproximación empírica.

### El enfoque cognitivo

La Lingüística Cognitiva (LC) surgió a finales de los años 70 como reacción a los paradigmas formales y generativistas de los cuales se distingue por su concep-

---

2 Por la baja frecuencia del marcador *va* en español peninsular no incluimos este marcador en la presente investigación (cf. Tabla 19). Aun así, el comportamiento formal y funcional de *va* merece un estudio detenido.

ción particular de la relación entre lenguaje y cognición (vid. Croft/Cruse 2004; Geeraerts 2006; Langacker 2008 para una visión de conjunto). La teoría considera el lenguaje como un aspecto integral de las capacidades cognitivas, y por lo tanto es inseparable el lenguaje de otros procesos cognitivos (como la atención, la memoria, etc.). Por consiguiente, la manera en la que nos referimos al mundo (la estructura lingüística) refleja la manera en la que percibimos y experimentamos este mundo (la estructura de otros dominios cognitivos). De este modo, tampoco son separables los diferentes niveles lingüísticos (fonológico, semántico, sintáctico, etc.), es decir, no son módulos autónomos que se pueden estudiar separadamente (como plantea la Gramática Generativa), sino que se consideran aspectos interrelacionados (Barcelona et al. 2012, 16; Cuenca/Hilferty 1999, 24). De ahí que dentro del planteamiento cognitivo no se pueda estudiar, por ejemplo, la estructura sintáctica sin recurrir a la semántica.

Además de eso, la LC considera el lenguaje como un instrumento que permite conceptualizar el mundo; en otras palabras, el lenguaje refleja la manera en la que los seres humanos comprendemos el mundo. De ahí que diferentes estructuras lingüísticas expresen también diferentes conceptualizaciones. Esta *conceptualización* se basa en la experiencia (física, social, etc.) del mundo (*experiencialismo*) y del cuerpo humano (lo que se conoce como *corporeización* o *embodiment*) (Lakoff 1987). La idea es que los conceptos que tenemos del mundo se forman con base en la estructura física de nuestros cuerpos y de la experiencia del mundo físico, social y cultural que nos rodea (Barcelona et al. 2012, 44). Dicho de otro modo, el significado del lenguaje se construye porque los seres humanos pueden otorgárselo, gracias a su interacción con el mundo.

El aspecto central dentro de la LC es el significado, por lo que postula Heine (1997, 3) que «The main function of language is to convey meaning», lo cual no significa que se niegue la importancia de la forma, sino que se la considera como el vehículo para expresar el significado (Cuenca/Hilferty 1999, 30). Así pues, una unidad lingüística reúne la forma y el significado (Langacker 1987, 35; 2008, 161). Nuyts (1992, 78) describe esta interrelación de forma y función de la manera siguiente:

> One can concentrate on the formal properties of constituent organization in utterances and afterwards or separately consider the functionality of utterances [...], but then one still has no hypothesis about the cognitive system producing or interpreting these utterances with their specific constituent organization. To find out about the organization of this system, an integrated consideration of form and function is indispensable.

La LC defiende que los aspectos del significado se proyectan en los aspectos formales; en otros términos, la forma lingüística viene determinada en gran medida por el significado. Una consecuencia de esta visión cognitivista es que el lenguaje no se estructura de manera arbitraria, sino que los aspectos fonéticos, morfológicos y sintácticos encuentran su *motivación* en el significado o en la conceptualización del mundo. El carácter motivado del lenguaje lleva al *principio de iconicidad* que postula que el lenguaje refleja la realidad extralingüística. Así, por ejemplo, los hablantes tienden a presentar linealmente los hechos en el lenguaje, lo que refleja el orden lineal del tiempo en que acontecen estos hechos (*salí de casa, me encontré con Lucía y fuimos a tomar algo*).

De acuerdo con este enfoque cognitivista, el objetivo principal de este estudio es examinar, a partir de un corpus oral, en qué medida la interrelación entre forma y función se manifiesta en los marcadores objeto de estudio (*anda, vamos, vaya* y *venga*) aspirando a mostrar cómo un cambio en la forma va de la mano con un cambio en la función. El estudio se llevará a cabo con base en algunos principios y conceptos cognitivos clave que esbozamos a continuación.

*El lenguaje es dinámico y flexible*
Para poder captar la heterogeneidad y la dinamicidad del concepto de los marcadores, se precisa de un planteamiento poco rígido y poco estático del lenguaje. En la LC, de hecho, se considera el lenguaje como sumamente flexible y dinámico, dado que se basa en nuestra experiencia del mundo y este mundo está en continua evolución (Geeraerts 2006, 4). Esta evolución del mundo, y consiguientemente del lenguaje, se refleja en el uso sincrónico de lenguaje. Además, como los usos sincrónicos de una estructura lingüística encuentran su *motivación* en su desarrollo diacrónico, se desdibujan las fronteras rígidas entre la diacronía y la sincronía (Barcelona et al. 2012, 23; Cuenca/Hilferty 1999, 19).

Más concretamente, para la semántica-pragmática de una forma, este continuo entre sincronía y diacronía implica que sus valores actuales derivan de un valor históricamente anterior. Así, Heine (1997, 9) aduce el término de *polisemia genética*, es decir, se concibe la polisemia como un reflejo sincrónico del cambio semántico: «polysemy is, roughly, the synchronic reflection of diachronic change» (Geeraerts 1997, 7).

En consecuencia, también los distintos significados de una unidad lingüística que no pertenecen a la misma clase morfosintáctica pueden ser instancias de polisemia. Brugman (1981), por ejemplo, concluye que la forma inglesa *over* es polisémica aunque pertenezca a dos categorías morfosintácticas distintas, a saber, es preposición y adverbio. Aplicaremos el concepto de la polisemia genética a las formas *anda, vamos, vaya* y *venga* que también pertenecen a dos categorías: son formas verbales y son marcadores. Además, sus valores discursivos derivan todos, de manera directa o indirecta, de sus respectivos usos verbales (3.2.2).

*La categorización y la Teoría de los Prototipos*

La dinamicidad de la unidad lingüística, y más específicamente del significado, se traduce en una concepción cognitiva de la *categorización*. En el presente estudio se presenta la necesidad de categorizar los valores discursivos de los cuatro marcadores objeto de estudio que son todos polifuncionales, esto es, cada marcador tiene varios valores discursivos según el contexto. Según la LC no categorizamos los objetos a partir de sus propiedades necesarias y suficientes, sino con base en la semejanza de este objeto con los otros miembros de la misma categoría. De ahí que proponga agrupar los significados vehiculados por una forma polisémica en una *categoría radial* (Barcelona et al. 2012, 64; Lakoff 1987). Dentro de la categoría radial hay un miembro central y otros miembros que son extensiones de aquel.

El miembro central más representativo de una categoría radial es el *prototipo* de la categoría. Cuantos más rasgos representativos tenga una entidad, más se acercará al centro de la categoría, es decir, al prototipo. El prototipo es, por ende, el miembro que más difiere de los miembros prototípicos de otra categoría. Los miembros que comparten menos características con el resto de la categoría son *miembros periféricos* (Croft/Cruse 2004, 77; Geeraerts 2006, 9). Un miembro no debe cumplir, por lo tanto, una serie de características necesarias y suficientes para inscribirse en una categoría, sino que es suficiente compartir algunos rasgos con uno o varios miembros de la categoría. Por eso, la pertenencia de un objeto o un significado a una categoría puede justificarse por el concepto de *la semejanza de familia*, es decir, que, tal como en una familia el hijo se parece a la madre, pero no necesariamente a su abuela, un objeto o un significado puede pertenecer a una categoría por compartir un rasgo con cierto miembro y no con otros.

En consecuencia, en el presente estudio, analizamos la polifuncionalidad de cada marcador como una categoría con significados (los miembros de la categoría) que se interrelacionan con base en la semejanza de familia y que se centran alrededor de un prototipo. Además, en el nivel de las categorías consideramos los límites entre las categorías cognitivas como borrosos y alegamos que un elemento puede pertenecer (como miembro periférico o más central) a varias categorías (Langacker 2008, 138). Así, por ejemplo, *entonces* es un adverbio temporal con el significado de *en tal tiempo* (*Entonces no había tele*), cuyo significado se presta a expresar la relación temporal entre dos enunciados en un nivel textual, funcionando, por tanto, como conector (*¿Entonces cuándo te lo traigo?*) (Pons Bordería 1998). De ahí que se considere el límite entre la categoría de los adverbios y de los conectores como borroso.

Al igual que cualquier otra categoría, la categoría de los marcadores se caracteriza por su dinamicidad y su flexibilidad. Es dinámica porque puede ampliarse cuando una unidad lingüística se integra en la categoría por haber sufrido cambios en su forma y/o función. Además, según el contexto, la misma unidad lingüística puede comportarse como un miembro de la categoría de los marcadores o como un miembro de la categoría de los sustantivos (*hombre*), verbos (*vamos*), adverbios (*bien*), etc. La categoría es flexible porque algunos miembros manifiestan todos los rasgos atribuidos a la categoría de los marcadores (son los prototipos), mientras que otros presentan menos rasgos asociados a esta categoría. De esta manera, dentro de la categoría de los marcadores existe gradación de pertenencia de los varios miembros. Por eso, para la caracterización de los marcadores nos adherimos al modelo dinámico propuesto por Cuenca (1.2.1).

### La Teoría de la Metáfora

Según el enfoque cognitivista de la categorización, todos los miembros de una categoría se relacionan entre sí, lo cual significaría que se relacionan también los valores verbales y los valores discursivos de las formas *anda, vamos, vaya* y *venga*. Estas relaciones dentro de la categoría radial pueden establecerse a través de procesos cognitivos tales como la metáfora, la metonimia, la implicatura conversacional, etc. (Heine 1997, 82). De entre estos, el concepto de la metáfora ha ocupado una posición central en la LC. Con su *Teoría de la Metáfora* han contribuido al estudio de un fenómeno omnipresente en el lenguaje cotidiano (Kövecses 2002; Lakoff 1987; Lakoff/Johnson 2003). Usamos las metáforas en abundancia porque es un mecanismo cognitivo que nos permite usar el conocimiento que tenemos de nuestra experiencia física y social para mejor entender otros asuntos más abstractos. Por eso, se habla sobre el amor en términos de guerra (hay que *luchar* para *conquistar* a alguien) o sobre la vida en términos de un viaje (alguien puede encontrarse en un *callejón sin salida*). Las extensiones metafóricas no son arbitrarias, sino que están motivadas por estar basadas en nuestra experiencia cotidiana (Soriano 2012, 97), lo cual significa que hay semejanzas en la manera en que vivimos y percibimos, por ejemplo, nuestra vida amorosa y una situación bélica. Por consiguiente, la conceptualización del amor es similar a la conceptualización de la guerra (*luchó* por ella, pero su amante *venció*).

Geeraerts (1997, 26) describe el cambio semántico como modulaciones del centro prototípico. Estas modulaciones se realizan por procesos conceptuales, por lo que los nuevos valores se vinculan con el prototipo mediante un lazo metafórico o metonímico. Los valores de los marcadores del presente estudio se originaron a partir de los usos verbales de las formas que se consideran los prototipos dentro de la categoría polisémica. Los valores pragmáticos de los marcadores se han extendido metafóricamente desde este prototipo, es decir, se entienden los valores pragmáticos de los marcadores (valor abstracto) en términos de movimiento (experiencia física). Por eso, debe existir una relación entre la conceptualización de la experiencia física del movimiento y la conceptualización de los valores de los marcadores. En otros términos, examinamos las extensiones metafóricas que motivan los usos discursivos de los marcadores *anda, vamos, vaya* y *venga* a partir de los rasgos semánticos de los verbos de movimiento *andar, ir* y *venir.*

En los apartados 3.1.1 y 3.1.2 tratamos la Teoría de la Metáfora y el papel de la metáfora en el desarrollo de valores discursivos para algunas unidades lingüísticas. Luego, en la parte empírica (Capítulo 6) se estudian las metáforas que dan cuenta de los valores discursivos de los marcadores seleccionados para este estudio.

*Un enfoque basado en el uso*

Desde el punto de vista cognitivista se difumina la dicotomía saussuriana entre la lengua (*la langue*) y el habla (*la parole*). Para este enfoque tradicional *la langue* es esencial en el estudio del lenguaje y el estudio de *la parole* no tiene importancia. La LC, en cambio, postula que la estructura lingüística está determinada por los procesos durante la interacción, por lo que las construcciones lingüísticas se basan en el uso (*usage-based linguistics*). Por consiguiente, el estudio del lenguaje se basa en producciones reales, a partir de las cuales se realiza un proceso de abstracción y esquematización (Croft/Cruse 2004, 4; Cuenca/Hilferty 1999, 30). Este enfoque inductivo permite trazar los procesos cognitivos que ocasionan la forma y la función lingüística. Por eso, el presente estudio es *data-driven* (cf. infra *El enfoque empírico y cuantitativo*), es decir, se basa en observaciones de uso real de los marcadores en corpus de lenguaje hablado (Capítulo 4) y no en la intuición lingüística.

**El enfoque empírico y cuantitativo**

Mediante el enfoque funcional de la LC, se obtiene la información lingüística principalmente a partir del uso real del lenguaje. Janda (2013, 2) declara que:

> [...] Cognitive Linguistics has always been a ‹data-friendly› theory, with a focus on the relationship between observed form & meaning.

De ahí que adoptar un enfoque cognitivo conlleve necesariamente adoptar un enfoque empírico (Glynn/Fischer 2010, 2; Janda 2013). La ventaja de usar un corpus de lenguaje real es que proporciona datos que son objetivamente accesibles (prosodia, combinaciones, posiciones, etc.) que, además, pueden explotarse para hacer predicciones sobre los aspectos más subjetivos del lenguaje (como el significado) (Glynn/Fischer 2010, 46).

Los datos del corpus se usan para verificar las hipótesis formuladas basadas en suposiciones teóricas (por ejemplo, sobre los marcadores) y en resultados de estudios previos. Dado que las conclusiones sacadas se relacionan siempre con las hipótesis propuestas, la investigación es en cierta medida *top-down*. Al mismo tiempo se llega a las conclusiones consultando los datos, lo que implica un procedimiento *bottom-up* (Geeraerts 2010, 73). El procedimiento *bottom-up* permite adaptar las hipótesis o formular nuevas hipótesis a partir de las conclusiones sacadas. Estas hipótesis (adaptadas) pueden verificarse de nuevo con base en datos reales. A este proceso cíclico de verificar y adaptar se lo suele denominar *empirical cycle* (Geeraerts 2010, 73).

Para poder llevar a cabo con éxito la verificación de la hipótesis, esto es, el análisis de los datos, es imprescindible *operacionalizar* la hipótesis, lo cual implica que una hipótesis debe formularse como una predicción concreta que puede comprobarse. Es imprescindible, por lo tanto, encontrar y describir manifestaciones lingüísticas medibles que contribuyan a la verificación de las afirmaciones propuestas en la hipótesis.

En nuestra investigación la verificación de la hipótesis consta de una vertiente cuantitativa considerable. El análisis cuantitativo de los datos se caracteriza por una serie de ventajas bien conocidas. Primeramente, contribuye a efectuar el *empirical cycle*, puesto que permite verificar o cuestionar las conclusiones del estudio llevando a cabo una investigación similar (Glynn/Fischer 2010, 17). En segundo lugar, a los datos cuantitativos se pueden aplicar pruebas estadísticas que permiten demostrar la significación de los resultados, revelar tendencias en los datos y comprobar la precisión y exactitud de los resultados estadísticos (Glynn/Fischer 2010, 17).

Cabe añadir que los datos cuantitativos no resuelven todas las dudas, ni proporcionan respuestas a cualquier tipo de preguntas. Por eso, Janda (2013, 8) reclama la elegancia en el análisis, a saber, solo cuando los datos y la hipótesis permiten y requieren un análisis cuantitativo y estadístico, tiene sentido proceder de tal manera. Además de eso, para algunos datos un análisis cuantitativo limitado es el más elegante y proporciona los resultados más accesibles.

De igual manera, el análisis cuantitativo no excluye la intuición. Para poder captar la complejidad de algunos asuntos es necesario la intervención de un aspecto subjetivo (Glynn/Fischer 2010, 20). La interpretación intuitiva es imprescindible al operacionalizar las hipótesis, al procesar los datos, al decidir sobre los métodos y al interpretar los resultados. En suma, la intuición forma un aspecto integral del *empirical cycle*:

> Empirical research does not lower the demands on the subjective skills of the researcher; it only raises the criteria for the objective validity of their claims. (Geeraerts 2010, 75)

## Preguntas de investigación y organización del estudio

Con nuestra investigación pretendemos, antes que nada, estudiar la interfaz entre forma y función de los marcadores. A esto se prestan, como hemos comentado ya, los marcadores derivados de verbos de movimiento. Con lo que respecta a la descripción de este subgrupo, existen ya varias contribuciones que se centran principalmente en sus funciones. El hueco en su descripción se halla, efectivamente, en su manifestación formal y en la relación entre forma y función. Para los marcadores en general, en la última década se constata un interés creciente en la relación entre forma y función. Aun así, estas aproximaciones suelen centrarse en un solo rasgo formal (por ejemplo, en la posición o en la prosodia). Por eso, nos proponemos indagar en la relación forma-función desde una aproximación integradora, esto es, consideraremos varios parámetros formales en combinación con las funciones de los marcadores objeto de estudio.

Este propósito principal proporciona la posibilidad de profundizar en el comportamiento, tanto formal como funcional, de los marcadores derivados de los verbos de movimiento. Un estudio comparativo entre los cuatro marcadores permitirá describir con más precisión su funcionamiento individual.

El estudio de los marcadores se efectúa en un nivel sincrónico. A pesar de ello y de acuerdo con la perspectiva cognitivista se propone revelar las motivaciones de los usos discursivos a partir de la semántica y la sintaxis de las formas verbales originarias. Coincidimos con Hummel (2012, 407) cuando concluye que «la variación sincrónica puede ser la mejor clave para reconstruir la diacrónica de la oralidad».[3] Dicho de otro modo, exploraremos la relación entre los valores conceptuales (el significado de la base léxica) y los valores procedimentales de las formas. También para esta cuestión sirve un enfoque comparativo entre las cuatro formas.

Considerando estos propósitos, el presente estudio consta de dos partes. Antes de proceder al análisis empírico (Segunda parte) es imprescindible aclarar algunos asuntos teóricos relacionados con los marcadores, los verbos de movimiento y la polisemia (Primera parte). Sobre estos temas existe una bibliografía abundante. Para no perdernos en la información y los distintos puntos de vista, destacaremos y elaboraremos lo que es pertinente para el estudio empírico.

En el Capítulo 1 se ofrece una descripción de los marcadores. Se esboza su naturaleza a partir de dos teorías pragmáticas que han contribuido al estudio de los marcadores (la Teoría de la Pertinencia y la Teoría de la argumentación). Para

---

3 Con esta aserción no pretendemos en absoluto que los estudios diacrónicos (a partir de fuentes escritas) no deban realizarse (véase también Hummel 2012, 407).

definir el fenómeno dinámico y heterogéneo nos basaremos en el modelo propuesto por Cuenca (2013) que considera tanto la vertiente funcional como formal de los marcadores. De acuerdo con el enfoque cognitivo, se presentan y se discuten los rasgos prototípicos de la clase funcional. Para la descripción de las funciones de las formas objeto de estudio, proponemos una clasificación funcional tripartita basada en las funciones del lenguaje de Jakobson (1960).

En el Capítulo 2 se revisan las formas verbales originarias con el objetivo de examinar si sus rasgos semánticos y morfológicos motivan el comportamiento de los marcadores. Nos detenemos en la semántica de los verbos de movimiento *andar, ir* y *venir* y describimos las extensiones metafóricas que generan. Dado que *anda, vamos, vaya* y *venga* son formas en modo imperativo o subjuntivo, prestamos atención a los valores de estos dos modos verbales. Finalmente, unimos la información sobre las formas verbales en esquemas que representan la conceptualización de las acciones expresadas por *anda, vamos, vaya* y *venga*.

El Capítulo 3 gira en torno a las relaciones entre los significados de un marcador, tanto en el nivel sincrónico como diacrónico. De hecho, la polisemia en el nivel sincrónico es el reflejo del desarrollo diacrónico de una forma. Prestamos especial atención al fenómeno de la metáfora, puesto que suele ser uno de los procesos más importantes en generar las extensiones semánticas.

A partir de las cuestiones teóricas aclaradas, en la conclusión de la primera parte se precisan las preguntas de investigación que constituirán el hilo conductor del estudio empírico. En el Capítulo 4 se describen los materiales y la metodología que se aplicarán en el análisis. El Capítulo 5 marca el inicio del análisis empírico. Aplicamos un análisis estadístico predictivo (*árbol de clasificación*) que incluye la mayoría de los parámetros considerados y que constituye así una primera exploración cuantitativa de los datos. A partir de los valores de las variables formales, el modelo predice la función que un marcador tendrá más probablemente. De esta manera se obtiene conclusiones sobre la posible afiliación a una categoría funcional de un marcador. A partir de ahí, cada capítulo de la parte empírica está dedicado a un parámetro.

En el Capítulo 6 indagamos sobre los valores pragmáticos de los cuatro marcadores en el corpus. Clasificamos todos los valores en las tres clases funcionales propuestas en el Capítulo 1. La comparación de las frecuencias revelará diferencias sustanciales entre las cuatro formas. Mostramos que estas diferencias están motivadas por la semántica y morfología de las respectivas formas verbales originarias.

En el Capítulo 7 se arroja luz sobre la relación entre la posición discursiva y la función del marcador. El marco teórico será la Teoría de las Unidades del Discurso (Grupo Val.Es.Co. 2014) que tiene en cuenta tanto la posición, la unidad conformada por el marcador y la unidad en la que se inserta el marcador. Esta teoría permite trazar una imagen completa del comportamiento distribucional de los cuatro marcadores.

El Capítulo 8 se dedica a las combinaciones de los marcadores estudiados con otro marcador o con un vocativo. En la sección 8.1 proponemos una manera de abordar el tema de las coocurrencias, esto es, las combinaciones de dos o más marcadores. En un primer paso, estudiamos, desde un enfoque cuantitativo, en qué medida se han convencionalizado las coocurrencias. Completamos este enfoque con un estudio cualitativo en el que nos preguntaremos en qué medida los valores de los dos (o más) marcadores son compatibles.

La sección 8.2 gira en torno a la combinación de los marcadores con un vocativo. Los vocativos son de tipos muy variados (nombre de cariño, gentilicios, apellidos, etc.) y adoptan diversas funciones discursivas según el contexto. Por eso, investigamos las funciones que tienen los vocativos que se combinan con los marcadores y nos preguntamos por qué algunos marcadores se combinan más frecuentemente con cierto tipo de vocativo. Otro parámetro es la posición relativa del vocativo para con el marcador, es decir, averiguamos si la posición del vocativo se relaciona con la función del vocativo y/o con la función del marcador.

El Capítulo 9 se centra en la prosodia de los marcadores. Estudiamos detenidamente varios parámetros prosódicos con el objetivo de verificar si las tendencias prosódicas descritas de los marcadores en general se aplican a las formas objeto de estudio. Además, nos proponemos verificar la alegada relación entre la ejecución prosódica de los marcadores y sus funciones. Finalmente, la descripción detallada permitirá comparar los perfiles prosódicos de los cuatro marcadores.

Al lado de los usos *sueltos*, los marcadores *anda* y *vaya* entran en construcciones sintácticas intensificadoras. Son construcciones tan frecuentes que no se pueden pasar por alto. Consideramos preciso, por lo tanto, prestar atención a estos usos particulares para completar la descripción de estas formas. Las construcciones, además, tienen en común su valor intensificador, esto es, enfatizan el contenido del complemento (*Anda que no me duele/Vaya que sí*) o sintagma nominal que llevan (*Vaya casa más sucia*). En el Capítulo 10 exponemos los resultados de un análisis de los valores y los rasgos sintácticos de estas construcciones intensificadoras. Nos preguntamos por qué *anda* y *vaya*, y no *vamos* y *venga*, se prestan a funcionar como operadores de intensificación.

Por último, las conclusiones del análisis y las propuestas para estudios futuros quedan recogidas en la conclusión general.

## Primera parte: **Verbos de movimiento como marcadores: presupuestos teóricos**

# Capítulo 1
# Caracterización de los marcadores

> *[...] he who would show the right use of particles, and what signi-*
> *ficancy and force they have, must take a little more pains [than in*
> *writing about other parts of grammar], enter into his own thoughts,*
> *and observe nicely the several postures of his mind in discoursing.*
>
> (Locke 1836, 345)

En cada lengua existe una clase de expresiones tales como *anda, mira, bueno, pues,* etc. que no contribuyen al contenido proposicional de un discurso (1.1) y que por eso han quedado al margen de la clasificación tradicional de las categorías gramaticales. Los lingüistas se centraron con mayor atención en estos vocablos a partir de los años 70, por un interés general creciente en la Lingüística del Texto (Plett 1975; Wehrlich 1976) y la pragmática (Austin 1962; Grice 1968).

Si bien es cierto que los estudios recientes constituyen enfoques y resultados sustanciales e innovadores sobre el tema, no han contribuido a una postura homogénea entre los lingüistas. Al contrario, en las últimas décadas han proliferado las etiquetas para referirse a estas expresiones y al mismo tiempo una sola etiqueta puede cubrir conceptos diferentes. De hecho, el término utilizado y su interpretación dependen del marco teórico en el que se inscribe el estudio.

Así las expresiones a las que nos referimos han sido denominadas *marcadores del discurso* o *marcadores discursivos* (Marín 2005; Martín Zorraquino/Portolés 1999; Portolés 1998b), *conectores* (Fuentes Rodríguez 1998b; Pons Bordería 1998), *conectores discursivos* (Ebert 2003), *marcadores pragmáticos* (Brinton 2001), *interjecciones* (Rodríguez Ramalle 2007), *partículas discursivas* (Briz Gómez et al. 2008; Ocampo 2009), sin pretender que sea exhaustiva la lista. Tampoco consuela recurrir a otras lenguas, porque, por ejemplo en inglés y en francés, se encuentran situaciónes similares.[1] En el mundo hispánico, en los últimos años se constata una preferencia por el término *marcador del discurso* o *marcador discursivo,* probablemente por ser el término usado en algunos hitos de la literatura sobre el tema. Para empezar, el libro de Schiffrin (1987) *Discourse markers* fue una de las obras pioneras que ha tenido mucha repercusión en el campo de estudio. En el

---

1 En inglés, por ejemplo, se usan fundamentalmente los términos siguientes: *discourse markers* (Blakemore 2010; Fraser 1999; Schiffrin 1987), *discourse particles* (Fischer 2006a; Mosegaard Hansen 1998a) y *pragmatic markers* (Aijmer 2013; Brinton 1996). En el ámbito francés, se encuentran, entre otros, los términos siguientes: *marqueurs discursifs* (Dostie 2004), *mots du discours* (Paillard 1998), *connecteurs phatiques* (Davoine 1980), etc.

mundo hispánico en 1998 Portolés publicó su libro *Los marcadores del discurso* y salió el libro editado *Los marcadores del discurso. Teoría y análisis* de Martín Zorraquino/Montolío Durán. Un año más tarde apareció el capítulo, titulado *Los marcadores del discurso*, de Martín Zorraquino/Portolés (1999) en *La gramática descriptiva de la lengua española*. Estas obras se consideran el punto de arranque para un período en el que florecerían los estudios sobre el tema en el mundo hispánico. Prueba de que actualmente el término *marcador del discurso* (o *marcador discursivo*) se ha consolidado, es el volumen colectivo *Los estudios sobre los marcadores del discurso en español, hoy* (Loureda Lamas/Acín Villa 2010), el *Coloquio Internacional de los marcadores del discurso en las lenguas románicas: un enfoque contrastivo* (que se ha organizado ya cuatro veces con mucho éxito desde 2010), y los muchos estudios que se dedican al análisis y/o a cuestiones teóricas sobre el tema y que aplican esta misma etiqueta (entre ellos Cabedo Nebot 2013; Castillo Lluch 2008; Llopis Cardona 2014; López Serena 2011; Montañez Mesas 2007).

No obstante, en este trabajo se reserva el adjetivo *discursivo* para los marcadores que se ocupan de relacionar dos enunciados (bien sea en el nivel monológico o dialógico) (1.2.1).[2] Los marcadores con función discursiva no suelen constituir por sí solos un turno de habla, como lo hace el marcador *anda* en el ejemplo (1): el marcador codifica valores intersubjetivos, por lo que tiene función *modal* (1.2.1):

(1)  &lt;H2&gt; ¡Ah!, ¿También canta?
&lt;H1&gt; Canta muy bien.
&lt;H2&gt; ¡*Anda*!
&lt;H1&gt; Ha estado en el grupo "Menudo". Canta y baila. (CORLEC)

Puesto que definimos la clase a la que pertenecen las formas mediante su función, preferimos aplicar una etiqueta que cubre esta definición funcional y que se refiere tanto a la función discursiva como a la modal. Por ello, optamos en este trabajo por la etiqueta *marcador* como término amplio y operativo, ya que las formas *marcan* un significado particular, concretamente de procesamiento (1.2.2.1) (Fischer 2006b, 6). La acción de marcar puede remitir al texto o a las relaciones intersubjetivas. Por eso, distinguimos, respectivamente, entre marcadores discursivos y marcadores modales conforme al modelo propuesto por Cuenca (2013) (véase el apartado 1.2.1 para una descripción de su modelo).

Adherimos, por tanto, a una definición amplia de los marcadores que no se limita a expresiones que producen coherencia y que guían la argumentación del

---

2 A este respecto observa Hummel (2012, 7) que «la tradición fijó el primer término [marcador del discurso] en los signos discursivos (generalmente muy frecuentes) que sirven para estructurar y desarrollar el discurso [...]».

discurso, sino que la definición incluye también valores modales y de control del contacto entre los interlocutores (1.2).

Precisamente por la falta de unanimidad entre los lingüistas será de capital importancia describir detalladamente el término adoptado en este estudio. Conviene prestar atención a las teorías pragmáticas que han constituido el marco teórico de su descripción (1.1), antes de ofrecer una descripción detallada de las características principales de los marcadores (1.2). Así, se explicará primero lo que se entiende bajo la comunicación inferencial (1.1.1). Luego, se expondrán la Teoría de la Pertinencia (1.1.2) y la Teoría de la argumentación (1.1.3) a partir de las cuales es posible describir el papel de los marcadores en la comunicación.

## 1.1 Los marcadores y la pragmática

El valor de los marcadores depende principalmente del contexto, y, además, los marcadores no contribuyen al contenido proposicional del discurso (Fraser 1999, 936). Dicho de otro modo, la omisión de un marcador no cambia el contenido proposicional del enunciado. Así, Searle (1994) distingue entre un acto ilocutivo y el contenido proposicional de un enunciado: el acto ilocutivo indica la función del enunciado, esto es el acto de habla (afirmar, preguntar, prometer, etc.), mientras que el contenido proposicional indica la proposición misma y puede evaluarse en términos de verdad o falsedad. Para ilustrar esta distinción y el carácter no proposicional (o extraproposicional) de los marcadores, consideremos los ejemplos de Hummel (2012, 80) de la unidad *igual* en chileno:

(2)  [...] tengo, por ejemplo amigoh hombres, que=son, de unos primos que viven acá pero suh papáh .. los papás de mis íos (es=decir) eran del campo *iguAL* .. o sea [...]
(3)  [...] (pero) no sé\ + .. con veinticinco años *igual* a los, veintiocho, treinta años no sé, cuando me case te digo [@ @ @]

En el primer ejemplo, *igual* es conmutable con *también* y su omisión cambia el contenido proposicional. En cambio, en el segundo ejemplo, *igual* tiene valor modal epistémico similar a *quizá* y su omisión no cambia el contenido proposicional del enunciado. De la misma manera, cambia el contenido proposicional cuando se omite *venga* en *Venga aquí y dame tu mano*, mientras que se puede omitir *venga* en *Venga, date prisa* sin que altere el contenido proposicional.

Por el carácter extraproposicional de los marcadores, el marco de la pragmática resulta ser el más apropiado para explicar su proceso de interpretación. Dos teorías pragmáticas han contribuido sustancialmente al estudio de los marcadores, a saber, la Teoría de la Pertinencia y la Teoría de la argumentación. Para entender mejor la Teoría de la Pertinencia (1.1.2), conviene extenderse primero sobre la contribución de Paul Grice a la pragmática (1.1.1).

### 1.1.1 La comunicación inferencial (Grice)

Fue el lingüista y filósofo Paul Grice quien por primera vez señaló las imperfecciones del modelo de codificación y descodificación de la lengua y quien propuso una alternativa a este modelo desarrollado por Ferdinand de Saussure y perfeccionado por Roman Jakobson. Grice (1975) ha subrayado que la interpretación de los mensajes exclusivamente a partir de lo dicho vuelve la comunicación incomprensible, de ahí la importancia del contexto. Veamos el siguiente intercambio:

> (4)  ELENA: ¿Ya has visto Las Brujas de Zugarramurdi?
> CARMEN: No me gustan las pelis de Álex de la Iglesia.[3]

Un proceso inferencial guiado por el contexto nos permite concluir que Carmen aún no ha visto la película y que no quiere verla. El objetivo comunicativo de este intercambio se encuentra en la implicatura del enunciado de Carmen. En otras palabras, con el enunciado *no me gustan las pelis de Álex de la Iglesia*, Carmen señala al interlocutor que quiere comunicar cierto contenido (la implicatura) y los receptores infieren este sentido a partir de la relación entre el enunciado y el contexto (Portolés 2004).

A partir de un mismo enunciado pueden ocurrírsele muchas interpretaciones más al interlocutor. En el ejemplo sobre la película se podría haber interpretado lo codificado de varias maneras, por ejemplo, que Carmen aún no sabía que había salido una nueva película de este cineasta porque no le interesa. Pese a las distintas interpretaciones posibles llegamos a la conclusión de que Carmen *aún no ha visto la película*. El hablante tiene que asegurarse, por lo tanto, de que el interlocutor puede, a partir del contexto y las inferencias, llegar a la conclusión pretendida. Grice (1975) postula que existe un principio universal que permite que todos los actantes en la conversación lleguen a la misma conclusión: *El Principio de Cooperación* implica que en la interacción el hablante y el oyente cooperan para llegar a un objetivo compartido. El hablante implica el mensaje en su enunciado y se fía de que el oyente infiere este mensaje. Grice (1975, 46) describe el compromiso del hablante de la manera siguiente: «Make your conversational

---

3 Los ejemplos que no llevan referencia explícita, son ejemplos construidos por la autora de este volumen.

contribution such as is required, at the stage at which it occurs, by the accepted purpose or direction of the talk exchange».

Este principio general se concreta en una serie de *máximas conversacionales* que rigen la interacción humana:

CATEGORÍA DE CANTIDAD
− Máxima 1: proporcione tanta información como sea necesaria.
− Máxima 2: no proporcione más información de la que sea requerida.

CATEGORÍA DE CALIDAD
− Supermáxima: trate de que su contribución sea verdadera.
− Submáxima 3: no afirme lo que crea falso.
− Submáxima 4: no afirme algo para lo que carezca de pruebas.

CATEGORÍA DE RELACIÓN
− Máxima 5: sea pertinente

CATEGORÍA DE MANERA
− Supermáxima: sea claro
− Submáxima 6: evite la oscuridad
− Submáxima 7: evite las ambigüedades
− Submáxima 8: sea breve
− Submáxima 9: sea ordenado

Las máximas conversacionales no se pueden considerar como instrucciones sobre cómo hablar. Describen, en cambio, las suposiciones que los oyentes suelen hacer sobre la manera de transmitir el mensaje. En general, en una conversación los interlocutores parten de la suposición de que las máximas serán respetadas para que la comunicación se produzca con éxito. Las máximas pueden no cumplirse en contextos específicos con objetivos bien claros e intencionados (ironía, chiste, mentira, etc.).

De lo que precede se concluye que la información comunicada consiste en un contenido proposicional y un contenido implícito. A este último tipo de contenido se refiere con las *implicaturas*: Las *implicaturas convencionales* son las provocadas por elementos léxicos (*pues, pero, por tanto...*), mientras que las *implicaturas conversacionales* se derivan de factores contextuales y situacionales (véase supra ejemplo (4)).

Según Portolés (1998a) las inferencias relacionadas con los marcadores se obtienen *convencionalmente* porque los marcadores incorporan cierto contenido (aunque no sea referencial). Así, el marcador *pero*, por ejemplo, «nos dice que la conclusión a la que se ha de llegar será una que se obtenga del miembro del discurso que lo sigue y no del que lo precede» (Portolés 1998a, 18). Por eso, del enunciado *Carlo es simpático pero es feo* se puede inferir que el hablante no quiere salir con Carlo, mientras que con *Carlo es feo pero simpático* se infiere que el hablante sí quiere salir con Carlo. El contenido de los marcadores es, por lo tanto, convencionalizado y está incorporado en el lexema.

La distinción entre implicaturas conversacionales y convencionales de Grice ha sentado la base para un modelo de comunicación inferencial.

### 1.1.2 La Teoría de la Pertinencia (Sperber y Wilson)[4]

#### 1.1.2.1 El principio de la Pertinencia

El modelo inferencial de Grice fue de importancia fundamental para el desarrollo de la Teoría de la Pertinencia (*Relevance Theory*) elaborada por Sperber/Wilson (1986) que han modificado sustancialmente la teoría de Grice llevándola más allá. Para estos autores el proceso inferencial interviene también en la identificación de proposiciones comunicadas explícitamente (al lado de la recuperación de las conclusiones pretendidas) (Blakemore 1993, 444). Por otro lado, han reducido las categorías de máximas de Grice a solo una de ellas, la de relación ('sea pertinente'). Además, mientras que para Grice las máximas constituyen reglas condicionadas culturalmente, la Teoría de la Pertinencia es un principio natural: consideran la pragmática como un conjunto de procesos psicológicos gobernados por un solo principio cognitivo. Este principio es universal y guía sin excepción el proceso de obtención de las inferencias de todos los hablantes en todas las culturas (Portolés 1998a, 19).[5]

La idea central del principio de la Pertinencia es «that the expectations of relevance raised by an utterance are precise and predictable enough to guide the hearer toward the speaker's meaning» (Wilson/Sperber 2004, 607). A partir de la relación entre el enunciado y el contexto cada persona encuentra la mayor pertinencia, es decir, los mayores efectos cognitivos o contextuales con el menor esfuerzo (Portolés 2004, 92). La cognición humana funciona de manera selectiva de tal modo que presta más atención a unos fenómenos que a otros: en el discurso los oyentes centran su atención en el significado más pertinente (Montolío Durán 1998). De este modo, los oyentes suponen que el enunciado emitido es la manera más pertinente de expresarse y que vale la pena esforzarse en procesarlo.

---

**4** Según señala Portolés (1998a, 19) la traducción de *Relevance* por *Pertinencia* es de preferencia sobre *Relevancia*. El término *relevancia* en español contiene la idea de importancia lo que no corresponde a la carga del término en inglés.

**5** Para una discusión elaborada de las diferencias entre la teoría de Grice a la propuesta de Sperber y Wilson véase el estudio comparativo de Yus Ramos (1997).

Consideremos el ejemplo del capítulo anterior:

(5)    ELENA: ¿Ya has visto Las Brujas de Zugarramurdi?
       CARMEN: No me gustan las pelis de Álex de la Iglesia.

Para obtener la conclusión *Carmen aún no ha visto la película*, Elena debe pensar que la respuesta de Carmen es pertinente. Por eso, busca en el contexto y en su conocimiento enciclopédico y encuentra el supuesto *Las Brujas de Zugarramurdi es una película de Álex de la Iglesia*. A partir de este supuesto y la respuesta de Carmen, Ana llega a la implicatura de que Carmen aún no ha visto la película y que no quiere verla. Otras posibles inferencias del enunciado de Carmen se excluyen por no ser pertinentes como respuestas a la pregunta de Elena. En otras palabras, el proceso inferencial termina una vez obtenida la inferencia pretendida, que suele ser, además, la primera interpretación pertinente accesible a un interlocutor racional. El procesamiento de información requiere, así, un esfuerzo mínimo por parte del oyente.

Interpretar un enunciado consiste, por lo tanto, en dos procesos, el primero es la descodificación, el segundo es un proceso inferencial. En el proceso inferencial el oyente interpreta la intención comunicativa del hablante relacionando lo dicho, o lo explícito, con la información contextual, lo implícito. Las expresiones lingüísticas explícitas o codificadas pueden ser de dos tipos, o bien codifican conceptos y son *conceptuales* o bien codifican instrucciones para el proceso inferencial de interpretación y son *procedimentales*:

> An utterance can thus be expected to encode two basic types of information: representational and computational, or conceptual and procedural – that is, information about the representations to be manipulated, and information about how to manipulate them. (Wilson 1993, 150)

Ambos tipos de información son esenciales para el proceso interpretativo de un enunciado.

Resumiendo, la teoría distingue entre la comunicación explícita e implícita y considera dos tipos de información, a saber, la información conceptual y la procedimental. Además, según el principio de la Pertinencia los actos comunicativos garantizan una pertinencia óptima.

### 1.1.2.2 La Teoría de la Pertinencia y los marcadores

A partir de la base teórica de Sperber y Wilson varios discípulos y lingüistas han analizado el papel de los marcadores en la comunicación. En el discurso los marcadores funcionan como señales explícitas que constituyen una ayuda en el proceso de interpretación. Sin los marcadores el enunciado se vuelve costoso de comprender (Montolío Durán 1998). Por ejemplo, con el marcador omitido en (6) se puede llegar a las mismas conclusiones, pero requiere un esfuerzo inferencial mayor por parte del oyente:

> (6)  a) Es guapo, *pero* no me gustan los hombres perezosos.
>      b) Es guapo. No me gustan los hombres perezosos.

En (6) el marcador *pero* ayuda a inferir que al hablante no le gusta el hombre porque es perezoso. Cuando el mismo enunciado carece del marcador, el hecho de que el hombre guapo sea también perezoso tiene que ser información conocida para poder llegar a la misma conclusión. En otras palabras, la presencia del marcador, disminuye el esfuerzo inferencial necesario para llegar a la conclusión más pertinente.

En los primeros estudios sobre los marcadores desde el enfoque de la Pertinencia (Blakemore 1987) se consideran equivalentes la distinción entre significados veritativo-condicionales y no-veritativo-condicionales, y la distinción entre significados conceptuales y procedimentales.[6] Estudios recientes, no obstante, han mostrado que esta equivalencia no es válida. Por un lado, existen expresiones que representan procesos pero afectan a las condiciones de verdad de los enunciados.[7] Por otra parte, existen expresiones no-veritativo-condicionales que

---

6 Una teoría veritativo-condicional del significado (Frege 1974; Wittgenstein 1953) postula que el significado de un enunciado se define según las condiciones bajo las cuales la oración es verdadera o no. En otras palabras, comprender el significado de un enunciado implica comprender cómo habría de ser el mundo para que un enunciado fuera verdadero. Así, por ejemplo, el enunciado *Hoy hay mucha lluvia* puede ser verdadero o falso, pero entender el significado de este enunciado consiste en conocer su condición de verdad, o sea entender qué tiene que suceder en el mundo para que este enunciado sea verdadero (en este caso: llover mucho hoy). Existen, sin embargo, expresiones que no contribuyen a las condiciones veritativas de los enunciados y que son, por consiguiente, no-veritativo-condicionales (Torres Sánchez 2000, 42). Un marcador puede no contribuir a las condiciones de verdad de un enunciado: *Uy, hace mucho calor* y *Hace mucho calor* tienen el mismo contenido veritativo-condicional, esto es la condición de que hace mucho calor tiene que cumplirse para que los enunciados sean verdaderos. De esto se deduce que el marcador *Uy* no afecta a las condiciones de verdad.

7 Portolés (1998a) ejemplifica las palabras con valor veritativo-condicional y significado de procesamiento con la siguiente frase: *Beatriz tenía muchos recuerdos de su infancia*. Según el contexto se puede inferir del enunciado que Beatriz era feliz o que Beatriz tiene recuerdos felices. Al sustituir el verbo *tenía* por *acarreaba* el proceso referencial lleva a la conclusión de que los recuerdos de la infancia eran desgraciadas. De estos ejemplos se concluye que existen palabras que *representan* y al mismo tiempo restringen las posibles inferencias y contribuyen así al procesamiento de las inferencias.

representan conceptos en lugar de procesos. Pensemos en los marcadores discursivos tales como *en contraste, en el fondo*, etc. (Blakemore 2010).[8]

Además de eso, algunos estudios han revelado que no se puede mantener la idea de que una expresión tiene exclusivamente un significado procedimental o conceptual. La distinción no permanece intacta en, por ejemplo, el verbo *decir*. Pons Bordería (2008a) demuestra que *decir* es un elemento conceptual cuando introduce el estilo directo (*dice «¡ay! ¿quién me ha tocado a la puerta?»*) porque el acto de decir forma parte de una secuencia temporal ordenada, es decir, de una secuencia de acciones. El verbo mismo tiene valor conceptual de comunicar los pensamientos mediante el uso de palabras. El mismo verbo tiene un significado procedimental cuando se usa en estilo indirecto en contextos como *dijo mira, diceee, digo qué reloj m'he encontrao*. La repetición excesiva del verbo no se explica en términos conceptuales, ya que no contribuye a la proposición y *decir* tiene en este caso un valor conectivo y comunica más bien un contenido procedimental.

En cuanto a los marcadores, describir sus significados como estrictamente procedimentales excluye muchos elementos que suelen clasificarse como marcadores. Expresiones como *en otras palabras* y *en el fondo*, por ejemplo, suelen ser el resultado de una evolución histórica, mediante la cual han adquirido cada vez más valor procedimental, lo cual, sin embargo, no significa que su significado haya perdido toda relación con el significado léxico (o conceptual) de la forma originaria (Murillo Ornat 2010, 245). De hecho, la coexistencia de un significado conceptual y otro procedimental depende del grado de gramaticalización: cuanto más sea gramaticalizada la forma, menos significado conceptual tendrá.

Moeschler (2002, 274) sostiene que la relación entre contenido conceptual y contenido procedimental no es la de una oposición, sino que los dos contenidos se encuentran en un continuo, cuando afirma que «le degré d'information conceptuelle décroît de manière inversement proportionnelle au degré d'information procédurale». Por eso, argumenta que en los marcadores el grado de información conceptual es inversamente proporcional al grado de información procedimental, lo cual se representa en un diagrama de la manera siguiente:

---

**8** El marcador *en contraste*, por ejemplo, no contribuye a las condiciones de verdad de un enunciado, ya que cuando se emite no cambia el contenido veritativo-condicional del enunciado: *Se centra principalmente en un aspecto del negocio: el producto. (En contraste) Ruelas-Gossi propone la innovación con T grande.*

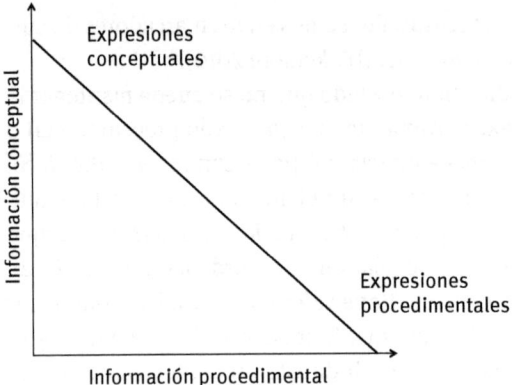

**Figura 1:** Información conceptual y procedimental (basada en Moeschler 2002, 274)

El contenido de un marcador se sitúa en la línea del diagrama, con formas como *en contraste, en el fondo* hacia el lado izquierda de la línea (contienen más información conceptual) y formas como *hombre* cuando intensifica el desacuerdo (*¡Cállate ya! ¡Hombre!*) hacia el lado derecho de la línea (contiene más información procedimental). Además, un mismo marcador puede, según su grado de desemantización o pragmaticalización (3.3) y su valor correspondiente, encontrarse en varios puntos de la línea. El marcador *hombre*, por ejemplo, tiene más información conceptual cuando se usa para apelar al interlocutor que cuando se usa con valor expresivo de desacuerdo. Cuanto más se aleje el valor del marcador de la base léxica, más información procedimental tendrá.

En conclusión, para la Teoría de la Pertinencia el papel comunicativo de los marcadores consiste principalmente en ayudar al interlocutor a encontrar la conclusión más pertinente con el menor esfuerzo posible. Esta función orientadora constituye una contribución más o menos conceptual al proceso inferencial según el grado de desemantización de la forma. El marco de la Teoría de la Pertinencia esclarece, por lo tanto, la manera de significar de los marcadores. La Teoría de la Argumentación, tema del apartado siguiente, añade a este análisis una descripción del papel de los marcadores en el desarrollo del discurso.

### 1.1.3 La Teoría de la argumentación (Anscombre y Ducrot)

La concepción argumentativa del lenguaje de Anscombre/Ducrot (1983) implica que cada enunciado constituye un argumento que lleva a una determinada conclusión. Dicho de otro modo, cada enunciado favorece una serie de conclusiones y dificulta otras. Esta aproximación argumentativa al discurso es una manera de abordar el significado de la comunicación y de los enunciados.

La teoría ha sido aplicada al papel comunicativo de los marcadores principalmente por Portolés (1998a; 1998b). Según el autor, un marcador ayuda a orientar el enunciado hacia una determinada conclusión que puede o no ser esperada a partir de la argumentación del primer enunciado. Obsérvese a título ilustrativo el ejemplo siguiente:

(7)   (a) Sandra hace mucho deporte. Tiene mucho aguante.
      (b) Sandra hace mucho deporte. Tiene poco aguante.
      (c) Sandra hace mucho deporte. *Sin embargo*, tiene poco aguante.

El segundo enunciado en (7) (a) (*Tiene mucho aguante*) mantiene la orientación argumentativa del enunciado que precede, de ahí que sean *argumentos coorientados*. En (b) y (c) del ejemplo (7), son *argumentos antiorientados*, puesto que se debería esperar del primer enunciado que Sandra tuviera mucho aguante. Con una conclusión antiorientada puede utilizarse un marcador como *sin embargo* para indicar que el primer enunciado no lleva a la conclusión esperada (7) (c). La relación entre un argumento y su conclusión se realiza por *tópicos*: quien hace mucho deporte, mejora su aguante.

Además de orientar la argumentación del discurso, los marcadores le permiten al hablante indicar la *fuerza argumentativa* del enunciado. El uso del marcador *con todo* en *Sandra hace mucho deporte. Con todo, no tiene mucho aguante* se explica por el argumento fuerte *hacer mucho deporte*. El marcador no solo señala que se trata de una orientación antiorientada, sino que presenta también el primer enunciado como un argumento fuerte. Otros marcadores que indican una relación antiorientada (*pero, sin embargo,* etc.) consideran los dos enunciados en el mismo nivel argumentativo. Los argumentos incluso se pueden ordenar en una escala según su fuerza argumentativa (Ducrot 1980). Por ejemplo, para afirmar que Sandra *tiene mucho aguante* se puede partir de varios enunciados con diversas fuerzas argumentativas (de *Sandra hace mucho deporte* a *Sandra hace deporte*, de los que el último enunciado tiene menos fuerza argumentativa). El marcador *es más*, por ejemplo, da cuenta de este orden, insertándose en el enunciado que tiene más fuerza argumentativa: *Sandra hace mucho deporte, es más, entrena cada día/ ?Sandra entrena cada día, es más, hace mucho deporte*.

Cabe observar que Portolés (1998a; 1998b) aplica la teoría a solo un tipo de marcadores, más específicamente a *los marcadores del discurso*, es decir, las formas que unen dos enunciados (1.2.1) (tales como *encima, además, incluso, pero, con todo,* etc.). La teoría se aplica menos explícitamente a los marcadores modales, que pueden constituir un turno de habla (*He visto a Juan Ayer. – ¡Anda ya!).* Postulamos que los marcadores con valor modal (esto es, los que indican la actitud del hablante) también argumentan en la lengua, es decir, conllevan a una determinada conclusión y continuación del discurso. En estos casos, no obstante, la relación *argumento-conclusión* queda menos clara y requiere un conocimiento más profundo de los elementos contextuales (las relaciones entre los interlocutores, conocimiento previo del tema, etc.). Para la interpretación de este tipo de enunciados los *tópicos* que explican la continuación del discurso se refieren más bien a *normas o comportamientos conversacionales.* Así, después de una expresión de incredulidad, tal como *¡Anda ya!* como respuesta a *Ha visto a Juan ayer,* una continuación esperada – y, por lo tanto, coorientada – del interlocutor sería, por ejemplo, una precisión sobre la ubicación de Juan (*Sí, estaba también en la fiesta de Carola*).

En resumidas cuentas, los marcadores tienden a tener varios contenidos convencionalizados que son más o menos procedimentales según el grado de desemantización que presentan. Además, cada marcador tiene una capacidad argumentativa que lleva a una determinada conclusión, sea en el nivel discursivo, sea en el nivel modal.

## 1.2 La ineludible definición de los marcadores

A pesar de que es comúnmente aceptado su contenido principalmente procedimental, no todos los lingüistas manejan la misma definición de la categoría que denominamos *marcadores.* La actual falta de unanimidad depende de varios factores como las formas que se aceptan incluir en la clase, el marco teórico, etc.

En el ámbito hispánico fueron Martín Zorraquino/Portolés (1999, 4057) quienes adujeron una definición de los elementos que ellos consideran *marcadores del discurso.* Parten del principio de que la comunicación es esencialmente inferencial y argumentativa, es decir, confluyen en su definición las ideas de la Teoría de la Pertinencia y de la Teoría de la argumentación:

> Los marcadores del discurso son unidades lingüísticamente invariables, no ejercen una función sintáctica en el marco de la predicación oracional – son, pues, elementos marginales – y poseen un cometido coincidente en el discurso: el de guiar, de acuerdo con sus distintas propiedades morfosintácticas, semánticas y pragmáticas, las inferencias que se realizan en la comunicación. (Martín Zorraquino/Portolés 1999, 4057)

Según esta definición los miembros que pertenecen a la clase de los marcadores tienen en común su papel pragmático particular. Considera, por tanto, los marcadores como una categoría funcional cuyos miembros tienen un papel importante en la comunicación: son elementos esenciales para asegurar una interpretación apropiada, a pesar de que son marginales sintácticamente. Esta definición es bastante amplia y general.

Otras definiciones más estrechas, como la de Fraser (1999; 2006; 2009) y Schiffrin (1987), plantean que los denominados *marcadores del discurso* expresan exclusivamente relaciones entre enunciados. Para Fraser (1999, 950) un marcador del discurso es «a sort of a relationship» que dispone de un «core meaning, which is procedural and their more specific interpretation is ‹negotiated› by the context». La definición bien conocida de Schiffrin (1987, 31) es operacional y reza «Discourse markers are sequentially dependent elements which bracket units of talk». Así pues, para ambos autores el concepto de *marcador del discurso* no sobrepasa el límite de la coherencia del discurso. En cambio, definiciones más amplias consideran unidades lingüísticas con funciones modales (la proyección de la actitud del hablante) e interpersonales (la relación entre los interlocutores) también como miembros de la clase funcional de los marcadores del discurso (por ejemplo Borreguero Zuluoga 2015; Edeso Natalías 2009; Loureda Lamas/ Acín Villa 2010).[9]

Como no hay consenso ni sobre la terminología ni sobre la definición de los términos, se impone una clarificación de lo que en este trabajo se entiende por el término *marcador*. No pretendemos resolver la polémica que existe en torno al tema, pero sí presentaremos una definición operativa del término *marcador*. Además, como se trata de un fenómeno lingüístico complejo y una categoría heterogénea preferimos una definición a partir de sus propiedades pragmático-semánticas, sintácticas, morfológicas y prosódicas.

Primero, veremos que las propiedades discutidas no se pueden considerar condiciones suficientes ni necesarias, sino que algunas serán más prototípicas y otras más periféricas. La categoría de los marcadores es, por lo tanto, una categoría radial. De la misma manera que hay, por ejemplo, complementos indirectos prototípicos (8) y que los hay más periféricos (9):

(8)   Le he dado el libro *a Juan*.

(9)   *A Juan le* ha gustado el libro.

---

9 Según Loureda Lamas/Acín Villa (2010) los marcadores adoptan una función modal (indicar la actitud del hablante), de marcación (organización del discurso) o de control de contacto (la relación entre oyente y hablante). Edeso Natalías (2009) propone también una clasificación tripartita con tres niveles funcionales: la función modal que se centra en la relación entre hablante y contexto, la función interaccional que gira alrededor de la relación entre hablante y oyente, y la función textual que se ocupa del desarrollo del discurso. Por último, según la clasificación propuesta por Borreguero Zuluoga (2015) los marcadores tienen una función interaccional (cuando actúan en un eje de la alteridad), metadiscursiva (cuando se sitúan en un eje de la textualidad) o cognitiva (cuando remiten a un eje de la semanticidad).

Tal y como describe Cuenca (2005), el complemento indirecto prototípico aparece junto al complemento directo y se sitúa después de este (8). En el ejemplo (9), al contrario, el complemento indirecto es menos prototípico, ya que se antepone al verbo y se reduplica por un clítico. De igual manera, una forma lingüística tampoco tiene que cumplir todos los rasgos descritos para pertenecer a la categoría funcional de los marcadores y se asocian más fácilmente algunas formas que otras con la categoría.

En segundo lugar, cabe detenerse en el hecho de que las categorías se establecen por comparación entre entidades. La clase funcional del complemento indirecto, por ejemplo, se define en comparación con la del sujeto. Una definición o categorización es, por tanto, relativa. Así pues, para poder describir profundamente los objetos de estudio y su categoría es imprescindible considerar estas formas en relación con formas de otras categorías y definir los términos en conjunto. Esto es precisamente lo que Cuenca (2013) realiza en su modelo dinámico de la marcación modal-discursiva.

### 1.2.1 El modelo dinámico de Cuenca (2013)

Cuenca dedica varias obras al estudio de los marcadores de todo tipo: verbos de percepción gramaticalizados como conectores (Cuenca/Marín 2000), los reformuladores y ejemplificadores (Cuenca 2001), *hombre/home* y *mujer/dona* (Cuenca/Torres Vilatarsana 2008), etc. Además, contribuye sustancialmente al marco teórico de los marcadores, proporcionando descripciones de la conexión (Cuenca 1999), de las interjecciones (Cuenca 2000) y de los conectores parentéticos (Cuenca 2001), siempre desde una perspectiva cognitiva. Estos estudios le han llevado a proponer un modelo teórico de los marcadores en el discurso (Cuenca 2013).

El modelo parte de dos ideas básicas: (1) En primer lugar, su enfoque es cognitivo, por lo que argumenta que los tipos de marcadores y las categorías no se pueden caracterizar por condiciones necesarias y suficientes, sino que se basan en un *haz* de rasgos. Por eso propone un continuo entre dos categorías funcionales, relacionadas mediante fronteras borrosas; (2) Recalca la importancia de respetar una clara separación entre categorías formales, por un lado, y funciones, por el otro. Así pues, distingue dos funciones, (1) los marcadores discursivos y (2) los modales, que ambas pueden estar expresadas por varias categorías formales. La Figura 2 resume el modelo elaborado por Cuenca (2013):

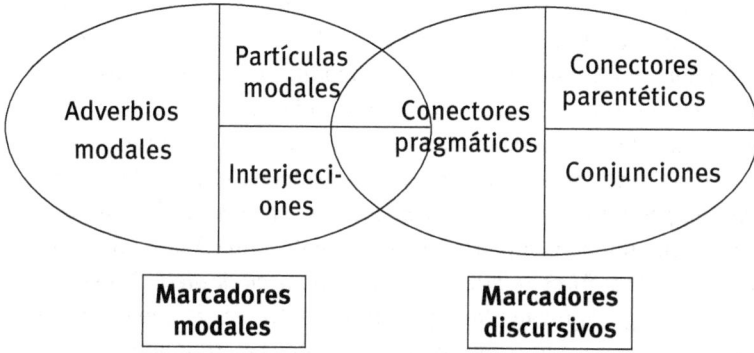

**Figura 2:** Modelo de los marcadores propuesto por Cuenca (2013)

Los *marcadores modales* modifican la ilocución de (o la intención contenida en) un enunciado (*one position operators*). Concretamente, reflejan las actitudes del hablante hacia el mensaje o hacia la realidad extralingüística. Los *marcadores discursivos* concretan los contenidos de dos enunciados (*two position operators*). Un marcador puede ser más prototípicamente modal o discursivo, pero las fronteras entre las dos funciones son borrosas, porque (1) los rasgos no son ni necesarios ni suficientes, en cambio, las categorías funcionales tienen una estructura prototípica y (2) una misma forma puede exponer varios comportamientos morfosintácticos. Consideremos, a título ilustrativo, el marcador *pero* que es un conector cuando une dos segmentos contraargumentativos (*Es guapo, pero no es simpático*) y que se usa también para introducir una intervención reactiva *(Pero qué imbécil eres)* en la que suele tener un valor más bien modal (Fuentes Rodríguez 1998a); (3) el ejemplo de *pero* muestra también que una forma puede desarrollar varias funciones pragmáticas según su posición en el discurso, la entonación, etc. El modelo es, por lo tanto, sumamente dinámico, puesto que se interpreta como un continuo de los marcadores prototípicamente modales a los prototípicamente discursivos.

Varias categorías formales ejercen las funciones modales y discursivas:

MARCADORES MODALES:

a) *Los adverbios modales*, tales como *francamente, ciertamente*, etc. «supeditan la veracidad de las proposiciones a ciertos factores externos» (RAE 2009, 2350). La modalidad se define como la expresión de la actitud del hablante hacia el mensaje. Ocupan una posición interna en el enunciado como complemento del verbo o como adjuntos, u ocupan una posición periférica como especificador de la frase.

b) *Las partículas modales* son palabras morfológicamente invariables que expresan el significado pragmático relacionado con la actitud o el conocimiento del hablante y que funcionan como modificadores de verbos. [10]

c) *Las interjecciones*, según Cuenca (2000), son equivalentes no-prototípicos de frases o enunciados: sintácticamente son autónomas, y muestran una entonación propia y una semántica completa. Considérese el ejemplo siguiente: *– Las patatas fritas me han ayudado a adelgazar. – ¡Venga ya!* La interjección *venga ya* es una unidad completa y es equivalente a una frase completa: *No creo que las patatas fritas te hayan podido ayudar en tu dieta.* No se consideran, sin embargo, equivalentes prototípicos de frases, ya que las interjecciones no consisten en un sujeto y un predicado. La autonomía sintáctica se debe a los valores que suelen expresar las interjecciones: sirven principalmente para valorar una realidad extralingüística o el contenido de un segmento discursivo previo, o para señalar las relaciones entre hablante y oyente (Martín Zorraquino 2010). Cuando una interjección se acompaña de un enunciado que especifica su significado, es parecida a un conector pragmático (cf. *infra* f), puesto que en este contexto parece introducir enunciados: *– Las patatas fritas me han ayudado a adelgazar. – ¡Venga ya!, no te puedo creer.*

MARCADORES DISCURSIVOS:

d) *Las conjunciones* enlazan proposiciones, sintagmas o palabras (*y*, *que*, *sino*, etc.). Semánticamente, las conjunciones coordinantes (*y*, *o*, etc.) relacionan vocablos o grupos sintácticos sin establecer relación entre ellos, mientras que las subordinantes (*antes de que*, *para que*, etc.) establecen una relación de dependencia entre los enunciados (RAE 2009, 2395). Sintácticamente, se encuentran en posición inicial de la unidad discursiva siguiente.

e) *Los conectores parentéticos* son sintácticamente periféricos e indican significados lógico-argumentativos básicos (contraste, adición, etc.) (*sin embargo*, *en consecuencia*, etc.). Son formas léxicas y estructurales complejas que se han gramaticalizado y fijado formalmente (*en cambio/*a cambio*). Se diferencian de las conjunciones en que tienen un carácter apositivo, pueden combinarse con conjunciones (*y*, *sin embargo*) y tienen más movilidad que las conjunciones (Cuenca 2013, 195).

f) *Los conectores pragmáticos* son sintácticamente periféricos y están prosódicamente aislados. Combinan valores modales y de coherencia (*pues*, *hombre*,

---

**10** Muchas lenguas, entre ellas el español, no disponen de una categoría nítida de partículas modales, contrariamente al alemán (*aber (pero)*) y el neerlandés (*toch (aun así)*, *wel (sí)*), entre otros.

*vamos*, etc.). Briz Gómez (1993) define este tipo de conectores como «unidades que, además de encadenar las unidades del habla, aseguran la transición de determinadas secuencias del texto hablado, colaborando en el mantenimiento del hilo del discurso y la tensión comunicativa». Sus papeles principales son garantizar la conexión entre los enunciados (en un nivel monológico o dialógico) y dar instrucciones sobre la argumentación del discurso. En general, se definen como 'organizadores del habla' (Briz Gómez 1994).

A primera vista, los marcadores objeto de este estudio se mueven entre las funciones modales y discursivas, más específicamente pueden comportarse como interjecciones o como conectores pragmáticos. Así, por ejemplo, el marcador *vamos* es una interjección cuando constituye un turno de habla y es semánticamente completo, ya que en tal contexto es la equivalente de una frase (10), mientras que es conector pragmático cuando tiene valor reformulativo, porque organiza el habla (11):

(10) T L 10 MASHE3G03: no tío que no que no no me no me sub% que me duele mazo la pierna

     T L 10 pero la coges y me la pasas

     T L 10 MASHE3G08: vale tío está bien está bien

     T L 10 MASHE3G07: *vamos* <navn>Gominolo</navn>

     T L 10 MASHE3G03: <navn>Gomi</navn> tres catorce ((Comment desc="aplausos"/)) tres catorce

     T L 10 MASHE3G05: malo

     T L 10 MASHE3G01: eh tres veinte pasa (COLAm)

(11) Se paraba el barco, bajaban las asistencias, se le subía. Operación a escama Se le hacía Abierta. Un boca a boca, se le tomaba la tensión, *vamos*, ya se le hacía una revisión completa. (CREA; España: Oral, 1992)

Esta propuesta necesita verificarse detenidamente en el análisis empírico. De todos modos, estos dos ejemplos demuestran que las formas objeto de estudio tienen un funcionamiento que se sitúa en una zona de transición, puesto que, según el contexto, adquieren una función modal o una función discursiva. El modelo de Cuenca (2013) permite, pues, dar cuenta de la polifuncionalidad de los marcadores. Además de eso, el punto fuerte de este modelo se encuentra en su carácter exhaustivo: representa el conjunto de categorías formales con función modal o discursiva. De esta manera, las categorías se definen de manera comparativa o relativa y cada partícula, por muy periférica que sea, se ubica dentro del modelo.

Como Cuenca (2013) habla de las categorías funcionales de *marcadores modales* y *marcadores discursivos*, optamos por la etiqueta operativa *marcador* como término más neutro y abarcador. Entramos en detalle sobre los rasgos más prototípicos de los marcadores en el capítulo siguiente (1.2.2).

## 1.2.2 Los rasgos prototípicos de los marcadores

Del modelo de Cuenca resulta nuevamente que la categoría funcional de los marcadores es muy heterogénea; los *marcadores modales* y *discursivos* son categorías funcionales, esto es, se caracterizan por su carácter semántico-pragmático, pero los vocablos que pueden ejercer de marcadores son muy diversos morfológicamente, prosódicamente y sintácticamente (adverbios modales, interjecciones, etc.). Por esta diversidad nos focalizaremos en lo que sigue en las características prototípicas de los marcadores deverbales, puesto que «solo un pequeño grupo de marcadores, que podríamos considerar prototipos de la categoría, reúnen todos los rasgos que expondremos a continuación» (Borreguero Zuluoga 2015). En el apartado 1.2.2.1 entramos en detalle sobre los significados de los marcadores. La sección 1.2.2.2 describe el comportamiento prototípico de los marcadores en el plano morfológico. En los apartados 1.2.2.3 y 1.2.2.4 comentamos los rasgos prosódicos y sintácticos de los marcadores.

### 1.2.2.1 Los marcadores en el plano semántico-pragmático

Como la categoría de los marcadores se define funcionalmente, los rasgos semántico-pragmáticos son esenciales para su definición. Hemos visto ya (1.1.2) que los lingüistas han llegado a la conclusión de que los marcadores tienen tanto un significado procedimental como conceptual. Es bien sabido que algunos significados de los marcadores han sido influenciados por el significado léxico de las formas originarias (como, por ejemplo, el adverbio *encima* (Azofra Sierra 2012)), es decir, el significado de procesamiento puede tener una evidente relación con el significado léxico de las unidades originarias (Murillo Ornat 2000).

El grado de contenido conceptual depende del grado de desemantización o *palidecimiento* de la forma (3.3). Cuanto más desemantizada la forma menos significado conceptual tendrá su significado. Al mismo tiempo una forma desarrolla cada vez más funciones pragmáticas en el proceso de *pragmaticalización* (Dostie 2004). Una forma puede, por tanto, acumular una gran variedad de valores pragmáticos durante el proceso de cambio histórico, lo que resulta en una forma polifuncional. Un desafío teórico relacionado con la polifuncionalidad de los marcadores es cómo abordar las relaciones entre los distintos usos.

Existen tres enfoques para dar cuenta de estas relaciones: la propuesta homonímica, monosémica o polisémica (Mosegaard Hansen 1998b). El enfoque maximalista o homonímico considera cada valor del marcador como un significado en el léxico. En algunos casos, en consecuencia, se obtiene una lista larga con significados léxicos, con el peligro, incluso, de que la lista se extienda sin fronteras de manera que los usos de un marcador vuelven predecibles (Murillo Ornat

2000, 262). De ahí que varios autores hayan adoptado un enfoque monosémico o minimalista. Según este enfoque, cada marcador tiene un *significado básico* (o *Gesamtbedeutung*) y los demás valores derivan de este valor básico. Según Martín Zorraquino/Portolés (1999) y Fraser (2009), cada marcador tiene un único significado y el contexto genera la polifuncionalidad de los marcadores: el contexto enriquece pragmáticamente el significado del marcador que adquiere así *efectos de sentido*. Asimismo, Portolés (1995) explica que cada marcador tiene un único significado convencional y que se obtienen los sentidos en la conversación por la relación entre este significado y el contexto.

El tercer enfoque es polisémico. Mosegaard Hansen (1998a; 1998b; 2008) señala que en muchos casos es difícil aislar un solo significado básico. Por eso, aboga por un enfoque polisémico y propone que los diferentes sentidos de un marcador están todos relacionados y motivados. La relación entre los sentidos puede establecerse de varias maneras: por extensiones de un prototipo, en un tipo de cadena o por semejanza de familia. Adopta, pues, un enfoque funcional-cognitivo para describir las relaciones entre los sentidos de un marcador.

Para limitar el número de sentidos de un marcador, Mosegaard Hansen (1998a) recurre al principio de *minimalismo metodológico* (Foolen 1993, 64). El principio es una variante del principio de economía de la Navaja de Ockham. De acuerdo con este principio, no deben multiplicarse las entidades sin necesidad. Así, cuando dos teorías conllevan, en las mismas condiciones, a la misma conclusión, se prefiere la teoría más simple sobre la compleja. La navaja simboliza la acción de quitarse de las dificultades innecesarias para llegar a la explicación más sencilla. Para la lingüista esto significa que algunos valores de los marcadores no son convencionales, sino que son *efectos secundarios* o implicaturas generadas por el contexto. En esto el enfoque de Mosegaard Hansen se aproxima al minimalista, pero ella repara en que los efectos secundarios que se hacen cada vez más frecuentes pueden integrarse en el contenido convencional del marcador (la extensión semántico-pragmática). En efecto, la polisemia de los marcadores es el resultado de extensiones diacrónicas (por metáforas, metonímias, generalizaciones, etc.) que se han convencionalizado. Este enfoque muestra, pues, mayor flexibilidad y permite, así, dar cuenta de los cambios pragmático-semánticos de la forma. Además, el enfoque polisémico permite describir los vínculos entre los distintos usos sincrónicos de una forma (Polanco Martínez 2013a, 202) (en los apartados 3.2 y 3.3 abordamos más detenidamente la polisemia y el cambio lingüístico de los marcadores).

Como la frontera entre los usos conceptuales y procedimentales de las formas (por ejemplo, *vamos* como verbo y *vamos* como marcador respectivamente) es borrosa, no consideramos una relación homonímica entre la forma verbal *vamos* y el marcador *vamos*. Consecuentemente, planteamos que la forma *vamos* puede tener un uso verbal o ejercer una *función* modal o discursiva (Mosegaard Hansen 1998b).

Proponemos, por consiguiente, una representación esquemática en una red polisémica de los valores de un marcador en la que se reflejan las relaciones entre los rasgos del verbo y los valores más procedimentales de la forma por una parte y los varios valores de su uso como marcador por otra:

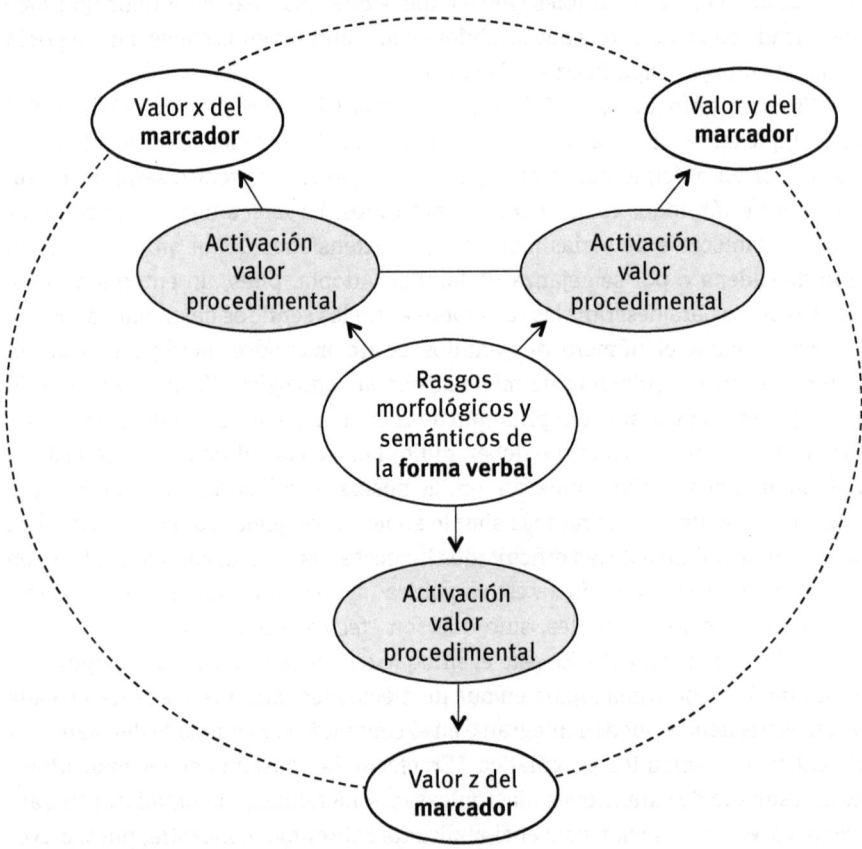

**Figura 3:** Red polisémica genérica

Consideramos que los valores pragmáticos se activan a partir de los rasgos morfológicos y semánticos de la forma verbal. Por el uso repetitivo de una forma en determinado contexto se activa y, luego, se convencionaliza cierto valor procedimental (en la sección 3.3 se comenta este proceso de cambio pragmático). Son los procesos conceptuales (como la metáfora) los que son responsables del uso de las unidades lingüísticas como marcadores. Al mismo tiempo en la Figura 3, las líneas discontinuas reflejan las fronteras borrosas entre los diferentes valores del marcador.[11]

En la parte empírica indagamos sobre estas relaciones que existen entre los diferentes valores de un marcador e intentamos dar cuenta del tipo de extensiones o motivaciones que están en la base de los valores pragmáticos (Capítulo 6).

### 1.2.2.2 Los marcadores en el plano morfológico

Los elementos que pertenecen a la categoría funcional de los marcadores son muy heterogéneos, porque tienen orígenes muy diversos, pero tienen en común la tendencia a la invariabilidad morfológica. Subrayamos que se trata de una tendencia a la invariabilidad, ya que algunas formas son susceptibles de variación. Así, por ejemplo, los marcadores deverbales, más concretamente los que derivan de verbos de percepción muestran variación según el modo: *mira/mire* y *oye/oiga*. Los derivados de verbos de movimiento, por el contrario, han perdido cualquier capacidad de concordancia:[12]

(12)   Mirad bien en el suelo, *anda*. (CREA: Oral, 1991)

La forma *anda* en este ejemplo ya no recae sobre la segunda persona singular, dado que el verbo principal (*mirar*) está en segunda persona plural. De la misma manera se puede decir: *Mira/Mire/Miremos/Miren bien en el suelo, anda* sin que cambie la persona de la forma *anda*.

Esta fijación morfológica, sea total sea parcial, es el resultado de un proceso de cambio lingüístico (3.3). Uno de los cambios sufridos por los marcadores deverbales es la fijación morfológica y es bien sabido que «la fixació és major en les formes més gramaticalitzades» (Marín 2005, 248). Dicho de otro modo, una mayor fijación morfológica apunta a un mayor grado de gramaticalización de la forma. La lingüística cognitiva supone una interrelación entre todos los niveles de la lengua y se plantea, por lo tanto, que por la mayor fijación morfológica, los marcadores de movimiento demostrarán también en el nivel pragmático y sintáctico más rasgos prototípicos de la gramaticalización que los marcadores de percepción.[13]

---

**11** Este modelo no pretende de manera alguna representar el desarrollo diacrónico de la forma y de sus valores.

**12** A pesar de que en la literatura se menciona el uso de la forma de tratamiento *ande* (Castillo Lluch 2008, 1748), no ocurre esta forma en nuestro corpus (Capítulo 4).

**13** Marín (2005) ha constatado que el marcador catalán *miri* de entre un grupo de cuatro marcadores procedentes de verbos de percepción (*aviam, a veure, miri* y *escolti*) es morfológicamente

Dostie (2004, 66) trata los marcadores deverbales como un subgrupo observando que:

> Le passage de verbes au statut de [marqueurs discursif] constitue un cas de pragmaticalisation où les mêmes procédés sont exploités à fond.

Constata algunas regularidades en cuanto a la fijación de los deverbales de las que destacamos dos que se aplican a los marcadores objeto de estudio. Primero, señala que el imperativo está bien representado entre los marcadores, piénsense, por ejemplo, en *toma (ya), dale, anda,* etc. A este respecto, afirma Company Company (2004, 52) que las formas verbales «se (des)gramaticalizan mayoritariamente a partir del imperativo». Según Pusch (2008, 175), la presencia preponderante de formas imperativas entre los marcadores tiene su explicación en el carácter morfológico del modo verbal:

> L'impératif, forme verbale morphologiquement sous-déterminée et souvent courte, se prête de par ces particularités formelles assez bien à un usage de marqueur discursif, caractérisé, parmi d'autres choses, par une grande liberté de positionnement et par une faible intégration morpho-syntaxique dans son cotexte.

Además, Company Company (2004, 52) observa que el modo de la forma verbal originaria tiene una influencia en el sentido del marcador. Así, en las acciones expresadas por el imperativo o subjuntivo están involucrados ambos interlocutores. Por ejemplo, al enunciar el verbo *venga* el hablante quiere influir en el oyente. Al gramaticalizarse las formas se vuelven cada vez más (inter)subjetivas y el marcador adquiere un valor interactivo (3.3). Persiste en el uso como marcador el involucramiento de ambos interlocutores de la forma verbal originaria.

En segundo lugar, Dostie (2004) señala que el verbo es frecuentemente de primera o segunda persona singular, o de primera persona plural. Los marcadores estudiados en este trabajo proceden de formas verbales singulares (*anda, venga, vaya*), salvo el marcador *vamos* que equivale a la primera persona plural de *ir*. Al igual que el modo verbal de imperativo, el número y la persona del verbo también influyen en el proceso de cambio. Así, para Dostie las formas de primera persona plural y segunda persona singular, que remiten a los interlocutores implicados en el discurso, son más propicias a desarrollar valores (inter)subjetivos. En conclusión, el imperativo y la primera persona plural o la segunda persona singular

---

el marcador menos gramaticalizado, es decir, presenta una mayor flexibilidad morfológica. El grado de descategorización en el nivel morfológico lleva aparejado el grado de descategorización en los otros niveles gramaticales: el marcador *miri* no presenta reducción fonética, puede llevar sujetos pospuestos o vocativos, etc.

incluyen a los interlocutores en el mismo ámbito enunciativo, lo cual constituye un incentivo para el proceso de descategorización hacia la categoría funcional de los marcadores. No es de extrañar, por lo tanto, la preponderancia de los marcadores deverbales procedentes de imperativos de primera persona plural o segunda persona singular en el lenguaje.[14]

Además de eso, ambas autoras señalan que un solo verbo puede dar lugar a varios marcadores (Company Company 2004; Dostie 2004, 77). Algunos verbos españoles como *andar, mirar, ir, ver* son productivos y han generado más de un marcador: *ándale/ándele* y *anda*; *mira, mire* y *mirá*; *va, vamos* y *vaya*; *viste, a ver, verá(s)* y *velay* (de la combinación del clítico acusativo *-lo* y un adverbio locativo *-ahí*) (Company Company 2004; Dostie 2004). En palabras de Dostie (2004, 67), el verbo *ir* ha sufrido una *polipragmaticalización verbal*, ya que se usan las formas *vaya* y *vamos* como marcadores. Uno de los objetivos principales del estudio empírico será explicar las diferencias en los usos pragmáticos entre estos dos marcadores que resultan de una polipragmaticalización (*vaya* y *vamos*) (Capítulo 6).

### 1.2.2.3 Los marcadores en el plano prosódico

Siempre se ha subrayado la importancia del aspecto prosódico para la delimitación y definición de los marcadores en las obras teóricas con enfoque «intuitivo», esto es, teorías que se basan en apreciaciones del investigador (Hidalgo Navarro 2010, 62). Así, uno de los rasgos prosódicos mencionados más frecuentemente es la independencia prosódica (Bazzanella 1995; Dostie 2004; Martín Zorraquino/Portolés 1999; Pons Bordería 1998). Esta independencia implica que se percibe una pausa posterior y a veces también anterior al marcador y que, por lo tanto, los marcadores muchas veces constituyen un grupo fónico.[15] Presentan, además, una curva de entonación diferente del resto del enunciado, por lo que se comportan como elementos parentéticos.

Se sostiene que es precisamente la entonación especial de los marcadores lo que permite diferenciar los usos como marcador de los usos de la misma forma como adverbio, verbo, etc. (Martín Zorraquino/Portolés 1999, 4065; Schiffrin 1987, 231). Por ejemplo, según Schiffrin (1987, 231), se interpreta *well* como adverbio

---

14 No solo en español llama la atención el gran número de marcadores con esta forma, sino que también en inglés (*say, look*, etc.) (Van Olmen 2010; 2011), en neerlandés (*kom, kijk, allez (en Flandes)*, etc.) (Haegeman/Hill 2013; Van Olmen 2010) y en italiano (*senti, guarda, dai*, etc.) (Ghezzi/Molinelli 2014c; Tanghe/Jansegers 2014; Waltereit 2002) hay marcadores que derivan de formas similares (e incluso muchos derivan de verbos semánticamente similares).

15 Se define el grupo fónico como el segmento prosódico que se encuentra entre dos pausas perceptibles en el flujo de habla (Quilis 1998, 76).

temporal cuando se realiza con énfasis tónico y tono elevado, mientras que se interpreta como marcador cuando se realiza con entonación descendente y pausa posterior.

Asimismo, en el enfoque «intuitivo» se ha aducido la función distintiva de la prosodia, es decir, la realización prosódica admite matizar los valores e incluso distinguir entre los distintos valores de un marcador:

> [...] la sfumatura di significato di cui cono portatori i segnali discorsivi nei diversi contesti varia in base ai tratti prosodici. (Bazzanella 1995, 231)

En consecuencia, se argumenta que la información prosódica es un aspecto central para la interpretación funcional de los marcadores (Edeso Natalías 2009, 20; Martín Zorraquino 1998, 23; Schiffrin 1987, 333). Por ejemplo, en uno de los primeros estudios acústicos de los marcadores españoles, de Luna Moreno (1996) concluye que, concretamente, la estructura tonal es un aspecto prosódico central para diferenciar entre los usos de un marcador. Incluso constata que en general una curva ascendente-cadente marca las emociones del hablante y que por ello los marcadores con función expresiva se realizan con tal curva melódica.

En resumen, teóricamente los marcadores se caracterizan por estar aislados prosódicamente del resto del enunciado. La realización prosódica de los marcadores es, además, una clave importante para una interpretación exitosa de la función que desempeñan en el discurso. En el Capítulo 9 examinamos mediante un análisis acústico los rasgos prosódicos de los marcadores de nuestro estudio.

### 1.2.2.4 Los marcadores en el plano sintáctico

Por un proceso de gramaticalización los marcadores deverbales han perdido muchas de las posibilidades sintácticas propias de un verbo. Ante todo, se caracterizan por su estatuto extraproposicional por lo cual al omitir el marcador, el enunciado no se vuelve agramatical (Dostie 2004, 44). Por eso, son aceptables gramaticalmente los dos enunciados siguientes: *No conozco su nombre, pero vamos, no me importa tampoco/No conozco su nombre, no me importa tampoco.* Algunas características sintácticas demuestran el estatuto extraproposicional de los marcadores (Martín Zorraquino/Portolés 1999, 4056):

1)   La imposibilidad de estar modificado por especificadores y complementos: *\*Venga de aquí, hasta luego/ \* Muy venga, hasta luego.* Esta carencia distingue los marcadores de los adverbios que funcionan como complementos circunstanciales (*Vive lejos de aquí/ Vive muy lejos.*). Algunos marcadores admiten complementos con *de, si* o *que* (*además de, aparte de, vaya si, anda que*) y

los marcadores compuestos consisten en un marcador y un especificador o complemento (*aun con todo, antes por el contrario*). Sin embargo, se trata siempre de combinaciones fijas, es decir, que los especificadores o complementos no pueden ser sustituidos por otros (Llamas Saíz 2010, 191; Portolés 1998b, 63). Los adverbios modales, no obstante, pueden llevar especificador, más concretamente un adverbio intensificador (*Muy francamente*, Juan no sirve para este trabajo) (Llamas Saíz 2010, 191). Los adverbios modales serán, por lo tanto, elementos más periféricos de la categoría de los marcadores con respecto a este rasgo sintáctico.

2) La entonación particular. En su uso verbal no marcado, no se percibe pausa entre el predicado y el resto de la frase: *Vamos a la casa de mi tía*. Como marcador, en cambio, no es raro percibir una pausa posterior o anterior a la forma: *Vamos a la casa de mi tía, vamos, a la casa de mis tíos*. Estas pausas entonativas reflejan la independencia sintáctica de los marcadores (Llamas Saíz 2010, 190).

3) Los marcadores no se coordinan entre sí: *\*Vamos y venga, dame tu mano*. Para las interjecciones es imposible coordinarse entre sí, mientras que otros marcadores sí tienen esta posibilidad, siempre que el segundo marcador se encuentre en inciso (*Las redes sociales son además, y sobre todo, un gran negocio.*) (Llamas Saíz 2010, 191). Los marcadores sí pueden yuxtaponerse, pero la yuxtaposición está condicionada por la categoría formal de los marcadores y por su función. Así, por ejemplo, «los valores dialógicos suelen tener ámbito sobre los monológicos y los modales sobre los conectivos» (*pero vamos, pues mira*, etc. ) (Briz Gómez/Pons Bordería 2010, 354).

4) Los marcadores no se pueden negar, ni pueden ser sometidos a la interrogación: *\*No venga, dame un beso/ \*¿Venga?, dame un beso*.

5) No admiten focalización: *\*Fue vamos que fuimos a comer a casa de mis tíos*. Dado que los marcadores se encuentran fuera de la sintaxis de la oración, no pueden ser destacados por medio de una frase hendida, una estructura ecuandicional (*\*Si de algún modo lo hizo, fue sin embargo.*), una comparación, ni por una negación (Llamas Saíz 2010, 192).

6) Pueden tener autonomía en un turno de habla. No todos los marcadores gozan de la posibilidad de constituir un turno de habla. Las conjunciones que funcionan como marcadores, por ejemplo, no pueden ocupar solas un turno de habla (Portolés 1998b). En cambio, las interjecciones prototípicas tienen la posibilidad de aparecer independientemente, lo que se explica por su equivalencia con las oraciones (1.2.1). También los adverbios modales que expresan una evaluación pueden formar turnos de habla completos (*– ¿Va a venir Luis? – Probablemente.*), a diferencia de los de enunciación (*– ¿Sabes si va a venir Luis? – \*Francamente*) (Llamas Saíz 2010, 193).

7) Es imposible sustituirlos por elementos pronominales o deícticos a diferencia de los complementos circunstanciales: *Venga, una respuesta. / *Así, una respuesta.*

8) Nunca constituyen el resto de una elipsis. Este rasgo permite distinguir entre elementos intraoracionales y extraoracionales, de los que solo los primeros admiten elipsis (Portolés 1998b, 193, tomo su ejemplo): *Antonio renunciaría al premio por una razón de peso, pero, por este motivo, no. / *Antonio renunciaría al premio por una razón de peso, pero, por consiguiente, no.*

9) Los marcadores inciden no solo en oraciones, sino también en categorías léxicas y sintagmáticas muy diversas: *Venga, un beso. / Venga, dame un beso.*

Estos rasgos extraproposicionales ponen de relieve que los marcadores más prototípicos no pueden contraer relaciones sintácticas con otras partes de la oración. Además, la definición de los marcadores es ante todo una definición negativa (con excepción de la posible autonomía (6) y la entonación particular (2)).

Ahora bien, el rasgo más prototípico y definitorio de la sintaxis de los marcadores es la movilidad posicional. Los marcadores pueden ocupar una posición inicial, media o final en el enunciado o pueden constituir un turno de habla completo.[16] La movilidad se restringe, sin embargo, a una posición entre categorías mayores, es decir, «elementos que gozan de autonomía en la secuencia» (Martín Zorraquino 1998, 43). Así, los marcadores no suelen intercalarse entre la preposición y su término (**En, sin embargo, la finca de José tiene menos problemas*), el sustantivo y el adjetivo especificativo (**José tiene un coche, en cambio, negro*) o entre la oración principal y la subordinada relativa especificativa (**Los estudiantes, sin embargo, que nunca estudian, no aprueban*). Llamas Saíz (2010, 198) repara en que falta un sistema que describa la relación entre valores pragmáticos y la posición sintáctica de los marcadores. En otros términos, falta una descripción panorámica de los supuestos pragmáticos que determinan la posición de un marcador. Aun así, señala algunas generalidades sobre los factores que influyen en la movilidad de un marcador: argumenta que los adverbios y las interjecciones presentan el grado mayor de movilidad posicional, mientras que las conjunciones ocupan puestos fijos. Parece, por lo tanto, que según el modelo de Cuenca,

---

**16** Portolés (1998b, 37–38) señala que un marcador frecuentemente se sitúa en otro miembro del discurso que una oración, tales como nombres, adjetivos, adverbios, verbos y sintagmas preposicionales (*viajaba de noche y, sin embargo, sin luces.*). Por eso, conviene recurrir al término *enunciado* para referirse a los miembros del discurso. Así, un sintagma nominal como *dos cafés para llevar* constituye un enunciado (sin ser una oración gramaticalmente).

sobre todo las formas de marcación modal gozan de mayor libertad posicional, lo cual se explica por la incidencia limitada de estos marcadores que se restringe al enunciado en el que se encuentran (Llamas Saíz 2010, 199–200). Los marcadores que conectan, en cambio, inciden sobre más de un enunciado, por lo que suelen preferir la posición inicial o media de la intervención. Significa, en otras palabras, que la incidencia sintáctica de los marcadores determina también el grado de movilidad.

Cabe añadir que la movilidad también está determinada por el registro en el que se usan los marcadores. Los marcadores conversacionales, por ejemplo, suelen ser polifuncionales, lo cual se relaciona, supuestamente, con un mayor grado de movilidad. Briz Gómez/Pons Bordería (2010, 337) añaden que el estudio de la posición del marcador puede contribuir al estudio de la polifuncionalidad de estos elementos. Como último, se postula que el mayor grado de movilidad se presenta en marcadores con un grado de gramaticalización mayor. La gramaticalización de, entre otros, formas verbales a marcadores provoca una diversificación de contextos sintácticos (Traugott 1997) y conlleva, por tanto, una mayor libertad posicional. En conclusión, parece ser el valor pragmático (y con esto el grado de gramaticalización) y la incidencia sintáctica que determinan el grado de movilidad de un marcador (en el Capítulo 7 se verifica si esta afirmación se aplica a los marcadores de este estudio).

Sea como sea, de la descripción sintáctica de los elementos recordamos sobre todo que los marcadores tienen una entonación particular, que pueden yuxtaponerse con otros marcadores, que algunos son capaces de constituir por ellos mismos un turno de habla y que se postula una relación entre la polifuncionalidad y la posición del marcador. Examinamos estos asuntos para los marcadores objeto de estudio en la parte empírica.

## 1.3 Una clasificación funcional de los marcadores

Proponer una clasificación de los valores de elementos tan polifuncionales no es sencillo. Ciertos autores incluso pretenden que existen tantos valores como contextos. Sin embargo, coincidimos con Cortés Rodríguez/Camacho Adarve (2005) cuando afirman que es necesario buscar un equilibrio entre el aspecto polifuncional de los marcadores y la tendencia a estructurar los valores. La clasificación de los valores permite agruparlos y tener un esbozo de las posibilidades comunicativas de una forma. De esta manera, la clasificación en categorías funcionales puede contribuir a la comparación de los valores entre varios marcadores. Consideramos, por tanto, la clasificación de los valores como una necesidad heurística.

Para mantener una visión general sobre todos los sentidos los clasificamos en macrocategorías. Nuestra propuesta de clasificación y sus etiquetas parten de los usos reales de los marcadores que son objeto de este estudio. Este enfoque *bottom-up* permitirá agrupar los diferentes valores en macrocategorías y generalizar algunas tendencias, más concretamente las relaciones entre el comportamiento pragmático y el funcionamiento morfosintáctico de uno o varios marcadores (cf. Segunda parte).

En la bibliografía se encuentran varias propuestas de clasificación. Todas se basan en los papeles que desempeñan los marcadores en la comunicación. Algunas taxonomías parten de solo dos valores principales, a saber, un valor textual y otro interpersonal o interactivo (Brinton 1996; Cortés Rodríguez/ Camacho Adarve 2005): el valor textual recae sobre el texto mismo en el que el marcador ayuda a procesar la estructura de lo dicho o escrito, mientras que los usos interpersonales se relacionan con el hablante y la relación entre los interlocutores. Otras taxonomías proponen una división tripartita y dividen el valor interpersonal en uno más modal y otro de control de contacto (Borreguero Zuluoga 2015; Edeso Natalías 2009; Loureda Lamas/Acín Villa 2010). Los modalizadores «proyectan la actitud del hablante hacia un estado mental que se desea comunicar» (Loureda Lamas/Acín Villa 2010, 24), mientras que los marcadores de control de contacto se ocupan de la relación hablante-oyente. Todas estas clasificaciones proponen dos o tres macrocategorías dentro de las cuales distinguen varias *subfunciones*. Brinton (1996) por ejemplo, alista los valores fundamentales que se pueden ubicar en las dos clases funcionales que retiene (textual e interpersonal): iniciar el discurso, tomar el turno, indicar información nueva o conocida, expresar una reacción a un enunciado precedente, etc.

Con todo, la clasificación más difundida y conocida en el mundo hispánico es sin duda la propuesta por Martín Zorraquino/Portolés (1999). Como ya hemos mencionado (1.2.2.1) estos autores consideran un único significado por marcador que según el contexto puede adquirir *efectos de sentido*. Este valor básico pertenece a uno de los cinco grupos principales de marcadores. Dentro de cada grupo se distinguen a su vez dos o más *subfunciones*:

1) Los estructuradores de información señalan la organización informativa del discurso. Dentro de este grupo se distinguen: (1) *los comentadores* que introducen un nuevo comentario (*dicho esto*), (2) *los ordenadores* que agrupan varios miembros del discurso como partes de un único comentario o indican el lugar que ocupa un miembro del discurso en la secuencia discursiva (*por lo demás*) y (3) *los digresores* que introducen un comentario lateral (*a propósito*).

2) LOS CONECTORES vinculan dos miembros del discurso y contribuyen al proceso inferencial. La relación entre los dos miembros puede ser (1) *aditiva* cuando los miembros tienen la misma orientación argumentativa (*además*), (2) *consecutiva* cuando el segundo miembro es la consecuencia del primer miembro del discurso (*por lo tanto*) o (3) *contraargumentativa* cuando el segundo miembro suspende o atenúa la conclusión que se pudiera obtener del primero (*ahora bien*).

3) LOS REFORMULADORES presentan el miembro del discurso que introducen como una expresión que mejor se ajusta a su intención comunicativa. Este segundo miembro puede ser (1) *explicativo* cuando el segundo miembro aclara o explica el miembro anterior (*es decir*), (2) *rectificativo* para corregir el miembro que precede (*más bien*), (3) *de distanciamiento* cuando privatizan el miembro que precede como no pertinente para la prosecución del discurso (*en cualquier caso*) o (4) *recapitulativo* cuando introduce una conclusión o recapitulación del miembro o varios miembros anterior(es) (*en resumen*).

4) LOS OPERADORES ARGUMENTATIVOS no relacionan miembros del discurso, sino que condicionan las posibilidades argumentativas del miembro del discurso en el que se incluyen. Los operadores pueden ser de dos tipos: (1) *operadores de refuerzo argumentativo* subrayan como argumento el miembro del discurso en el que se incluyen (*en realidad*); (2) *los operadores de concreción* introducen un ejemplo de lo que precede (*en particular*).

5) LOS CONVERSACIONALES son los marcadores que ocurren con preferencia en la conversación. Pueden cumplir una función (1) *metadiscursiva* cuando estructuran la conversación (*bueno*), (2) *modal deóntica* cuando indican diversas actitudes (*okey*), (3) *modal epistémica* cuando señalan el grado de certeza, de evidencia, etc. (*claro*) o pueden ser (4) *enfocadores de alteridad* cuando apuntan al oyente o a ambos interlocutores y orientan sobre la relación del hablante con el oyente (*hombre*).

Los autores distinguen, por tanto, entre los marcadores que se usan principalmente en la lengua escrita, por una parte, y los marcadores preferidos en la conversación, por otra. Los marcadores seleccionados para este estudio pertenecen al grupo de los conversacionales, ya que su uso se restringe a la lengua hablada. Esta clasificación general de Martín Zorraquino/Portolés (1999, 4080) ayuda a situar y comparar varios marcadores en el panorama funcional. Sin embargo, por su carácter general, esta clasificación no se presta a analizar profundamente los valores de los marcadores objeto de estudio. Por eso, en el estudio empírico aplicaremos una clasificación que mejor agrupa los valores de los marcadores *anda*, *vamos*, *vaya* y *venga* (Capítulo 6).

La clasificación aplicada en el presente estudio se basa en las funciones del lenguaje propuestas por Bühler (1950) y elaboradas por Jakobson (1960). Jakobson distingue seis funciones del lenguaje que se relacionan cada uno con uno de los factores de la comunicación:

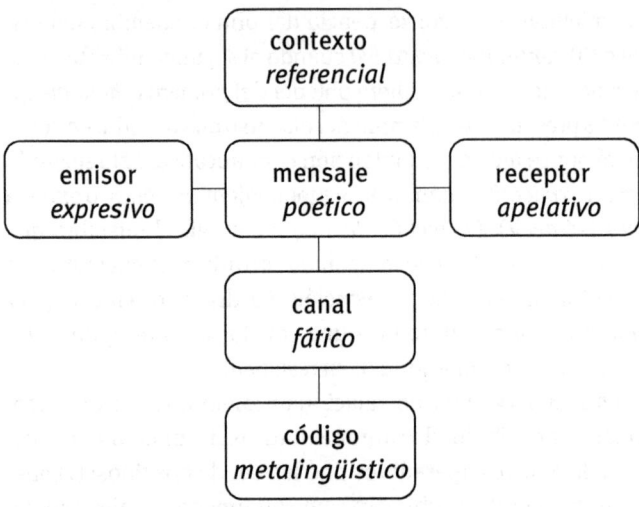

**Figura 4:** Las funciones del lenguaje según Jakobson (1960)

Para establecer la comunicación se necesita un contexto, un mensaje, un canal, un código, un emisor y un receptor. A partir de estos factores, Jakobson determina las seis funciones del lenguaje: referencial, poética, fática, metalingüística, expresiva y apelativa respectivamente. Con base en este modelo distinguimos tres macrocategorías funcionales de los marcadores, que corresponden al valor apelativo, metadiscursivo y expresivo.[17] Ghezzi/Molinelli (2014b, 13) proponen también que todos los valores de los marcadores pueden agruparse alrededor de tres macrofunciones que se relacionan con: (a) el discurso/texto mismo, (b) el acto social de hablar, (c) el hablante mismo. Estas tres macrofunciones corresponden con la función metadiscursiva, apelativa y expresiva respectivamente. Añaden Ghezzi/Molinelli (2014b, 13) que, a pesar de la tarea no siempre factible ni fácil de separar las funciones, es imprescindible agrupar todos los valores en macrofunciones para propósitos heurísticos.

---

**17** Una clasificación tripartita similar ha sido propuesta por Loureda Lamas/Acín Villa (2010, 23–24) que también se basan en el esquema de Jakobson. Ellos distinguen las clases de *control de contacto, modalización* y *marcación.*

Cabe subrayar que las tres macrofunciones constituyen categorías radiales que cumplen con la descripción de una teoría de prototipos (Capítulo 3). Por consiguiente, dentro de las macrofunciones habrá ejemplos prototípicos y otros periféricos. Por ejemplo, un uso apelativo de un marcador se acerca al valor expresivo de desacuerdo cuando tiene valor prohibitivo (*Anda, no te enfades*). En lo que sigue, ilustraremos las tres macrofunciones.

Una primera función se relaciona con el papel apelativo o conativo del lenguaje (Bühler 1950; Jakobson 1960). Los marcadores con función apelativa transmiten un contenido procedimental que se refiere a la relación entre el hablante y el oyente. Más específicamente estas formas suelen llamar la atención del oyente e intentan influir en su conducta:

(13) ¡*Venga*, un beso!

En este ejemplo el valor del marcador se sitúa en el ámbito interaccional, ya que el hablante subraya con *venga* su deseo de que el oyente le dé un beso.

Al lado de este valor, los marcadores pueden desempeñar un papel en la organización y la estructuración del discurso, esto es, pueden tener una función metadiscursiva.[18] Tomamos como ejemplo la forma *vamos* que ha sido descrita como un elemento capaz de guiar al interlocutor a lo largo del discurso (Romero Aguilera 2006). Considérese el ejemplo siguiente:

(14) [...], y esta noche vamos a ir a cenar a mi casa, *vamos*, a la casa de mis padres, porque con eso de mi casa o casa de mis padres te armas un taco terrible, [...] (MC-NLCH)

El marcador indica una relación entre los enunciados que lo rodean. Más concretamente *vamos* indica que hay que interpretar el enunciado que sigue como una matización de lo que precede.

En último lugar, con función expresiva los marcadores pueden exteriorizar las actitudes o estados de ánimo del hablante ante la situación extralingüística o ante un contexto lingüístico. El contenido procedimental del marcador ayuda a interpretar la actitud concreta comunicada por el hablante. Esta actitud puede ser de índole muy diferente: sorpresa, alegría, disgusto, etc. Considérense los ejemplos siguientes:

---

**18** Jakobson (1960) propone una función metalingüística para estos elementos que se usan para referir a la lengua misma. Consideramos que algunos marcadores pueden cumplir esta función, pero como siempre hacen referencia a la organización del discurso y por analogía con la clasificación de Martín Zorraquino/Portolés (1999) preferimos el término metadiscursivo en lugar de la denominación *metalingüístico*.

(15) ¡*Anda*, se me ha olvidado cerrar la puerta!

(16) ¡*Oh!*, mira, he recibido una carta de Ana.

(17) ¡*Hombre*, tú por aquí!

La forma *anda* expresa una actitud de lamento hacia la situación y se relaciona, por lo tanto, con un estado de cosas no deseables por el hablante. En el segundo ejemplo, en cambio, *oh* se relaciona con una situación deseable por el hablante e indica una actitud de alegría. El marcador *hombre* por su parte se relaciona en este ejemplo con un contexto imprevisto y la actitud recuperable es la de sorpresa.

Intentar ubicar el valor de un marcador en una categoría plantea un desafío mayor, porque la polifuncionalidad de los marcadores se sitúa en dos niveles (Ghezzi/Molinelli 2014a, 12). Primeramente, es bien sabido que en el proceso de pragmaticalización, las formas adquieren más de un valor pragmático. Esta acumulación de valores causa que una forma pueda tener valores pragmáticos muy diversos según el contexto en el que se encuentre (3.3); dicho de otro modo, el marcador puede ser polifuncional en un nivel paradigmático. Como veremos en el Capítulo 6, el marcador *vamos*, por ejemplo, puede adoptar tanto un valor metadiscursivo, expresivo como apelativo, lo cual significa que la pertenencia de un marcador a una clase en un contexto concreto no excluye que en otro contexto el marcador tenga otro valor y pertenezca, por lo tanto, a otra clase funcional.

Al mismo tiempo, la polifuncionalidad puede presentarse en un nivel sintagmático cuando un marcador tiene varios valores en un solo contexto. Así, por ejemplo, es posible que un elemento no solo exhorte al oyente a hacer algo, sino que al mismo tiempo exprese cierta actitud:

(8) ¡*Anda*, no te sientes allí!

El marcador *anda* exterioriza tanto una actitud de protesta como un deseo de influir en la actuación del oyente. Este ejemplo muestra que los límites entre las categorías resultan (a veces) poco nítidos.

Interpretar los valores de los ejemplos constituye inevitablemente una vertiente intuitiva y subjetiva del análisis. Sin embargo, esto no tiene por qué suponer un problema, puesto que, como ya hemos observado en la introducción, el lingüista siempre dejará su huella subjetiva en su investigación, sea cual sea su enfoque teórico. En el estudio empírico (Capítulo 6), clasificamos cada ejemplo según su valor predominante deducido del contexto (y, si son accesibles, consultamos las grabaciones). Además, no incluiremos en la discusión, los ejemplos que plantean problemas de interpretación funcional (por ejemplo, por falta de contexto) (Capítulo 4).

## 1.4 Resumen y conclusiones

En este capítulo hemos tratado de aclarar el carácter particular de los marcadores a fin de obtener un mejor conocimiento del fenómeno y de construir los fundamentos para el análisis empírico.

Entre la maraña de puntos de vista existentes sobre estas unidades lingüísticas hemos seleccionado los más comunes y relevantes. Consta que el papel comunicativo de los marcadores es ayudar a inferir la conclusión pretendida por el hablante de modo que disminuya el esfuerzo inferencial del oyente. Por eso, se dice que los marcadores tienen valor *procedimental*. Sin embargo, el valor de varios marcadores demuestra un lazo con el valor conceptual de la forma original (*en contraste*, *en el fondo*, etc.), por lo que se afirma que ambos valores – procedimentales y conceptuales – se combinan en los marcadores. Cuanto más gramaticalizada esté una forma, más valor procedimental habrá adquirido.

Con lo que respecta a su definición, hemos propuesto una definición a partir de sus rasgos (semánticos, morfológicos, sintácticos y prosódicos) prototípicos, visto el carácter heterogéneo de los marcadores. Además, el modelo dinámico propuesto por Cuenca ayuda a identificar, a primera vista, los marcadores objeto de estudio como marcadores tanto modales (interjecciones) como discursivos (conectores pragmáticos). De esta manera, el modelo realza y refleja adecuadamente el carácter particular y polifuncional de los marcadores.

Con el fin de organizar todos los valores que los marcadores pueden adoptar, hemos propuesto una clasificación tripartita con tres macrofunciones. La función apelativa remite a la relación entre el hablante y el oyente, puesto que un marcador le permite al hablante influir en la conducta el oyente. La función expresiva se sitúa en el nivel de la relación entre el hablante y el contexto, dado que indica la actitud del hablante. Por último, la función metadiscursiva se centra principalmente en el mensaje mismo. Conforme al enfoque cognitivo, cada una de estas macrofunciones constituye una categoría radial, por lo que un uso concreto de un marcador puede ser más o menos prototípicamente apelativo, expresivo o metadiscursivo. Los ejemplos menos prototípicos son casos periféricos que se encuentran cerca de o en la frontera con otra macrofunción. Dicho de otro modo, las fronteras entre las tres macrofunciones son borrosas.

Con todo esto, creemos haber demostrado que una aproximación rígida a los marcadores dañaría la índole tan dinámica y rica de estos elementos. Por eso mismo y de acuerdo con los principios cognitivos, consideramos los rasgos que definen a la clase de los marcadores como prototípicos.

# Capítulo 2
# Identificación de las formas verbales *anda, vamos, vaya* y *venga*

> *Una elevada polisemia caracteriza a los verbos que se recategorizan como marcadores. Son verbos de un significado general, es decir, verbos de baja elaboración semántica, con gran flexibilidad por tanto para aparecer en diferentes tipos de contextos [...]*
>
> (Company Company 2004, 54)

Una de las preguntas de investigación propuestas es si los rasgos de la base léxica pueden dar cuenta del comportamiento de las formas cuando funcionan como marcadores. Dicho de otro modo, examinaremos en qué medida los marcadores mantienen aspectos de sus valores conceptuales (el significado de la base léxica). Para indagar en este asunto, hace falta ante todo esbozar los rasgos de estas formas verbales: las formas *anda, vamos, vaya* y *venga* tienen en común su categoría léxica y el modo gramatical. En primer lugar, los marcadores objeto de este estudio derivan de formas gramaticales de verbos de movimiento (VVdM): *ir, venir* y *andar*.[1] En segundo lugar, todas las formas pertenecen al modo imperativo o al modo subjuntivo: formalmente *anda* es la única forma propia del imperativo, las demás formas siendo formas verbales en modo subjuntivo (*vaya, venga* y *vamos*). Las formas *vaya* y *venga* se usan también para complementar el paradigma del imperativo. Concretamente, son las formas de tratamiento (*usted*).[2] En cuanto a la forma *vamos*, esta deriva de una forma medieval del subjuntivo de *ir* (González Ollé 2002) que, según el Diccionario panhispánico de dudas (Real Academia Española 2005), actualmente aún «se emplea, con más frecuencia que *vayamos*, con finalidad exhortativa». En lo que sigue, nos proponemos profundizar en la clase de los VVdM (2.1), y en el modo imperativo y el modo subjuntivo (2.2) con el fin de llegar a una descripción más detenida de estas formas verba-

---

1 El verbo *ir* ha sufrido una *polipragmaticalización*, puesto que hay dos formas (*vaya* y *vamos*) de un solo verbo que se prestan a usos discursivos (Dostie 2004, 34) (1.2.2.2).

2 Con *formas de tratamiento* nos referimos a las formas de tercera persona singular del subjuntivo con las que el emisor muestra respeto y consideración frente al oyente de tal manera que las convenciones que rigen una conversación no sean violadas (Haverkate 1994). Así, un estudiante debería usar la forma formal o de cortesía del verbo cuando se dirige a un profesor: *¿Está usted disponible el martes por la tarde?* Contrariamente a situaciones informales (entre amigos, en familia, etc.) en las que el emisor se sirve de formas informales del verbo: «Hombre, ¡vete ya!». Con respecto a los marcadores objetos de estudio solo *anda* deriva de una forma informal de segunda persona singular de indicativo.

les. Cabe aclarar que, a pesar de que la presente investigación no comprende un estudio diacrónico de las formas, se comentan a continuación algunos aspectos de su evolución diacrónica, puesto que estos contribuyen a una mejor comprensión de los usos actuales de los marcadores.

## 2.1 Los verbos de movimiento

### 2.1.1 Clasificación de los verbos de movimiento

La clase de los verbos de movimiento engloba verbos semánticamente *dinámicos*, tales como *ir(se)*, *huir*, *caminar*, *nadar*, etc. A partir de la semántica de los verbos incluidos, esta clase de verbos dinámicos consiste por lo menos en dos grandes subclases, a saber, los *intrínsecos* y los *extrínsecos*, destacados por primera vez por Tesnière (1959). Los verbos *intrínsecos* incluyen los verbos que semánticamente refieren al tipo de movimiento que depende de las condiciones somáticas del sujeto que se mueve. Así, para un movimiento de un punto A a un punto B el caballo *galopa*, el pájaro *vuela*, la serpiente *repta* y el hombre *camina*. En otras palabras, los verbos intrínsecos describen la manera en que un sujeto se desplaza. El segundo tipo no se centra en el modo de mover del sujeto sino en el espacio en el que tiene lugar el movimiento. Verbos como *ir(se)/venir(se)*, *entrar/salir*, *subir(se)/bajar(se)* son pares de verbos extrínsecos que se oponen con respecto al tipo de situación espacial que expresan. Todas las clasificaciones propuestas posteriormente a Tesnière incorporan esta oposición entre VVdM según la inclusión o no del sema [±modo] (Boons 1987; Cifuentes Honrubia 1989; Crego García 2000; Dervillez-Bastuji 1982; Lamiroy 1991).[3] De esta manera, se ha establecido la distinción léxica entre *verbos de modo de desplazamiento (andar, nadar, pasear, etc.)* y *verbos de desplazamiento (ir(se), venir(se), entrar, subir(se), etc.)* (Crego García 2000, 48–49).

Crego García (2000, 87–116) parte de las propuestas existentes para formular su propia clasificación en la que confluyen una interpretación sintáctica y otra de índole semántica. En un primer nivel sintáctico, la clasificación se basa en la función que tiene el agente dentro de la construcción verbal: puede ser el sujeto de una construcción transitiva o intransitiva (*Juan llevó a su hijo al parque/Juan se alejó de su casa*), o puede ser el objeto de una construcción transitiva (*María alejó a Juan de su casa*). De esta manera, distingue entre VVdM que presentan una alternancia entre las construcciones intransitiva-media y transitiva-causativa, y los verbos que carecen de esta alternancia. Considera, por lo tanto, una

---

3 Para una descripción elaborada de las clasificaciones remitimos a Crego García (2000, 47–78).

clase de verbos causativos y otra de verbos no causativos respectivamente. En el ejemplo siguiente *subir* es un verbo causativo porque admite la alternancia entre una construcción transitiva-causativa (1) y otra intransitiva-media (2):

(1)   a. Los agentes de Goebbels se acercaron al anciano y *lo subieron a un carro*. (Crego García 2000, 96)

(2)   b. El anciano *(se) subió a un carro*. (Crego García 2000, 96)

En (1) el sujeto (*los agentes*) causa la acción de subir que padece el objeto (*el anciano*), mientras que en (2) el sujeto es a la vez agente y paciente del movimiento. Cabe dejar constancia de que una interpretación causativa solo es posible si el complemento directo es [+animado], esto es, cuando tiene capacidad autónoma de moverse (*Los agentes subieron la mesa al coche/ \*La mesa (se) subió al coche*).

Al grupo que rechaza la alternancia causativa pertenecen (a) los verbos intransitivos que no admiten una construcción transitiva (*ir, venir, salir*, etc.), (b) verbos transitivos que no admiten una construcción intransitiva (*llevar, enviar, sacar*, etc.) y (c) los verbos transitivos que admiten una construcción intransitiva pero no causativa (*correr, andar, nadar*, etc.). En estas estructuras no causativas, tanto intransitivas (3) como transitivas (4), el protagonista del movimiento es siempre el sujeto:

(3)   Porque yo *fui* concretamente a Cádiz y me parece que tardé hora y cuarto, u hora y media. (Crego García 2000, 101)

(4)   Al llegar al lago, *nadé doscientos metros*, aunque el agua estaba un poco fría. (Crego García 2000, 101)

En efecto, Crego García (2000, 101–102) incide en que hay un vínculo entre el protagonista agente del movimiento y el tipo de construcción: las construcciones no causativas (3)(4) privilegian el sujeto como agente, en las causativas medias el sujeto es agente y paciente a la vez (2) y en las causativas transitivas el protagonista paciente es el objeto [+animado] (1).

Al lado de los dos subtipos sintácticos, distingue en un segundo nivel varios subtipos semánticos (Crego García 2000, 102–116). Esta categorización semántica no concuerda con la sintáctica, puesto que los tipos semánticos entran tanto en la clase causativa como en la no causativa. La presencia o ausencia de cinco semas determina la clasificación semántica propuesta:

1)   [+cambio de lugar]: representan o no el desplazamiento de un lugar inicial a otro final (*ir(se) de un lugar a otro, quitar de un lugar a otro*, etc.).

2)   [+desplazamiento orientado]: implican un lugar que sirve de punto de referencia (*salir de un lugar, alejar(se) de un lugar*, etc.).

3) [+desplazamiento situacional]: subrayan un estadio inicial o final del desplazamiento (*levantar(se) de algún lugar, acostar(se) en algún lugar*, etc.)
4) [+modo de desplazamiento]: indican la manera de desplazarse (*caminar por
   algún lugar, andar por algún lugar*, etc.)
5) [+modo de acción]: representa los usos verbales que no pueden llevar complementos locativos y que son, por tanto, verbos semilocativos. Han sufrido
   una *recategorización modal* y expresan más bien un estado (*Anda muy preocupado*).

Basándose en estos rasgos Crego García (2000, 103) propone una clasificación
semántica bipartita:

1. Los verbos de desplazamiento [+desplazamiento], [-modo de desplaza-
   miento], [+dirección]
   a. Verbos direccionales [+desplazamiento orientado]
   b. Verbos situacionales [+desplazamiento situacional]
2. Los verbos de modo de desplazamiento [+desplazamiento], [+modo de des-
   plazamiento], [-dirección]

Los verbos de desplazamiento se relacionan con el rasgo [+localización] y seleccionan un complemento locativo que implica un cambio de lugar (*Ha salido de
la casa*). Al revés, los verbos de modo de desplazamiento favorecen la presencia
del rasgo [+localización extensional], puesto que no expresa necesariamente un
cambio de lugar (*Nadó durante horas en el agua fría*). Sin embargo, los complementos locativos pueden añadir al verbo de modo de desplazamiento un sentido
de direccionalidad (*Anduvimos para arriba*), pero el rasgo [+cambio de lugar]
sigue siendo extrínseco al significado inherente del verbo.

Según Roegiest (1980), los verbos más prototípicamente direccionales se reconocen por la posibilidad de expresar *origen* (*de/desde* + N), *dirección* (*a, hacia,
hasta, para* + N) y *pasaje* (*por* + N) o por tolerar la pregunta *adónde* (*¿Adónde
vais?* – *Vamos a la biblioteca*). Otro criterio es la compatibilidad con la estructura
*a* + *infinitivo* que implica la idea de direccionalidad (*Fue al mercado a comprar
pescado*). Cuanto menos implica el verbo la idea de direccionalidad, más tiende
a combinarse con un sintagma preposicional introducido por *para* (*Se sentó a mi
lado para ayudarme*).

Crego García (2000) combina los dos niveles (uno sintáctico y otro semántico) para llegar a una clasificación final de los VdM:

1. Verbos de movimiento causativos
   1.1 Verbos de desplazamiento

      1.1.1   Desplazamiento direccional: *dirigir(se)*, *meter(se)*, *subir(se)*, etc.

      1.1.2   Desplazamiento situacional: *poner(se)*, *colocar(se)*, *sentar(se)*, etc.[4]

    1.2   Verbos de modo de desplazamiento: *volar*, *mover(se)*, *lanzar(se)*, etc.

2.   Verbos de movimiento no causativos

    2.1   Verbos de desplazamiento direccional (VdMD): *ir*, *venir*, *salir*, *llevar*, etc.

    2.2   Verbos de modo de desplazamiento (VdMM): *andar*, *caminar*, *pasar(se)*, etc.

Siguiendo esta clasificación, los VVdM objeto de este estudio son todos no causativos, es decir, no admiten la alternancia entre una construcción intransitiva media y otra transitiva causativa (*Merche (se) fue a casa.* → *\*Emma fue Merche a casa*). Los verbos *ir* y *venir* se clasifican como verbos de desplazamiento direccional, puesto que inherentemente expresan una dirección [+dirección] (*fuimos al parque – ¿Adónde fuisteis?/Vinieron al parque – ¿Adónde vinieron?*). El verbo *andar*, al contrario, expresa inherentemente un modo de desplazamiento (*Anduvimos en el parque*). Aun así, añadiendo un complemento locativo que expresa una dirección, el sintagma verbal puede recibir un valor de direccionalidad (*Anduvimos al parque*). En el capítulo siguiente indagamos sobre los eventos de movimiento descritos por los verbos *ir*, *venir* y *andar*.

## 2.1.2 Descripción conceptual

Según Talmy (2007, 70), el evento de movimiento consiste prototípicamente en cuatro componentes internos: un objeto (*la Figura*) se mueve (*Movimiento*) con respecto a un objeto referencial (*el Fondo*) y al moverse la Figura sigue *una Trayectoria*. Así, por ejemplo, en la frase *Marta va al supermercado* Marta es la Figura (Fg) del Movimiento (Mov) con respecto al supermercado que es el Fondo (Fo). La Trayectoria (T) descrita es el tramo recorrido desde el lugar donde se encuentra Marta hasta el supermercado. Consiguientemente, el evento de movimiento de este ejemplo se representa de la manera siguiente:[5]

---

4 Crego García (2000, 116) repara en que todos los verbos de desplazamiento situacional son causativos.

5 Las imágenes esquemáticas no pretenden representar de manera exhaustiva el carácter semántico de una palabra o una estructura lingüística. Más bien, son representaciones abstractas y sistemáticas de la organización conceptual y tienen una función heurística (Langacker 2008, 9).

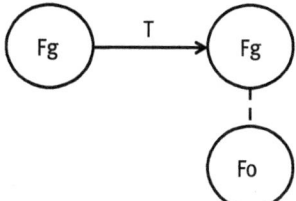

**Figura 5:** Imagen esquemática de *Marta va al supermercado*.[6]

Al lado de estos componentes internos, en opinión de Talmy (2007), un evento de movimiento puede asociarse con un componente externo que añade el significado de Causa o Modo (Mo) (el *co-evento*). Cuando estos componentes se aplican a la semántica inherente de los VVdM se distingue claramente entre las dos clases semánticas en español: (1) *los verbos de desplazamiento direccional (y situacional)* expresan inherentemente una Trayectoria y carecen del componente Modo, mientras que (2) *los verbos de modo de desplazamiento* expresan inherentemente un Modo y carecen de un componente que explicite la Trayectoria. Los verbos del primer grupo incluyen la Trayectoria en la forma verbal, dado que el español es una lengua formalizada en el verbo (*verb-framed language*) (Talmy 2007, 153): *Atravesó el río nadando*. En otras lenguas, como, por ejemplo, el inglés, la Trayectoria se explicita en los complementos: *He swam across the river*. Por consiguiente, cuando en español se quiere expresar el modo con un verbo de desplazamiento direccional hace falta añadir un complemento, por ejemplo, un gerundio, como en el ejemplo citado arriba *(atravesó nadando)* (Talmy 2007, 89). En cambio, con un verbo de modo de desplazamiento se puede añadir un complemento locativo que especifique la Trayectoria: *Marta anda al supermercado*. De esto se concluye que al lado del componente Movimiento, los verbos *ir* y *venir* expresan inherentemente la Trayectoria, mientras que el verbo *anda* contiene el componente Modo.

Además de eso, la Trayectoria de cualquier tipo de evento de movimiento puede llevar uno (o más) de los tres componentes siguientes: el Vector, la Conformación y la Deixis (Talmy 2007). El primer componente implica la llegada, la travesía y la salida de una Figura con respecto al Fondo. La Conformación se relaciona con la representación de la geometría del espacio en el que tiene lugar el movimiento (*El juguete rodó dentro de la caja*). El último componente, la Deixis puede expresar un movimiento o bien *hacia el hablante*, o bien *en una dirección otra del hablante*. Tanto el verbo *ir* y *venir* expresan inherentemente la Deixis (en

---

6 Las figuras sin referencia explícita son figuras construidas por la autora de este volumen.

este caso espacial), ya que tienen un componente direccional (Cifuentes Honrubia 2007). Estos verbos intransitivos deícticos se caracterizan prototípicamente
por un sujeto que funciona tanto de agente causante del movimiento como de
objeto o Figura del movimiento:

(5)    Isabel fue a Valencia. (Cifuentes Honrubia 2007, 3)
(6)    Isabel vino a Valencia. (Cifuentes Honrubia 2007, 3)

En estos dos ejemplos (5)(6), el sujeto *Isabel* causa el movimiento y es al mismo
tiempo el objeto que se desplaza (la Figura).

La diferencia semántica entre los dos verbos deícticos *ir* y *venir* reside en la
Deixis expresada. El verbo *venir* expresa acercamiento al centro deíctico, mientras que *ir* expresa alejamiento del centro deíctico. En una conversación cara a
cara el centro deíctico es el hablante. Así pues, los ejemplos (5) y (6) se representan esquemáticamente de la manera siguiente:

*(a) Isabel fue a Valencia*          *(b)  Isabel vino a Valencia*

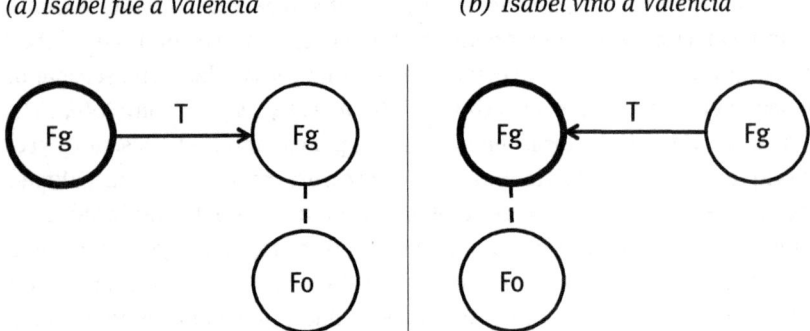

**Figura 6:** Imágenes semánticas de *ir* y *venir*

En la Figura 6, la Figura es Isabel y el Fondo es Valencia. Si Isabel vive con su
madre en Madrid y ha ido a visitar a una amiga en Valencia, la madre que se
encuentra en Madrid dirá: *Isabel fue a Valencia*, mientras que la amiga dirá:
*Isabel vino a Valencia*. En efecto, en (a) el verbo expresa un alejamiento del
centro deíctico (línea gruesa), esto es, el lugar en el que se encuentra el hablante
(la madre) en el momento de habla. En (b), al contrario, el verbo expresa acercamiento al centro deíctico, es decir, a la amiga quien es el enunciador. Coseriu
(1981) denomina, por ende, el verbo *venir* como el término positivo de la deixis
y el verbo *ir* como el término negativo de la deixis, ya que expresan, respectivamente, movimiento en el espacio de la primera persona y movimiento en el
resto del espacio.

El verbo *venir* tiene además dos rasgos semánticos particulares. En primer lugar, requiere siempre la presencia del hablante en el punto de llegada (Cifuentes Honrubia 2007, 4), contrariamente a lo que ocurre en otras muchas lenguas. En efecto, en español el hablante nunca se pone en el lugar del oyente para adoptar su punto de vista. Por consiguiente, cuando una madre llama a su hijo a que venga, el hijo responderá con *¡Ya voy!*, dado que el hijo aún no se sitúa en el punto al que su madre le ha llamado. Por otro lado, en francés, por ejemplo, no se establece la condición de la presencia del hablante en el punto de llegada para el uso del verbo *venir*, por lo cual el hijo responderá con *Je viens*. Dicho de otro modo, el centro deíctico (el hablante) del verbo *venir* se encuentra siempre cerca del Fondo (véase Figura 6 (b)).

Nakazawa (2006, 297) señala una segunda particularidad del verbo *venir*. Llega a la conclusión de que los verbos que expresan un movimiento hacia el centro deíctico implican siempre una llegada y, por consiguiente, llevan en su semántica la llegada del movimiento, dicho de otro modo, son verbos télicos. Prueba de ello es que el tiempo de referencia de *venir* coincide con el tiempo de la llegada. Así en *Elisa vino al trabajo a las ocho* está implicado que Elisa llegó a las ocho. Con el verbo *ir*, en cambio, el tiempo de referencia puede ser el tiempo de salida (7) o de llegada (8):

(7)   El concierto empieza a la una, pues iré al auditorio a las doce y media.
(8)   El concierto empieza a la una, pues iré al auditorio a la una.

Estos dos ejemplos demuestran que la expresión de un tiempo de llegada o salida del verbo *ir* depende del contexto. Además, con el verbo *ir* no se puede saber si la Figura ha llegado: *Fue al colegio (a las ocho), pero aún no ha llegado*. El verbo *venir*, por otra parte, implica intrínsecamente una limitación en la Trayectoria, por lo que no es aceptable un enunciado como *\*Vino al colegio (a las ocho), pero aún no ha llegado*.

Con esta información adicional presentamos las imágenes esquemáticas definitivas de *andar*, *ir* y *venir*:

*IR*

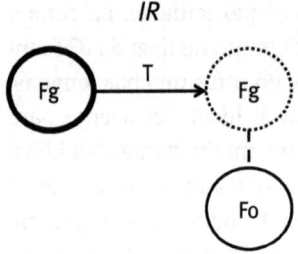

*VENIR*

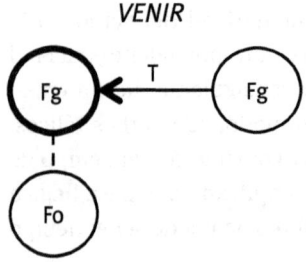

*ANDAR*

**Figura 7:** Imágenes esquemáticas de *andar, ir y venir*

Así, en resumen, los verbos *ir* y *venir* implican una orientación dirigida (T) de la Figura. Esta orientación es un alejamiento del centro deíctico (líneas gruesas) para *ir* y, en el caso de *venir*, es incondicionalmente un acercamiento al centro deíctico. Además, el evento de movimiento de *venir* implica una Trayectoria que llega a su fin (flecha gruesa) en el lugar donde se encuentra el centro deíctico, mientras que la Trayectoria de *ir* no está necesariamente delimitada (líneas de puntos). El verbo *andar* se distingue de estos dos verbos por no indicar la Trayectoria o la dirección, sino el Modo (Mo) de movimiento (línea gruesa). Por consiguiente, el verbo no implica inherentemente una referencia al Fondo (de ahí las líneas de puntos).

Los tres verbos de movimiento *andar, ir* y *venir* son tres verbos que se usan frecuentemente y que gozan, consecuentemente, de una gran flexibilidad semántica. Por eso, no es de extrañar que se usen las estructuras conceptuales del movimiento para conceptualizar otros conceptos que suelen ser más abstractos. Por eso, el capítulo siguiente se dedica a las extensiones metafóricas posibles de la aquí expuesta conceptualización del evento de movimiento.

### 2.1.3 Las extensiones metafóricas a partir de los verbos de movimiento

Según Lakoff/Johnson (2003, 115), expresamos los conceptos abstractos (emociones, ideas, tiempo, etc.) usando conceptos que entendemos mejor y que son más concretos (objetos, localización espacial, etc.) (se expone más detenidamente la teoría de la metáfora en el apartado 3.1):

> [...] many aspects of our experience cannot be clearly delineated in terms of the naturally emergent dimensions of our experience. This is typically the case for human emotions, abstract concepts, mental activity, time, work, human institutions, social practices, etc., and even for physical objects that have no inherent boundaries or orientations. Though most of these can be *experienced* directly, none of them can be fully comprehended on their own terms. Instead, we must understand them in terms of other entities and experiences, typically other *kinds* of entities and experiences.

El movimiento es uno de estos conceptos concretos que se usan para remitir a conceptos más abstractos. De hecho, en la lengua se conceptualiza, a menudo, la realidad mediante el concepto de movimiento. Radden (1995, 424) sostiene que no es de extrañar que el movimiento se preste a varias extensiones metafóricas, ya que es una de las experiencias más salientes del ser humano. Ya desde muy pequeño (incluso un recién nacido) se interesa por todo lo que mueve a su alrededor. Además de eso, los VVdM se aprenden muy temprano y son los verbos que más frecuentemente se usan (Miller/Johnson-Laird 1976, 527). Efectivamente, suelen ser las unidades lingüísticas que se usan con cierta frecuencia que se prestan a desarrollar nuevas funciones, puesto que «Frequency is one of the factors that conditions functional change» (Bybee/Hopper 2001, 13).

El proceso metafórico se caracteriza por la invariabilidad (*The Invariance Hypothesis* de Lakoff (1990, 54)), lo cual significa que la metáfora mantiene la imagen esquemática del dominio fuente. Ya sabemos que la imagen esquemática de los VVdM consiste en una Figura, un Fondo y un Movimiento. Los verbos de desplazamiento direccional y los verbos de modo de desplazamiento implican también una Trayectoria y un Modo respectivamente. Así, los cuatro componentes y las estructuras de los esquemas conceptuales (2.1.2) deben mantenerse cuando se usan los verbos *ir, venir* y *andar* con un valor más abstracto.

Varios autores se han dedicado a las metáforas que se basan en estos esquemas de movimiento (Crego García 2000; Lakoff et al. 1991; Lamiroy 1987; Radden 1995). De ellos se aprende que también para las metáforas disponibles, se distingue entre los VVdMD y los VVdMM, puesto que la diferencia entre la presencia del componente Trayectoria o Modo da lugar a otras posibilidades metafóricas. En primer lugar, los VVdMM se usan para expresar un *modo de estar*:

(9)   Anda muy preocupado. (Greco García 2000, 116)

El verbo *andar* ha sufrido un proceso de *recategorización modal* y se usa para describir el estado en que alguien se halla (Crego García 2000, 116). La metáfora ESTADO ES MOVIMIENTO (*STATES ARE MOTIONS*) (Radden 1995, 444) da cuenta de la transferencia metafórica del concepto modo de un dominio de movimiento a un dominio cognitivo.[7] De hecho, *andar* suele dar una respuesta a la pregunta *¿Cómo se mueve x?* y en su uso metafórico puede dar una respuesta a *¿Cómo se encuentra x?*, es decir, el esquema conceptual de movimiento se ha transferido a un dominio cognitivo. Además, en algunas variantes del español se acepta la pregunta *¿Cómo anda?* cuando uno informa sobre el estado de ánimo de alguien.

Segundo, los VVdMD se prestan a la transferencia del dominio fuente de movimiento al dominio objeto de la cognición. La metáfora que justifica esta transferencia es CAMBIO DE ESTADO ES CAMBIO DE LUGAR (Lakoff et al. 1991, 15). Se usa, en otras palabras, el vocabulario de movimiento para expresarse sobre cambios de estado, piénsense en expresiones como *Fue de mal en peor* y *Le vino una desgracia inesperada*.

En el marco de esta metáfora general, Radden (1995) distingue tres usos metafóricos de los verbos *to go* y *to come* en inglés de los que algunos se aplican también a los verbos españoles *ir* y *venir*. Así, un primer grupo de extensiones se basa en la *locomoción* expresada por los VVdMD. La metáfora que se aplica a este grupo es EL CAMBIO INTENCIONADO ES MOVIMIENTO HACIA UN DESTINO. De esta manera, *ir* puede expresar un cambio con respecto al estado resultante pero que focaliza en el estado inicial: *The country went to war in 1850 (El país fue a la guerra en 1850)*.[8] Este énfasis en el punto de partida se encuentra también en

---

7 Radden (1995, 444) ejemplifica la metáfora ESTADO ES MOVIMIENTO con frases como *White wine goes with poultry (El vino blanco va con aves)/All good things come to an end (Lo bueno, como todo, llega a su fin)*.

8 Una metáfora afín que se aplica a los VVdMD que expresan acercamiento al centro deíctico es

expresiones en las que el verbo *ir* denota que una acción empieza a verificarse (aunque no implica un cambio intencionado): *va anocheciendo*.

Un segundo grupo de metáforas se basa en el movimiento deíctico de objetos (Radden 1995). Los hablantes son los centros deícticos y los puntos de referencia cuando se describe un movimiento de un objeto. Por consiguiente, según describe Radden (1995):

> Objects in motion may be seen as metaphorically entering the observer's perceptual or mental region of interactive focus, being in this region, and eventually leaving this region.

Esta extensión metafórica se refleja en expresiones como *Una buena idea vino a mi mente* y *Esta buena idea se ha ido ya de mi mente*. Las metáforas que dan cuenta de estas expresiones son VENIR EN EXISTENCIA ES ACERCARSE (*COMING INTO EXISTENCE IS MOVING HERE*) e IRSE DE EXISTENCIA ES ALEJARSE (*GOING OUT OF EXISTENCE IS MOVING AWAY*). Así que el verbo *venir* expresa transición hacia dentro de una región de interacción e *ir* expresa transición hacia afuera de una región de interacción.

En un tercer grupo de metáforas no interviene el componente deíctico de los verbos *ir* y *venir*, sino que pueden usarse para describir un estado en que dos entidades se acompañan (Radden 1995):

(10)  El vino tinto *va* con carnes rojas.

(11)  El nuevo teléfono *viene* con una cámara de 8MP.

El verbo *ir* se refiere a combinaciones conocidas y obvias, mientras que *venir* expresa la disponibilidad de un objeto. La metáfora que justifica estas extensiones es ESTADOS SON MOVIMIENTOS (Radden 1995).[9]

---

LOGRAR UN CAMBIO INTENTADO ES LLEGAR A UN DESTINO. Esta metáfora se aplica a expresiones como *Llegar a una conclusión/acuerdo*. En varias lenguas (como el inglés) se puede usar el verbo *venir* para expresar lo mismo (*Come to a conclusion*). Sin embargo, en español el verbo *venir* está excluido de este uso extendido, ya que *venir* inherentemente implica un movimiento hacia el hablante. Parece, por lo tanto, que el uso más restringido del verbo *venir* en español se refleja en su uso metafórico más limitado.

9 A este tercer grupo de metáforas pertenecen otras extensiones semánticas. Así, por ejemplo, el verbo *venir* implica una llegada, es decir, el fin de la Trayectoria por lo que también puede indicar el fin de un evento (FIN DE EVENTO ES FIN DE TRAYECTORIA). No obstante, en español esta metáfora no cuadra para *venir*, puesto que en español se prefiere el verbo *llegar* para focalizar el fin de un evento (*la segunda guerra mundial llegó a su fin en 1945*), lo cual se explica por el uso exclusivo del verbo *venir* para expresar movimiento hacia el hablante. Por eso no se puede transferir el punto de llegada a otro sitio de donde se encuentra el hablante y de ahí que no se diga en español ?*La segunda guerra mundial vino a su fin en 1945*.

Finalmente, diferentes autores han observado un vínculo entre la semántica de los verbos *venir* e *ir* y el eje temporal: *venir* se relaciona con el pasado y el verbo *ir* con el futuro. Efectivamente, *ir* expresa alejamiento del tiempo en el que se sitúa el hablante tal como expresa alejamiento del lugar donde está situado y al revés para *venir* (Cifuentes Honrubia 2007, Traugott 1978). La idea de que *venir* se dirija hacia el pasado e *ir* hacia el futuro está basada sobre las equivalencias siguientes que implican una extensión de la deixis espacial hacia la deixis temporal (Cifuentes Honrubia 2007):

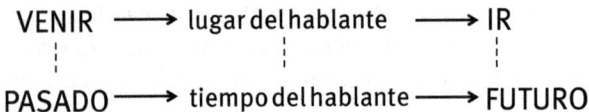

**Figura 8:** Extensión metafórica temporal de *ir* y *venir*

De ahí que en el futuro perifrástico entre la forma *ir* (*ir + a + infinitivo)*. Por otro lado, el uso de *venir* para hablar de un pasado reciente (*venir + de + infinitivo*), aunque se considere como un galicismo (Real Academia Española y Asociación de Academias de la Lengua Española), es frecuente en el lenguaje coloquial: *Djokovic viene de ganar el Masters.*[10]

Los VVdM se prestan, en definitiva, a varias extensiones metafóricas. Las metáforas globales que dan cuenta de las extensiones semánticas son CAMBIO DE ESTADO ES MOVIMIENTO y CAMBIO DE ESTADO ES CAMBIO DE LUGAR. Los verbos que expresan dirección (*ir* y *venir*) producen más extensiones que el VdMM *andar*. Además de eso, resulta que el verbo *venir* admite menos extensiones metafóricas que *ir* y que sus equivalentes en otras lenguas (Radden 1995), lo cual se explica por el principio de la *versatilidad económica*, según el cual la frecuencia de uso está correlacionada con la versatilidad semántica (Zipf 1949). Es decir, los verbos con un significado amplio y un uso frecuente presentan una mayor riqueza semántica y se prestan, por consiguiente, más fácilmente a usos metafóricos. El uso de *venir*, al contrario, se restringe a los movimientos hacia el lugar donde se encuentra el hablante. Por su significado específico se presta a menos extensiones metafóricas. El estudio empírico de los marcadores tiene como objetivo,

---

10 El Diccionario Panhispáncio de Dudas recomienda usar la expresión *acabar + de + infinitivo*: *Djokovic acaba de ganar el Masters* (Real Academia Española y Asociación de Academias de la Lengua Española).

entre otros, determinar los movimientos semánticos que dan cuenta del desarrollo de los valores pragmáticos de las formas. Se verificará, en otras palabras, si las extensiones metafóricas a partir de las formas verbales podrían explicar similitudes y diferencias entre los valores pragmáticos de los marcadores (Capítulo 6).

## 2.2 Los modos verbales

Company Company (2004, 52) observa que:

> Los marcadores discursivos deverbales tienen cierta flexibilidad modal, pero se (des)gramaticalizan mayoritariamente a partir del imperativo y, en segundo lugar, del subjuntivo [...]

Los marcadores objeto de estudio derivan también de estos modos verbales, a saber el imperativo *(anda)* y el subjuntivo *(vamos, vaya* y *venga)*. Aunque actualmente la forma *vamos* se usa como forma de primera persona plural de indicativo, el marcador deriva del uso subjuntivo de esta forma en el español medieval y clásico (González Ollé 2002).

Pusch (2008) alega que las formas del imperativo son particularmente propensas a adquirir valores discursivos o modales por su forma morfológicamente subdeterminada y muchas veces breve (1.2.2.2). Además, el uso del imperativo se caracteriza por una gran libertad posicional. El uso de formas imperativas como marcadores es una tendencia que se constata en muchas otras lenguas, piénsense en *guarda* (italiano), *vá* (portugués), *escolta* (catalán), *écoute* (francés), *look* (inglés), *kom* (neerlandés), etc.

Los modos verbales (indicativo, subjuntivo e imperativo) son categorías formales, esto es, son clases flexivas. A cada categoría formal corresponden varios contenidos funcionales (Ridruejo Alonso 1999), por lo cual cada modo verbal representa sus propios valores comunicativos. A continuación, discutiremos los valores del modo imperativo y subjuntivo en general (2.2.1) y lo que esto implica para los valores de las formas verbales *anda, vamos, vaya* y *venga* (2.2.2 y 2.2.3).

### 2.2.1 Los valores del imperativo y del subjuntivo

Con respecto al imperativo se acepta comúnmente una intención comunicativa prototípica que es la de dar órdenes. Dicho de otro modo, el modo imperativo suele usarse primordialmente con valor apelativo de mandato (Ridruejo Alonso 1999). Matte Bon (2009, 92) repara en que el uso del imperativo para dar órdenes solo es posible cuando hay suficiente contextualización de la idea de pedir (enunciar *Póngame una tónica* en un bar solo es aceptable si se ha creado ya de antemano el contexto de ordenar una copa: *¿Qué va a tomar? – Póngame una tónica)*. Si falta esta contextualización, un imperativo puede ser considerado como inapropiado y descortés.

Al lado del valor apelativo de mandato, es muy frecuente el uso del imperativo para expresar actos ilocutivos indirectos tales como dar consejos (*Llévate el paraguas, está lloviendo a cántaros*), dar ánimos (*Tómate más vino*), expresar condiciones (*Estudia bien y aprobarás*), expresar ruego (*Ven conmigo al cine, no quiero ir solo*), atraer la atención (*Escucha*) o expresar deseos (*Cierra la ventana, que hace frío*), entre otras funciones más. Todos estos usos tienen en común que hay un emisor que intenta hacer actuar al destinatario, es decir, son actos de habla manipulativos (Givón 2001); en palabras de Matte Bon (2009, 95): «el enunciador 'tira un predicado a la cara' del destinatario».

Por lo que concierne al modo subjuntivo se suele caracterizarlo en oposición al modo indicativo: se asume que el indicativo y el subjuntivo representan una postura distinta del hablante con respecto al contenido del enunciado. La distinción entre las posturas expresadas por el indicativo y el subjuntivo se define tradicionalmente por tres oposiciones, a saber, *real vs. irreal, factual vs. hipotético* y *hecho objetivo vs. hecho subjetivo*. No obstante, estas oposiciones no se sostienen en la práctica (Ahern 2008, 11). Piénsese, por ejemplo, en el uso del indicativo en la subordinada de *Creo que llueve, pero no estoy segura* que se refiere a una suposición por parte del hablante y no a un hecho real (Ahern 2008). De ahí que hayan surgido nuevas propuestas para describir los valores básicos del indicativo y del subjuntivo. Estas se basan en la idea de que los modos se usan para expresar una postura o intención distinta con respecto a lo dicho. Así, el indicativo es el modo que se emplea para informar al oyente, declarando un contenido, mientras que el subjuntivo se usa con otro propósito que el de informar y se asocia con la *no-declaración* (Ahern 2008; Matte Bon 2009; Ruiz Campillo 2007). Ahern (2008, 15) resume la distinción entre ambos modos de la manera siguiente:

1. El *indicativo* se emplea cuando el contenido de la oración constituye *un pensamiento* que expresamos para proporcionar *información* al destinario;
2. El *subjuntivo* se emplea cuando *hacemos mención* de un contenido que enmarcamos como una posibilidad, o bien como un dato observable en el contexto de comunicación.

De esta manera el subjuntivo puede usarse para presentar el contenido como una posibilidad (*Dudo que ganen/No es posible que ganen*) o puede emplearse cuando el contenido es información conocida por el oyente o información que el oyente pueda observar (*¡Qué pena que no hayan ganado!/ ¡Qué pena que no esté Gloria!*).

A pesar de ser dos modos distintos, el imperativo y el subjuntivo tienen una relación formal, ya que para completar el paradigma del imperativo afirmativo se recurre al paradigma formal del subjuntivo para la forma de tratamiento (*ande*, *vaya*, etc.), la primera persona plural (*andemos, vayamos*, etc.) y para la tercera persona plural (*anden, vayan*, etc.). Además de esta relación formal, existe también un parentesco funcional entre el imperativo y el subjuntivo cuando este se usa con valor optativo o exhortativo (Hummel 2004, 216):

(12)  Pedro, ¡ven!
      – ¿Qué?
      Que vengas. (Alarcos Llorach 1971)
(13)  Pedro, ¡no vengas!
      – ¿Qué?
      Que no vengas. (Alarcos Llorach 1971)

Tanto el imperativo como el subjuntivo en (12) y (13) expresan el deseo de que se realice o no se realice la acción de *venir*. De ahí que proponga Hummel (2004, 217) que:

> [...] hay una continuidad funcional inequívoca entre la función del subjuntivo y la del imperativo, si ubicamos el análisis en el marco más amplio de las oraciones apelativas.

Pese a este parentesco, el imperativo y el subjuntivo con valor apelativo o exhortativo no expresan exactamente lo mismo (Hummel 2004). La función imperativa implica siempre un enunciador (la persona que impone el predicado) y un destinatario (la persona que recibe el predicado). En consecuencia, para que el acto manipulativo sea exitoso, el destinatario tiene que estar presente en el contexto del discurso (Matte Bon 2009). En cambio, el valor del subjuntivo es más general, dado que no es necesaria la presencia de un interlocutor:

(14)  Que llueva mañana.

El subjuntivo tiene, por tanto, un valor general de *deseo*, mientras que el imperativo expresa, al lado del deseo, también la *obligación*.

En el capítulo siguiente (2.2.2) se focaliza en el valor exhortativo que tienen en común las formas imperativas y subjuntivas de las formas verbales originarias. Al mismo tiempo se subrayan las diferencias de los valores originarios de estas formas (*deseo v. deseo y obligación*).

## 2.2.2 El valor exhortativo de las formas verbales originarias

En el presente apartado veremos que a pesar de que solo uno de los marcadores derive de una forma verbal en modo imperativo (*anda*) (Company Company 2004), todos los marcadores derivan de una forma verbal que se usa con valor exhortativo.

Para empezar, la forma *anda* perdió su valor de movimiento espacial y se empezó a usar la forma con valor exhortativo más general (Company Company 2008).

En cuanto al marcador *vamos*, González Ollé (2002) demuestra que encuentra su origen en el uso de la forma en modo subjuntivo usado de manera independiente con valor exhortativo:

(15)  *"¡Vamos allá! ¡vamos allá!"* y tomando por la mano a Formynelo salyó de la sala y de palacyo y pasó la puente (Anónimo, *La corónica de Adramón*, 1492, CORDE en Romero Aguilera (2006, 50))

El autor alega que es a partir de esta forma en modo subjuntivo que se han desarrollado los principales valores actuales del marcador, a saber, la subjetividad, el énfasis y la invitación al oyente (González Ollé 2002, 132).

Con lo que se refiere al marcador *vaya*, su desarrollo diacrónico ha sido trazado por Octavio de Toledo y Huerta (2001–2002) quien sitúa los gérmenes del marcador en el uso libre de la forma verbal en oraciones independientes que expresan la aceptación remisa o resignada por parte del hablante.[11] Este valor de aceptación resignada se expresa mediante el subjuntivo, puesto que el modo puede subrayar «el compromiso ilocutivo del hablante con su realización efectiva (deseo, voluntad, exhortación, mandato, etc.)» (Octavio de Toledo y Huerta 2001–2002, 49), el valor típico de las formas subjuntivas que se usan en oraciones independientes. Expresando la aceptación, el hablante indica con *vaya* que desea, aunque sea con poco entusiasmo, que la acción o el evento se cumpla:

(16)  [Jodío] [...] El platero da seis solamente [...], y aun dice que vos me habéis de pagar mi fatiga o corretaje. Y dijo que tornase luego [...]
[Lozana] Dé siete, y págueos a vos [...]
[Jodío] D'esa manera, ocho serán [...]
[Rampín] *Vaya*, déselo, que estos judíos, si se arrepienten, no haremos nada. [...] (Delicado, en Octavio de Toledo y Huerta 2001–2002, 50)

---

**11** Sitúa las primeras fuentes de este uso en el español medieval, más específicamente en el siglo XV.

Por la convencionalización de inferencias asociadas y un proceso de subjetivización (3.3) la forma se establece ya en el siglo XVI como marcador discursivo para expresar la recepción problemática. A partir de ahí el marcador avanza en el proceso de gramaticalización y desarrolla cada vez más valores discursivos. Cuando el marcador acompaña a una instrucción, como en el ejemplo (16) (*déselo*), cobra un matiz exhortativo. Este valor también se convencionalizó en el español clásico, pero cayó en desuso en favor de otros marcadores con valor exhortativo (como *anda*, *vamos* y *vaya*), por lo menos en el español europeo (Octavio de Toledo y Huerta 2001–2002). De todo ello, se concluye que también los usos del marcador *vaya* se originaron de un uso exhortativo de la forma verbal.

Por lo que atañe a *venga*, Daniels (2014) propone dos vías diacrónicas que explican los usos actuales de este marcador. Presenta una primera vía en la que los valores de aceptación, acuerdo y fin de conversación derivan del valor optativo de la forma *venga*, y una segunda vía a partir del uso imperativo del que derivan el valor apelativo y de desacuerdo. En primer lugar, el optativo expresa el deseo y se realiza formalmente, por lo tanto, en modo subjuntivo (Hummel 2012, 220):

(17)  *Vengan* labrados y traigan mucho hierro (CDE, s. XVI, en Kelsey Daniels 2014, 222)
(18)  *Venga* la prueba (CORDE, s. XX, en Kelsey Daniels 2014, 223)

El ejemplo (17) ejemplifica un uso temprano del optativo (ya que aún hay concordancia entre sujeto y verbo), mientras que en (18) se usa la forma *venga* para formular una petición indirecta. Con este uso de petición indirecta debe estar presente un oyente a quien el hablante se dirige, puesto que es el oyente quien debe llevar la prueba al hablante. Es solo a partir de los años 80–90 del siglo XX cuando la forma se establece como marcador para expresar la aceptación de una oferta:

(19  ¿Nos vamos a comer juntas? Te invito.
     – *Venga*. Pero a escote. (CREA, 1990, en Kelsey Daniels 2014, 225)

A partir de este valor se desarrolla el valor de acuerdo y de indicar el fin de la conversación.

La segunda vía se origina en la construcción imperativa canónica de la forma *venga*:

(20)  *Venga* a la cárcel (CORDE, 1609, en Kelsey Daniels 2014, 228)

La forma empieza a usarse también en contextos en los cuales el hablante no requiere ningún movimiento del oyente y tiene, por tanto, mera función exhortativa. Cuando, en el siglo XX, la forma deja de concordar en número con el sujeto del imperativo acompañado *(Venga, asómese a la cocina)* se establece la forma como marcador. Luego, al combinarse frecuentemente con expresiones prohibitivas, el marcador adquiere también un valor de desacuerdo *(Venga, no te enfades)*.

De todo lo que precede, se concluye que los cuatro marcadores tienen en común su origen exhortativo, es decir, sus usos actuales se derivan de usos de las formas verbales que expresan un deseo, por parte del hablante, de que el oyente (no) ejecute una acción. Los valores de los marcadores *anda* y *vamos* y algunos de los valores del marcador *venga* derivan de usos exhortativos que implican *deseo* y *obligación*, dado que derivan de usos imperativos de los verbos. Los valores de los marcadores *vaya* y algunos valores de *venga*, en cambio, derivan de usos exhortativos que tienen un valor más general de *deseo*, porque se indica con el verbo que se quiere que se cumpla algo *(vaya)* o porque derivan de un uso optativo de la forma verbal *(venga)*.

Es a partir de estos valores exhortativos que las formas verbales se recategorizan en marcadores y desarrollan valores apelativos, expresivos y metadiscursivos. Castillo Lluch (2008) describe de qué manera esta *recategorización* (de verbo a marcador) se manifiesta en las formas *anda, vamos, vaya* y *venga* en el plano sintáctico, semántico-pragmático, morfológico y fonético (3.3). Además de eso y como hemos señalado ya (1.2.2.2), de acuerdo con Company Company (2004, 52) no es de extrañar que haya una frecuencia tan alta de verbos en modo subjuntivo e imperativo que se recategorizan como marcadores: las formas verbales objeto de estudio en subjuntivo e imperativo, tal como acabamos de ver, implican siempre al hablante y al oyente (el hablante desea algo del oyente). Este involucramiento se refuerza al gramaticalizarse las formas, puesto que desarrollan cada vez más valores (inter)subjetivos.

En la parte empírica estudiaremos cómo las formas actualmente se manifiestan discursivamente en el nivel pragmático, sintáctico y prosódico y averiguaremos si los varios matices de los modos de las formas verbales originarias (deseo, obligación, optatividad, etc.) persisten y si se han engendrado de tal manera diferencias entre estas manifestaciones.

### 2.2.3 Rasgos conceptuales del valor exhortativo

Para la conceptualización del valor exhortativo nos basamos en la propuesta de conceptualización de la orden, elaborada por Langacker (2008, 474), quien considera la orden como un tipo de acción *efectiva*. Los verbos en el nivel efectivo tienen como objetivo producir el proceso perfilado; de hecho, los exhortativos tienen como objetivo que el destinatario (D) ejecute la acción expresada. Adoptamos el ejemplo propuesto por Langacker (2008, 474), a saber, el imperativo *¡Vete!*

*(Leave)*. En este imperativo la acción perfilada es el proceso de *irse*. La Figura 9 representa la trayectoria de *irse* que implica un alejamiento del destinatario (D):

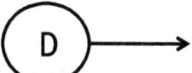

**Figura 9:** Trayectoria que representa el proceso *irse*.

Al enunciar el imperativo *¡Vete!*, el *Hablante* (H) le insta al *Oyente* (O) a irse, los interlocutores implicados y la interacción entre ellos constituyen el *Fondo* (Fo). El proceso fundamentado del imperativo se centra, por tanto, en los actores presentes en el discurso y la relación entre ellos, como muestra la Figura 10:

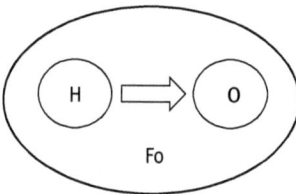

**Figura 10:** Conceptualización del valor exhortativo

En general, el Oyente del imperativo tiene un doble estatuto: el de interlocutor y de participante en la acción impuesta (*irse*), ya que es el Oyente que ejecutará el movimiento. De ahí que en la conceptualización del imperativo *¡Vete!* coincidan el Destinatario y el Oyente:

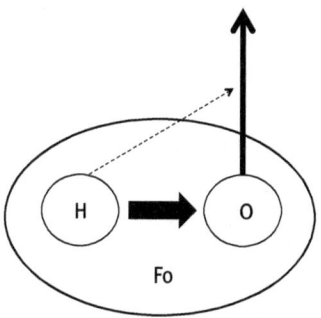

**Figura 11:** Imagen esquemática del imperativo *¡Vete!* (basada en Langacker 2008, 470)

La flecha del Hablante al Oyente representa la transmisión del mensaje. La flecha en línea gruesa representa el movimiento que ejecuta el Destinatario, que es al mismo tiempo el Oyente. La flecha en línea de puntos que va desde el Hablante (H) a la flecha del movimiento refleja que es el Hablante quien quiere que se ejecute el movimiento. En este ejemplo el valor exhortativo implica una obligación, puesto que se trata de un imperativo. Por eso, representamos la relación entre el Hablante (H) y el Oyente (O) por una flecha gruesa. Cuando el Hablante (H) expresa el mero deseo de que el Oyente (O) cumpla la acción de irse (en modo subjuntivo), la exhortación no implica obligación y proponemos representar la relación entre Hablante (H) y Oyente (O) con los meros contornos de la flecha:

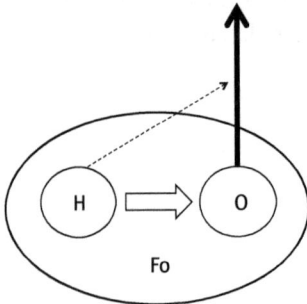

**Figura 12:** Imagen esquemática del subjuntivo con valor exhortativo

Resumiendo, el valor exhortativo implica que el hablante obliga al oyente a ejecutar una acción o que el hablante meramente desea que el oyente ejecute una acción. De ahí también las dos representaciones de, por un lado, el valor exhortativo que implica *obligación* (Figura 11) y, por el otro lado, el valor exhortativo de *deseo* (Figura 12).

## 2.3 Resumen y conclusiones

En lo que precede hemos descrito los rasgos conceptuales de los VVdM y del valor exhortativo presente en las formas verbales originarias. A fin de obtener una descripción completa de las formas verbales, juntamos la información y obtenemos las imágenes esquemáticas de las formas verbales *anda, venga, vaya* y *vamos*. Los esquemas representan los valores de las formas verbales antes de recategorizarse como marcadores (2.2.2). Así, el significado del VdMM *anda* se representa de la manera siguiente:

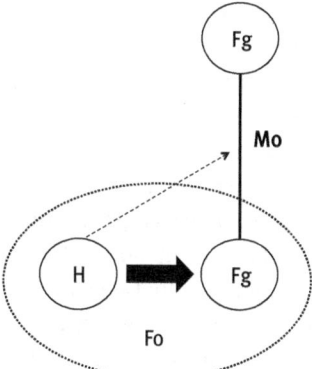

**Figura 13:** Imagen esquemática de la forma verbal *anda*

Con la forma verbal *anda* el Hablante se dirige a un Oyente y quiere que éste se desplace dando pasos. Este oyente es a la vez el participante (Fg) que ejecutará la acción de movimiento. El verbo especifica el Modo (Mo) y no la dirección de este movimiento (línea continua gruesa), de ahí que sean menos importantes los límites del Fondo o, es decir, la situación de los interlocutores en el espacio para con el lugar o dirección del movimiento (por eso está indicado el Fondo en líneas de puntos). La flecha en línea de puntos refleja que el Hablante se refiere a la acción de moverse al enunciar el imperativo *anda*.

Los VVdMD, por otro lado, especifican la dirección de movimiento representada por la Trayectoria (T). Primero, la forma verbal *venga* usada como imperativo expresa siempre un mandato al Oyente para que se acerque al lugar donde se encuentra el Hablante:

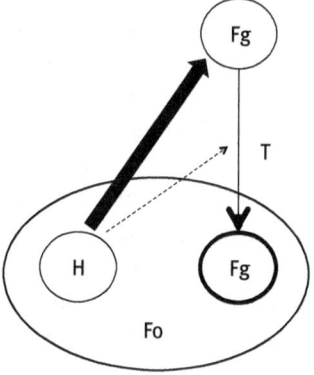

**Figura 14:** Imagen esquemática de *venga* con uso imperativo

Con *venga* el Hablante quiere que el Oyente/la Figura se acerque a donde él se encuentra. Los límites del Fondo son, por lo tanto, más importantes para poder situar la dirección del movimiento (de ahí la línea continua). El verbo *venir* implica, además, siempre una llegada a este lugar. Estos dos aspectos más salientes, el acercamiento y la llegada, están indicados en líneas continuas gruesas.

Al lado del imperativo, algunos de los valores contemporáneos de *venga* derivan del uso optativo del verbo *venir* y del uso de la forma *venga* para formular una petición indirecta. La forma *venga* para formular una petición indirecta implica la expresión del deseo de que se acerque algo al hablante (*Venga café*). La realización de lo deseado se considera como una aproximación de lo deseado al ámbito del hablante. La Figura (lo deseado) en el esquema ya no es el Oyente sino que puede ser cualquier cosa (evento, persona, etc.):

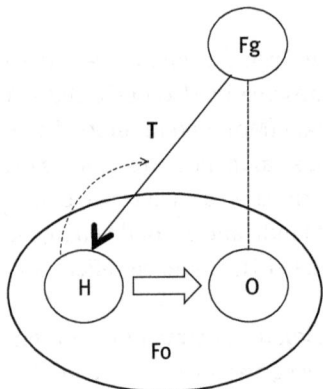

**Figura 15:** Imagen esquemática de *venga* en petición indirecta

El Hablante (H) expresa su deseo al Oyente (O) de que el Oyente acerque una cosa, persona, etc. (Fg). Puesto que este uso no implica *obligación*, se representa la relación entre Hablante y Oyente con los meros contornos de la flecha. La Trayectoria (T) es el movimiento de acercamiento de la Figura al Hablante, esto es, el movimiento deseado por el Hablante y, consecuentemente, realizado por el Oyente (que trae la Figura al Hablante). Además, el movimiento expresado por *venga* implica siempre una llegada (representado por la flecha gruesa).

Al contrario del verbo *venir*, el verbo *ir* expresa un alejamiento del lugar donde se encuentra el Hablante y no implica una llegada. Con el uso libre (en oraciones independientes) de la forma verbal *vaya* el hablante expresa el deseo, de manera resignada, de que se cumpla una oferta:

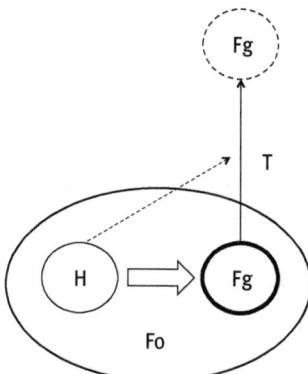

**Figura 16:** Imagen esquemática de la forma verbal *vaya*

Dado que *ir* no implica necesariamente una llegada, la Figura meta del movimiento está indicada en líneas de puntos.

La otra forma del verbo *ir*, *vamos*, implica un alejamiento tanto del Hablante como del Oyente, puesto que en español el imperativo de la primera persona plural es siempre incluyente (esto es, incluye tanto al hablante como al oyente) (Dobrushina/Goussev 2005, 186). Por eso, ambos interlocutores constituyen la Figura:

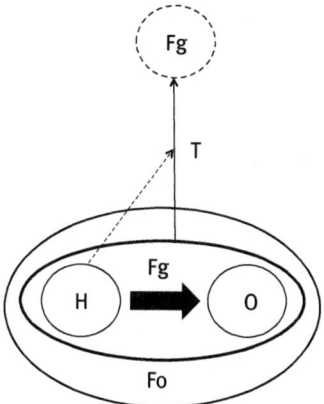

**Figura 17:** Imagen esquemática de la forma verbal *vamos*

La forma verbal *vamos* con valor exhortativo implica necesariamente al interlocutor y tiene valor de obligación. Por eso está indicada la relación entre Hablante y Oyente con una flecha gruesa. El deseo implica un movimiento de Hablante y

Oyente (la Figura) hacia afuera del Fondo. Este movimiento no implica necesariamente una llegada (de ahí las líneas de punto).

Como se observa en los cuatro esquemas el sujeto de la forma verbal (*tú, usted* o *nosotros*) es casi siempre el agente del movimiento, lo cual se explica por las construcciones sintácticas en las que pueden entrar, a saber, son todos verbos no causativos, por lo que no admiten la alternancia entre una construcción intransitiva media y otra transitiva causativa. Salvo en el caso de *venga* usado para formular preguntas indirectas (*y venga café*) el sujeto gramatical es la Figura (*y vengan cafés*). El verbo *venir* en esta construcción es intransitivo y no existe posibilidad de añadir explícitamente el agente de la acción (**y vengan cafés a/por Juan*). Este agente, esto es, la persona que ejecuta el movimiento, está presente de manera implícita en la construcción y suele ser el Oyente, porque el deseo *y vengan cafés* es equivalente a *yo quiero que tú me traigas cafés*. Dicho de otro modo, es el Oyente quien realiza el movimiento, acercando la Figura al Hablante.

Estas imágenes semánticas de eventos de movimiento admiten extenderse a otros dominios. Los dominios meta remiten a estados, cambios de estados y al tiempo. Según hemos concluido en 2.1.3, es sobre todo el verbo *ir* el que, por su riqueza semántica, admite varias extensiones metafóricas. El estudio empírico de los marcadores derivados de estas formas verbales contribuirá al conocimiento de las extensiones metafóricas desde el campo del movimiento hacia usos más pragmáticos y discursivos.

Además, Lamiroy/Swiggers (1991) postulan un vínculo entre la persona de la forma verbal y las funciones discursivas o modales que desarrollan las formas. Por lo que atañe a las formas de este estudio, la primera persona plural (*vamos*) subrayaría la solidaridad entre hablante y oyente como personas implicadas en el discurso, mientras que la segunda persona (*anda*) suscita una mayor implicación del oyente en el discurso. Por último, las formas de tercera persona (*vaya* y *venga*) apuntan principalmente al contenido del enunciado. En el análisis empírico, verificaremos en qué medida la persona de la forma verbal determina las posibilidades funcionales del marcador derivado.

En resumen, las cuatro formas verbales tienen en común su pertenencia a la categoría de los verbos de movimiento y su valor exhortativo. Por otro lado, se distinguen en el tipo de movimiento que expresan, es decir, *ir* y *venir* son verbos de movimiento direccionales, mientras que *andar* indica el modo de movimiento. Además de eso, *ir* expresa un alejamiento y *venir*, en cambio, un acercamiento al centro deíctico. En segundo lugar, las formas verbales se distinguen por no implicar todas el valor de obligación. Así, el marcador *vaya* y algunos usos discursivos de *venga* derivan de formas verbales que no implican obligación, contrariamente a *anda*, *vamos* y otros usos del marcador *venga*. Una tercera diferencia es la persona de las formas verbales, a saber, *anda* es una forma verbal en segunda persona singular, *vaya* y *venga* son formas de tercera persona singular, y *vamos* es una forma verbal en primera persona plural. En el análisis empírico nos interesaremos en las semejanzas y diferencias en las posibilidades formales y funcionales de los respectivos marcadores derivados.

# Capítulo 3
# Metáfora, polisemia y cambio lingüístico

> *A unified concept of semantic 'relatedness', in which one frequent*
> *kind of relation is metaphor, can account for both synchronic lexi-*
> *cal-meaning structure and diachronic directions in semantic change.*
> (Sweetser 1990, 145)

Una parte considerable de nuestra investigación empírica trata del funcionamiento semántico-pragmático de los marcadores (Capítulo 6). El apartado 1.1.2.2
nos permitió concluir que los marcadores se caracterizan por tener contenido
tanto conceptual como procedimental y, más específicamente, que el significado
conceptual de los marcadores viene determinado por las huellas de los rasgos
léxicos de los VVdM. Según un marcador haya avanzado en el proceso de cambio,
su contenido es más o menos procedimental; sin embargo, avanzar por el proceso
de cambio no implica perder sus valores anteriores, por lo que un marcador
puede cumplir distintas funciones según el contexto de uso. Un marcador es, por
lo tanto, polifuncional y las funciones que puede cumplir se asocian entre sí.

Este capítulo muestra que los significados de un solo marcador constituyen
una red de valores tanto en el nivel diacrónico como en el nivel sincrónico. El
marco teórico del cognitivismo proporciona las herramientas necesarias para
desentrañar los valores y obtener un panorama de las relaciones entre ellos. En lo
que sigue, mostraremos los conceptos cognitivistas que contribuyen a una mejor
comprensión de las relaciones diacrónicas y sincrónicas entre los valores de una
forma lingüística. Abordamos los temas de la metáfora (3.1), la polisemia (3.2) y el
cambio lingüístico (3.3) prestando especial atención a la relación entre estos tres
conceptos, dado que:

> [...] the cognitive linguistic study of metaphor is related to the study of other aspects of lan-
> guage, such as polysemy and grammaticalization, and to general aspects of cognition, such
> as categorization. (Steen/Gibbs 1997, 2)

De esta manera pretendemos ofrecer un marco de estudio teórico que permita
poner de manifiesto las relaciones entre los diferentes valores de un marcador y
exponer la motivación que le ha llevado a adquirir estos valores.

## 3.1 La metáfora

### 3.1.1 Definición y clasificación

La lengua cotidiana está impregnada de expresiones metafóricas: para escribir una tesis hay que *digerir* mucha información e *invertir* mucho tiempo en la redacción, pero una vez leída la tesis *rebosas* de orgullo. Las usamos de manera automática e inconsciente, puesto que muchas metáforas están convencionalizadas en la lengua (Mairal Usón 2012). Las metáforas son, además, altamente accesibles para los miembros de una comunidad de habla porque tienen sus raíces en la experiencia cotidiana, es decir, que una metáfora está motivada por el entorno en que vivimos y por el cuerpo con el que percibimos la realidad (*corporeización*) (por ejemplo, *elegir es como encontrarse en una intersección vial*) (Soriano 2012, 102).

Según la LC, las metáforas son estructuras conceptuales que se realizan lingüísticamente (Croft/Cruse 2004, 193). Más concretamente, una extensión metafórica es la *proyección* de una estructura entre dos dominios conceptuales (de uno más concreto a otro más abstracto). Para que se pueda realizar una proyección entre dos dominios, los dominios deben ser capaces de conceptualizarse de manera similar. Por ejemplo, la existencia de la metáfora LAS IDEAS SON ALIMENTOS (de la que la metáfora *digerir información* es un ejemplo concreto) está motivada por la función básica de la alimentación, que sustenta el cuerpo de la misma manera que las ideas sustentan la mente (Cuenca/Hilferty 1999, 102).[1] Se usa, por tanto, el esquema de ingerir alimentos para hablar sobre la adquisición de ideas.

El hablante se sirve de un concepto más básico y conocido para expresar una noción más compleja y abstracta. De ahí que se defina la metáfora como una proyección de un esquema o una estructura de un *dominio fuente* a un *dominio meta*, siendo el *dominio fuente* el más concreto y el *dominio meta* el más abstracto (Lakoff/Johnson 2003). Esa proyección se realiza siempre de lo concreto a lo abstracto y es, por lo tanto, asimétrica, es decir, es unidireccional (Croft/Cruse 2004; Sweetser 1990):

---

[1] Cabe insistir en la diferencia entre *una metáfora conceptual* y las *expresiones metafóricas* (Soriano 2012, 97). Las metáforas conceptuales son «esquema[s] abstracto[s] que sirve[n] para agrupar expresiones metafóricas» (Cuenca/Hilferty 1999, 100) que se suelen indicar en mayúsculas. Las expresiones metafóricas, por otro lado, son las manifestaciones lingüísticas de esas metáforas conceptuales. Así, por ejemplo, LAS IDEAS SON ALIMENTOS es una metáfora conceptual de la que *ingerir ideas* es una expresión metafórica.

> Sacamos partido de aquellos dominios que están bien delimitados en nuestra experiencia cotidiana y los utilizamos para entender otros dominios que resultan ser menos accesibles para nuestra comprensión. (Cuenca/Hilferty 1999, 104)

De esta manera, la metáfora se define como un mecanismo que nos ayuda a entender y hablar sobre una estructura o un concepto con un mayor grado de abstracción (Mairal Usón 2012).

Dado que son conceptuales, las metáforas no se restringen a una unidad lingüística, sino que se generalizan y se aplican a varias expresiones y a campos léxicos enteros (Geeraerts 2006, 11). Por eso, pueden formularse en aserciones más generales tal como TIEMPO ES DINERO de la que *ahorrar dinero* es una realización concreta.

Además, las proyecciones de esquemas de un dominio a otro no son arbitrarias, sino que se ven condicionadas por tres restricciones. En primer lugar, han de tener lugar entre dos conceptos de dominios diferentes; por ejemplo, la metáfora PALABRAS SON ARMAS (como en *El jugador colombiano fue bombardeado con insultos racistas*) implica una proyección de un dominio bélico a un dominio de comunicación (Lakoff et al. 1991). Cuando ambos conceptos pertenecen al mismo dominio no ha tenido lugar ninguna proyección (*El jugador colombiano fue bombardeado con rollos de papel higiénico*).

En segundo lugar, las proyecciones se restringen por las *imágenes esquemáticas* (Johnson 1987). Estas imágenes son conceptuales y nacen de la experiencia corporal y la interacción que tenemos con el entorno (de ahí la *corporeización* del significado) (Cuenca/Hilferty 1999, 106). Una de esas imágenes esquemáticas (debe haber como mínimo varias decenas) es el esquema del CONTENEDOR (Johnson 1987, 126).[2] Experimentamos nuestro cuerpo y nuestro entorno como recipientes que pueden contener algo. A partir de nuestras experiencias se creó, por ejemplo, la metáfora conceptual EMOCIONES SON ENTIDADES DENTRO DE UNA PERSONA con un dominio fuente que es la entidad, un dominio meta de las emociones y la imagen esquemática del contenedor (Lakoff et al. 1991). Esta imagen esquemática permite entender una frase como *Marta apenas podía contener su rabia*. Se considera, pues, que el sentimiento de rabia se encuentra dentro del cuerpo (el contenedor) y que cuando uno está muy enojado no puede retener toda la rabia que lleva dentro. En resumen, las imágenes esquemáticas desempeñan un papel esencial en la comprensión de dominios abstractos en términos más concretos.[3]

---

**2** Para un listado extenso (pero no exhaustivo) de imágenes esquemáticas remitimos a Johnson (1987, 126).

**3** Las imágenes esquemáticas, además de ser corpóreas, se caracterizan por ser preconceptuales (son conocidas por los niños antes de aprender las denominaciones), dinámicas, flexi-

La tercera restricción corresponde a *La hipótesis de la invariabilidad* (Lakoff/ Turner 1989), que dicta que al proyectar entre dos dominios las imágenes esquemáticas se conservan, es decir, que la imagen esquemática tiene que ser compatible con la estructura inherente del dominio meta para que la proyección pueda realizarse. Así, por ejemplo, el cuerpo puede funcionar como contenedor mientras sería difícil sostener que experimentamos progreso (del tiempo o de un evento) como un contenedor (se relaciona más bien con movimiento).[4] En resumen, una proyección se efectúa de un dominio a otro siempre que la imagen esquemática se base en nuestra experiencia cotidiana y que sea compatible con la estructura del dominio meta.

Ruiz de Mendoza Ibáñez (1997, apud Mairal Usón et al. 2012) propone una clasificación de las metáforas según dos criterios. La primera distinción se basa en las características formales del proceso metafórico: una metáfora puede activar solo una correspondencia entre los dos dominios o bien varias. *Juan es un cerdo* (es repugnante) es un ejemplo del primer tipo de metáfora, mientras que la metáfora *Su matrimonio ha descarrilado* activa varias correspondencias (el amor es un viaje, un vagón puede salir fuera del carril y un matrimonio puede salir mal, etc.). La segunda distinción se basa en la naturaleza de los dominios entre los que se realiza la proyección. A ese respecto Lakoff/ Johnson (2003) distinguen tres tipos de metáforas. Las *metáforas estructurales* implican la proyección de una estructura del dominio origen al dominio meta, como en UNA DISCUSIÓN ES UNA GUERRA. Las *metáforas orientativas* se basan en la orientación espacial, tal como TRISTE ES ABAJO. Finalmente, las *metáforas ontológicas* se basan en *La Gran Cadena del Ser* (o *scala naturae*). Según esta concepción biológica, todos los organismos se ordenan jerárquicamente. En esta cadena los seres humanos ocupan la posición superior o, por lo menos, así lo percibimos los propios seres humanos. Cada nivel se caracteriza por las propiedades de los niveles inferiores y un atributo adicional distintivo. Así, en líneas generales, el orden jerárquico es: *humanos > animales > plantas > sustancias inanimadas*. La cadena posibilita conceptualizar los seres humanos en términos de otras formas de existencia: las PERSONAS SON ANIMALES (*Juan es un cerdo*), LAS PERSONAS SON PLANTAS (*María es una chica madura*) y LAS COSAS SON PERSONAS (la personificación) (*El árbol susurró su nombre*). Sea cual sea su tipo, cada metáfora se origina en nuestra conceptualización de la realidad.

---

bles, combatibles, matizadas por la cultura, esquemáticas y estructuradas (Mairal Usón 2012, 197–199).

**4** Para argumentos en contra de la hipótesis de la invariabilidad, véase Croft/Cruse (2004, 201–202).

### 3.1.2 Marcadores y metáforas

Con respecto a los marcadores, especialmente los deverbales, varios estudios ya han señalado la metáfora como motivación de sus usos discursivos. En la bibliografía destacan varios estudios sobre los marcadores derivados de verbos de movimiento en los cuales se motiva el desarrollo de valores discursivos a partir de las formas verbales por expansiones metafóricas. En otras palabras, las formas han incorporado otro(s) significado(s) metafóricamente motivado(s). El concepto que se proyecta de un dominio a otro suele ser una estructura, por lo que en general se trata de metáforas estructurales. En lo que sigue, presentaremos algunos ejemplos de extensiones metafóricas que dan cuenta de los valores discursivos y modales de los marcadores deverbales de verbos de movimiento.

Company Company (2004) revela la expansión metafórica del concepto de desplazamiento entre el dominio espacial y el dominio mental. Esta expansión da cuenta del uso exhortativo de la forma originariamente verbal *ándale*: el desplazamiento ya no tiene lugar en el espacio, sino que se sitúa en la mente y el hablante lo usa para incitar al oyente a involucrarse en el evento (*Tráeme los papeles, ándale.*).

Por su parte, Daniels (2014) esboza el desarrollo de los valores discursivos de *venga*, que en su uso actual puede indicar, entre otros valores, el acuerdo. Según el autor, estos valores se explican por una expansión metafórica del dominio espacial hacia el dominio epistémico. Más concretamente, en el dominio espacial la forma *venga* expresa acercamiento al lugar donde se encuentra el hablante, de modo que, por una proyección de la estructura conceptual *acercamiento* del dominio espacial al dominio epistémico, el marcador le permite al hablante indicar un acercamiento de la opinión del hablante a la opinión del interlocutor:

(1)    A: Pues cómprame un perrito
       B: *Venga*, te compro el perrito... (Daniels 2014, 225)

Por último, Polanco Martínez (2013a, 238) señala que el marcador *vamos* puede usarse para «controlar el discurso, regular el acto comunicativo o negociar la interacción». Dado que *vamos* deriva de un verbo de movimiento, es posible usar el marcador derivado para señalar el movimiento en el discurso (moverse adelante para añadir cosas o moverse atrás para recuperar lo dicho). La metáfora EL DISCURSO ES UN ESPACIO [EN EL QUE MOVERSE] justifica el uso de *vamos* para regular el discurso: se mueve a través del discurso tal y como se mueve por el espacio. Romero Aguilera (2006) propone una metáfora similar para justificar el uso metadiscursivo de *vamos*, a saber, EL DISCURSO ES UN VIAJE. En pocas palabras, la estructura o el concepto de movimiento se ha extendido metafóricamente hacia el dominio discursivo, por lo que el marcador *vamos* puede guiar al interlocutor a través del discurso.

Estos estudios demuestran que las expansiones metafóricas motivan el desarrollo de los usos discursivos de los marcadores y que, por lo tanto, estos usos no son arbitrarios. A partir de las metáforas los usos de una forma se pueden multiplicar y pueden desencadenar una serie de cambios lingüísticos (sintácticos, morfológicos y semántico-pragmáticos) en una forma. En el análisis empírico, indagaremos en las funciones de los marcadores y en las extensiones metafóricas (a partir de las formas verbales originarias) que las justifican (Capítulo 6). En lo que sigue, comentamos el papel primordial de la metáfora en la teoría de la polisemia (3.2) y en el cambio lingüístico (3.3).

## 3.2 La polisemia: la cara sincrónica de la polifuncionalidad

### 3.2.1 Definición

Ante todo, conviene definir lo que se entiende por *polisemia* antes de aplicar el concepto a los marcadores (3.2.2). La polisemia remite al fenómeno ubicuo de que una forma lingüística tiene varios significados, un fenómeno que cobró interés en la segunda mitad del siglo XX con el auge de la Lingüística Cognitiva. El planteamiento principal de la Lingüística Cognitiva en el estudio de la polisemia es analizarla como una forma de categorización en la que una categoría corresponde a un concepto y esa categoría contiene todos los significados diferentes de ese concepto. Las categorías polisémicas se caracterizan por los rasgos típicos de una teoría de prototipos (Lewandowska-Tomaszczyk 2007), a saber:

- presentan varios niveles de tipicidad y algunos miembros son más representativos para la categoría que otros; el miembro más representativo y el punto de referencia cognitivo de la categoría es el *prototipo*;
- tienen fronteras borrosas;
- no se dejan definir mediante características necesarias y suficientes;
- presentan una constelación interna, es decir, son categorías complejas con una estructura de *semejanza de familia*; los miembros de una categoría no cumplen con una o varias condiciones necesarias, sino que comparten uno o más rasgos.

En resumen, todos los miembros (esto es, los significados) de una categoría están interrelacionados por semejanzas de familia o por extensiones a partir de un prototipo. Las relaciones entre los miembros se establecen con base en algunos principios conceptuales como la metáfora, la metonimia, la generalización, la especialización y las transformaciones de imágenes esquemáticas (Cuyckens/Zawada 1997), que motivan las relaciones entre los significados.

Las categorías polisémicas pueden representarse por una *red conceptual*, de modo que el miembro más central de la red conceptual es el más prototípico y los demás miembros se extienden desde ese centro y se relacionan con él con base en varios principios conceptuales. El miembro central determina, por tanto, las posibles extensiones; dicho de otro modo, las extensiones están motivadas por el miembro central a través de procesos cognitivos:

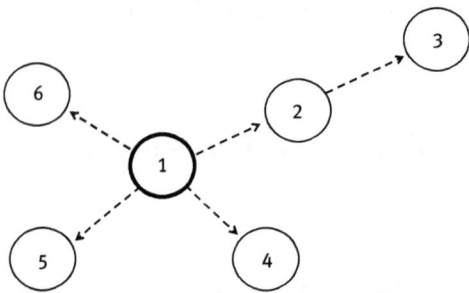

**Figura 18:** Categoría radial hipotética (Cuenca/Hilferty 1999, 134)

De esta manera se crean *cadenas de significados* (como entre los miembros 1, 2 y 3), puesto que no todos los miembros se conectan entre sí. Así, el significado del miembro central de la forma *anillo* será la joya que se lleva en los dedos, mientras que el significado de una de las extensiones será la formación que rodea a algunos planetas y otra será las líneas concéntricas que indican la edad de un árbol.

Además de las cadenas de significados, un miembro puede integrarse en una categoría, no porque tenga un rasgo en común con todos los otros miembros, sino porque se asocia con un miembro de la categoría; a este concepto se refiere la *semejanza de familia* (Lakoff 1987, 16). Así, por ejemplo, los miembros que pertenecen a la categoría de los juegos no se definen todos por el mismo grupo de rasgos, sino que algunos se asocian entre sí formando así una categoría conceptual (Wittgenstein 1953):

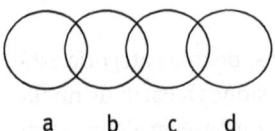

a     b     c     d

**Figura 19:** Modelo de semejanza de familia (Cuenca/Hilferty 1999, 38)

Así pues, la relación que existe entre los miembros de una categoría es como las relaciones entre los miembros de una familia: la hija (a) se parece a su padre (b), su padre (b) se parece a su madre (c), pero la hija (a) y la abuela (c) no se parecen necesariamente.

Esta concepción de la organización de los significados de una palabra es sumamente flexible. Cuenca/Hilferty (1999, 135) aducen como ejemplo de tal estructuración la palabra *banco*. Actualmente la palabra se refiere o bien a un tipo de asiento (*El hombre se sentó en un banco en el parque*) o bien a una entidad financiera (*Busco un banco donde pueda retirar dinero*). Los dos significados tienen, sin embargo, un origen polisémico: antes para prestar dinero se acudía a prestamistas que estaban sentados en un *banco* en la calle comercial. Así, el cambio de significado se representa en una cadena de significados, puesto que el primer significado fue *entidad sobre la que uno puede sentarse* a otro significado derivado *entidad sobre la que se sientan los prestamistas* para especializarse finalmente como *entidad financiera*. Debido a la pérdida de los vínculos entre los significados y el significado intermedio, en la actualidad el primer y el último significado se perciben como un ejemplo de homonimia. Las categorías radiales se aplican, pues, tanto a la situación sincrónica como a la evolución diacrónica de los significados de una palabra, lo cual enlaza perfectamente con la concepción cognitivista de que la evolución histórica y la situación sincrónica se relacionan (3.3).

Asimismo, el ejemplo de *banco* evoca la cuestión de la distinción entre polisemia y vaguedad de un concepto. En otras palabras, a veces es difícil trazar la frontera entre los aspectos de un significado que dan lugar a diferentes significados de un concepto (polisemia) y las manifestaciones de un significado (vaguedad) (Cuyckens/Zawada 1997; Tuggy 2006). Así, por ejemplo, se puede *pintar una pintura* con acuarela o con óleo (vaguedad) pero también es posible *pintar el pelo* (polisemia). Ya han sido propuestas varias pruebas para determinar la diferencia entre polisemia y vaguedad, pero, desafortunadamente, no siempre dan lugar a resultados coherentes (Brugman/Lakoff 2006, Tuggy 2006). Sin embargo, según Cuyckens/Zawada (1997, 16), la falta de distinción entre polisemia y vaguedad no tiene por qué causar problemas:

> There is nothing wrong with representing word meaning in terms of generalizations (schemas, unitary definitions) that maximally capture the shared semantic information across a word's many uses, and, at the same time, in terms of specific semantic information which instantiates (and hence potentially overlaps with) the general schema or which incorporates information from the surrounding context.

Por su flexibilidad el modelo cognitivo supera la falta de criterios coherentes para distinguir entre polisemia y vaguedad.

Asimismo, la Lingüística Cognitiva logra refutar la acusación de una polisemia *exuberante*, o la idea de que las relaciones entre significados se consideran demasiado frecuentemente como instancias de polisemia (Cuyckens/Zawada 1997, 17). Varias pruebas psicolingüísticas proporcionan evidencias para la polisemia, demostrando que las relaciones entre varios significados se originan de manera natural y conceptual o se basan en metáforas inherentes a nuestro sistema cognitivo (Brugman/Lakoff 2006).

La naturalidad de las relaciones entre los significados descarta al mismo tiempo el enfoque monosémico. Según este enfoque existe, para cada concepto, una representación abstracta y mínima de un significado descontextualizado y los significados concretos se derivan de los contextos en los que se encuentran. El enfoque monosémico distingue, por lo tanto, muy nítidamente entre semántica (concepto decontextualizado) y pragmática (los significados en un contexto particular) (Lewandowska-Tomaszczyk 2007). Dentro de la Lingüística Cognitiva, por otra parte, no se distingue entre pragmática y semántica, puesto que «el significado no se puede analizar completamente a partir de rasgos, puesto que el significado es inseparable del marco que le da sentido» (Cuenca/Hilferty 1999, 185). El enfoque monosémico constituye, en otras palabras, una deformación de la realidad (Cuenca/Hilferty 1999).

En resumen, una categoría polisémica se caracteriza por una estructura compleja de significados interrelacionados, dentro de la cual existe un significado más representativo, del cual derivan los demás a través de procesos conceptuales. Dicho de otro modo, las relaciones entre los significados no son arbitrarias sino motivadas; de esta manera, se concibe y se representa la organización lingüística como sumamente flexible.

### 3.2.2 La polisemia de los marcadores

En el apartado 1.2.2.1 ya hemos caracterizado los marcadores como unidades polisémicas, de acuerdo con la propuesta de Mosegaard Hansen (1998b; 1998a; 2008). Ahora bien, en la bibliografía sobre los marcadores, sea cual sea el marco teórico, los marcadores se definen como elementos *multifuncionales o polifuncionales* (cf. Antecedentes). A ese respecto, Mosegaard Hansen (1998b; 2008) y Hummel (2012) plantean la cuestión de si se puede considerar la polifuncionalidad de los marcadores como un caso de polisemia; ambos autores defienden que la polifuncionalidad de los marcadores es análoga a la polisemia.

Hummel (2012, 11–12) considera los dos conceptos como complementarios, es decir, distingue entre interrelaciones semánticas (polisemia) e interrelaciones funcionales (polifuncionalidad). Para él, la polifuncionalidad remite al hecho de que una forma, por ejemplo *vamos*, pertenezca a dos categorías distintas, a saber es un verbo y un marcador. Sostiene que un aspecto fundamental en la polifuncionalidad es la interrelación entre las distintas funciones sintácticas. Así, en cuanto a los marcadores, los valores discursivos se relacionan con la semántica de la forma originaria (sustantivo, verbo, etc.), dado que los valores discursivos encuentran su motivación en la base léxica de la unidad lingüística. Resumiendo, para Hummel (2012) la polifuncionalidad sobrepasa los límites de las categorías funcionales (verbo vs. marcador) y la polisemia solo se da dentro de una categoría funcional, esto es, o bien dentro de la categoría verbal o bien dentro de la categoría de los marcadores. Por consiguiente, Hummel (2012) usa el término *polifuncionalidad* para referirse «a la motivación funcional que subyace a las funciones discursivas realizadas por un marcador del discurso».

Conforme al enfoque cognitivo, la relación entre distintas categorías funcionales es un aspecto de la polisemia de una forma lingüística, ya que para la LC la polisemia es «la cara sincrónica de la relación histórica entre múltiples sentidos de una forma» (Cuenca/Hilferty 1999, 176). A los marcadores se aplica el mismo principio, puesto que «only with a polysemy approach are we able to account for the rise of the various functions in terms of discrete historical steps» (Waltereit 2006b, 71). Así pues, la relación entre distintas categorías (por ejemplo, el verbo *vamos* y el marcador *vamos)* es la polisemia en un macronivel, mientras que las relaciones entre los distintos significados de una forma dentro de una categoría funcional es la polisemia en un micronivel (por ejemplo, los valores del marcador *vamos*).

Coincidimos, pues, con Mosegaard Hansen (1998b; 2008) cuando afirma que polisemia y polifuncionalidad remiten, de hecho, a la misma realidad y que el enfoque polisémico es la mejor manera de dar cuenta de las relaciones entre varios usos de los marcadores. Los marcadores responden, pues, a una categoría radial. El punto de vista funcional-cognitivo de Mosegaard Hansen (1.2.2.1) sobre la polisemia de los marcadores se resume de la manera siguiente:

> Words may indeed have different senses which are not merely a matter of pragmatics, but that rather than being homonymous and discrete, these various senses are related in an often non-predictable, but nevertheless motivated way, either in a chain-like fashion through family resemblances, or as extensions from a prototype (Mosegaard Hansen 1998b, 240–241).

Entre los usos interrelacionados se encuentra también la forma de la categoría de base (por ejemplo, las formas verbales en el caso de los marcadores aquí estudiados). En otras palabras, los usos verbales de los marcadores *anda*, *vamos*, *vaya* y *venga* se integran en la red de los significados. Por consiguiente, no se trata de formas homonímicas (1.2.2.1) (Hummel 2012, 12), sino de formas heterosémicas

(Mosegaard Hansen 1998b, 242; Polanco Martínez 2013a, 208), es decir, se trata de:

> [a case] (within a single language) where two or more meanings and functions that are historically related, in the sense of deriving from the same ultimate source, are borne by reflexes of the common source element that belong in different morphosyntactic categories (Lichtenberk 1991, 476).

De ahí el término *polisemia genética* aducido por Heine (1997, 9) (cf. Introducción): las relaciones entre los varios valores de una forma polisémica son un reflejo del desarrollo histórico de los valores. En consecuencia, la polisemia ya no se restringe necesariamente a unidades lingüísticas que pertenecen a una categoría morfológica. De esta manera, el modelo cognitivista permite nuevamente dar cuenta de la flexibilidad de los significados de una unidad lingüística.

Aun así, esa flexibilidad no impide que los usos de un marcador se incluyan en categorías. Antes al contrario, adoptando un enfoque cognitivista, se crea un modelo dinámico en el que los usos de un marcador se pueden clasificar en categorías radiales. Es decir, dentro de las tres macrofunciones (apelativa, expresiva o metadiscursiva) algunos usos serán más prototípicos que otros. Además, las fronteras entre las categorías funcionales son borrosas.

La polisemia será, por tanto, un concepto central en el estudio funcional de los marcadores, pues las relaciones conceptuales entre los significados no solo representan la organización interna de un marcador en el nivel sincrónico sino que, como veremos en el apartado 3.3, también ayudarán a comprender mejor los fenómenos relacionados con el cambio lingüístico.

## 3.3 El cambio lingüístico: la cara diacrónica de la polifuncionalidad

A pesar del enfoque primordialmente sincrónico de nuestro estudio empírico, cabe dedicar algunos párrafos al cambio lingüístico, puesto que «polysemy is a synchronic reflex of language change» (Waltereit/Detges 2007, 64). Como acabamos de ver, según el enfoque cognitivo-funcional, la estructura interna de un elemento polisémico se origina en los cambios semántico-pragmáticos que ha sufrido este elemento a través del tiempo (Cuenca/Hilferty 1999; Ibarretxe-Antuñano 1999; Waltereit 2006a). También para los marcadores afirma Hummel (2012, 17) que «lo genético tiende a dejar sus huellas en el funcionamiento sincrónico». Concretamente, por procesos conceptuales se añaden otros significados al significado de base:

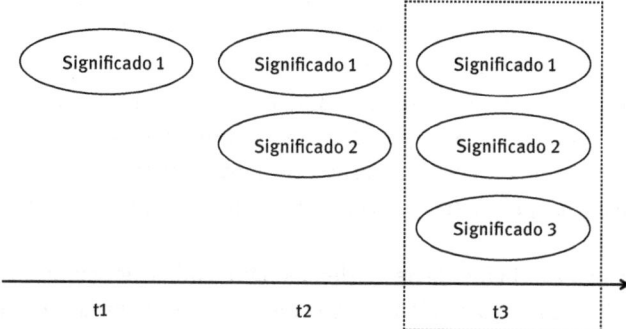

**Figura 20:** Cambio lingüístico y polisemia (basada en Waltereit 2006a, 149)

En esta figura se ilustra cómo a través del tiempo los cambios semántico-pragmáticos de una forma desembocan en una forma polisémica en el nivel sincrónico. Un significado de una forma puede *explotarse* usando la forma en un contexto no usual; algunas de estas explotaciones se pierden «but every now and again one of them catches on and becomes established as a next secondary norm in its own right» (Hanks 2009, 69). Para los marcadores, esta explotación consiste en desarrollar implicaturas conversacionales: así, un hablante le permite usar una forma con cierta implicatura conversacional y cuando se aprovecha con frecuencia para comunicar cierta intención estratégica, esta implicatura puede acabar por convencionalizarse (Traugott/König 1991).[5]

Cuando se convencionaliza un nuevo significado de una forma, los significados que con anterioridad había tenido esa forma no caen necesariamente en desuso. Esta acumulación de valores durante el proceso de cambio lingüístico se denomina *estratificación* (*layering*) (Hopper 1991).[6] Por consiguiente, durante el proceso de cambio se amplía el campo funcional de la forma, de modo que para los significados de los marcadores Lewis (2006, 43) defiende «a panchronic view of sense spectra; that is, the view that the synchronic senses of a polysemous lexeme map earlier ongoing functional splits».

---

[5] La frecuencia de uso de una unidad desempeña un papel esencial en el cambio lingüístico, puesto que, como hemos visto también en el apartado 2.1.3, «frequency is one of the factors that conditions functional change» (Bybee/Hopper 2001, 13).

[6] Aun así, es posible que en este proceso de cambio uno o varios de los significados caigan en desuso y/o que se hagan opacas las relaciones entre los significados, por lo cual se establece una relación homonímica, y no polisémica, entre los significados (así el ejemplo *banco* comentado en 3.2).

Por lo que concierne a los marcadores seleccionados para este estudio, todos los valores pragmáticos derivan de manera más o menos directa de la fuente léxica, es decir, de los verbos de movimiento. Company Company (2004) argumenta que los verbos con una elevada polisemia tienen también mayor flexibilidad, por lo que fácilmente «se recargan de nuevos significados». Además, estos verbos polisémicos, tales como los verbos de movimiento, suelen ser también muy frecuentes, lo que, a su vez, constituye un incentivo al cambio lingüístico.

Dado que la forma léxica es la fuente de los demás significados derivados, las propiedades morfosintácticas, distribucionales y semánticas de la forma léxica determinan en gran medida el desarrollo diacrónico y, por tanto, la configuración sincrónica de la forma (Ghezzi 2014). Por consiguiente, la base léxica da cuenta, en gran medida, de las diferencias conceptuales y funcionales que se observan en los marcadores (Hummel 2012, 13).[7]

Proponemos, por ello, la imagen de la vid como metáfora que representa muy bien la estructura interna de los marcadores polisémicos: la raíz representa la fuente léxica, mientras que las ramas son las macrofunciones que desempeñan los marcadores (en nuestro caso distinguimos entre categoría expresiva, apelativa y metadiscursiva) y cada racimo representa uno de los valores expresivos (sorpresa, acuerdo, desacuerdo, incredulidad, etc.), apelativos (exhortar, animar, etc.) y metadiscursivos (reformular, continuativo, etc.). Estos valores de los marcadores, y su funcionamiento en general, *crecen* a partir de los rasgos semánticos y morfológicos de la fuente léxica:

---

7 A este respecto observa Hummel (2012, 13) que no es un proceso unilateral, puesto que las funciones discursivas nacen de los objetivos comunicativos y, al mismo tiempo, él considera «las funciones discursivas como origen del aprovechamiento de las propiedades básicas de una unidad lingüística», o, dicho de otro modo «las funciones discursivas se apoderan de las funciones básicas» (Hummel 2012, 23).

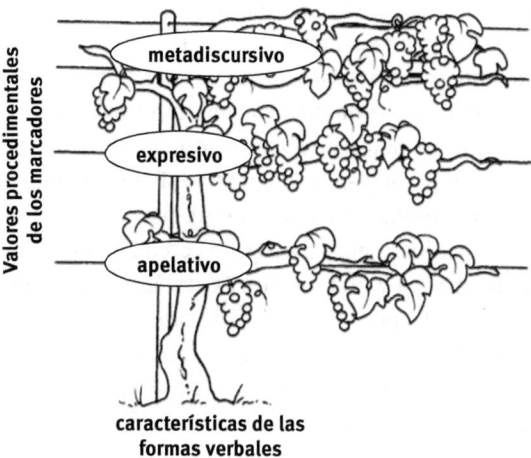

Valores procedimentales de los marcadores

metadiscursivo

expresivo

apelativo

**características de las
formas verbales**

**Figura 21:** La vid como metáfora de imagen de la estructura interna de los marcadores

Ahora bien, en el centro de la discusión sobre el cambio lingüístico se sitúa el desarrollo de elementos gramaticales. A este tipo de cambios se aplica la noción de *gramaticalización*, que se ha utilizado para explicar, por ejemplo, el uso de *haber* como auxiliar en los tiempos compuestos, el paso del demostrativo *ille* a los artículos en las lenguas románicas, el uso del verbo *ir* en la perífrasis *ir + a + infinitivo*, etc. En pocas palabras, la gramaticalización se aplica a los procesos que crean gramática (Hopper 1987). Sin embargo, el presente estudio no se dedica a la creación de elementos gramaticales, sino al desarrollo de significados cada vez más pragmáticos en las formas analizadas. De hecho, los marcadores no se consideran elementos gramaticales *sensu stricto* y, por eso, la gramaticalización entendida de manera estricta (Lehman 1995) no puede dar cuenta del desarrollo de marcadores a partir de formas verbales. Más concretamente, son las propiedades de *fijación*, *coalescencia* y el *blanqueo semántico* de la gramaticalización estricta las que plantean problemas al estudiar el desarrollo de los marcadores (Cuenca/ Hilferty 1999; Ghezzi 2014).

Según esta teoría, el elemento en desarrollo ocupa una posición cada vez más fija (*fijación*), se une más estrechamente con las unidades adyacentes (*coalescencia*) y su significado se difumina (*blanqueo semántico*). Además de eso, el proceso de gramaticalización es unidireccional, esto es, se mueve de *menos* gramatical a *más gramatical*. Es evidente que el desarrollo de los marcadores (y otras formas con expansión semántico-pragmática) no cabe dentro de la teoría de gramaticalización estricta, de ahí que se haya redefinido y ampliado el concepto de gramaticalización introduciendo la noción de *pragmaticalización* (Ghezzi 2014).

Así, Dostie (2004) propone dos tipos de gramaticalización: el primer tipo sería la gramaticalización *sensu stricto*, limitada a elementos léxicos que se desarrollan en elementos gramaticales o elementos gramaticales que se vuelven aún más gramaticales, mientras que el segundo tipo de gramaticalización implicaría la pragmaticalización de elementos en la que un elemento léxico o gramatical acaba por funcionar como elemento con función (inter)personal o textual. Por este motivo, se ha propuesto ampliar el concepto de gramaticalización de modo que cubra tanto el desarrollo diacrónico de gramatical a más gramatical como el cambio lingüístico del aumento de fuerza pragmática y una incidencia sintáctica más libre (Loureda Lamas/Pons Rodríguez 2015; Traugott 1995a). En la presente tesis, por lo tanto, se entiende la gramaticalización como «un macrocambio dinámico que engloba distintas subclases y procesos» (Company Company 2004, 65).

Desde este enfoque más amplio de la gramaticalización, se ha dedicado mucha atención a la cuestión del cómo – la motivación – y del porqué – el motor – del cambio lingüístico. Para la motivación son importantes dos conceptos compatibles, a saber, la gramática emergente (Hopper 1988) y la subjetivización. La hipótesis de la *gramática emergente* asume que la lengua está en movimiento constante y que es siempre cambiante. El cambio lingüístico se origina en formas que se usan con un nuevo objetivo comunicativo que termina por fijarse estructuralmente en la lengua (Cuenca/Hilferty 1999, 162). Este proceso de fijación de sentidos nuevos provocados por el contexto se conoce como *Context-induced Reinterpretation* (Heine et al. 1991, 70). Waltereit (2006b, 149) propone un enfoque similar para el desarrollo de los marcadores deverbales y afirma que:

> Le changement sémantique est déclenché par des locuteurs qui utilisent, pour des fins rhétoriques/stratégiques, un mot, non pas pour son sens, mais pour les implicatures conversationnelles lui étant attachées.

Como ha sido comentado más arriba, los nuevos significados de una forma son, pues, implicaturas conversacionales convencionalizadas.

Cabe subrayar que una forma no puede usarse con cualquier objetivo retórico nuevo. El significado de base debe prestarse a un uso con cierta implicatura conversacional, es decir, para el oyente tiene que ser posible realizar las inferencias pragmáticas necesarias para que la comunicación sea exitosa. Traugott (1995b, 46) lo formula de la manera siguiente:

> [...] such recruitment is far from arbitrary; the original meanings and the inferences that can be drawn from them that made the terms eligible for recruitment in the first place constrain the linguistic domains in which they can be used and the subjective functions they can perform.

El lazo con el nuevo significado debe estar motivado por procesos conceptuales, de manera que el nuevo significado tendrá una relación con el significado de base. Waltereit (2006a) ilustra este proceso de convencionalización de una implicatura conversacional mediante los marcadores derivados de verbos de percepción en cuatro lenguas románicas, a saber *guarda* (italiano), *mira* (español), *olha* (portugués) y *regarde* (francés de Quebec). Así, por ejemplo, en las cuatro lenguas las formas verbales en imperativo se usan para pedir al interlocutor que mire a un objeto mostrado por el hablante (*Mira, allí hay sitio para aparcar la bici*), pero también se puede usar la misma forma con la implicatura conversacional de que el objeto al que se refiere merezca un interés particular. Ese objeto es el discurso mismo y la forma le permite al hablante llamar la atención del interlocutor sobre el contenido de un enunciado (*Mira, te doy un ejemplo*); de esta manera, persisten restos de los rasgos léxicos en los nuevos usos discursivos. De hecho, la *persistencia* es uno de los principios centrales para explicar el cambio lingüístico (Hopper 1991). Cuando la implicatura conversacional se convencionaliza, la forma adquiere un nuevo significado. En este proceso de cambio de los marcadores, hay un debilitamiento del significado conceptual y, al mismo tiempo, se refuerza el significado procedimental. De ahí que, en lugar de un *blanqueo semántico*, se prefiera hablar de una *transformación* o *conversión* del contenido semántico-pragmático de los marcadores o de un *enriquecimiento pragmático* (Loureda Lamas/Pons Rodríguez 2015, 345).

El cambio lingüístico está motivado, por tanto, por procesos conceptuales. Además de eso, todos estos procesos de cambio lingüístico relacionados con la pragmaticalización, y más en particular con los marcadores, se caracterizan por la *(inter)subjetivización*. La (inter)subjetivización es el proceso por el que se implica progresivamente el hablante en el significado de un elemento (Cuenca/Hilferty 1999, 163). Con la *intersubjetivización* se incorpora la relación entre hablantes y oyentes en la forma lingüística misma. En otras palabras, las valoraciones del hablante ante lo comunicado se codifican en la forma lingüística y forman parte de su significado convencional (Company Company 2004). Este proceso implica un movimiento de la situación externa u objetiva al mundo interno (evaluativo y cognitivo), a la situación textual o a la subjetividad (Cuenca/Hilferty 1999). Un ejemplo de la (inter)subjetivización son los valores expresivos que han adquirido formas verbales que actualmente funcionan como marcadores (*mira, anda, ahí va*, etc.). Traugott/König (1991) proponen, además, una gradación en el proceso de (inter)subjetivización, a saber, las formas suelen obtener, a partir del significado conceptual, primero un valor textual y luego un valor expresivo (el paso intermedio del valor textual puede saltarse). Heine et al. (1991, 190), en cambio, proponen la siguiente cadena del desarrollo de las funciones discursivas a partir de imperativos:

función ideacional > función interpersonal > función textual

La función ideacional corresponde al contenido conceptual (la base léxica), mientras que la función interpersonal implica tanto un componente orientado al hablante («what is in the speaker's mind») como al oyente («serves to establish and maintain social relations») y la función textual concierne a la estructuración del texto (Halliday 1970). Heine et al. (1991, 190) alegan que la transferencia de la función interpersonal a la función textual ocurre de la manera siguiente:

> There appears to be a strategy employed by the speaker to establish a relation between the listener and the text, for example, by drawing attention to a particular part of the text or by arousing the listener's interest in that part. Reanalysis and grammaticalization have the effect that the relation between listener and text is gradually reinterpreted as one between different parts of text.

De ambas propuestas (de Traugott/König 1991 y de Heine et al. 1991) se concluye que el proceso de cambio lingüístico se desarrolla desde un contenido conceptual a funciones más (inter)subjetivas. Las propuestas se oponen, sin embargo, en cuanto al orden de la función expresiva y la función textual dentro de la cadena del desarrollo lingüístico.

Con respecto a los marcadores derivados de los verbos de movimiento en español, en los estudios diacrónicos (Company Company 2008; Daniels 2014; Octavio de Toledo y Huerta 2001–2002; Romero Aguilera 2006) tampoco se encuentra una única cadena de desarrollo histórico. Para el marcador *vamos*, Romero Aguilera (2006) demuestra que el desarrollo tanto del valor expresivo (a partir del siglo XIX) como del valor metadiscursivo (a partir del siglo XVIII) se realizaron a partir del valor apelativo, siendo este el primer valor en desarrollarse a partir de la forma verbal (en el siglo XVI). El valor metadiscursivo de *vamos* ha tenido siempre un fuerte carácter (inter)subjetivo, puesto que se usa para «introducir una invitación a que el oyente haga un esfuerzo común con el hablante para continuar el hilo de la conversación» y son abundantes los enunciados valorativos en su contexto (Romero Aguilera 2006, 52). Tanto el valor expresivo como el valor metadiscursivo de este marcador, implican, por lo tanto, un refuerzo de la carga subjetiva e intersubjetiva a partir del uso yusivo o exhortativo de la forma.

Por otro lado, en su estudio diacrónico de *vaya*, Octavio de Toledo y Huerta (2001–2002) revela que la forma verbal desarrolló primero un valor apelativo (que luego caería en desuso) y más tarde desarrolló también el valor expresivo de aceptación problemática y de sorpresa. Para el marcador *anda* se constata una evolución histórica similar, a saber, la forma verbal pierde su valor de movimiento espacial y empieza a usarse con valor apelativo para luego desarrollar valores expresivos (Company Company 2008).

Por último, como ya se ha mencionado (2.2.2), la forma *venga* ha sufrido dos vías paralelas de cambio (Daniels 2014). En la primera vía, el uso metadiscursivo de cierre del discurso deriva de un valor expresivo de acuerdo que a su vez deriva del uso optativo del verbo. En la segunda vía, el uso imperativo de *venga* pierde su referencia al movimiento espacial y empieza a usarse con valor exhortativo, un valor que se subjetiviza cada vez más, hasta que acaba por convencionalizarse para esta forma el valor expresivo de desacuerdo. Aun así, sea cual sea el orden de los valores en el cambio lingüístico, la subjetivización es un proceso que convierte elementos léxicos en elementos que organizan el discurso o el texto, o que indican las actitudes del hablante ante la situación discursiva (Cuenca/Hilferty 1999, 165). De esta manera, el proceso de cambio sí tiende a implicar una direccionalidad, a saber, las formas suelen incorporar cada vez más valores (inter) subjetivos.

Estos cambios semántico-pragmáticos de la (inter)subjetivización conllevan cambios formales y sintácticos. Company Company (2004) alega que una reducción de objetividad lleva aparejada una reducción de sintaxis, es decir, cuanto más subjetivizada sea una forma más puede prescindir de la sintaxis. Martín Zorraquino/Portolés (1999) ya han otorgado un estatuto morfológico y sintáctico particular a los marcadores cuando afirman que «los marcadores del discurso son unidades lingüísticas invariables» y «no ejercen una función sintáctica en el marco de la predicación oracional – son, pues, elementos marginales». Este comportamiento particular, en varios niveles, es el resultado del proceso de cambio histórico.

Los cambios semánticos, sintácticos y morfológicos habituales que un proceso de (inter)subjetivización conlleva son los siguientes (Company Company 2004):

a. Debilitamiento del significado del lexema de base para que la forma pueda adquirir un valor (inter)subjetivo. Cabe subrayar a este respecto que no implica una pérdida de significado, sino que supone un incremento de los valores pragmáticos (Cuenca/Hilferty 1999) (cf. *supra* enriquecimiento pragmática). Además de eso, repetimos que el enriquecimiento pragmático está determinado en gran parte por las características morfosintácticas, distribucionales y semánticas de la fuente léxica (Ghezzi 2014). El cambio semántico-pragmático es unidireccional en el sentido de que los significados concretos se transforman en valores cada vez más generales, abstractos e (inter) subjetivos (Dostie 2004, 39).

b. Los nuevos valores pragmáticos se convencionalizan a partir de implicaturas conversacionales que son de índole metafórica o metonímica. Así, por ejemplo, la metáfora que justifica el uso de *mira* para llamar la atención sobre el contenido de un enunciado es ENTENDER ES VER (Lakoff et al. 1989), con una proyección entre el dominio de la percepción visual y el dominio del procesamiento mental.

c. La pérdida de sintaxis se refleja, entre otros, en el debilitamiento de la estructura argumental de la fuente léxica. El marcador *mira*, por ejemplo, ya no lleva sujeto agentivo ni objeto directo.

d. Se amplía el alcance de la forma. Un marcador puede tener un alcance sobre el enunciado entero, por lo que suele preferir una posición en los márgenes del enunciado (posición inicial, media o final). Un marcador tiene, pues, más libertad posicional que su fuente léxica.

e. La forma se fija morfológicamente y adquiere más autonomía sintáctica. El marcador *venga*, por ejemplo, no tiene un equivalente *ven* y puede constituir un turno de habla (*He visto a Ricard esta mañana. – ¡Venga!*).

f. La forma pierde capacidades sintácticas, como, por ejemplo, la capacidad de ser negada (*\*No venga, nos vemos mañana.*).

El enriquecimiento pragmático implica, por lo tanto, una cancelación de la sintaxis. Las formas objeto de nuestro estudio empírico también han experimentado un proceso de (inter)subjetivización: han perdido el valor de movimiento y adquirido valores más pragmáticos, no tienen estructura argumental (*\*vamos nosotros, a jugar*), presentan una libertad posicional (*Anda, vete/Vete, anda*), son fósiles morfológicos (*ven, un beso*) y han perdido las capacidades sintácticas (solo pueden yuxtaponerse a otros marcadores: *pues vamos, pero vaya*, etc.) (Castillo Lluch 2008).

En resumen, los valores de los marcadores son el resultado de una convencionalización de implicaturas conversacionales. Esas implicaturas suelen relacionarse con la incorporación del hablante y de la relación entre hablante y oyente en la forma. Las posibles implicaturas conversacionales que puede tener una forma no son fortuitas, sino que están determinadas en gran medida por las propiedades de la fuente léxica.

## 3.4 Resumen y conclusiones

Los valores pragmático-discursivos de los marcadores son el resultado, ante todo, de expansiones metafóricas a partir de las bases léxicas. Con el paso del tiempo, los distintos usos pragmático-discursivos se han acumulado, dando lugar así a formas polifuncionales o polisémicas. Las propiedades semánticas, y las imágenes esquemáticas propias de las fuentes léxicas, junto con sus propiedades morfosintácticas han condicionado en gran medida el desarrollo del cambio lingüístico.

Este cambio diacrónico ha transcurrido gradualmente: una forma se usa con determinado objetivo comunicativo y con cierta implicatura conversacional que acaba por convencionalizarse (2.2.2). Estos nuevos valores de la forma son cada vez más (inter)subjetivos, esto es, codifican progresivamente el estado subjetivo del hablante y la relación entre hablante y oyente. Este proceso de cambio pragmático conlleva cambios morfosintácticos. Además, este enriquecimiento pragmático, o pragmaticalización, y sus cambios morfosintácticos correspondientes se ven reflejados en el uso actual de las formas. De ahí que una forma polisémica, como son los marcadores seleccionados para este estudio, constituya una categoría radial con una estructura interna en la que todos los valores están interrelacionados.

En el estudio empírico nos proponemos, en primer lugar, identificar todos los usos pragmático-discursivos de los marcadores de este estudio. En segundo lugar, averiguaremos en qué medida los rasgos sintácticos y semánticos de las formas verbales originarias activan o restringen las posibilidades funcionales de los marcadores derivados. Asimismo, averiguaremos qué expansiones metafóricas, con base en la fuente léxica, motivan estos valores pragmáticos. Además, el hecho de estudiar cuatro marcadores derivados de la misma categoría semántica verbal (los VVdM) nos permite adoptar un enfoque comparativo; así, examinaremos qué imágenes esquemáticas de los distintos VVdM admiten una expansión metafórica hacia un dominio (inter)subjetivo y en qué medida estas imágenes y/o metáforas son similares. La perspectiva del estudio empírico será esencialmente sincrónica.

# Conclusión primera parte:
# la interfaz entre forma y función

> *Given the functional versatility of [Pragmatic Markers], a purely*
> *functional approach to their description is therefore to complement*
> *with reflections on their formal properties*
>
> (Ghezzi/Molinelli 2014c, 118)

Partimos de la idea de que el significado es la parte esencial del lenguaje: comunicamos para transmitir información. El significado de las unidades que estudiamos en este trabajo no es fijo, sino que los marcadores disponen de varios valores potenciales (ya que son polifuncionales) (Aijmer 2013, 12); por consiguiente, los marcadores actualizan un significado al usarlos en un contexto específico. Examinamos en este trabajo lo que la realización concreta nos enseña sobre los significados de los marcadores. De este planteamiento general surgen las tres preguntas de investigación:

(i) Dado que los marcadores actualizan un significado al usarlos en un contexto concreto, queremos saber qué elementos de este contexto o de su realización concreta guían su interpretación. Dicho de otro modo, nos preguntamos en qué medida se refleja la función del marcador en su expresión lingüística concreta. El significado es, por tanto, la cara más abstracta o intuitiva del marcador que se concreta en el discurso mediante su comportamiento formal. Esta concretización se halla en la realización de la forma misma y en su co-texto. Así, estudiaremos la posición del marcador en el discurso, la combinación con otros marcadores o con un vocativo y su ejecución prosódica. Schiffrin (1987, 318) declara que:

> [...] whatever meaning inheres in the marker itself has to be compatible with the meaning of
> the surrounding discourse. This does not mean, however, that all discourse meanings are
> equally likely.

Conforme a esta argumentación, nos proponemos examinar en qué medida los rasgos formales, del contexto inmediato y del marcador mismo, activan o restringen las posibles funciones de un marcador. En resumidas cuentas, el objetivo principal es comprobar si se asocian forma y función de los marcadores seleccionados.

(ii) Al estudiar la forma y la función de los cuatro marcadores se obtiene una descripción completa de su comportamiento. A fin de afinar estas descripciones, proponemos un enfoque comparativo. La comparación de formas afines, tales como las aquí estudiadas, revela diferencias y semejanzas sutiles, pero por ello no menos substanciales. Los cuatro marcadores son afines porque constituyen un microsistema, puesto que derivan todos de verbos de movimiento en modo imperativo o subjuntivo. No solo tienen en común estos rasgos de su base léxica, sino que también se han atribuido valores discursivos similares a los marcadores derivados. Así, por ejemplo, tanto *vamos* como *vaya* pueden tener un valor reformulativo (Castillo Lluch 2008). Sin embargo, la lengua tiende a la economía, por lo que estimamos que no existen en la lengua dos expresiones que remitan a la misma realidad sin que haya diferencias en su significado (Haiman 1983). Nos proponemos, por lo tanto, detectar y describir estas diferencias (a veces sutiles) entre los cuatro marcadores mediante un enfoque integrador (de forma y función) y comparativo.

(iii) Una vez descritas las diferencias en los usos de los marcadores, nos preguntamos en qué medida la motivación de estas diferencias y de los usos de los marcadores se halla en los rasgos de las bases léxicas, porque coincidimos con Hummel (2012, 13) cuando afirma que:

> [...] en la mayoría de los casos los lexemas son responsables, al menos parcialmente, de las diferencias conceptuales, funcionales y variacionales que se observan en las series de signos discursivos que ocupan la misma función discursiva general.

Algunos autores han estudiado la persistencia de los restos del significado léxico en el significado de los marcadores (Brinton 1996; Cuenca 2003; Mosegaard Hansen 2005; Polanco Martínez 2013a; Waltereit 2006b). Sin embargo, en general «[en la bibliografía de los marcadores] se ignoran casi por completo las propiedades conceptuales y categoriales de los signos que constituyen su base léxica y gramatical» (Hummel 2012, 186). Por eso, nos proponemos averiguar, a partir de la base léxica, por qué una forma, y no otra, ha podido usarse con cierta implicatura que luego se ha convencionalizado. Además, todos estos valores convencionalizados de un marcador derivan históricamente de la misma unidad lingüística (la base léxica), por lo que – para cada forma – se pueden representar sus usos actuales, y con esto su polifuncionalidad, mediante una red conceptual. Dentro de la red conceptual, están representadas las relaciones y las motivaciones entre los valores, tanto conceptuales como procedimentales, de la forma.

De lo que precede se concluye que en este trabajo se combinan dos tipos de investigaciones. Por un lado, el análisis es semasiológico y paradigmático, puesto que se propone estudiar el funcionamiento de cuatro marcadores que pertenecen al mismo paradigma (de los marcadores derivados de verbos de movimiento). Por otro lado, tiene una vertiente onomasiológica en la cual se toman como punto de partida las funciones y se examina cómo se relacionan con sus rasgos formales. El análisis onomasiológico es limitado, ya que solo se estudian las funciones apelativa, expresiva y metadiscursiva de los cuatro marcadores seleccionados. Aun así, cuando los dos enfoques se cruzan, pueden contribuir a un mejor conocimiento de los cuatro marcadores y sus funciones, puesto que:

> El estudio semasiológico de partículas afines permite esbozar funciones discursivas diversas [...] y el análisis onomasiológico permite agrupar a partículas afines funcionalmente y establecer identidades y diferencias entre ellas, en el interior de cada elenco funcional [...]. (Martín Zorraquino 2002, 46–47)

La combinación de los dos enfoques no es sino una consecuencia lógica de los objetivos establecidos y no un fin en sí mismo.

Segunda parte: **Hacia el estudio empírico de los marcadores**

# Capítulo 4
# Materiales y metodología

Nuestra investigación es *observacional* (Geeraerts 2010, 72), puesto que se basa en ejemplos de uso real de los marcadores en la modalidad oral. Este estudio se limita, además, a la variante peninsular actual del español. Hemos aprovechado la accesibilidad de bases de datos orales existentes para compilar el corpus que manejamos en este estudio. El corpus cubre, por consiguiente, una gran variedad de tipos textuales (de entrevistas a conversaciones coloquiales). Presentamos una lista con todas las bases de datos fuentes, su número total de palabras y los tipos textuales que contienen (véase también Enghels et al. 2015):

- C-ORAL-ROM, Corpus integrado de referencia en lenguas romances (Cresti/ Moneglia 2005):
  - Número total de palabras: 300.000
  - Tipología textual: administrativos y políticos, científicos, conversacionales o familiares, educativos, humanísticos, instrucciones, jurídicos, lúdicos, debates, periodísticos (deportes, documentales, entrevistas), servicios informativos, publicitarios.
  - Los textos representan el habla espontánea y han sido grabados en su contexto real y sin guion.
- CORLEC, Corpus Oral de Referencia del Español Contemporáneo (Marcos Marín 1992):
  - Número total de palabras: 1.100.000
  - Tipología textual: administrativos y políticos (61.200), científicos (36.000), conversacionales o familiares (269.500), educativos, humanísticos (58.300), instrucciones (6.600), jurídicos (35.200), lúdicos (61.200), debates (93.500), deportes (58.300), documentales (28.600), entrevistas (171.200), noticiario (72.600), publicitarios (30.800), religiosos (12.100) y técnicos (43.100).
  - Los textos de esta base de datos se caracterizan por su oralidad, espontaneidad, representatividad y autenticidad.
- MC-NLCH, Macrocorpus de la norma lingüística culta de las principales ciudades del mundo hispánico (Samper Padilla 1998):
  - Número total de palabras de las ciudades de Madrid y Sevilla: 110.850
  - Tipología textual: entrevistas semidirigidas individuales con intervención del encuestador
- CREA, Subcorpus Oral del Corpus de Referencia del Español Actual (Real Academia Española):

- Número total de palabras desconocido
- Tipología textual: textos procedentes de grabaciones de radio, televisión y conversaciones por teléfono, textos procedentes de otros corpus orales que consisten en conversaciones (*Análisis de la Conversación de la Universidad de Alcalá de Henares* y *Corpus oral de la variedad juvenil universitaria del español hablado en Alicante*).[1]
- Val.Es.Co, Corpus de conversaciones coloquiales (Briz Gómez/Grupo Val. Es.Co. 2002):
  - Número total de palabras: 55.183
  - Tipología textual: conversaciones coloquiales (grabaciones secretas, sobre todo en entornos familiares, entre dos y cuatro interlocutores)
- COLAm, Corpus Oral de Lenguaje Adolescente de Madrid (Jørgensen):
  - Número total de palabras: 175.000
  - Tipología textual: conversaciones coloquiales entre jóvenes (13 a 19 años) (grabaciones secretas)

De estas bases de datos hemos destilado todas las formas de *anda, vamos, vaya* y *venga* que se usan como marcadores con un total de 3080 ocurrencias.[2]

Para poder realizar pruebas estadísticas hace falta disponer de datos suficientes. Para alcanzar un número aceptable de ejemplos hemos recurrido a bases de datos que representan varios tipos textuales. Esta heterogeneidad del corpus conlleva que los resultados del análisis serán muy generales, es decir, consideramos los resultados como tendencias que se aplican a 'la' lengua hablada en la variante peninsular.[3]

El análisis lingüístico de un fenómeno oral a partir de un texto transcrito conlleva unas limitaciones metodológicas. Ante todo, el texto transcrito es una interpretación del texto oral originario por parte del transcriptor, por lo que el resultado es siempre una deformación de la realidad (Portolés 2015). Así, en el texto transcrito no suele haber acceso a la información suprasegmental com-

---

**1** El Subcorpus oral del CREA contiene también la base de datos MC-NLCH y CORLEC. Para evitar solapamientos no hemos incluido en el corpus los ejemplos procedentes de estas dos bases de datos que aparecen en CREA.

**2** Los usos de las formas como marcadores se distinguen de los usos verbales de estas mismas formas en que ya no suelen expresar movimiento, no hay variación de número, de modo o de persona, suelen tener autonomía sintáctica, etc. (véanse los rasgos prototípicos de los marcadores en el apartado 1.2.2).

**3** Un estudio que compara el comportamiento de los marcadores en varios tipos textuales contribuiría, sin duda, a un mejor conocimiento de las formas. Sin embargo, esta cuestión excede el alcance del presente estudio.

pleta (énfasis, pausas, gestos, expresiones faciales) y está ausente mucha información sobre la situación comunicativa (presencia o no de un receptor pasivo, entorno espacial, posición del hablante respecto a los demás interlocutores, etc.). Además de eso, la modalidad oral se caracteriza por su carácter no planificado y espontáneo (Vigara Tauste 1990), lo cual origina oraciones truncadas, vacilaciones, repeticiones, etc. La ausencia de información suprasegmental y contextual en la transcripción y el carácter no planificado de los textos no facilitan su interpretación. Antes al contrario, no siempre es posible entender la intención comunicativa de un enunciado o, en nuestro caso, comprender la función de un marcador. Por consiguiente, de los 3080 ejemplos seleccionados 2789 marcadores han sido retenidos para el análisis funcional y formal (2587 marcadores sueltos (cf. Tabla 2, 6.2), 64 marcadores que llevan complemento y 138 construcciones de *vaya* como intensificador de un sintagma nominal (cf. Capítulo 10)). La Tabla 1 recoge las frecuencias detalladas según el corpus y el marcador:[4]

---

4 Dado que en la literatura se menciona el uso de la forma de tratamiento *ande* como marcador (Castillo Lluch 2008, 1748) también hemos escudriñado las bases de datos en búsqueda de esta forma. Aparece transcrita una vez en el COLAm pero falta contexto para poder determinar su estatuto o bien como marcador o bien como verbo. Hay asimismo tres ocurrencias de *ande* en el corpus Val.Es.Co pero resulta ser tres veces una forma abreviada del adverbio *adonde* emitido por el mismo hablante (§ bueno/ y– y ¿ande voy yo a hacere (sic)– e esas veintisiete copiah (sic)? C: ESO/ a máquina se tiene que pasar). Finalmente, en el corpus solo hemos incorporado un caso de *ande* que, además, parece ser un caso dudoso. Se trata de un ejemplo del CORLEC:

(1)   <Encuestador> ¿Usted considera que la mujer en este país está discriminada? <Encuestado 2> ¡*Ande va*! La mujer descreminada (sic), yo no veo que estén descreminadas (sic)[...] (CORLEC)

Al escuchar la grabación se percibe *anda* antes que *ande*. De todos modos, se trata de un uso de la forma como marcador por lo que la hemos incluido en el corpus. De todo esto se concluye que el marcador *anda* se ha fijado morfológicamente, visto que ya no presenta variación de persona (la forma de tratamiento *ande* ha caído en desuso y ha sido sustituida por *anda* también en contextos más formales).

**Tabla 1:** Número de ejemplos en cada corpus por marcador

|        | COLAm  | C-ORAL-ROM | CORLEC | CREA   | MC-NLCH | Val.Es.Co | Total |
|--------|--------|------------|--------|--------|---------|-----------|-------|
| ANDA   | 119    | 52         | 86     | 92     | 2       | 8         | 359   |
|        | 33,15% | 14,48%     | 23,96% | 25,63% | 0,56%   | 2,23%     | 100%  |
| VAMOS  | 226    | 224        | 410    | 349    | 179     | 23        | 1411  |
|        | 16,02% | 15,88%     | 29,06% | 24,73% | 12,69%  | 1,63%     | 100%  |
| VAYA   | 103    | 20         | 58     | 61     | 13      | 13        | 268   |
|        | 38,43% | 7,46%      | 21,64% | 22,76% | 4,85%   | 4,85%     | 100%  |
| VENGA  | 261    | 101        | 220    | 154    | 0       | 15        | 751   |
|        | 34,75% | 13,45%     | 29,29% | 20,51% | 0,00%   | 2,00%     | 100%  |
| Total  | 709    | 379        | 774    | 656    | 194     | 59        | 2789  |
|        | 25,42% | 13,59%     | 27,75% | 23,52% | 6,96%   | 2,12%     | 100%  |

Cada una de las bases de datos tiene su manera de transcribir los materiales de audio. En la representación de los ejemplos en esta disertación optamos por no modificar las transcripciones originarias, de modo que se mantengan fieles a las intenciones de los transcriptores.[5]

El análisis lingüístico semántico o pragmático constará siempre de una vertiente interpretativa e intuitiva, en nuestro caso es la interpretación de las funciones de los marcadores. No opinamos que haya que intentar evitar la interpretación, sino que lo consideramos un reto en el análisis (cf. Introducción). Para interpretar el valor de los marcadores hace falta un contexto amplio que permita examinar a fondo el desarrollo y el contenido del discurso, los papeles y las posturas de los interlocutores, etc. Con base en el contenido de este contexto se puede comprender el papel del marcador dentro del discurso. Así, por ejemplo, el comentario que se yuxtapone al marcador y la prosecución del discurso pueden contribuir a la interpretación, como ilustra el ejemplo (1):

(1) Otra persona.- Abre, abre la de ahí, la del reloj, que es la que tira para allá. Chico, cuando hemos salido de donde hemos ido, que es que he ido con una hermana mía, que se va a casar una hija, a probarse un traje, madre mía, era nieve lo que caía, ¿eh?, aguanieve.
Inf.- ¡*Anda*!, ¿has salido así de casa?
Otra persona.- No, cuando hemos salido de la casa de modas.
Inf.- ¡Ah!

---

5 Para las convenciones de las transcripciones de las bases de datos usadas, véanse Briz Gómez/Grupo Val.Es.Co. (2002); Cresti/Moneglia (2005); Jørgensen; Marcos Marín (1992); Real Academia Española; Samper Padilla (1998).

La oración interrogativa (*¿has salido así de casa?*) que sigue al marcador es un indicio de que el hablante ha recibido información nueva que quiere verificar. Por la respuesta negativa de su interlocutor (*No, cuando hemos salido de la casa de modas.*) se sabe que las suposiciones del hablante (Inf.) no son correctas. De esta información se deduce que el hablante está asombrado sobre la nueva información recibida, ya que esta información no cumple con sus expectativas. De esta manera se deduce del contexto que *anda* expresa el asombro.

Prueba de que otros parámetros (la posición, las combinaciones, etc.) no han servido directamente de base para la interpretación funcional de los ejemplos es que los resultados del análisis de la relación entre el parámetro funcional y los parámetros formales nunca es una relación de uno a uno. Por ejemplo, un marcador en posición inicial de una intervención puede tener tanto una función apelativa, expresiva como metadiscursiva (Capítulo 6). De la misma manera, dentro de la coocurrencia *pues venga* se constata que *venga* adquiere una función apelativa, expresiva o de cierre del discurso (8.1). Por otro lado, sí existen tendencias de relaciones entre funciones y parámetros formales. Determinar y explicar estas tendencias es precisamente el objetivo del análisis empírico de los capítulos siguientes.

Como ya se ha discutido en la introducción, el enfoque del análisis empírico es tanto cuantitativo como cualitativo. A este respecto, Pons Bordería (2005) sugiere una metodología para el análisis de los marcadores que consta de tres fases. Primeramente, en la fase inductiva se analizan ejemplos de uso real en un corpus de lenguaje hablado. Con base en estos ejemplos se pueden formular algunos principios generales sobre los marcadores (enfoque semasiológico) o funciones (enfoque onomasiológico) que se estudian. En una segunda fase, se requiere un estudio cuantitativo, puesto que «a quantitative analysis is a useful tool to sharpen raw intuitions» (Pons Bordería 2005, 78). Este análisis cuantitativo es preferentemente multifactorial a fin de revelar las asociaciones entre las diferentes variables. Finalmente, la vertiente cuantitativa debe completarse con una interpretación cualitativa de los resultados. El presente estudio se llevará a cabo conforme a esta propuesta metodológica.[6]

La parte empírica se organiza según los parámetros de análisis, es decir, se dedican sendos capítulos a los cinco parámetros. Empezamos con una primera aproximación cuantitativa a los datos en la que se comprueba la relación entre

---

6 Las pruebas estadísticas se realizaron principalmente mediante el programa SPPS (IBM Corp. 2013) y para algunas pruebas recurrimos también al programa R (R Development Core Team 2013) (por ejemplo, para calcular el valor-p de la prueba exacta de Fisher o de la prueba de chi-cuadrado).

estos parámetros en un modelo predictivo (Capítulo 5). En este modelo predictivo (un árbol de clasificación), se ordenan los parámetros formales según la fuerza de su asociación con las funciones de los marcadores. Dicho de otro modo, el modelo revelará los parámetros más distintivos.[7]

A continuación, se estudian los parámetros más detenidamente y empezamos con lo más intuitivo, las funciones (Capítulo 6), para estudiar cómo se concretizan estas funciones. Nos detendremos en la posición (Capítulo 7), en la combinación con otros marcadores (8.1) o con un vocativo (8.2) y en el comportamiento prosódico de los marcadores (Capítulo 9). Por último, se dedica un apartado a unas construcciones tanto semánticamente como sintácticamente particulares en las que *anda* y *vaya* funcionan como operadores de intensificación (Capítulo 10).

---

[7] El parámetro de la prosodia no se incorpora en este modelo, porque se usa otro corpus y otros tipos de variables que se prestan a otros métodos estadísticos.

# Capítulo 5
# Cuando los árboles sí dejan ver el bosque: una primera aproximación estadística

Antes de estudiar detenidamente cada parámetro por separado, presentaremos en este apartado una primera aproximación cuantitativa a los datos. El objetivo es explorar los datos en busca de patrones coherentes y/o relaciones sistemáticas entre los parámetros. Concretamente, comprobaremos si a partir de su comportamiento formal se puede predecir la función del marcador. En este apartado nos centraremos, por tanto, en la primera pregunta de investigación: ¿Existe una relación entre función y forma de los marcadores? De acuerdo con este objetivo, aplicaremos el método estadístico llamado *árbol de clasificación*. Se trata de un análisis multivariante en el que se describe cierto comportamiento en el contexto de influencias múltiples. Es decir, el modelo examina la relación entre una variable dependiente (la variable objetivo) y otras variables predictoras.[1] Estas relaciones se representan en una estructura arbórea:

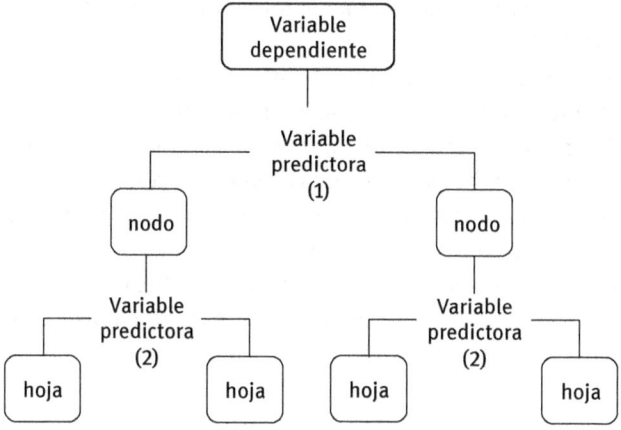

**Figura 22:** Árbol de clasificación genérico

---

1 Una *variable dependiente* es la propiedad que estamos investigando. La *variable independiente* es la propiedad que tiene la capacidad de influir o afectar a la variable independiente, es decir, es un predictor. Por ejemplo, una profesora quiere estudiar si existe una asociación entre el sexo del estudiante y las notas obtenidas en cierto curso. En este caso, la nota es la variable dependiente y el sexo es la variable independiente. Cada variable tendrá varios valores. Así, la variable *sexo* tiene dos valores: masculino y femenino, y la variable *nota* tiene diez

Dado que se trata de un modelo jerárquico, la primera subdivisión del árbol representa la relación más fuerte con la variable dependiente y la primera variable predictora es la que más capacidad de predicción tiene. Las *ramas* del árbol indican las subdivisiones posteriores y cada segmento de una rama es un *nodo*. Los nodos terminales (que no tiene subdivisiones) en la jerarquía son las *hojas*. A partir de estas hojas, es posible formular una serie de reglas que predicen a qué valor de la variable dependiente un nuevo dato pertenecerá.

Concretamente, en el árbol que construiremos para nuestros datos, la variable dependiente es la función de los marcadores y sus valores son apelativo, expresivo o metadiscursivo. De esta manera, el árbol permite predecir, para cualquier ocurrencia de un marcador dado, qué función (apelativa (AP), expresiva (EXP), metadiscursiva (MD)) tiene, con base en el comportamiento de una serie de variables predictoras. Estas variables predictoras y sus valores son los siguientes:

- La unidad conformada por el marcador (para una descripción más detallada de este parámetro véase *infra* 7.1) (Grupo Val.Es.Co 2014):
  - La *intervención* (Int) es la unidad monológica máxima que se asocia con un cambio de emisor. El marcador *anda* conforma una intervención en *No he visto el partido de ayer. – ¡Anda!*
  - El *acto* (Acto) es la unidad jerárquicamente inferior a la intervención y posee una intención comunicativa propia. El enunciado #*Ya ha llegado el autobús.# #Venga, apresúrate.#* consta de dos actos que se encuentran entre#. En el primer acto (*ya ha llegado el autobús*) la intención del hablante es informar al interlocutor, mientras que en el segundo acto (*venga, apresúrate*) el hablante exhorta al interlocutor.
  - El *subacto adyacente* (SA) es la unidad inferior al acto y tiene contenido extraproposicional; así, en *Venga, apresúrate* el marcador *venga* conforma un subacto adyacente.

---

valores: 1/10, 2/10, etc. La variable *sexo* es *nominal*, ya que sus valores representan categorías que no obedecen a una ordenación intrínseca mientras que la variable *nota* es *ordinal*, porque sus valores representan categorías con alguna ordenación intrínseca. Una variable también puede ser *continua* cuando sus valores representan categorías ordenadas con una métrica con significado, por lo que son adecuadas las comparaciones de distancia entre valores (por ejemplo, la edad en años).

- La unidad discursiva en la que se inserta el marcador (para una descripción más detallada de este parámetro véase *infra* 7.1) (variable indicada en el árbol por *insertado en*) (Grupo Val.Es.Co 2014):
  - Cuando el marcador conforma un acto puede insertarse en una *intervención* (Int) (véase *supra*). Por ejemplo, en la intervención #*Ya ha llegado el autobús.# #Venga#* el marcador *venga* conforma un acto insertado en una intervención. Un marcador también puede conformar una intervención independiente, como *anda* en *No he visto el partido de ayer. – ¡Anda!*
  - Cuando el marcador conforma un subacto adyacente, puede insertarse en un *acto* (Acto) (véase *supra*): en #*Venga, apresúrate#*, el marcador *venga* conforma un subacto adyacente que se inserta en un acto.
  - El marcador que conforma un subacto adyacente puede insertarse también en un *Subacto Sustantivo Directivo* (SSD) que se define como la unidad inferior a un acto y que contiene la información proposicional principal. En el acto *No lo pienso, porque vamos no tienen nada que ver con eso* el subacto sustantivo directivo es la unidad *no lo pienso*.
  - Por último, un marcador que conforma un subacto adyacente puede insertarse en un *Subacto Sustantivo Subordinado* (SSS) que es la unidad inferior a un acto y constituye un aporte informacional al subacto sustantivo directivo con el que obligatoriamente se combina. En el acto *No lo pienso, porque vamos no tienen nada que ver con eso*, el subacto sustantivo subordinado es la unidad *porque vamos no tienen nada que ver con eso*.
- La posición del marcador dentro de la unidad discursiva (véase 7.1) (variable indicada en el árbol por *posición)* (Grupo Val.Es.Co 2014):
  - Inicial (I): #*Venga, no seas tonto#*
  - Media (M): #*apresúrate, anda, apresúrate#*
  - Final (F): #*no seas tonto, venga#*
  - Independiente (Ind): *No he visto el partido de ayer. – ¡Anda!*
- La coocurrencia con otro marcador (variable indicada en el árbol por *coocurrencia)*: sí (*pues venga, pero vamos, anda venga)*, no
- La reduplicación del marcador: sí (*anda anda, vamos vamos)*, no
- La presencia de un vocativo (variable indicada en el árbol por *vocativo)*: sí (*Anda Merche, Venga tío)*, no

No incluimos los parámetros prosódicos en nuestro árbol de clasificación, puesto que  para el análisis prosódico empleamos una base de datos más limitada y porque hay restricciones sobre las variables (por ejemplo, algunas variables prosódicas se consideran solo cuando se encuentran en cierta posición dentro del grupo fónico, véase el Capítulo 9). Además de ello, para evitar un modelo deformado, excluimos del árbol de clasificación los ejemplos de *anda* y *vaya* que entran en construcciones intensificadoras (*anda que tú/vaya que sí/vaya tarea*).[2] Por consiguiente, el árbol de clasificación, así como el análisis de la posición (Capítulo 7) y las combinaciones (Capítulo 8), se basa en los 2587 ejemplos de los cuatro marcadores que no funcionan como operadores de intensificación (remitimos al Capítulo 10 para un análisis detenido de estas construcciones intensificadoras).

En la Figura 23 se reproduce el árbol de clasificación en el que se representan las relaciones entre las funciones y los varios parámetros formales de los marcadores del corpus.[3]

En el árbol no está incluido el parámetro *unidad conformada por el marcador*, ya que según el modelo no tiene (o tiene poco) capacidad de predicción.

Para evaluar en qué medida el árbol puede generalizarse a una población mayor, realizamos un análisis de validación cruzada.[4] El análisis genera una estimación del riesgo de clasificación errónea de los datos que para nuestro modelo es de un 38,6% (cross-validation=0,386; std. error=0,010). La exactitud de predicción global es, por tanto, de un 62,9%. Constatamos, sin embargo, diferencias considerables en las exactitudes de predicción entre las funciones. Concretamente, la exactitud de predicción es sobre todo alta para la función metadiscursiva, puesto que se ha podido clasificar de manera correcta un 97,4% de los datos. En cambio, la función apelativa y expresiva presentan una exactitud de predicción baja con un 21,6% y un 24,5% respectivamente, lo cual significa que

---

**2** Por haber perdido, en gran medida, su estatuto extraproposicional, los marcadores que funcionan como operadores de intensificación demuestran un comportamiento particular en varios niveles (la posición, la prosodia y las combinaciones). Por consiguiente, no incluimos estos ejemplos en el árbol de clasificación y dedicamos un capítulo a este uso particular de las formas estudiadas (Capítulo 10).

**3** Se ha realizado el árbol con el algoritmo CHAID (*Chi-squared Automatic Interaction Detection*), ya que se basa en la prueba $\chi^2$ y porque permite separar un nodo en más de dos (contrariamente a los algoritmos CRT y QUEST que solo permiten una bifurcación de los nodos). Para nuestros datos preferimos la separación en más de dos, porque es más fácil la interpretación de este árbol, contrariamente al árbol con bifurcaciones que agrupan los valores siempre en dos nodos, por lo que el resultado parece ser menos matizado.

**4** La validación cruzada divide la muestra en submuestras complementarias (en este caso se ha tomado 10 submuestras). Se realiza el análisis sobre una submuestra y se usa otra submuestra para validar este análisis. Se realizan múltiples turnos de validación cruzada y se toman los promedios de los turnos como resultado de la validación.

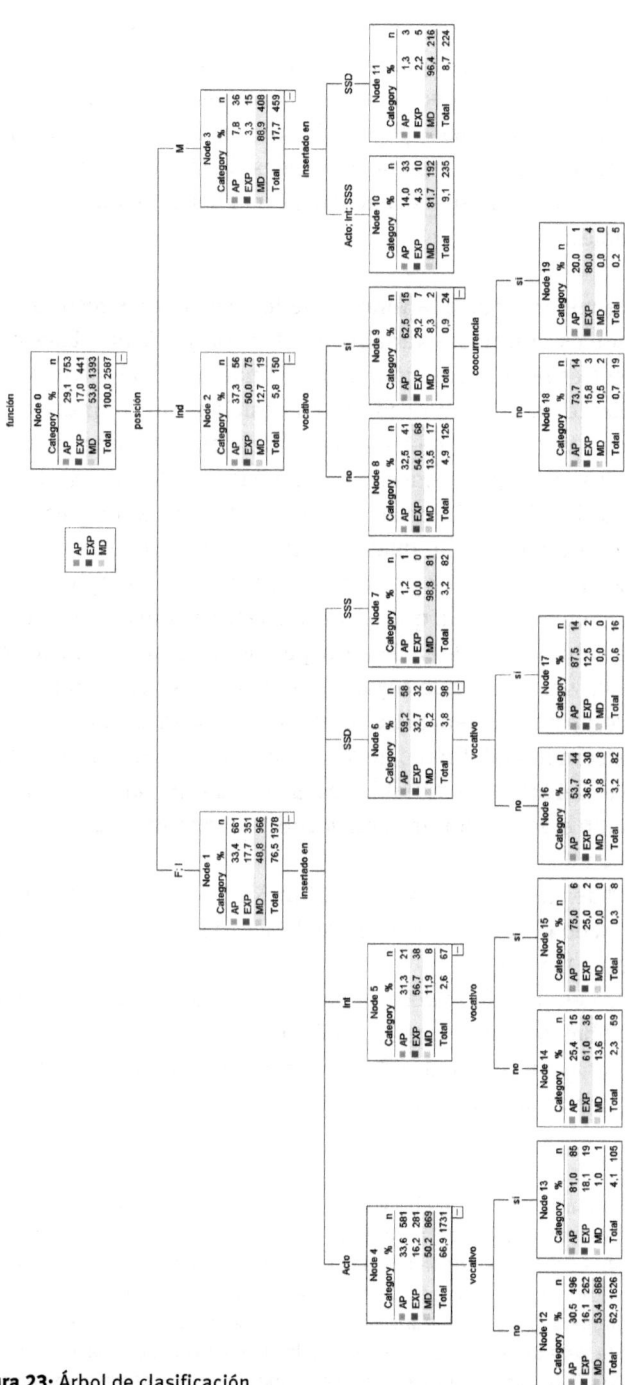

**Figura 23:** Árbol de clasificación

se puede predecir, con base en las propiedades formales, con bastante exactitud si un marcador tendrá una función metadiscursiva o no: en cambio, basarse en las propiedades formales para predecir si un marcador tiene función apelativa o expresiva conlleva más riesgos y será, pues, más probable que falle el modelo.[5]

Por consiguiente, hay que interpretar las reglas de clasificación más bien como tendencias. Las tendencias que se pueden destilar del árbol y a partir de las hojas son las siguientes:

- La variable que mejor predice la función de los marcadores resulta ser la posición, porque es la primera variable en el árbol (*posición*). Esta variable se divide en tres nodos: posición inicial y final, posición media y posición independiente. Para los marcadores en posición inicial, final o media el parámetro con la segunda relación más fuerte con las funciones es la unidad discursiva en la que se inserta el marcador (*insertado en*). El comportamiento distribucional (la posición y la unidad en la que se inserta) de los marcadores interacciona, pues, más fuertemente con sus funciones (Capítulo 7). Los marcadores en posición independiente siempre se insertan en una intervención, por lo que, para estos marcadores, no tiene valor predictivo la variable *insertado en*. Por eso, para los marcadores en posición independiente la variable con la segunda relación más fuerte con las funciones es la presencia o ausencia de un vocativo (*vocativo*). Para los marcadores en posición inicial, final o media la variable *vocativo* se encuentra en el tercer nivel del árbol. La variable *coocurrencia* solo parece tener valor predictivo cuando el marcador lleva un vocativo y constituye una intervención independiente.
- La probabilidad de que un marcador tenga función apelativa es alta cuando:
  - se encuentra en posición inicial o final de acto o intervención y lleva un vocativo (hoja 13 y 15);
  - se encuentra en posición inicial o final de un subacto sustantivo directivo sin o, sobre todo, con vocativo (hoja 16 y 17);
  - constituye una intervención independiente, lleva un vocativo y no se combina con otro marcador (hoja 18).

---

5 A pesar de las estimaciones de exactitud bajas para las funciones apelativa y expresiva, hablamos de tendencias, ya que los datos del corpus son no balanceados (esto es, al grupo metadiscursivo pertenecen un número desproporcionadamente alto de ejemplos en comparación con el grupo apelativo y el grupo expresivo). Los datos no balanceados rinden una estimación de exactitud muy optimista para el grupo más largo y simultáneamente rinden una estimación de exactitud muy pesimista para los grupos más pequeños, lo cual matiza la estimación alta para el grupo metadiscursivo y las estimaciones bajas para el grupo apelativo y el grupo expresivo.

- La probabilidad de que un marcador tenga función expresiva es alta cuando:
  - se encuentra en posición inicial o final de intervención (sin vocativo) (hoja 14);
  - constituye una intervención independiente sin vocativo (hoja 8) o con vocativo y en combinación con otro marcador (hoja 19).
- La probabilidad de que un marcador tenga función metadiscursiva es alta cuando:
  - se encuentra en posición media, y sobre cuando se inserta en un subacto sustantivo directivo (hoja 10 y 11);
  - se encuentra en posición inicial o final de un acto (sin vocativo) (hoja 12) o de un subacto sustantivo subordinado (hoja 7).

Ilustramos los resultados más significativos. Para empezar, es llamativo que los marcadores con una función metadiscursiva se asocien con la posición media de una unidad:

(1)  T L 10 MAORE2J06: oh los calos #{te habré pedido un una calada desde {**vamos**}$_{SA}$ desde que empezó el curso}$_{SSD}$# (COLAm)

En el ejemplo (1), el marcador constituye un subacto adyacente (SA) y ocupa la posición media en un subacto sustantivo directivo, esto es, se encuentra insertado en la unidad que vehicula la fuerza ilocutiva.

Además, cuando un marcador lleva un vocativo es muy probable que tenga función apelativa:

(2)  T L10MABPE2J02: <ruido motor/> <navn>Iñigo</navn> quítale el telón *anda* bonito (COLAm)

Por último, los marcadores que constituyen una intervención independiente tendrán muy probablemente una función apelativa o expresiva. En el ejemplo (3) el marcador se usa para expresar su asombro ante lo dicho por el hablante <H2> (que solo tienen una semana de vacaciones):

(3)  <H1>¿Qué tal? ¿Estás de vacaciones?
     <H2>Sí. Tengo justo esta semana.
     <H1>¿Esta semana sólo?
     <H2>Sí. Es que nos las dan al revés que...
     <H1>*Anda*.
     <H2>que a vosotros.
     <H1>Ya. (CORLEC)

Este análisis puramente cuantitativo es una primera aproximación a los datos y proporciona una visión de conjunto. Las ventajas de este modelo son su carácter multivariante y su facilidad de uso y de interpretación, pero se presta menos a la comprobación de una hipótesis por su carácter exploratorio. Por eso, las tendencias constatadas necesitan verificarse detenidamente. Con base en estos datos, esperamos que exista una asociación bastante fuerte entre la posición del marcador y su función. Al mismo tiempo, tampoco es despreciable la relación entre la función y la unidad en la que se inserta el marcador, es decir, el nivel del discurso en el que actúa. La presencia o ausencia de un vocativo o, en menor medida, de otro marcador también se asocian, por lo visto, con las funciones de los marcadores, aunque sea en menor medida. En los apartados que siguen verificaremos a fondo la hipótesis de la relación entre las funciones y los parámetros formales de los marcadores. Ante todo, nos detenemos en las funciones que desempeñan los cuatro marcadores en el corpus (Capítulo 6).

# Capítulo 6
# El comportamiento funcional

A fin de responder a las preguntas de investigación, es imprescindible describir y ejemplificar las funciones y los valores desarrollados por los marcadores objeto de estudio. En este capítulo abordamos la descripción de las funciones pragmáticas de los marcadores, un hueso duro de roer (Heringer (1988), apud Monjour (2011)). Empezamos con un repaso teórico de las posibles funciones de los marcadores (6.1), y presentamos las frecuencias de las funciones en el corpus estudiado (6.2). Luego pasamos al análisis más detenido de los usos apelativos (6.3), expresivos (6.4) y metadiscursivos (6.5) de los cuatro marcadores en concreto.

## 6.1 El parámetro funcional

En la sección 1.3 ya hemos propuesto una clasificación funcional de los marcadores con base en el modelo comunicativo de Bühler y Jakobson. De acuerdo con esta propuesta, las funciones de los marcadores se extienden por tres macrocategorías, a saber, funciones apelativas, expresivas y metadiscursivas. Conforme al modelo dinámico de Cuenca (2013), las funciones apelativa y expresiva se incluyen en la categoría funcional de los marcadores modales, mientras que la función metadiscursiva concuerda con los marcadores discursivos (1.2.1). Recordamos que las categorías de las macrofunciones se organizan según el modelo de prototipicidad y que, por lo tanto, las fronteras entre las tres categorías son borrosas y continuas.

Ahora bien, en el marco del cognitivismo la categorización se define como «un mecanismo de organización de la información obtenida a partir de la aprehensión de la realidad, que es, en sí misma, variada y multiforme» (Cuenca/ Hilferty 1999, 32). Por lo tanto, categorizar o clasificar implica generalizar y discriminar al mismo tiempo. Se generaliza porque, por ejemplo, todos los matices emotivos (sorpresa, desacuerdo, incredulidad, etc.) expresados por un marcador se consideran como pertenecientes a la categoría expresiva. Se habla entonces de *macrofunciones* que se desglosan en subfunciones o valores más específicos. Al mismo tiempo, clasificando los ejemplos, se discrimina, porque se destacan las diferencias principales entre las tres macrofunciones. Así, la función apelativa prototípica remite a la relación entre el hablante y el oyente, la función prototípicamente expresiva se centra en la relación entre el hablante y el co-texto, y una función metadiscursiva prototípica se relaciona con la argumentación y la estructuración interna del discurso.

Cabe repetir que no se pueden identificar ni describir todas las connotaciones de los marcadores porque hay tantas connotaciones como contextos de uso (Martín Zorraquino/Portolés 1999). Por eso, la categorización que aplicamos a continuación es un intento de sistematizar el abanico de valores que puede adoptar una sola forma, lo cual consideramos un requisito heurístico inevitable. Efectivamente, coincidimos con Ghezzi (2014, 14) cuando afirma que:

> Although the separation of different discourse planes is not always feasible, for heuristic purposes it is important to explain different functions and strategies as a clustering of macrofunctions.

A ello cabe añadir que muchos de los usos fronterizos, esto es, que se sitúan entre dos valores, son el reflejo del cambio histórico. Así, por ejemplo, Daniels (2014) describe cómo los hablantes usaban cada vez más el marcador *venga* para señalar que están de acuerdo para terminar el discurso. Por el uso tan frecuente en este contexto, la implicatura de indicar el fin del discurso se convencionalizó y *venga* se usa actualmente como fórmula de despedida (6.5.4). Este paso del valor de acuerdo al valor de cierre del discurso se refleja en el uso actual del marcador:

(1)     *ALV: hhh / muchísimo //$ así que nada //$ que / te tengo que dejar / niño //$
        *JOA: *venga* //$ (C-ORAL-ROM)

En el ejemplo (1) el hablante *ALV señala que quiere terminar la conversación y el hablante *JOA acepta esta oferta e indica el fin del discurso usando el marcador *venga*. En la discusión de los valores de los marcadores (en los apartados 6.3, 6.4 y 6.5) prestamos atención particular a cada uno de los valores fronterizos y motivamos (con ejemplos) la clasificación de estos casos en una u otra macrofunción (apelativa, expresiva o metadiscursiva).

Además de eso, como ha sido comentado en el Capítulo 4, la interpretación de los marcadores a partir de transcripciones del lenguaje hablado no es evidente. Se necesita contexto suficiente (conocimiento sobre el trasfondo, la relación entre los interlocutores, la argumentación en el discurso, etc.) para comprender el papel que desempeña el marcador en el discurso. Por eso, de los 3080 ejemplos seleccionados de los corpus hemos retenido 2789 ejemplos para el análisis funcional y formal, de los cuales tratamos 2587 en el presente capítulo y en el Capítulo 7 y el Capítulo 8 (los demás 202 ejemplos son casos de *anda* y *vaya* que funcionan como operados de intensificación (cf. Capítulo 10)).

Dedicamos el apartado (3.2.2) a la estructuración interna de las categorías polifuncionales y concluimos que estas categorías tienen una estructura radial. Como veremos, los marcadores objetos de estudio son polifuncionales, por lo que su estructura funcional puede representarse mediante una red conceptual o polisémica. También Polanco Martínez (2013a, 243) aboga en favor de tal enfoque cuando afirma que:

[...] la descripción semántico-funcional de elementos complejos como *vamos* requiere de modelos descriptivos que puedan mostrar de forma coherente y cohesionada (esto es, de forma integral) todos los rasgos funcionales que intervienen prototípicamente en el uso e interpretación de estos elementos. De ahí, en nuestra opinión, la idoneidad de aplicar un modelo polisémico radial a la descripción de *vamos*.

Dentro de la red polisémica de un marcador, el miembro más prototípico o central será la base léxica (el verbo). Cuanto más pragmaticalizados sean los marcadores, más periféricos serán los valores dentro de la red polisémica. Cada valor pragmático se relaciona con la base léxica de manera directa o indirecta, por lo que constituyen cadenas de significados (3.2.1). La adopción de este enfoque cognitivo de la clasificación, permite introducir más orden en la multitud de funciones de los marcadores, pero sin descuidar su índole dinámica.[1] Por eso, con base en el corpus y en estudios anteriores, representaremos la polifuncionalidad de cada marcador mediante una red polisémica (6.6).

## 6.2 Frecuencias de las tres macrofunciones en el corpus

La Tabla 2 recoge las frecuencias de las macrofunciones observadas por marcador en el corpus:

**Tabla 2:** Número de ejemplos según la macrofunción y el marcador[2]

|         | AP      | EXP     | MD      | Total   |
|---------|---------|---------|---------|---------|
| ANDA    | 141     | 164     | Ø       | 305     |
|         | 46,23%  | 53,77%  |         | 100%    |
| VAMOS   | 77      | 54      | 1280    | 1411    |
|         | 5,46%   | 3,83%   | 90,72%  | 100%    |
| VAYA    | Ø       | 85      | 35      | 120     |
|         |         | 70,83%  | 29,17%  | 100%    |
| VENGA   | 536     | 137     | 78      | 751     |
|         | 71,37%  | 18,24%  | 10,39%  | 100%    |
| Total   | 754     | 440     | 1393    | 2587    |
|         | 29,15%  | 17,01%  | 53,85%  | 100%    |

---

1 También Castillo Lluch (2008, 1740) afirma que «el entramado de valores pragmáticos que presentan *vaya*, *venga*, *anda*, y *vamos* en español peninsular actual se resiste a una categorización en un repertorio simple, estático y cerrado».

2 El símbolo Ø se refiere a una falta de ejemplos pertinentes en el corpus.

En primer lugar, llama la atención que *anda* y *vaya* carecen respectivamente del valor metadiscursivo y apelativo. Estas restricciones funcionales de ambos marcadores confirman los resultados de estudios anteriores y las descripciones ofrecidas por diccionarios especializados (Castillo Lluch 2008; Edeso Natalías 2010; Fuentes Rodríguez 2009; Monjour 2011; Santos Río 2003).[3] En cuanto al marcador *anda*, no encontramos en la bibliografía ninguna referencia a un posible valor metadiscursivo. Sin embargo, por lo que concierne al marcador *vaya* son numerosos los ejemplos de un uso directivo en el siglo XIX (Octavio de Toledo y Huerta 2001–2002). Parece que, para expresar el valor apelativo, otros marcadores (*anda*, *vamos* y *venga*) han ganado terreno en detrimento de *vaya*.[4]

En segundo lugar, en cuanto a las frecuencias, se observan diferencias notables entre los elementos estudiados: el valor más frecuente de *anda* y de *vaya* es el valor expresivo, para *vamos* domina el valor metadiscursivo y *venga* se usa más frecuentemente con valor apelativo. En el corpus, en general, el valor metadiscursivo está mejor representado, lo que se debe en gran medida a la alta frecuencia del uso metadiscursivo de *vamos*.

Luego los marcadores que cumplen las tres macrofunciones (*vamos* y *venga*) parecen usarse más frecuentemente que los otros dos marcadores en el corpus: apreciamos en la Tabla 2 que *vamos* (54,54%, 1411/2587) y *venga* (29,03%, 751/2587) son los marcadores que más frecuentemente ocurren en el corpus y, simultáneamente, son los dos únicos que adquieren tanto una función apelativa, expresiva como metadiscursiva. La relación entre la mayor frecuencia de uso y la más amplia posibilidad funcional de los marcadores, confirma la afirmación de Hummel (2012) que la mayor frecuencia de un *token* corre pareja con mayor polisemia (también en Bybee/Hopper 2001, 13).

A continuación, desglosamos las tres macrofunciones, haciendo un boceto de todos los subvalores que pueden adoptar los cuatro marcadores. Además, de acuerdo con la tercera pregunta de investigación (¿en qué medida la motivación de los usos de los marcadores se halla en los rasgos de las bases léxicas?), describimos, donde sea posible, las relaciones entre los valores pragmáticos y los rasgos semánticos y morfológicos de las formas verbales que constituyen las bases léxicas.

---

3 En los apartados 6.3 y 6.5 proporcionamos una explicación para las limitaciones funcionales de *anda* y *vaya*.

4 Octavio de Toledo y Huerta (2001–2002, 54) señala que la ausencia del valor apelativo en el marcador *vaya* solo se aplica al español peninsular, puesto que «el español (centro)americano parece haberlo conservado con mayor vigor».

## 6.3 La macrofunción apelativa

Un marcador desempeña la función apelativa cuando se orienta hacia el interlocutor: el hablante se dirige directamente al interlocutor (o a los interlocutores) e intenta persuadirle(s) de actuar, pensar, comportarse, etc. de determinada manera. Tal intención comunicativa se observa en el campo de uso de *anda* (46,23%), *vamos* (5,46%), y *venga* (71,37%), de acuerdo con lo que ha sido mencionado en la bibliografía.[5]

El uso apelativo de los marcadores se motiva con base en la semántica de las formas verbales originarias; así, los marcadores *anda*, *vamos* y *venga*, en contraste con *vaya*, han mantenido la carga exhortativa presente en la base léxica. Al revés, solo el uso verbal pleno de *vaya* no implica obligación (2.3). Por consiguiente, resulta claro que las formas verbales con un uso que implica obligación (*anda*, *vamos* o *venga*) han convencionalizado y consolidado el valor apelativo a costa de la forma *vaya* que deriva de un uso verbal que no implica obligación.

Más concretamente, la función apelativa de los marcadores *anda*, *vamos* y *venga* se explica por una extensión metafórica a partir del dominio espacial. A este respecto, la afirmación de Company Company (2004, 59) sobre el marcador *ánda(le)* se aplica también a las formas *vamos* y *venga*:

> En cuanto al verbo, puede decirse que mantiene su significado de movimiento, pero ahora el desplazamiento es metafórico; la meta y desplazamiento espaciales sintácticos etimológicos son sustituidos en las construcciones innovadoras por un desplazamiento mental y una meta pragmática.

Esta meta pragmática es la realización de la voluntad del hablante, puesto que el valor apelativo «se elabora en términos de una reconceptualización del movimiento espacial en movimiento volicional (en la mente del oyente)» (Polanco Martínez 2013a, 223). En otros términos, para que los marcadores puedan usarse con valor apelativo, ha tenido lugar una extensión metafórica del concepto *desplazamiento* desde el dominio espacial hacia el dominio mental o cognitivo, lo cual implica que el desplazamiento espacial de la forma verbal originaria se ha reconceptualizado en un desplazamiento volicional con una meta mental:

---

5 Para descripciones del uso apelativo del marcador *anda* remitimos a Beinhauer et al. (1991, 74); Fuentes Rodríguez (2009); Castillo Lluch (2008) entre otros, y del marcador *vamos* a Beinhauer et al. (1991, 75); Cabedo Nebot/Hidalgo Navarro (2004); Castillo Lluch (2008); Polanco Martínez (2013a); Santos Río (2003) entre otros, y del marcador *venga* a Beinhauer et al. (1991; 68); Castillo Lluch (2008); Cestero Mancera/Moreno Fernández (2008); Daniels (2014); Fuentes Rodríguez (2009); Gras Manzano et al. (2004); Landone (2009); Santos Río (2003) entre otros.

implica un cambio mental del oyente para cumplir la voluntad del hablante (Polanco Martínez 2013a, 223). Mediante la convencionalización de implicaturas pueden usarse las formas *anda, vamos* y *venga* para exhortar al interlocutor a que realice cierta acción o modifique su estado psicológico. Según propone Daniels (2014, 240), son dos las implicaturas conversacionales que se convencionalizan cuando una forma verbal con valor exhortativo se reanaliza como marcador con valor apelativo: *quiero que hagas X* y *eres capaz de hacer X*. El autor añade que cualquier forma verbal con valor exhortativo contiene estas dos implicaturas y se prestan todas, por consiguiente, a un uso apelativo. La alta frecuencia con la que los verbos de movimiento se seleccionan para cumplir funciones apelativas en el discurso (*come* (inglés), *kom* (neerlandés), *allez* (flamenco), etc.), se explica, según él, por la alta frecuencia de uso de estos verbos y porque «motion conspires with instigation» (Aikhenvald 2010, 349).

Por todo ello, el valor apelativo se esquematiza de la manera siguiente:

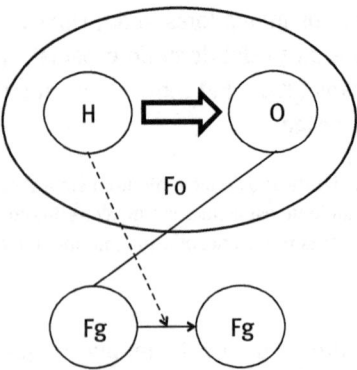

**Figura 24:** Imagen esquemática del valor apelativo

El Hablante quiere que el Oyente cambie su estado físico o mental (de la Figura). El Fondo ya no es un espacio sino el dominio mental, ya que la meta pragmática es la realización de la voluntad del hablante. En el valor apelativo perdura el valor exhortativo de la base léxica y se focaliza, por tanto, la relación entre el Hablante y el Oyente (de ahí las líneas gruesas de la flecha).

Más en concreto, los marcadores con función apelativa que acompañan a una orden o un mandato suelen atenuar este mandato y actuar como *captatio benevolentiae* (2)(3), o, al revés, permiten al hablante imponerse al interlocutor e intensificar el mandato (Fuentes Rodríguez 2009) (4):

(2)    T L 10 MALCE2G01: ((Comment desc="voces y ruido de fondo"/)) profesora di algo al micrófono que es para los noruegos
T L 10 MALCE2G07: bicho tuno amorcillo
T L 10 MALCE2G01: ((Comment desc="voz solapada"/)) *vamos* profesora (COLAm)

(3)    *ROB: [<] <me vas a dar> un beso esta noche?$
%com: singing
*SOF: han debido de quererte / tanto / para que me olvidaras //$
%com: SOF continues singing
*ROB: *venga* / dame un beso / ¡*anda*! (C-ORAL-ROM)

(4)    T L 10 MALCCEJ03: <cantando> nino ni no ni nino ni no ni nino ni no ni </cantando>
T L 10 MALCCEJ03: <cantando> nino ni no ni nino ni no ni nino ni no ni na ni </cantando>
T L 10 MALCCEJ01:*anda* no hagas tonterías (COLAm)

Como en el ejemplo (4), cuando el hablante se impone al interlocutor es frecuente el marcador en combinación con un imperativo negativo y su interpretación se aproxima, por lo tanto, a una expresión de rechazo. Este valor fronterizo es, sobre todo, frecuente con el marcador *anda*. Cuando se usa como *captatio benevolentiae*, al contrario, el mandato es menos imperioso y se interpreta más bien como una invitación (2)(3).

Además, según el contexto en el que se encuentren, los marcadores pueden adquirir distintas connotaciones como el ánimo (5), o el ruego y la súplica (6):

(5)    Pikolín arriba, *venga*, ánimo que eres un profesional. (CREA; España: Oral, 1996)

(6)    ¿qué ha pasado? Yo creo ¿tú crees que el hecho de que se hayan aprobado los presupuestos hace muy poquito que será una ayudita? No, será la bofetada en toda la cara. ¿Tú sabes que están con problemas? No. Pues, *venga*, ciento veinticinco pesetas, por favor. (CREA; España: Oral, 1996)

En el primer ejemplo, el marcador *venga* se usa claramente para reforzar la idea de animar al oyente. En el segundo ejemplo, la presencia de *por favor* desencadena una interpretación atenuante del mandato que se transforma en ruego.

Tal como el valor apelativo de un marcador puede acercarse al valor expresivo de rechazo, el marcador *venga* demuestra dos usos fronterizos más. En primer lugar, *venga* puede usarse con valor apelativo mientras expresa el acuerdo con una propuesta del interlocutor:

(7)    *BEA: [<] <sí // sí // tú tranquila> // no pasa nada // oye &ten [/] te &que [/] te quería preguntar una cosa / de lo que hemos hablado antes de lo de la Comunidad de Madrid //
*VIT: sí // *venga* // (C-ORAL-ROM)

En el ejemplo (7) el marcador se usa principalmente para incitar al interlocutor a formular su pregunta (*venga, haz tu pregunta*). No obstante, mientras le incita al interlocutor, el hablante *VIT* expresa su acuerdo con la propuesta del interlocutor *BEA*. Clasificamos este uso fronterizo como función apelativa porque consideramos que la función primordial del marcador es influir en la conducta del interlocutor (*quiero que tú hagas X*).

En segundo lugar, el marcador *venga* puede perder su valor de incitar al interlocutor a hacer algo, pero sin perder su orientación hacia el interlocutor. Más específicamente, el marcador se usa para captar la atención del interlocutor, para que esté atento al hilo del discurso (Gras Manzano et al. 2004):

> (8)   Eso es, aquí tengo tres, uno, uno y este multiplicado por menos dos. ¿Se ve que be por ce sería el desarrollo de un determinante con dos líneas paralelas proporcionales? Cristina, ¿seguro? *Venga*, pues este el vector cero. Pues, *venga*, no tenemos que hacer ninguna operación. (CREA; España: Oral, 1991)

En este contexto el marcador se aproxima al valor metadiscursivo, ya que llama la atención del oyente sobre lo dicho. Aun así, clasificamos este valor como función apelativa porque se dirige en primer lugar al interlocutor y solo en segundo lugar al texto (*quiero que tú prestes atención a lo que digo*).

De todo lo que precede, concluimos que los marcadores con valor apelativo tienen ellos mismos una carga exhortativa, pero dependen fuertemente del contexto para la interpretación concreta de la acción pretendida o del cambio deseado por el hablante: en *Siéntate, anda* el marcador refuerza el deseo del hablante de que el oyente cambie algo (*Yo quiero que tú X*), y el imperativo *siéntate* explicita este deseo (*Yo quiero que tú te sientes*). Como cabía esperar, el deseo reforzado por los marcadores con valor apelativo se concreta más frecuentemente en oraciones imperativas (44,16%, 333/754), pero se comprueban diferencias sustanciales entre los marcadores.[6] Argumentamos que la base léxica (las formas verbales) no

---

6 Basándose en la estructura de la oración, Alonso Cortés (2008, 247) distingue cuatro tipos oracionales. En primer lugar, la oración declarativa se caracteriza por una entonación descendente y un orden no marcado de los argumentos de los verbos transitivos que es Agente + Verbo + Objeto (*Juan está preparando una tortilla*) o Verbo + Objeto + Agente (*Está preparando una tortilla Juan*). En segundo lugar, se distinguen dos tipos de oraciones interrogativas, a saber (1) las preguntas polares que requieren una respuesta *sí* o *no* y (2) las preguntas informativas que requieren una respuesta abierta. Las polares presentan el orden Verbo + Agente + Objeto (*¿Preparó Juan una tortilla?*), mientras que las informativas se reconocen por el pronombre interrogativo que introduce la oración (*qué, dónde, etc.*). En tercer lugar, la oración imperativa no está marcada

solo determina la creación o no de una función apelativa, sino que incluso tiene sus repercusiones en la manera en la que se concreta el acto directivo, es decir, el tipo de enunciado al que remite el marcador.

La Tabla 3 recoge las frecuencias de los tipos de enunciados a los que remiten los marcadores con valor apelativo. A fin de averiguar si existe, para la función apelativa, una diferencia significativa entre los marcadores y los tipos de enunciados a que remiten, aplicamos una prueba exacta de Fisher.[7] La prueba muestra que hay una asociación significativa entre el tipo de enunciado y el marcador con función apelativa (p=0,001).[8] Dicho de otro modo, los tres marcadores concretan el deseo reforzado mediante tipos de enunciados muy distintos. Para determinar las frecuencias que desvían de lo esperado, calculamos los *residuos estandarizados* que están indicados en letra cursiva en la tabla:[9]

---

morfológicamente en español, pero, como es bien sabido, las oraciones imperativas afirmativas y negativas se expresan por formas verbales del imperativo mismo o del subjuntivo (*canta, siéntese, no os preocupéis, etc.*). Finalmente, las oraciones exclamativas se caracterizan por «su forma de interrogativa pronominal, con la palabra interrogativa encabezando la oración, y una entonación especial, que desciende desde un tono más alto del normal» (*¡Qué alto es Pedro!*) (Alonso Cortés 2008, 254).

**7** Se prefiere la prueba exacta de Fisher sobre la prueba de chi-cuadrado cuando uno de los valores dentro de la tabla de contingencia es cero o cuando el 20% de los valores esperados son menos de cinco (Field 2011). La prueba exacta de Fisher, tal como la prueba de chi-cuadrado ($\chi^2$), determina si hay una asociación entre dos variables cualitativas. Las pruebas comparan los valores observados con los valores esperados y permiten verificar cuánta evidencia hay para obtener la distribución observada si la hipótesis nula fuera verdad (la hipótesis nula ($H_o$) es que no existe una asociación entre las dos variables). Se aplican sobre todo para analizar tablas de frecuencias.

**8** El valor p indica la probabilidad de obtener un mismo resultado como el que se ha obtenido si la hipótesis nula es cierta. En lingüística se rechaza la hipótesis nula cuando se puede decir con una certeza de un 95% que el resultado no se debe a la coincidencia, esto es, cuando el valor p < 0,05.

**9** El valor de *los residuos estandarizados* calcula la diferencia entre los valores observados y los valores esperados dividida por la raíz cuadrada de los valores esperados. El residuo estandarizado mide la fuerza de la diferencia entre los valores observados y los valores esperados. Cuando se comparan las celdas, el residuo estandarizado muestra las celdas que más contribuyen al resultado significativo. Concretamente, cuando los residuos estandarizados se encuentran fuera de ±1,96 son significativos con un valor p < 0,05 (Field 2011).

**Tabla 3:** Tipos de enunciados en función de los marcadores con valor apelativo

|  | Decl. | Interr. | Imper. | Exclam. | Elipsis | Implícito | Total |
|---|---|---|---|---|---|---|---|
| ANDA | 10 | 3 | 128 | 0 | 0 | 0 | 141 |
|  | 7,09% | 2,13% | 90,78% | 0% | 0% | 0% | 100% |
|  | -5,4 | -1,8 | 8,3 |  | -4,3 | -2,4 |  |
| VAMOS | 25 | 1 | 29 | 0 | 4 | 18 | 77 |
|  | 32,47% | 1,30% | 37,66% | 0% | 5,19% | 23,38% | 100% |
|  | -0,1 | -1,6 | -0,9 |  | -1,9 | 8,3 |  |
| VENGA | 214 | 39 | 176 | 0 | 94 | 13 | 536 |
|  | 39,93% | 7,28% | 32,84% | 0% | 17,54% | 2,43% | 100% |
|  | 2,8 | 1,5 | -3,9 |  | 2,9 | -1,9 |  |
| Total | 249 | 43 | 333 | 0 | 98 | 31 | 754 |
|  | 33,02% | 5,7% | 44,16% | 0% | 13% | 4,11% | 100% |

(valor-p simulado=0,001; prueba exacta de Fisher)

En primer lugar, salta a la vista que el marcador apelativo *anda* remite más frecuentemente que los otros dos marcadores a un imperativo afirmativo (9) o negativo (10) (90,78%):

(9)  T L 10 MABPE2G01: y ponlo ahí arriba *anda anda* (COLAm)
(10)  T L 10 MAESB2J01: no lloriquees *anda* (COLAm)

En cambio, los marcadores *vamos* y *venga* remiten con más frecuencia que *anda* a un acto de habla indirecto, es decir, se expresa la orden o el deseo mediante una oración declarativa (11) o interrogativa (12):

(11)  MABPE2J01: 1[se creen que somos detectives o algo de eso ]
T L 10 MABPE2J01: o secretas de estos
T L 10 *vamos* pasamos con esto por el <navn>Tortas/<navn> por donde los canutos y madre m (COLAm)
(12)  ¿De acuerdo? ¿Estáis contentos los dos? ¿Le damos un aplauso fuerte a los dos? ¡*Venga*! y seguimos en el Super Guay (CREA; España: Oral, 1991)

Segundo, *venga*, más frecuentemente que los demás marcadores, remite a un enunciado que se caracteriza por la elipsis del verbo, fenómeno común en la lengua hablada (Cascón Martín 1995, 115). En consecuencia, el marcador puede remitir a un sintagma adjetival (*atento, venga*), a un sintagma preposicional (que frecuentemente es un imperativo adverbial: ¡*venga, a la mesa!*), a un sintagma adverbial (*así, venga*) y, ante todo, a un sintagma nominal (60,64%, 57/94):

(13)  <H5> Carolina, adelante con la tercera pregunta para nuestra segunda pareja.
<H8> *Venga*, ánimo y tranquilidad. (CORLEC)

(14)  *PIL: ya //$ o Jerónimo / pues en un momento dado / yo con las tablas de multiplicar /
por ejemplo //$ dije jolín / qué bien / esto es una oportunidad / porque / se sabía la
tabla del dos / y yo ahí / qué bien / venga / te las vas a aprender ahora todas / tal //$ y
al día siguiente / *venga* / la tabla del tres / y +$ (C-ORAL-ROM)

Las construcciones de elipsis están ausentes con el marcador *anda* y son muy
poco frecuentes con *vamos* (5,19%). Puesto que la elipsis «tiene como fin otorgar
agilidad a la expresión eliminando todo aquello que se considera innecesario»
(Cascón Martín 1995, 115), concluimos que con el marcador *venga* la apelación al
interlocutor se realiza con preferencia de manera indirecta, o bien mediante una
oración declarativa o mediante la elipsis del verbo.

En tercer lugar, es posible que el marcador no haga referencia a ningún enunciado explícito en el discurso, lo cual es sobre todo frecuente con el marcador
*vamos* (23,38%):

(15)  T L 10  MALCC4GO1: te lo han anulado o algo un gol de Henry tío si lo he visto yo
T L 10  MALCC4GO3: no creo
T L 10  MALCC4GO1: cómo que no/
T L 10  MALCC4GO3: por qué haces ese pase cabrón/
T L 10  NOSPEAKER: <pausa/>
T L 10  MALCC4GO1: y ahí aguantando prórroga pincha <navn>Álvaro</navn>
T L 10  hay prórroga no/
T L 10  MALCC4GO3: *vamos* <navn>Luiiiis</navn> *vamos*
T L 10  MALCC4GO1: vacilándole ahí a pincho el puta (sic) <navn>Mario
(COLAm)

En el ejemplo (15) los interlocutores están jugando a un videojuego y el hablante
usa *vamos* para alentar a Luis. El valor apelativo del marcador se deriva del contexto más amplio.

En resumen, los tres marcadores se usan para apelar al interlocutor, pero
es notable que el contexto discursivo que explicita la apelación difiera según el
marcador. Así, *anda* suele combinarse con órdenes directas, es frecuente que
*venga* remite a una oración declarativa o un enunciado con elipsis del verbo y,
finalmente, la apelación expresada por *vamos* es a menudo más vaga o general.

Otra vez, la alta frecuencia de actos directivos directos en combinación con
*anda* se explica a partir de la base léxica: *anda* es el único marcador que deriva de
una forma en modo imperativo (y no subjuntivo). Encuentra su origen, por lo tanto,
en una forma verbal que se usa principalmente para expresar órdenes o mandatos.
En cambio, los demás marcadores con valor apelativo derivan de formas verbales
en modo subjuntivo (*vamos* y *venga*). A pesar de que las formas verbales *vamos* y
*vaya* también implicaban obligación antes de reconceptualizarse (2.2.1) (por lo que

han podido consolidar el valor apelativo), el modo (imperativo o subjuntivo) de las formas originarias se refleja en el comportamiento de estas formas cuando funcionan como marcadores con función apelativa. Por consiguiente, el marcador *anda* suele combinarse con un acto directivo directo (imperativo) que explicita el orden, mientras que los marcadores *vamos* y *venga* con valor apelativo prefieren combinarse con actos directivos indirectos (sustantivos, oraciones interrogativas, etc.).

## 6.4 La macrofunción expresiva

Es bien sabido que los cuatro marcadores pueden cumplir varias funciones expresivas en el discurso. Con función expresiva los marcadores indican los sentimientos o actitudes del hablante para con una situación lingüística o extralingüística. En la bibliografía el elenco de valores expresivos atribuido a cada uno de los marcadores es muy elaborado y se ve reflejada esta gran variación en el corpus.[10]

De hecho, no es de extrañar que los marcadores derivados de verbos de movimiento puedan expresar el estado cognitivo o emocional del hablante. Sweetser (1990, 28) ya constata que la experiencia corporal, como por ejemplo el movimiento, sirve como una fuente para el vocabulario de los estados psicológicos. La metáfora general LA MENTE COMO CUERPO da cuenta de los usos expresivos de los marcadores: esta metáfora está motivada por la correspondencia entre las experiencias externas y el estado emocional o cognitivo del ser humano. Más específicamente, la metáfora EMOCIÓN ES MOVIMIENTO y su alternativa CAMBIO DE ESTADO ES CAMBIO DE LUGAR (Lakoff et al. 1991) justifican el uso de los verbos de movimiento para indicar la actitud del hablante.

En suma, el valor de movimiento y su correspondiente imagen esquemática extiende metafóricamente desde el dominio espacial hacia el dominio cognitivo (Capítulo 2). En la conceptualización resultante quedan perfilados el Hablante

---

**10** En la bibliografía se disciernen varios valores expresivos por cada uno de los cuatro marcadores. Así, *anda* puede expresar sorpresa, admiración, reproche, protesta, contradicción, incredulidad y rechazo (Beinhauer et al. 1991, 75; Castillo Lluch 2008; Santos Río 2003). El marcador *vamos* puede indicar actitudes de protesta, rechazo, desagrado, acuerdo, desacuerdo, apoyo-intensificador, enfado o atenuación (Beinhauer et al. 1991, 76; Cabedo Nebot/Hidalgo Navarro 2004; Castillo Lluch 2008; Fuentes Rodríguez 1998b; Polanco Martínez 2013a; Santos Río 2003). El marcador *vaya* adopta una función expresiva de sorpresa, protesta, incredulidad, desagrado, acuerdo moderado, intensificador ponderativo, enfado, lamento o compasión (Beinhauer et al. 1991, 76–77; Castillo Lluch 2008; Fuentes Rodríguez 2009; Monjour 2011; Santos Río 2003). Por último, el marcador *venga* puede expresar incredulidad, rechazo, acuerdo, desacuerdo y agradecimiento (Blas Arroyo 1998; Castillo Lluch 2008; Cestero Mancera/Moreno Fernández 2008; Gras Manzano et al. 2004; Martín Zorraquino/Portolés 1999; Santos Río 2003).

y su estado mental. Puesto que el Hablante expresa un cambio (*movimiento*) en su propio estado cognitivo (Fg), desaparece el papel del Oyente y se destacan el Hablante y su mente (el Fondo):

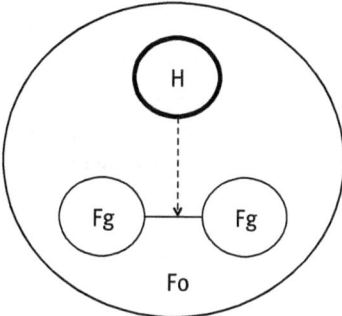

**Figura 25:** Imagen esquemática de los valores expresivos

La función expresiva se desglosa en varios subvalores que se agrupan en dos clases. La función expresiva implica (1) *una valoración epistémica*, es decir, el marcador se usa para expresar el grado de certidumbre o duda del hablante con respecto a lo comunicado o lo ocurrido (sorpresa, asombro, incredulidad o afirmación enfática evidencial), o (2) *una valoración apreciativa* cuando el hablante expresa su actitud ante lo ocurrido o lo comunicado. La valoración apreciativa, además, puede tener una carga positiva (acuerdo) o negativa (desacuerdo, desagrado, disgusto, rechazo, protesta). La Tabla 4 muestra las frecuencias de los subvalores expresivos desempeñados por los cuatro marcadores. A continuación, analizamos detenidamente ambos grupos (6.4.1 y 6.4.2).

**Tabla 4:** Frecuencias de los valores expresivos por marcador

| | | ANDA | VAMOS | VAYA | VENGA | Total |
|---|---|---|---|---|---|---|
| Valoración epistémica | Asombro, sorpresa, incredulidad | 102 62,2% | 7 13,0% | 32 37,6% | 29 21,2% | 170 38,64% |
| | Afirmación enfática | 17 10,4% | Ø | Ø | Ø | 17 3,86% |
| Valoración apreciativa | Desacuerdo, disgusto, rechazo | 45 27,4% | 47 87,0% | 38 44,7% | 29 21,2% | 159 36,14% |
| | Acuerdo (moderado) | Ø | Ø | 15 17,6% | 79 57,7% | 94 26,36% |
| Total | | 164 100% | 54 100% | 85 100% | 137 100% | 440 100% |

### 6.4.1 La valoración epistémica

El conjunto de los valores de la valoración epistémica se divide en dos grupos. Más concretamente, el marcador puede indicar que una idea o lo ocurrido contradice el universo de creencias del hablante (Castillo Lluch 2008), o, en cambio, puede afirmar una idea o lo ocurrido. En el primer grupo se encuentran los valores expresivos de *sorpresa* o *asombro* e *incredulidad*, mientras que con el segundo grupo se remite al valor de *afirmación enfática* (término adoptado de Rodríguez Ramalle (2007)).[11] En el corpus los cuatro marcadores despliegan valores de sorpresa o incredulidad (16)(17)(18)(19):

(16)  &lt;H2&gt; Sí, sí la... la presentadora. O sea que ella ahí: "Oye a ver si me traduces esto y tal. Y digo: " ¡Ay! yo encantada".
&lt;H1&gt; O sea que trabaja ella allí en eso. No...
&lt;H2&gt; No, no ella no trabaja allí.
&lt;H1&gt; *Vamos*, no lo de la agencia que organiza cruceros ¿no?
&lt;H2&gt; Sí, sí, sí ella... es suya. (CORLEC)

(17)  &lt;H1&gt; En Vientres &lt;/simultáneo&gt;... en Vientres de Alquiler haría un buen personaje. &lt;risas&gt;
&lt;H2a&gt; ¿Perdón?
&lt;H2b&gt; Es una... una novela que empieza ahora que se llama Vientres de Alquiler.
&lt;H4&gt; &lt;simultáneo&gt; Sí.
&lt;H2a&gt; ¡*Anda* &lt;/simultáneo&gt;, mira! ¿Se alquilan los vientres? &lt;risas&gt;
&lt;H2b&gt; Sí.
&lt;H2a&gt; ¿Y pa&lt;(r)&gt;&lt;(a)&gt; qué? (CORLEC)

(18)  &lt;H1&gt; Estaba trabajando en algo de encuestas, y después se ha metido a otra cosa... No sé. No sé... no sé dónde.
&lt;H3&gt; Pero ¿ha hecho alguna carrera?
&lt;H1&gt; Creo que... no.
&lt;H2&gt; ¿No? ¡*Vaya*!
&lt;H1&gt; Estaba haciendo Económicas, pero... no debe haber pas&lt;(d)&gt;o de... primero. (CORLEC)

(19)  T L 10   MAESB2J01: pasamos y dicen queréis una copa y xxx
T L 10   MAESB2J01: 1[xxx chicas\ no sé]
         MAESB2J02: 1[yo siempre]
T L 10   MAESB2J02: 2[voy a ligar eh/]
         MAESB2G03: 2[unas/]
T L 10   MAESB2J03: yo siempre voy a ligar un poco
T L 10   MAESB2G03: *venga* va que nos reímos. &lt;pasos/&gt; (COLAm)

---

**11** Rodríguez Ramalle (2007) usa el término de *afirmación enfática* para describir el valor de las construcciones en las que *anda* o *vaya* llevan un complemento (*vaya que sí*). En este trabajo se aplica el término también a los usos *sueltos* del marcador *anda*.

En los ejemplos (16) (17) (18) (19), los marcadores le permiten al hablante reforzar la idea que lo comunicado por el interlocutor le sorprende, es decir, se crea un hueco entre las suposiciones o expectativas del hablante por un lado y la información nueva comunicada por el interlocutor por el otro lado. Este hueco puede ser limitado o muy amplio, por lo que los marcadores expresan una gama amplia de valores epistémicos desde el asombro (20), pasando por la sorpresa (21), hasta llegar a la incredulidad (22):

(20) <H2><fático=afirmación>
Bueno, a mí me gustaría que... que lanzaseis así al aire una... una frase que llegase a... a toda... a todas las personas que nos puedan estar escuchando. En pro de... no sé, esas personas que incluso son reacias a visitar una... o a ir, asistir a una consulta de salud mental ¿no? A ver. <silencio> Doctora Rojero. <silencio> Carmen.
<H1>*Vaya*, no se me ocurre ninguna frase pero que...
<H2>Que no tenga miedo. (CORLEC)

(21) *PRI: y tiene trabajo allí el chaval / no ?$
*NAT: hhh //$ ahora acaba de abrir una [/] una clínica //$
%act: (1) assent
*PRI: ¡*Anda*! / mira qué bien //$ (C-ORAL-ROM)

(22) T L 10 MABPE2J02: conoces a mi hijo/
T L 10 MABPE2J01: *venga ya*
T L 10 MABPE2J02: si tía. es mi hijo
T L 10 MABPE2J01: qué dices/
T L 10 MABPE2J02: que no es ninguna broma tía no te has enterado de que estaba embarazada
T L 10 MABPE2J01: *venga ya*
T L 10 MABPE2J02: jodeeeeer cómo te lo digo (COLAm)

En el ejemplo (20) el hablante formula su asombro ante el hecho de que no le ocurra ninguna frase apropiada. En el ejemplo (21) el marcador *anda* expresa sorpresa para con lo comunicado por el hablante *NAT. Como se puede observar en estos dos ejemplos, la valoración epistémica implica, según el contexto, una valoración apreciativa negativa o positiva. En el caso de *anda* en (21), el marcador indica a la vez sorpresa y admiración, es decir, implica una valoración apreciativa positiva. Por otro lado, el marcador *vaya* en (20) expresa asombro pero conlleva una connotación de molestia o desagrado.

En el ejemplo (22) el marcador *venga ya* expresa incredulidad, puesto que el emisor no llega a creer lo comunicado por el interlocutor. A este respecto, es interesante señalar que es frecuente la combinación del marcador *venga* con la partícula *ya* (en un 37,93% (11/29) de los ejemplos con valor de incredulidad). También el marcador *anda* se combina con la partícula *ya* para expresar incredulidad, aunque sea con menor frecuencia (en un 7,84% (8/102) de los ejemplos con valor de incredulidad) (23). Asimismo, a pesar de que no se suela mencionarlo en la bibliografía o en los diccionarios especializados, hemos encontrado en el corpus un ejemplo de *vamos ya* (24):[12]

(23)  &lt;H1&gt; Oye, oyes, Mari...
&lt;H2&gt; ¿Qué?
&lt;H1&gt; Que hoy viene el marido de tu jefe a cenar...
&lt;H2&gt; ¡*Anda ya*! El jefe de mi marido, dirás...
&lt;H1&gt; El jef&lt;palabra cortada&gt;... &lt;simultáneo&gt; Eso, el jefe de tu marido. (CORLEC)

(24)  Una gran ayuda que Le puede servir. ¿Lo creen ustedes o no? Ojalá, pero yo Sí. Desde luego, no te pienso mirar, ¡*vamos ya*! Bueno. No, tengo no no tengo (CREA; España: Oral, 1992)

Consideramos que la partícula *ya* se combina con los marcadores como refuerzo de la expresión de contraste entre las expectativas del hablante y lo comunicado por el interlocutor. De hecho, según afirma Wilk-Raçieska (2012, 394), «La función de *ya* es, [...] la de enfocar el contraste que se da entre las expectativas del receptor y lo comunicado, es decir, lo que aquellos eventos sí se expresaban en contra de lo esperado». En una frase como *La profesora ya hablaba cuando entró la estudiante* se puede omitir la partícula *ya* manteniendo la idea de que ya se estaba desarrollando el evento de *hablar* antes del evento de *entrar*, lo cual se debe al uso del tiempo del imperfecto en combinación con el indefinido. La partícula *ya* pone de relieve que el evento sí se daba en contra de lo esperado. Proponemos que se aplique el mismo razonamiento a las combinaciones con los marcadores; es decir, los marcadores sueltos ya expresan un contraste con las expectativas o creencias del hablante cuando se usan con valor de incredulidad y la partícula *ya* recalca este contraste.

Un estudio de ejemplos sacados de la Red resalta que las combinaciones *anda ya* y *venga ya* forman un *Gestalt* en el que el todo es mayor que la suma de sus partes, por lo que pueden adquirir sus propios efectos de sentido (Tanghe/ Vanderschueren 2013).[13] Así, por ejemplo, *venga ya* y *anda ya* se usan también para expresar indignación o desprecio. A pesar de que estas combinaciones no sean tan frecuentes en el corpus que manejamos (disponemos de no más de ocho ejemplos de *anda ya* y once de *venga ya* con función expresiva), en Internet se encuentran muchos ejemplos en foros, blogs, etc. y la combinación está descrita

---

**12** Una breve búsqueda en Internet revela que el ejemplo de nuestro corpus no es un caso único. Se usa la forma *vamos ya* en foros, blogs, artículos etc. Castillo Lluch (2008, 1750) también menciona la posibilidad que tiene *vamos* de combinarse con *ya*, pero no da ejemplos de corpus.
**13** El estudio se basa en 89 ejemplos de *anda ya* y 359 ejemplos de *venga ya* de medios muy variados: foros, comentarios, blogs, etc. Todos los ejemplos (en total 448) se han seleccionado mediante una búsqueda en Google ("anda ya" site:.es, "venga ya" site:.es).

en la literatura (Daniels 2014; Gras Manzano et al. 2004; Santos Río 2003). Por consiguiente, consideramos estas combinaciones como bastante difundidas entre los hablantes del español peninsular.

El segundo uso de valoración epistémica denota una afirmación enfática. En el corpus estudiado, solo el marcador *anda* presenta tal función:

(25)  \<H1\> Ahora ya se lo... ya se lo saben. \</simultáneo\>
\<H3\> cultura. \<simultáneo\> Para que luego digan. Nada.
\<H2\> Lo del Palacio Real, lo del Prado, bien, \</simultáneo\> pero...
\<H1\> Eso también, eso también.
\<H3\> Eso también, sí, pero oye... la... hay que hacer barra.
\<H1\> *Anda*, que cuando sales del Palacio Real de ver todo aquello,
\<simultáneo\> con un cansancio horrible,
\<H3\> Hombre, tienes un apetito... \</simultáneo\>
\<H2\> Y con una seriedad...
\<H3\> Te tomas un vinito...
\<H2\> Fíjate. (CORLEC)

(26)  \*JOS: [\<] \<estuvo\> muy deprisa //$ juegan muy deprisa //$ yo / lo estuve viendo un rato / y fue muy deprisa //$
%alt: (3), (6) and (16) mu
\*PEP: ¡*anda*! / fue muy deprisa / pues como tiene que [/] como va //$ se la ve a la Sole un poco / no ?$ (C-ORAL-ROM)

En estos ejemplos *anda* tiene función enfática, ya que refuerza una aserción que precede (*hay que hacer barra* y *fue muy deprisa*). Una característica de este tipo de marcadores (también *claro*) es que pueden reforzar *sí* o *no* cuando estos van introducidos por *que* (*Anda que sí/no*) (Freites Barros 2006): el Capítulo 10 versa, entre otros, sobre los marcadores que afirman enfáticamente la aserción del complemento que llevan.

## 6.4.2 La valoración apreciativa

Los marcadores que se usan con función de valoración apreciativa constituyen una (autor)reacción emotiva o afectiva. El hablante puede recurrir a cada uno de los cuatro marcadores para indicar su actitud positiva o negativa. Más concretamente, los cuatro marcadores sostienen los valores de una apreciación negativa que oscila entre el desacuerdo y el rechazo. Solo los marcadores *venga* y *vaya* pueden expresar la apreciación positiva, a saber, el acuerdo o asentimiento en el caso de *venga* y un acuerdo siempre poco entusiasta en el caso de *vaya*.

Un acto de valoración apreciativa negativa (desacuerdo, desagrado, disgusto, o rechazo) implica que el hablante no acepta o que le molesta lo ocurrido o lo comunicado, como ilustran los ejemplos siguientes:

(27)   T L 10   MALCC2J01: él si quiere ir al taller lo que pasa que se va dónde se va tronco y le comen la puta olla y ya está

   T L 10   MALCC2J01: es lo que pasa y lo sabemos todos que es lo que pasa

   T L 10   MALCC2J01: 2[no es \<navn>Victor\</navn> no es \<navn>Victor\</navn>no te equivoques \<navn>Victor\</navn> no pero \<navn>Rubén\</navn> y todos los maricones asquerosos que hay ahí arriba tío ]

   MALCC2G03: 2[*vamos* chaval si tuviera yo si tuviere yo la edad allí sí estuviera yo ]

   T L 10   MALCC2J01: 1[que no que no hombre que no \<navn>Víctor\</navn> no porque \<navn>Víctor\</navn> tío {tie|tiene} su trabajo y va to los días a su trabajo sabes\ pero luego están los otros que si tal que si cual ]   (COLAm)

(28)   Digo: "¿Es que no te lo estás pasando bien?", y dice: "Pues no, pues yo aquí no me divierto". Digo: "Pues hijo", digo, "pues, *anda*, que para tomarte una cerveza igual te la tomas aquí que te la tomas en otro sitio. Por lo menos aquí estás más a gusto"(CREA; España: Oral, s.d.)

(29)   \<H1> Ése es el padre, \</simultáneo>, mi dama. Pues desde ahora, señor Fradejas, yo quiero que me llame uste\<(d)> a mí "mi dama".

   \<H2> "Mi dama", ¡*vaya*!, lo que me faltaba.

(30)   T L 10 MAESB2J03: tú sabes el tiempo que llevo gastando  la de pelas que me he gastado en crema  para no pelarme

   T L 10 MAESB2J01: ah sí te vas a pelar igual con lo que mola pelarse sí vamos a mí no me mola

   T L 10 MAESB2J01: *venga* a mí me mola mogollón (COLAm)

Aparte de la valoración apreciativa negativa, los marcadores *venga* y *vaya* pueden implicar un acto de valoración apreciativa positiva. El marcador *venga* se usa por ejemplo como fórmula de acuerdo:

(31)   \<H1> Vamos a ponernos en un sitio más...

   \<H3> Claro.

   \<H1> ... accesible.

   \<todos> \<ininteligible>

   (\<hablante alemán> ¿Nos cambiamos ahí?>

   \<H2> *Venga*.

   (\<hablante alemán> Venga.)

   \<H3> A mí... yo estoy bien aquí, ¿eh? (CORLEC)

Este valor de acuerdo no es arbitrario. Daniels (2014) sugiere que la implicatura conversacional *Sí quiero X* permite entender este uso de acuerdo a partir del uso optativo de *venga* (*venga el café*). Además, Octavio de Toledo y Huerta (2001–2002, 50) argumenta que la semántica de dirección presente en la base léxica se mantiene en cierta medida en el uso discursivo de la forma *venga*:

[...] con *venga*, el hablante, acepta un desplazamiento que lo implica – por cuanto culmina en la posición que el propio hablante ocupa – y expresa, por tanto, cierta empatía hacia la culminación del evento. (Octavio de Toledo y Huerta 2001–2002, 50)

Dicho de otro modo, el valor de acercamiento espacial hacia el centro deíctico expresado por el verbo de movimiento *venir* hace que el marcador derivado se use para expresar un acercamiento al evento o estado. Es la transferencia del dominio espacial al dominio cognitivo del valor de acercamiento de *venga* que da lugar a su valor de acuerdo.

Luego, cuando el marcador *vaya* expresa acuerdo, suele ser una indicación por parte del hablante de que se conforma con lo ocurrido o lo comunicado. En otras palabras, el hablante acepta el contenido del mensaje que precede pero de manera poco entusiasta:

(32)  En este momento no podemos atenderles, si quiere dejar un mensaje puede hacerlo a partir de la señal. Claro, pues *vaya*. Sí, pues señor Barrionuevo ¿Quién quema el campo? (CREA; España: Oral, 1997)

La coexistencia de dos valores tan opuestos, valoración apreciativa positiva y valoración apreciativa negativa, en una misma forma (*venga* y *vaya*) se explica mediante su desarrollo diacrónico. Con lo que respecta al marcador *venga*, Daniels (2014) muestra que el valor de desacuerdo y el de acuerdo son los resultados de dos vías diacrónicas distintas. El valor de acuerdo deriva del uso optativo de la forma, mientras que el valor de desacuerdo deriva de su uso imperativo (2.2.2). Primero, la forma verbal con valor optativo (*Venga el café*) empezó a usarse para aceptar una oferta (*¿Quieres un café? – Venga el café*) y se reanalizó en un marcador de acuerdo cuando empezó a usarse sin sujeto gramatical y sin el valor de movimiento espacial (*¿Quieres acompañarme al cine? – Venga*). Segundo, el valor de desacuerdo originó en el siglo XX y, como ya hemos señalado en 2.2.2, la forma adquiere este significado al combinarse con expresiones prohibitivas (*venga, no te vayas*) (Daniels 2014). Por la apariencia tan frecuente de *venga* en contextos prohibitivos se convencionaliza, en fin, la implicatura de desacuerdo.

En cuanto al marcador *vaya*, Octavio de Toledo y Huerta (2001–2002) traza su desarrollo diacrónico y alega que el marcador con valor de aceptación adquirió un valor de recepción problemática (en el siglo XVI), esto es, entre otros, de desacuerdo. De hecho, la aceptación expresada por *vaya* siempre ha sido de carácter resignado, lo cual se explica por el valor de alejamiento expresado por la base léxica:

[...] con *vaya* [...], el hablante se limita a admitir la producción de un evento en cuyo desarrollo no toma parte y en el que, por tanto, no se involucra personalmente, por lo que es posible que haga explícita su reticencia. (Octavio de Toledo y Huerta 2001–2002, 50)

Tal y como ocurrió con la forma *venga*, la dirección expresada por el verbo, en el caso de *vaya* es un alejamiento del centro deíctico, se transfiere al dominio cognitivo. Como resultado de esta extensión metafórica el marcador se usa para expresar el acuerdo, pero se mantiene cierta distancia del evento o del estado que se aprueba, de ahí el valor de reticencia. El paso siguiente en su desarrollo diacrónico es la convencionalización del valor de resignación, por lo que, a partir del siglo XVI, *vaya* puede usarse para expresar su desacuerdo con cierto evento o estado.

En resumen, los cuatro marcadores objeto de estudio son capaces de reflejar las actitudes o los sentimientos del hablante mediante una extensión metafórica del concepto desplazamiento del dominio espacial al dominio cognitivo. Las formas acaban por convencionalizar una valoración epistémica o apreciativa. Primero, la valoración epistémica implica la expresión de asombro, sorpresa o incredulidad, por un lado, o la afirmación enfática del contenido de un enunciado (con *anda*), por el otro lado. Segundo, los marcadores con valoración apreciativa pueden expresar desacuerdo, disgusto o rechazo, o *vaya* y *venga* indican una valoración apreciativa contraria, el acuerdo (moderado). La presencia de dos valores aparentemente contradictorios, acuerdo y desacuerdo, en las formas *venga* y *vaya* se explican por su desarrollo diacrónico en el que la dirección (acercamiento o alejamiento) expresada por la base léxica desempeña un papel fundamental.

## 6.5 La macrofunción metadiscursiva

Cuando un marcador se orienta hacia el desarrollo o la regulación del discurso adopta una función metadiscursiva. El marcador *anda* nunca figura en el corpus con función metadiscursiva, lo cual se explica por ser el único marcador que deriva de un verbo de movimiento no deíctico (2.1). En cambio, los marcadores *vamos*, *vaya* y *venga* derivan de verbos deícticos y consideramos que, del valor semántico de dirección que forma parte inherente de la semántica de los verbos *ir* y *venir*, perdura cierto matiz en los marcadores derivados (Romero Aguilera 2006). Es decir, ha tenido lugar una extensión metafórica del concepto *dirección* desde el dominio espacial hasta el dominio discursivo lo cual se explica a partir de la metáfora propuesta por Romero Aguilera (2006) EL DISCURSO ES UN VIAJE, o la variante propuesta por Polanco Martínez (2013a) EL DISCURSO ES UN ESPACIO [EN EL QUE MOVERSE]. Estas metáforas se relacionan con la metáfora ARGUMENTAR ES SEGUIR UNA TRAYECTORIA definida por Lakoff et al. (1991). Uno de los subtipos de la metáfora es ARGUMENTOS SON TRAYECTORIAS EN LAS QUE VIAJAN PENSAMIENTOS, lo cual se refleja en enunciados como *interrumpir el curso de pensamiento* o *no puedo seguir lo que está diciendo*. Puesto que en los verbos *ir* y *venir* predomina la presencia de la trayectoria en su valor semántico – frente a *andar* –, son los marcadores derivados de estos verbos los que son capaces de guiar al interlocutor a través del discurso. Este valor discursivo se esquematiza de la manera siguiente:

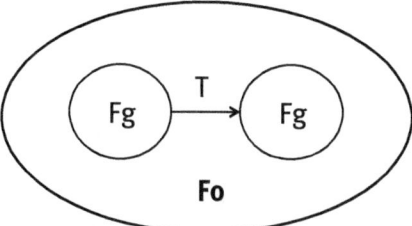

**Figura 26:** Imagen esquemática de los valores metadiscursivos

Con las formas verbales de *vamos, vaya* y *venga* (2.1.2) la Figura (Fg) es la persona que se mueve por la Trayectoria (T) en un dominio espacial (Fondo (Fo)). Cuando se usan estas formas con función metadiscursiva las Figuras son los enunciados que juntos constituyen la argumentación (la Trayectoria) del discurso que, a su vez, es el Fondo, ya que la imagen esquemática del movimiento orientado se proyecta hacia un dominio discursivo (Capítulo 2). Por consiguiente, los marcadores con función metadiscursiva indican la dirección y el desarrollo de la argumentación discursiva.

La transferencia del dominio espacial hacia el dominio del discurso es, además, una extensión bien conocida. Heine et al. (1991, 182) señalan que la metáfora ESPACIO-HACIA-DISCURSO, es decir, la gramaticalización a través de la línea *deixis espacial > referencia temporal > deixis textual* se manifiesta en varias lenguas.[14] En la discusión veremos, además, que la dirección expresada por el verbo (acercamiento o alejamiento) también influye en las funciones metadiscursivas que pueden tomar los marcadores.

Dentro de la categoría de la macrofunción metadiscursiva se distinguen varios valores más precisos: *reformulativo* (*vaya* y *vamos*), *continuativo* (*vamos*), de *apoyo modal-enunciativo* (*vamos*) y de *cierre discursivo* (*venga, pero vamos*). La tabla siguiente recoge las frecuencias de estos valores observadas por marcador:

---

14 La misma tendencia metafórica se observa en latín, francés, turco y alemán. Los autores dan el ejemplo de la distinción espacial en español entre los demostrativos próximos (*este*, etc.) y los demostrativos lejanos que conocen una transferencia al mundo del discurso para describir la distinción anafórica entre un referente mencionado anteriormente y uno mencionado posteriormente (Heine et al. 1991, 182).

**Tabla 5:** Frecuencias de los valores metadiscursivos por marcador

|  | ANDA | VAMOS | VAYA | VENGA | Total |
|---|---|---|---|---|---|
| Reformulativo | Ø | 607<br>47,7% | 35<br>100% | Ø | 642<br>46,09% |
| Continuativo | Ø | 89<br>6,0% | Ø | Ø | 89<br>6,40% |
| Apoyo modal-enunciativo | Ø | 553<br>43,2% | Ø | Ø | 553<br>39,70% |
| Cierre discursivo | Ø | 31<br>2,42% | Ø | 78<br>100% | 109<br>7,82% |
| Total | Ø | 1280<br>100% | 35<br>100% | 78<br>100% | 1393<br>100% |

Ante todo, es llamativo que el marcador que más frecuentemente desempeña una función metadiscursiva (*vamos*) también muestre mayor diversidad en esta función, lo cual corrobora nuevamente la afirmación de Hummel (2012, 28) y Bybee/Hopper (2001, 13) que mayor polisemia corre pareja con mayor frecuencia de un *token* (6.2).

Los subvalores metadiscursivos se explican y ejemplifican en las siguientes secciones (6.5.1, 6.5.2, 6.5.3 y 6.5.4).

### 6.5.1 El valor reformulativo

Mediante la función reformulativa los marcadores le permiten al hablante indicar una mejor formulación de otro enunciado, a saber, una formulación que facilita la interpretación. De ahí que se afirme que «proponer una reformulación implica, por parte del locutor, un comportamiento cooperativo motivado por el afán o la ambición de evitar equívocos posibles y de superar obstáculos comunicacionales» (García Negroni 2009, 48). Con valor reformulativo, el marcador predica sobre dos enunciados (α y β) y el hablante presenta un enunciado como más adecuado para cumplir su intención comunicativa (α<β), o introduce un enunciado β que modifica sustancialmente al enunciado α para que se cumpla mejor la intención del hablante. De hecho, la relación entre los dos enunciados existe también sin la presencia de un marcador, pero el marcador da lugar a una mejor interpretación (Pons Bordería 2013, 165). Los marcadores *vamos* y *vaya*, por tanto, se usan para ayudar a procesar la relación reformulativa entre los dos enunciados.

Usamos la etiqueta *reformulación* en el sentido amplio, es decir, implica también la corrección y la conclusión. Al revés, la propuesta renovadora de Pons Bordería (2013) que distingue entre marcadores de reformulación, corrección y conclusión nos parece pertinente para un estudio onomasiológico, pero en el nivel descriptivo de un análisis semasiológico no tiene mucha plusvalía aplicar la etiqueta estrecha de la reformulación.[15] Así que usamos el término *reformulación* en el sentido tradicional:[16]

> Los reformulativos, [...], vuelven sobre el enunciado antecedente que no se ajusta a la intención del hablante, introduciendo otro que intenta exponerlo de una forma más clara. (Fuentes Rodríguez 1993, 193)

Según la bibliografía, solo los marcadores *vamos* y *vaya* desempeñan una función reformulativa (Briz Gómez 1994; Cabedo Nebot/Hidalgo Navarro 2004; Castillo Lluch 2008; Cortés Rodríguez 1991; Edeso Natalías 2010; Fuentes Rodríguez 1998b; Fuentes Rodríguez 2009; Landone 2009; Martín Zorraquino/Portolés 1999; Monjour 2011; Polanco Martínez 2013a; Santos Río 2003), lo cual se confirma en el corpus. Proponemos que esto se explica por la base léxica *ir* que expresa un alejamiento. En la sección 2.1.3 ya hemos mencionado la relación entre dirección de movimiento espacial y el dominio temporal y hemos concluido que el verbo *ir* se relaciona con el futuro. Asimismo, los marcadores derivados de este verbo que tienen valor reformulativo remiten al futuro, más en particular al futuro del discurso: los marcadores indican el enunciado en el que los interlocutores han de basarse para el proseguimiento del discurso. La extensión metafórica que está en la base del uso reformulativo de los marcadores *vamos* y *vaya* es una transferencia del concepto *movimiento*, y más concretamente de la *dirección* – que en el

---

**15** Pons Bordería (2013) alega que la corrección se distingue de la reformulación por la importancia que tiene el enunciado reformulado o corregido para el desarrollo del discurso. La reformulación implica que se produce un enunciado inerte pero comunicativamente activado, mientras que mediante la corrección se abandona el enunciado α por completo. En segundo lugar, propone Pons Bordería (2013, 13) que la conclusión no debería ser incluida en la clase de la reformulación, puesto que «la conclusión tiene que ver con el grupo de relaciones de causa-consecuencia [...]; la reformulación, con las actividades del decir».

**16** Como ha demostrado también Pons Bordería (2013) la división tradicional entre reformulación parafrástica (con equivalencia semántica entre los dos miembros) y la no parafrástica (con cambio de perspectiva enunciativa) resulta ser muy vaga. Por eso, preferimos centrarnos en los valores reformulativos específicos sin tomar en consideración la división teórica entre la reformulación parafrástica y la reformulación no parafrástica.

caso de *ir* es un alejamiento – de un dominio espacial a un dominio temporal y discursivo. De ahí que concluya Romero Aguilera (2006, 52) que «avanzar en el viaje y avanzar en el discurso serían dos acciones que formarían parte de un mismo dominio referencial».

Discernimos siete valores reformulativos, a saber, la *corrección, explicación, formulación, denominación, matización, recapitulación* o *concreción*. A continuación, describimos y ejemplificamos cada uno de estos valores.

Cuando el marcador indica una relación de *corrección* entre α y β, se quita importancia al enunciado α (Pons Bordería 2013, 11–12). El marcador indica que es necesario tomar en consideración el enunciado β para el desarrollo de la conversación:

(33) Entonces, este sistema de... este régimen de garantía previsto en la ley, en principio no... se ha trasladado todavía al campo de la vivienda, y solamente tenemos la regulación de nuestro eh... centenario código civil, que como sabéis recoge la garantía, *vamos*, la responsabilidad <ininteligible> decenal del promotor, perdón, del constructor y del arquitecto que intervienen en la legislación. (CORLEC)

(34) Mi gran afición desde hace muchos años ha sido o una de mis aficiones, *vaya*, tener vino, tengo menos de lo que me gustaría (CREA; España: Oral, 1992)

En estos dos ejemplos, el hablante usa el marcador para indicar que el enunciado β (*la responsabilidad* o *una de mis aficiones*) se ajusta mejor a su intención comunicativa que el enunciado α (*la garantía* o *mi gran afición*). En cuanto a la estructura de la corrección, el enunciado β puede ser una oración plena que reformula una oración plena o puede ser un constituyente infraoracional que reformula un constituyente infraoracional de α (Pons Bordería 2013, 3). Así, por ejemplo, en el ejemplo (33) un constituyente infraoracional del enunciado α, a saber, el SN que funciona como objeto directo (*la garantía*), se reformula por otro SN que constituye el segmento β (*la responsabilidad*). Asimismo, se encuentran ejemplos en los cuales se niega (parte de) el enunciado α antes de reformular:

(35) Inf.- Pues... yo siempre digo que estoy muy ocupado. No sé si es que es verdad o es que me lo llego a creer, pero... sobre las pocas vacaciones, sobre... *vamos*, vacaciones ninguna. Sobre las pocas fiestas que tenemos, resulta que la víspera de Reyes me tocó de guardia, que era domingo; y el día de Nochebuena me tocó también de guardia todo el día y toda la noche. (MC-NLCH)

Al lado de la corrección, el hablante también puede usar los marcadores *vamos* y *vaya* para indicar que α se caracteriza por una insuficiencia comunicativa o informativa, por lo que hace falta añadir más información en el segmento β, es decir, el hablante añade una *explicación*. La explicación suele constar de información más detallada que contribuye a una mejor comprensión de la idea expuesta en α:

(36) Enc.- ¿Tú crees que el cante flamenco, realmente, se puede vivir oyéndolo por un disco?
Inf.- Pues yo creo que sí, que yo lo siento. *Vamos*, yo pongo un disco de cante flamenco bueno y siento las mismas sensaciones que oyendo a un Beethoven, ¿no? (MC-NLCH)

(37) Yo al principio la veía como un problema, el hecho de que... que... que tengamos... que nos llevemos diez años de diferencia, *vamos*, yo soy diez años mayor que ella. (CORLEC)

(38) Hay que informar, pero de forma gratis, o sea, *vaya*, que no les cueste a usted dinerillo al tener que ver esta revista, como en otras ocasiones. (CREA; España, oral, 1996)[17]

En los ejemplos (36), (37) y (38), los marcadores introducen un enunciado que proporciona información más específica para que el interlocutor pueda interpretarlo bien.

El tercer valor reformulativo es la *formulación*, también denominado *rearticulación relanzadora* por Polanco Martínez (2013a). El enunciado α es incompleto sintácticamente y puede causar vacilaciones en el hablante; el marcador introduce el enunciado β que es la formulación que mejor se ajusta a su intención comunicativa. En otras palabras, con β el hablante repara su salida nula del enunciado α:

(39) <H2> Joe, le pone hasta verde al cielo...
<H1> Sí, eso.
<H2> Sí, sí, sí.
<H1> Hombre, tampoco es... *Vamos*, le puedes poner las nubes como tú quieras. tampoco es cuestión de que pongas ahí... yo qué sé... (CORLEC)

(40) Sí, a mí me gusta mucho, pero como tampoco no es eso, no es cariñosa, no la tienes cerca, pues tampoco te trae, te tira mucho, *vaya*. (CREA, España: Oral, s.d.)

Otro uso relacionado con la formulación es la *denominación*: los marcadores *vamos y vaya* sirven para indicar la formulación de la palabra más concreta (Fuentes Rodríguez 1998b):

(41) A: bueno pues entonces a lo mejor (( )) las cositas que (( )) pues– pues sí (( ))
B: ((¿sabes? o sea que él tiene baraca (( ))/ además él tiene una suerte *va– vamos* una suertee normal/ pues eso/ es de los que va a un sitio y encuentra sitio para aparcar/ siempre aparca enfrente§ (Val.Es.Co)

---

**17** Polanco Martínez (2013b) indaga en la función de la partícula *que* en enunciados recapulativos introducidos por los marcadores *vamos* o *vaya*. Señala que es frecuente que el segmento reformulador, cuando este conlleva un verbo conjugado, va introducido por la partícula *que*. A partir de un estudio de corpus, Polanco Martínez (2013b) concluye que la partícula *que* recibe «una interpretación modal de intensificación del enunciado: el hablante presenta un alternante con el que muestra un grado de compromiso mayor, un refuerzo asertivo».

(42)  &lt;H2&gt; ¡Que va, que va! No tengo coche.
&lt;H1&gt; Pues qué maravilla.
&lt;H2&gt; Me viene... &lt;fático=duda&gt; ¡fenomenal! *Vaya...* (CORLEC)

A veces el término correcto aparece detrás de una vacilación porque el hablante busca la expresión más apropiada (41) o porque el hablante no está seguro del uso de la expresión en β (42) (en este ejemplo indica una valoración extrema: *fenomenal*). Sintácticamente, los enunciados α y β suelen ser constituyentes de la misma oración, como ilustra el ejemplo (43):

(43)  Creía que su único objetivo era verme a mí gorda y hasta amargarme la vida. Entonces yo *vamos*, los odiaba a muerte, y (sic) incluso bueno, y a mí también me odiaba. (CREA; España: oral, 1996)

Luego, cuando los marcadores *vamos* y *vaya* introducen una *matización* del enunciado α, no se abandona el enunciado α, sino que se añade información necesaria para la interpretación. Esta información del enunciado β, es una precisión (46) (47) o una «salvedad que indica el atenerse a la subjetividad, en línea con su valor de ajustar lo dicho a la opinión del hablante» (Fuentes Rodríguez 1998b, 182) (44) (45):

(44)  Inf.- Hombre, teniendo en cuenta, pues, la tónica general de información en todas las ciudades españolas, pues, ni más ni menos que como otra. Creo yo, *vamos*. (MC-NLCH)
(45)  T L 10 MAORE2J01: nos vemos como tres veces por semana sabes &lt;navn&gt;boli&lt;/navn&gt; y yo entonces pues claro
T L 10  siempre justamente siempre que nos ha visto estábamos juntos entonces tampoco puede cantar tanto no *vamos* digo yo  (COLAm)
(46)  Enc.- ¿Qué opinas tú de los niños?
Inf.- ¡Huy!, que son unos cielos. Para poco rato, *vamos* [Risas]. (MC-NLCH)
(47)  Bueno, cuando yo era más joven y no es que sea muy viejo, *vaya*, pero en fin, cuando era más joven solía pensar que pues que había que aprender técnicas y tal, y ahora pues no sé, o sea más me las tengo que quitar de encima, vaya. (CREA; España: Oral, 1990)

Como marcadores de matización, *vamos* y *vaya* simplemente indican que se añade información sin quitar importancia comunicativa al enunciado α. Por lo que concierne a la estructura de los enunciados, el enunciado α suele ser sintácticamente completo y la matización que se realiza en el enunciado β es o bien una oración sintácticamente completa (como en los ejemplos (44), (45) y (47)) o bien un constituyente infraoracional que se añade al enunciado α (como ilustra el ejemplo (46)).

En algunos contextos, los marcadores *vamos* y *vaya* introducen un enunciado β en el que se *recapitula* el enunciado α en una palabra o en una expresión breve:

(48) Se paraba el de barco. Se paraba el barco, bajaban las asistencias, se le subía. Operación a escama Se le hacía Abierta. Un boca a boca, se le tomaba la tensión, *vamos*, ya se le hacía una revisión completa. (CREA; España: Oral, 1992)

(49) <H3>A... en este país ahora todos los hombres presumen de no ser machistas y somos igual de machistas hoy que hace veinte años, lo que pasa que lo disimulamos muy mal, además, <simultáneo> porque no se lo cree nadie.
<H1>Una operación de maquillaje </simultáneo> puramente, *vamos*. (CORLEC)

(50) Pues mira, que está muy feliz, muy happy, muy feliz, *vaya*, pues me alegro mucho. (CREA; España: Oral, 1990)

Además, el ejemplo (49) ilustra que la reformulación, en este caso la operación de recapitular, puede hacerse por otro interlocutor.

Finalmente, en el ejemplo (51) el marcador *vamos* introduce una *concreción* del enunciado α. Es decir, indica que el enunciado β es un ejemplo del enunciado α:

(51) Enc.- Sí, sí, sí. Pero que, en cuanto que sean dignos y, en fin, respondan a una cosa valiosa.
Inf.- Con una auténtica justicia y con grandes frutos. *Vamos*, el estudio de un Silverio Lanza, por ejemplo. (MC-NLCH)

En el corpus no hemos encontrado ningún ejemplo de *vaya* con la función de concreción.

En resumen, por su relación metafórica con el futuro (del discurso) las formas *vamos* y *vaya* han desarrollado varios valores reformulativos. Pueden realizar, además, diversas operaciones reformulativas, entre ellos, la explicación, la formulación, la concreción, etc.

## 6.5.2 El valor continuativo

El marcador *vamos* puede adoptar también un valor continuativo. Fuentes Rodríguez (2009) sugiere que este valor deriva diacrónicamente del valor reformulativo; aun así, ambas funciones se distinguen por la relación que existe entre los dos enunciados vinculados mediante el marcador: con valor continuativo, contrariamente al marcador reformulativo, *vamos* une dos segmentos sin que se establezca una relación de subordinación semántica entre los dos. El marcador constituye más bien un recurso estratégico (pausa llena) para retomar el hilo discursivo de la conversación (Cabedo Nebot/Hidalgo Navarro 2004; Cortés Rodríguez 1991; Martín Zorraquino/ Portolés 1999; Polanco Martínez 2013a), como ilustran los casos siguientes:

(52) <H2> Sí, engaña porque si te das cuenta tiene... *vamos* <fático=duda> tiene el mismo esquema que el año pasado cuando a falta de ocho partidos ya estaba en tercera división (CORLEC)

(53)   *TRI: [<] <si se> portara como se tiene que portar / todavía dices / venga / vale / pues
te / ayudo / y tal //\$ pero si es [/] pero si es que ha estado de viviendo de mamá toda
la vida //\$ encima / porque pinte / pues / no pintes / ¡coño! / que te den por culo //\$
pinta tu casa / y ...\$ pinta tu casa / que es lo que tienes que hacer //\$ que es tu casa /
¡coño! / que estás viviendo ahí //\$ que es que tienes que cobrar / de qué ?\$
*PAC: yo se lo voy a decir a mamá //\$ como le &pag [/] como +\$ que no le [/] *vamos* /
que no le pague ni un duro //\$ (C-ORAL-ROM)

(54)   T  L 10 MALCC2G01: Amsterdam es que *vamos* es que nadie me reconoce en Amsterdam (COLAm)

En los tres ejemplos, se nota que el marcador continuativo se usa muchas veces
en situaciones de rupturas del hilo discursivo, así como en contextos de pausas,
repeticiones o vacilaciones. A fin de mantener el turno de habla y de continuar
el hilo discursivo, el hablante intercepta estas rupturas mediante el marcador
*vamos*.

Al igual que el valor reformulativo, también el uso continuativo se explica por
la dirección (alejamiento) expresada por la fuente léxica (6.5), pero se añade el
aspecto intersubjetivo. Es decir, el hablante implica al interlocutor en la comunicación y le insta a seguir prestando atención pese a las rupturas en el hilo discurso. Esta implicación de ambos interlocutores en la misma esfera comunicativa
se adquiere por la primera persona plural de la forma *vamos* (Martín Zorraquino/
Portolés 1999; Romero Aguilera 2006). De hecho, como hemos concluido en el
apartado 2.3, el hablante y el oyente realizan juntos el movimiento. Argumentamos, por tanto, que los participantes en la conversación también se mueven juntos,
aunque sea a través del discurso. Esto explica la ausencia del valor continuativo
en el uso de *vaya* frente a *vamos*: el marcador *vaya* no «busca la complicidad o la
coparticipación con el interlocutor» (Martín Zorraquino/Portolés 1999, 4180).

### 6.5.3 El valor de apoyo modal-enunciativo

El uso de *vamos* como apoyo modal-enunciativo se distingue de los valores reformulativos y continuativos en que funciona como operador que predica sobre un
solo enunciado subrayando la fuerza argumentativa de este (Martín Zorraquino/
Portolés 1999). Como ya sabemos, los valores reformulativos y continuativos, en
cambio, establecen una relación entre dos segmentos discursivos. Así, los marcadores con valor de apoyo modal-enunciativo son, en palabras de Cuenca (2013),
*one position operators* y los que tienen valor reformulativo y continuativo son *two
position operators*.

El término *apoyo modal-enunciativo* ha sido adoptado de Fuentes Rodríguez
(1998b, 183–184). Según la autora, en algunos usos del marcador *vamos*, el valor

enunciativo (marca un enunciado como importante para el hablante) y el valor de subjetividad (valor de énfasis en la opinión del hablante) no se pueden separar. Es decir, *vamos* puede usarse para indicar el segmento más importante y, simultáneamente, para subrayar el contenido de cierto segmento:

(55) Inf.- En Estados Unidos es todo lo contrario, ¿no?, en Estados Unidos todo se hace a base de grandeza, de dinero y de riqueza, ¿no? Eso se ve, por supuesto. Ahora que a Estados Unidos no me iba yo a vivir ni amarrada, *vamos*. No, porque es una vida totalmente distinta, no ya a España, por supuesto, sino a todo el resto de Europa. Es un ritmo de vida y un sistema de vida muy distinto. Y que nosotros no nos podemos adaptar a ellos, ¿no? (MC-NLCH)

(56) *INT: [<] <sí> //$ mejor llamarla / no sea que se la pase / y estar un poquito encima de ella ...$
*GAR: vale //$
*INT: pero *vamos* / que esa [/] esa va a ser la más fácil / yo creo //$ o sea que podemos empezar por ahí <para> [/]$ (C-ORAL-ROM)

(57) <H7> ¡Las liebres que se han caza<(d)>o y los conejos! Yo sólo he visto uno que me salió ahí un día. No he visto más.
<H6>Pues yo no he visto ninguno. Y eso que hemos ido hasta allá y para allá.
<H5> Pues nada. Y si es cosa rara un jabalí, un ciervo...
<H6> Yo no he visto ni uno, *vamos*. (CORLEC)

Por la complicidad entre los interlocutores creada por la forma inclusiva *vamos* (6.5.2), el marcador derivado es capaz de dirigir al interlocutor hacia su propio punto de vista (Martín Zorraquino/Portolés 1999). Así, el marcador *vamos* con valor de apoyo modal-enunciativo se comporta como una invitación al interlocutor a considerar lo dicho desde la perspectiva del hablante. Dado que las demás formas verbales (*anda, vaya y venga*) no incluyen al hablante y al oyente, se entiende por qué sus marcadores derivados no tienen función de apoyo modal-enunciativo.

## 6.5.4 El valor de cierre discursivo

En varios contextos el marcador *venga* y la coocurrencia *pero vamos* indican un cierre del tema conversacional o de la conversación misma. En otras palabras, regulan la acción discursiva poniendo fin a una secuencia o a la acción discursiva misma. La combinatoria *pero vamos* se usa siempre para poner fin a un tema discursivo o a una digresión (Fuentes Rodríguez 1998b) (58)(59), mientras que el marcador *venga* suele usarse para terminar la interacción (Castillo Lluch 2008; Daniels 2014; Fuentes Rodríguez 2009; Gras Manzano et al. 2004; Landone 2009) (60)(61):

(58) Inf.- Lo bonito era antes, que había que poner la leña, los periódicos, las teas, el carbón... y luego estaba la casita toda caliente.

Enc.- Claro.

Inf.- Aunque nosotros también la tenemos caliente, *pero vamos*...

Enc.- ¿Su casa qué es, nueva? (MC-NLCH)

(59) T L10 MAESB2G01:    2[pero de dónde has ido con Katay tours ]

MAESB2G02:         2[China ]

T L 10 MAESB2G01:   a China\

T L 10 MAESB2J01:   que güay (sic) yo quiero ir a China bueno ahora no *pero* <R> *vamos* </R>

T L 10 MAESB2G02:   yo quiero ir a la India (COLAm)

(60) <H1> Un momentito. Ana está comunicando.

<Hc> Pues nada, no...

<H1> ¿Con Alicia?

<Hc> Con Alicia, sí, *venga*.

<H1> *Venga*. Hasta luego.

<Hc> Hasta luego, gracias. (CORLEC)

(61) *BLA: hhh //$ bueno //$ sí / un día o dos / como <mucho> //$

%act: (1) assent

*YOL: [<] <supongo> //$ *venga* //$ pues nos vemos luego / vale ?$

*BLA: <*venga*> //$

*YOL: <*venga*> //$

*BLA: [<] <*venga*>//$

*YOL: hasta <luego>//$ (C-ORAL-ROM)

En el ejemplo (61) el hablante recurre al marcador *venga* para aceptar una oferta de cierre de conversación con lo que combina el valor de cierre discursivo con el valor expresivo de acuerdo. Daniels (2014, 237) alega que es a partir de este uso (aceptación de la oferta de cerrar el discurso) que se ha convencionalizado el valor de cierre discursivo en el marcador *venga*: «as a result of its frequent collocation in speech with conversation closings, *venga* had come to signal that both interlocutors were in agreement about the subject under discussion and that the conversation could be terminated».

El uso de *venga* con función de cierre de conversación se explica, además, con base en la extensión de la deixis espacial hacia la deixis discursiva. El marcador *venga*, a diferencia de las formas que derivan del verbo *ir*, deriva de una forma del verbo *venir* que siempre expresa acercamiento al lugar del hablante (2.1). Lógicamente, el verbo *venir* no se presta a extensiones metafóricas con referencia al futuro (del discurso), antes al contrario. Además de eso, la diferencia entre los usos metadiscursivos de los marcadores derivados de los dos verbos (*ir* y *venir*) reside en la diferencia en el tiempo de referencia implicado en el uso de los verbos. De esta manera, Nakazawa (2007) observa que el tiempo de referencia de *ir* es el tiempo de llegada o de salida, mientras que para *venir* solo puede ser el tiempo de llegada. Por consiguiente, en español, cuando se dice *viene a las ocho al colegio*, solo puede significar que llega a las ocho al colegio, dado que *venir* siempre implica una llegada. La metáfora propuesta por Radden (1995) FIN DE EVENTO ES FIN DE TRAYECTORIA, en la que *venir* señala el fin del evento y la trayectoria es el discurso, motiva el uso metadiscursivo del marcador *venga*: el discurso es la trayectoria recorrida a la que el marcador *venga* puede poner fin.

En síntesis, el marcador *venga* suele implicar un cierre completo de la conversación. En cambio, el marcador *vamos* en combinación con *pero* indica un cierre de una secuencia al mismo tiempo que anuncia un retorno al tema principal de la conversación (Fuentes Rodríguez 1998b, 188). Paralelamente a su uso con valor reformulativo, el marcador *vamos* quita importancia discursiva a lo que precede (la digresión o el comentario) y hace referencia al futuro del discurso:

(62)  <H5> Sí, mi padre me... cuando era pequeño me... me obligaba psicológicamente a hacer cosas, porque... a hacer un dibujo, o a hacer un cuento, porque si hacía un cuento, o un dibujo, o escribía una historia original o graciosa, cuando tenía 6 años, o 7 años, pues me traía un cochecito, o... 10 duros, o algo así. Entonces, eso me motivaba a mí a... a todos los días pensar en una historia y... pues ya ves, una historia de un niño de 6 años, pues es una gilipollez increíble, ¿no?, *pero vamos*... Pero <ininteligible> a hacer un dibujo, o a hacer cosas así, y eso yo creo que a la larga ha sido un mecanismo cerebral cojonudo para ahora poder hacer canciones y escribir historias, y hacer cosas... Tengo... en la cabeza muy bien entrenada para... para pensar cosas y para observar, sobre todo, ¿no?. (CORLEC)

Efectivamente, en el ejemplo (62) el hablante inserta un comentario que rompe el hilo del discurso *(pues ya ves, una historia de un niño de 6 años, pues es una gilipollez increíble, ¿no?)* e indica, con la combinación *pero vamos*, el fin de esta digresión, y con esto el retorno al hilo del discurso. Este uso de la combinación *pero vamos* se ocupa del progreso del discurso, igual que cuando *vamos* tiene valor reformulativo y continuativo. Por eso, argumentamos que la metáfora responsable de los valores reformulativos y continuativos (una extensión del concepto de alejamiento del dominio espacial hacia el dominio temporal y discursivo) también da cuenta del valor de cierre de un tema discursivo de *pero vamos*.

Resumiendo, la presencia de una dirección en la forma verbal favorece el valor metadiscursivo en el uso del marcador derivado: cuando la dirección expresada implica alejamiento del centro deíctico (con *ir*) los marcadores derivados se ocupan del desarrollo y del progreso del discurso (*vamos* y *vaya*), mientras que el verbo que expresa un acercamiento al centro deíctico (con *venir*) da lugar a un marcador que indica el fin del discurso (*venga*).

## 6.6 Conclusiones

El estudio de corpus demuestra que los cuatro marcadores son polifuncionales. Además, todos sus valores procedimentales, esto es, como marcadores, derivan directa o indirectamente de la fuente léxica. Es más, la fuente léxica se transparenta en su uso como marcador, ya que los rasgos semánticos y morfológicos de la fuente léxica hacen que una forma aparece o no en determinado contexto y con cierta implicatura. Por ejemplo, solo las formas verbales que implican [+dirección] desarrollan el uso metadiscursivo. El desarrollo de los valores procedimentales de las formas *anda, vamos, vaya* y *venga* ha podido realizarse porque los valores abstractos de los marcadores (apelativos, expresivos y metadiscursivos) se entienden en términos más concretos de movimiento y de dirección.

Por todo ello, la polifuncionalidad de los marcadores se considera como un excelente ejemplo de *polisemia genética*, por lo cual argumentamos que el uso léxico y los valores de los marcadores pertenecen a la misma forma polisémica (cf. *introducción*). Esto significa que la forma verbal entra también en la red conceptual que representa la organización interna de cada forma objeto de estudio (3.2.2). La red representa las relaciones metafóricas entre la fuente léxica y las tres macrofunciones y, también, representa las relaciones entre las macrofunciones (véase también 1.2.2.1).[18]

Para empezar, presentamos la red conceptual genérica de la cual derivan las redes conceptuales de los cuatro marcadores:[19]

---

[18] Conforme al enfoque cognitivista y el continuo entre diacronía y sincronía, la representación sincrónica de las relaciones entre los valores refleja en algunos casos la transición diacrónica entre dos valores convencionalizados. Así, por ejemplo, hemos visto que el valor de rechazo de *venga* se originó del uso frecuente del marcador en combinación con una prohibición bajo forma de un imperativo negativo (*venga, no te sientes ahí*) a partir del cual se convencionalizó el valor de rechazo o de desacuerdo (2.2.2). Actualmente, el marcador aún puede ocurrir en un contexto semejante (de prohibición) de tal manera que el límite entre la función apelativa y expresiva es borroso. Cabe subrayar que las representaciones en las redes polisémicas son el resultado de un estudio sincrónico y no representan la evolución diacrónica de los valores.

[19] De hecho, las formas *anda, vamos, vaya* y *venga* presentan en su uso verbal también una red polisémica, por lo que la red polisémica del verbo y la red polisémica del marcador se integran en una red polisémica más amplia de las formas *anda, vamos, vaya* y *venga*. No obstante, en este trabajo nos limitamos a estudiar y, por ende, a representar los valores de los usos de estas formas como marcadores.

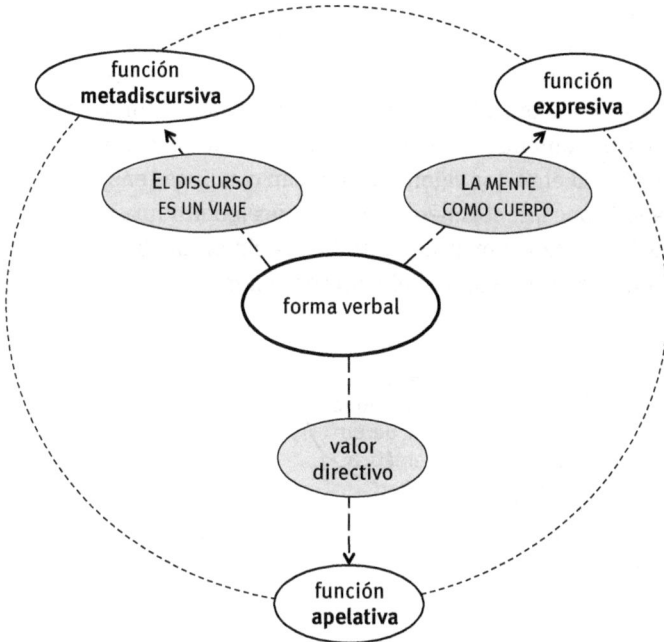

**Figura 27:** Red conceptual genérica de los marcadores

El uso verbal se localiza en el centro porque se considera el uso más básico (históricamente) de la forma.[20] De este miembro central se derivan los usos más procedimentales de la forma que son, de hecho, implicaturas conversacionales convencionalizadas que, a su vez, están motivadas por metáforas conceptuales. Las metáforas y los conceptos que motivan los usos procedimentales están representados en la red mediante los círculos grisáceos. Así, la función apelativa se explica por el mantenimiento del valor exhortativo de la forma imperativa. Como marcador, la forma ya no requiere del hablante un desplazamiento espacial sino un desplazamiento mental (la meta ya no es un lugar espacial sino la realización de la voluntad del hablante). La función expresiva se explica por la metáfora LA MENTE COMO CUERPO, ya que el concepto de movimiento se transfiere de un

---

**20** Según Polanco Martínez (2013a, 216) el *sentido central* dentro de la red polisémica es «aquel sentido sincrónico que mantenga una relación más estrecha con el sentido documentado más antiguo, puesto que este primer sentido posiblemente desempeñara un papel relevante en el desarrollo posterior de nuevos sentidos. De ahí que el primer sentido registrado diacrónicamente abogue por la centralidad dentro de la red semántica».

dominio espacial a otro dominio cognitivo (el movimiento en el dominio cognitivo remite a un cambio de estado en la mente del hablante). Por último, la función metadiscursiva se relaciona con la fuente léxica por la metáfora EL DISCURSO ES UN VIAJE, puesto que se transfiere el esquema de dirección del dominio espacial al campo discursivo. Las fronteras borrosas entre las tres macrofunciones, y con esto la posible ambigüedad entre los valores, se indican con líneas en puntos.

A partir de esta red conceptual genérica, es posible elaborar una red polisémica para cada uno de los marcadores aquí estudiados. En primer lugar, presentamos la red polisémica de las funciones del marcador *anda:*

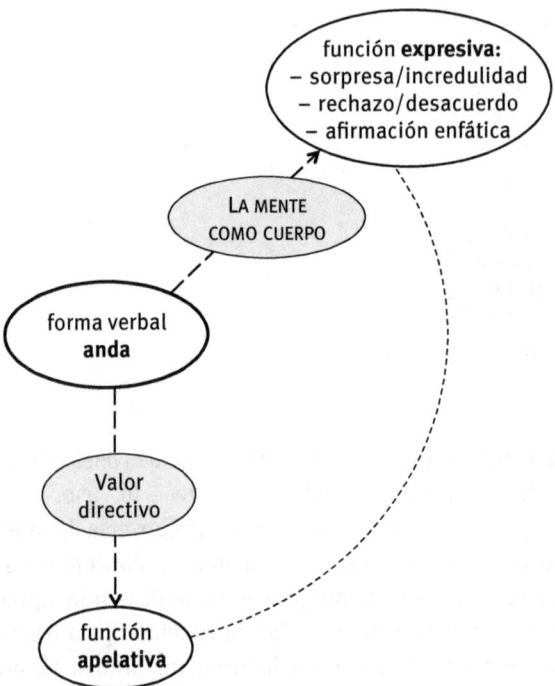

**Figura 28:** Red polisémica de *anda*

El marcador *anda* nunca tiene función metadiscursiva, puesto que la fuente léxica, que no implica inherentemente una dirección de movimiento, no se presta a extenderse metafóricamente del dominio espacial al dominio discursivo. Dicho de otro modo, a la forma verbal *anda* no se aplica la metáfora EL DISCURSO ES UN VIAJE por la ausencia del rasgo [+dirección] en la semántica del verbo. En cambio, la fuente léxica tiene valor exhortativo y es un verbo de movimiento, por lo que los marcadores derivados se usan, respectivamente, con una función apelativa y

expresiva. En cuanto a la función apelativa, dado que deriva de una forma imperativa, contrariamente a los demás marcadores, prefiere combinarse con actos
directivos directos, esto es, con un verbo en modo imperativo afirmativo o negativo. El uso apelativo se acerca a la función expresiva de desacuerdo o rechazo,
de ahí la línea en puntos que relaciona la función apelativa y expresiva. Al lado
del desacuerdo o rechazo, el marcador *anda* puede expresar una valoración epistémica de sorpresa o incredulidad. Con valor de incredulidad es posible la combinación de *anda* con la partícula *ya* para reforzar la idea de contraste. Además
de estos valores, el marcador *anda* puede afirmar enfáticamente el contenido de
un enunciado.

Como hemos constatado en el corpus, el marcador *vamos* es el marcador más
frecuentemente usado y ha desarrollado la gama más amplia de valores, sobre
todo, metadiscursivos:

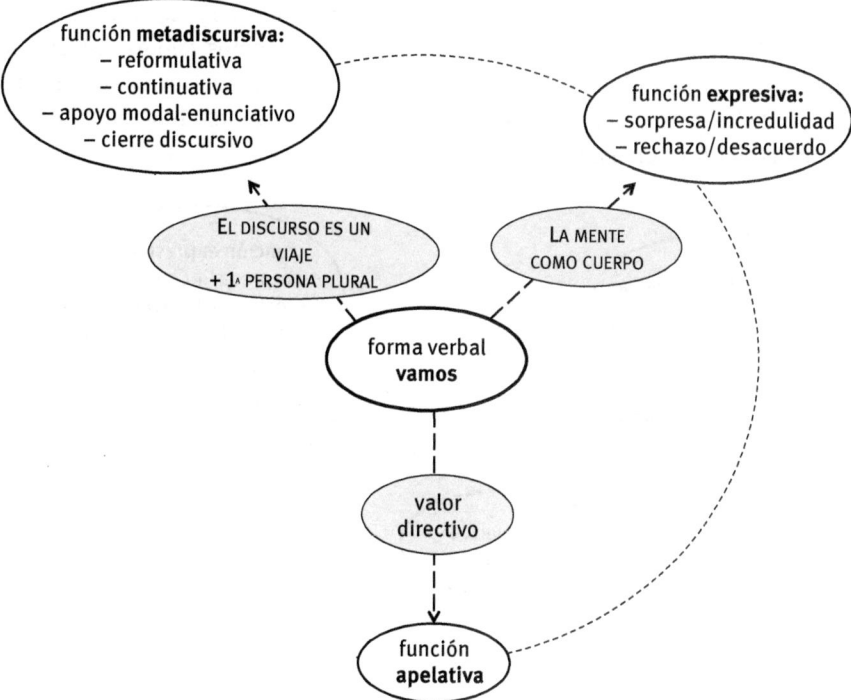

**Figura 29:** Red polisémica de *vamos*

El verbo *ir* expresa inherentemente una dirección que, además, se relaciona metafóricamente con el futuro, por lo cual el marcador derivado, *vamos*, sirve para

organizar el progreso del discurso. El marcador se usa con valor reformulativo o, en combinación con *pero*, se emplea para retomar el hilo discursivo después de una digresión. Puesto que la forma *vamos* incluye al interlocutor en la misma esfera comunicativa, tiene un valor continuativo para rellenar una ruptura en el discurso y un valor de apoyo modal-enunciativo. Cuando funciona como apoyo modal-enunciativo es un refuerzo argumentativo y al mismo tiempo el hablante señala la importancia de lo dicho. Puesto que se focaliza también en el hablante y en su opinión, este valor se relaciona con la función expresiva. Esta relación está indicada en la red con una línea discontinua.

Son bastante frecuentes también los contextos en los que el marcador *vamos* indica una actitud de sorpresa, incredulidad, rechazo o desacuerdo del hablante. La función de rechazo se acerca a la función apelativa cuando el hablante quiere disuadir al interlocutor de hacer algo. Por eso las dos macrofunciones – la apelativa y la expresiva – se vinculan con una línea de puntos en la red polisémica.

A pesar de que *vaya* y *vamos* son el resultado de una *polipragmaticalización*, esto es, derivan del mismo verbo *(ir)*, solo comparten algunos valores. Así, el marcador *vaya* ha perdido la capacidad de exhortar o animar (Octavio de Toledo y Huerta 2001–2002) y actualmente desempeña sobre todo una función expresiva y, con menor frecuencia, metadiscursiva:

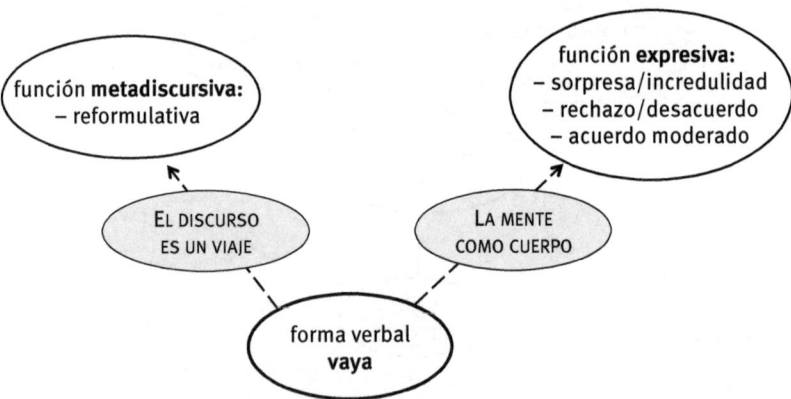

**Figura 30:** Red polisémica de *vaya*

El marcador puede adquirir una función metadiscursiva reformulativa, puesto que, igual que *vamos*, deriva del verbo *ir* que expresa inherentemente un alejamiento del centro deíctico. No obstante, puesto que no deriva de una forma verbal en primera persona plural, carece de los demás usos metadiscursivos (el valor continuativo, apoyo-modal enunciativo). Igual que los demás marcadores derivados de un verbo de movimiento, *vaya* se presta a denotar varios valores expresivos, tales como una actitud de sorpresa o incredulidad, de rechazo o desacuerdo. El marcador *vaya* también puede expresar una aceptación moderada de lo dicho. La aceptación es moderada porque la forma *vaya* implica el no involucramiento del hablante al derivar de un verbo que expresa alejamiento del centro deíctico y al no implicar al oyente en la misma esfera comunicativa (por la forma verbal de tercera persona singular).

En resumen, la diferencia entre los valores de los marcadores *vamos* y *vaya*, resultados de una polipragmaticalización, se explica por (1) la diferencia en la persona del verbo (primera persona plural y tercera persona singular), por lo que el marcador *vaya* no implica a los interlocutores en la misma esfera comunicativa y, por ello, no ha podido desarrollar un valor continuativo o de apoyo modal-enunciativo, y (2) por el valor del verbo *vamos* que implica obligación, mientras que *vaya* deriva de un uso verbal que solo implica deseo (y no obligación); así, ha caído en desuso el marcador *vaya* con valor apelativo.

Por último, el marcador *venga* adquiere más frecuentemente un valor apelativo, pero desempeña también una función expresiva y metadiscursiva:

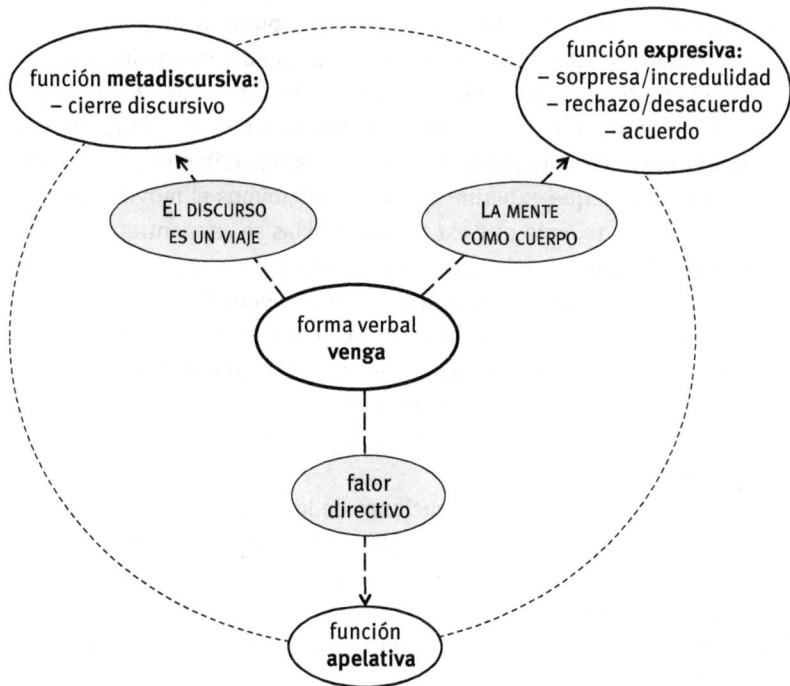

**Figura 31:** Red polisémica de *venga*

La función apelativa de *venga* se acerca a la función expresiva, puesto que la aceptación de una oferta a veces implica un incentivo a ejecutarla. Además, con valor apelativo *venga* mantiene la atención del oyente en el discurso. Por eso, el valor apelativo se acerca a un valor metadiscursivo, ya que se centra en la relación entre el hablante y el discurso. En cuanto a la función expresiva de *venga*, al lado del acuerdo, el marcador también puede expresar sorpresa, incredulidad, rechazo o desacuerdo. Igual que *anda*, el marcador *venga* puede combinarse con la partícula *ya* para subrayar la noción de contraste, presente en el valor de incredulidad. Puesto que el verbo *venir* expresa una llegada e indica el fin de la trayectoria, el marcador derivado puede indicar el fin del discurso y funciona entonces como fórmula de despedida. Hemos visto que este valor se originó en el uso del marcador para expresar el acuerdo con la oferta de poner fin al discurso. Esta transición diacrónica entre los dos valores (de acuerdo a fórmula de despedida) se refleja en el uso actual del marcador *venga*, de ahí la línea discontinua entre la función expresiva (acuerdo) y la función metadiscursiva (cierre del discurso).

De lo que precede se desprende que el contenido conceptual de la base léxica determina, en gran medida, las funciones que puede desarrollar una unidad lingüística. Para las formas *anda, vamos, vaya* y *venga* el significado de movimiento y de dirección y los rasgos morfológicos de persona (plural o singular) son los aspectos determinantes para el uso de estas formas con determinado valor. Por decirlo desde el enfoque del hablante, seleccionamos las formas *anda, vamos, vaya* y *venga* para apelar al oyente, expresar nuestras actitudes y estructurar el discurso o la argumentación, porque experimentamos y percibimos estas funciones de la misma manera que experimentamos o percibimos el movimiento y el desplazamiento orientado, solo que estas experiencias se encuentran en dominios muy distintos (cognitivo o discursivo). De esta manera, en los marcadores nunca se desvanece completamente el contenido conceptual de la base léxica. Además, muchos de los valores desarrollados se acumulan a través del tiempo. De ahí que convenga hablar de un *enriquecimiento pragmático* (3.3): las formas adquieren cada vez más valores sin que deje de existir el valor original ni desaparezca el vínculo entre los nuevos valores más pragmáticos e (inter)subjuntivos y el valor de la base léxica.

Después de la descripción de las funciones de los marcadores y de acuerdo con la primera pregunta de investigación (¿Existe una relación entre función y forma de los marcadores?), comprobaremos, en lo que sigue, cómo la polifuncionalidad de cada marcador se refleja concretamente en el discurso, empezando con el estudio de su comportamiento distribucional, esto es, la posición discursiva de los marcadores.

# Capítulo 7
# Los parámetros distribucionales

En este capítulo nos proponemos estudiar los parámetros distribucionales de los cuatro marcadores: la posición del marcador, el tipo de unidad discursiva que constituye el marcador y la unidad discursiva en la que se inserta el marcador. Su estudio nos permite verificar dos hipótesis. En primer lugar, estudiaremos en qué medida una posición restringe o favorece una función comunicativa. En otras palabras, examinaremos cómo se vinculan el valor y la posición de un marcador. El árbol de clasificación (Capítulo 5) ya ha revelado que la posición junto con la unidad en la que se inserta el marcador son los parámetros formales que mejor predicen las funciones de los marcadores. En este capítulo examinaremos de qué manera y en qué medida se relacionan concretamente estos parámetros distribucionales y el parámetro funcional. En segundo lugar, verificaremos la hipótesis según la cual la diversificación funcional conlleva una ampliación de posibilidades formales. Es decir, examinaremos si se aplica la relación comúnmente aceptada entre mayor diversidad funcional y mayor libertad posicional de los marcadores (Briz Gómez/Pons Bordería 2010, 336).

Antes que nada, presentaremos la teoría que aplicaremos para la segmentación del discurso (7.1). En los apartados siguientes, expondremos los resultados del análisis empírico sobre las unidades discursivas que constituyen los marcadores (7.2), las posiciones que ocupan (7.3) e indagaremos, finalmente, en la libertad posicional de los marcadores estudiados (7.4).

## 7.1 La Teoría de las Unidades del Discurso (TUD)

Del carácter extraproposicional del marcador (1.2.2.4) se desprende que resulta importante estudiar su comportamiento distribucional desde un marco que sobrepasa los límites de la oración. Los conceptos de la sintaxis tradicional no podrán dar cuenta de la particularidad sintáctica de estos elementos, lo cual nos incita a recurrir a otros modelos. En el presente estudio tomamos como marco la Teoría de las Unidades del Discurso (TUD) elaborada por el grupo de investigación Val.Es.Co (*Valencia Español Coloquial*) (Briz Gómez 1994; Briz Gómez 2007; Briz Gómez/Pons Bordería 2010; Grupo Val.Es.Co. 2003; Hidalgo Navarro/Padilla 2006). La teoría encaja con el marco del presente estudio, puesto que parte de una visión funcionalista y de la idea de que existen tendencias de emparejamiento formal-funcional. Su propuesta se basa, además, en estudios inductivos-deductivos de fragmentos de conversaciones coloquiales, un registro que presenta una alta frecuencia de marcadores. La teoría ofrece, por lo tanto, un marco de análisis para tanto la macro-estructura como la micro-estructura de una conversación y toma en consideración los fenómenos ligados al carácter espontáneo de la conversación coloquial (vacilaciones, truncamientos, etc.).[1]

Aplicamos cuatro parámetros distribucionales al corpus. Los parámetros A, B y C forman parte de la TUD, el último parámetro lo hemos añadido para completar la descripción distribucional. Los parámetros se describen a continuación:

A. Unidad conformada (UC)
   1. Subacto
   2. Acto
   3. Intervención

B. Unidad en que se inserta el marcador
   1. Subacto
   2. Acto
   3. Intervención

C. Posición del marcador en dicha unidad
   1. Inicial
   2. Media
   3. Final
   4. Independiente

D. Posición relativa al segmento al que remite el marcador
   1. Endofórica:
      i. Anafórica
      ii. Catafórica
   2. Exofórica

---

1 Otras propuestas para la identificación de unidades del discurso se basan asimismo en la orientación semántica y en la prosodia (p.ej. Cortés Rodríguez 2002; Degand/Simon 2009; Polanyi et al. 2004). En el marco de nuestra investigación preferimos la TUD, dado que ya ha sido demostrado ser particularmente adecuada para el estudio de los marcadores españoles en trabajos anteriores (Briz Gómez/Pons Bordería 2010; Estellés Arguedas/Pons Bordería 2014; Pons Bordería 2014).

## A. Unidad conformada

El sistema de segmentación del Grupo Val.Es.Co se basa esencialmente en una combinación de varios factores pragmáticos (cambio de hablante, significado, prosodia, etc.) y distingue en total ocho unidades del discurso de las que tres serán de interés para nuestro estudio: la intervención, el acto y el subacto.[2]

La *intervención* (Int) es la unidad monológica máxima que se asocia con un cambio de emisor.[3] Dicho de otro modo, cada manifestación de participación en el discurso, sea verbal o no, se considera una intervención:[4]

(1) C: y tenía las manitas y todo así↑EXACTAMENTE igual que mi Padre/ y los bíceps/ y el dedito este torcido/ y mi abuela paterna→/ ¡ay!/ que e– ¡*com el meu Juanito/ com*

---

**2** Al lado de estas tres unidades consideran también *el discurso, el diálogo, el intercambio, la alternancia de turnos* y *el turno* (Grupo Val.Es.Co. 2014, 3). Como veremos más adelante, los marcadores *anda, vamos, vaya* y *venga* no actúan en estos niveles, por lo que no son pertinentes para el presente estudio.

**3** Los términos *emisor* y *receptor* se aplican en el nivel estructural del discurso, mientras que los términos *hablante* y *oyente* se refieren al nivel social del discurso: «Esto permite explicar los casos en que un emisor produce una intervención que no es atendida y aceptada: nadie podrá negarle su papel de *emisor*, pero no se le considerará *hablante*, puesto que no ha hecho avanzar la conversación. Del mismo modo, cabe considerar que tal intervención no aceptada ha sido percibida fisiológicamente (oída) por el/los otro/s interlocutor/es, esto es, ha habido *receptor/es*, pero al no aceptarla, no se les atribuye el carácter de *oyente/s*.» (Grupo Val.Es.Co. 2014). Independiente del nivel, el término abarcador para referirse a las personas que intervienen en el discurso es *interlocutores*.

**4** En la TUD se distingue entre *turnos* e *intervenciones*. Ambos se delimitan por el cambio de emisor, pero solo el turno hace avanzar el discurso. De esta manera, todo turno es intervención, pero no toda intervención es un turno:

(1) No que bueno, el Barroco, hay que dar el Barroco en un trimestre, por ejemplo, y del trimestre damos tres clases. Un día no viene la profesora, otro día se ha puesto mala, hoy hay una reunión, mañana hay un concierto...
&lt;H2&gt; Si yo te contara...
&lt;H1&gt; ¿Me entiendes?
&lt;H2&gt; mira,
&lt;H1&gt; Entonces, sí, para examen el Barroco, bueno ¿y qué? no has visto el Barroco nada, te lo tienes que empollar tú por tu cuenta, una cantidad de folios así y bueno, ¿me entiendes?

En el ejemplo anterior las intervenciones del emisor &lt;H2&gt; no son atendidas por el otro emisor &lt;H1&gt;, por lo que no son turnos. Para nuestra investigación no consideramos pertinente esta distinción, por lo que no la aplicamos. Por consiguiente, usamos el término *intervención* para cualquiera unidad que se delimita por un cambio de emisor (por analogía con Estellés Arguedas/ Pons Bordería (2014)).

> *el meu Juanito!*/ y esto es/ a los diecisiete años... y este chico que hay aquí↑/ era mi
> pretendiente
> P: ¡*anda*!
> C: de veintidós/ y mira si éramos en aquella época pobrecitas↑¬ Que/ ese traje me
> lo alquiló mi tío Salvador/ uno a mi prima Tatín y otro a mí/ para San Antonio/ y los
> zapatos no son ni blancos (Val.Es.Co)

La reacción del emisor P consiste en nada más que el marcador *anda*; por lo tanto, en este caso se considera que *anda* conforma por sí solo una intervención.

Las intervenciones se clasifican, además, según su papel en el discurso. Así pues, una intervención es *iniciativa* cuando provoca una reacción posterior, es *reactiva* cuando es una reacción a una intervención previa y es *reactivo-iniciativa* cuando es una reacción a una intervención previa y provoca una reacción posterior:

(2)   T L10MALCE2G02:   [Int1] probando probando sí le tengo ya...que pasa
       T L10MALCE2GX1:   [Int2] que
       T L10MALCE2G02:   [Int3] que me dices a mí
       T L10MALCE2GX1:   [Int4] queee
       T L10MALCE2G02:   [Int5] eh chís dame un porrito tio (sic)
       T L10MALCE2GX1:   [Int6] <R> no tengo porros </R>
       TL10MALCE2G02:    [Int7] anda venga
       TL10MALCE2GX1:    [Int8] <F> que no tengo porros </

(3)   *LOC: [Int1] Vicente / buenas noches //$
       *VIC: [Int2] buenas noches //$
       *LOC: [Int3] ayer tuvimos el gusto / el honor / y el placer de charlar con tu padre / un
       buen rato / (C-ORAL-ROM)

En el ejemplo (2), las intervenciones [Int2] y [Int4] son intervenciones reactivas, ya que constituyen una reacción a la intervención del emisor, pero no provoca ninguna reacción del receptor (*intervención reactiva*). Son diferentes las intervenciones [Int6] y [Int7] que no solo son reacciones a las intervenciones anteriores, sino que también provocan una reacción del receptor (*intervención reactivo-iniciativa*). En el ejemplo (3), la intervención [Int1] no constituye reacción ninguna a otra intervención antecedente, sino que inicia el discurso y provoca una reacción del receptor en la intervención [Int2] (*intervención iniciativa*).

La TUD propone un sistema jerarquizado: en un nivel inferior a la intervención están los *actos* (A). Se caracterizan por los rasgos de *aislabilidad* e *identificabilidad*: son *aislables* porque poseen una intención comunicativa propia, y son *identificables* por los límites semánticos y prosódicos que presentan. En pocas palabras, son capaces de funcionar independientemente.

(4)   <H1> Bueno, vamos a romper el disco ya de una vez, ¿no?
       <H2> Sí, sí, *vamos*. (CORLEC)

La intervención de H2 consiste en dos actos, que se marcan entre #:

#Sí, sí#
#vamos#

Ambos actos son independientes porque la intención comunicativa del primer acto es afirmar la intervención del emisor <H1>, mientras que la intención comunicativa del segundo acto, el marcador, es apelativa. La TUD propone dos pruebas para comprobar la aislabilidad de los actos. En primer lugar, está la posibilidad de introducir el proverbo *decir* que es prueba de que se trata de dos intenciones o acciones independientes:

#DIGO sí, sí#
#DIGO vamos#

En segundo lugar, la prueba de la sustitución por el acto anterior implica la independencia de la unidad. Al mismo tiempo, cada acto puede constituir una intervención en sí:

a.  <H1> Bueno, vamos a romper el disco ya de una vez, ¿no?
    <H2> #Sí, sí.#
b.  <H1> Bueno, vamos a romper el disco ya de una vez, ¿no?
    <H2> #vamos#

Los actos suelen caracterizarse, además, por constituir una unidad melódica, es decir, se encuentran entre pausas y demuestran inflexiones finales. Sin embargo, las propiedades entonativas desempeñan un papel secundario en la determinación del acto. Lo preponderante en la delimitación de los actos es la identificación de la intención o acción comunicativa (Grupo Val.Es.Co. 2014, 41).

El acto a su vez está constituido por uno (*acto simple*) o más *subactos* (S) *(acto complejo)*, que son las unidades mínimas de la conversación. El reconocimiento de los subactos se basa otra vez en criterios informativos y prosódicos. El criterio prosódico implica que cada subacto concuerda con un grupo entonativo. No obstante, por lo que toca a los marcadores el carácter prosódico no suele ser decisivo, puesto que el perfil prosódico de los marcadores resulta ser bastante particular: los marcadores suelen integrarse en unidades fónicas mayores, pero la pertenencia a un grupo entonativo mayor aún no significa que el marcador dependa por su significado de otro segmento discursivo. La integración fónica se debe a una mayor velocidad elocutiva (Cabedo Nebot 2013; Grupo Val.Es.Co. 2014; Tanghe 2015). De ahí que el criterio informativo sea determinativo para identificar los subactos.

Para el reconocimiento de los subactos hace falta profundizar en los tipos de subactos. En un primer plano se distingue entre *subactos sustantivos* (SS) *y subactos adyacentes* (SA) según tengan, respectivamente, contenido proposicional o no. Los subactos sustantivos contienen contenido proposicional, mientras que los subactos adyacentes consisten en informaciones extraproposicionales. Los subactos se marcan mediante { }:

(5)   #{*Venga, venga,*}$_{SA}$ {coja de regalo.}$_{SS}$# (CREA; España: Oral, 1991)

El marcador *venga*, reiterado en este ejemplo, constituye un subacto adyacente porque carece de contenido proposicional. El subacto apoya al subacto sustantivo subsecuente que sí tiene contenido proposicional. Los marcadores no constituyen un acto porque el subacto adyacente y el subacto sustantivo contribuyen a la misma intención comunicativa. Además, los marcadores mismos nunca conforman subactos sustantivos porque no vehiculan información proposicional.

La segunda distinción pertinente es la entre *subactos sustantivos directivos* (SSD) y *subactos sustantivos subordinados* (SSS): el subacto sustantivo directivo vehicula la información principal del acto, mientras que el subacto sustantivo subordinado es informativamente inferior y constituye un aporte informativo al subacto subordinado directivo:

(6)   <H6> #{No sé si será persecución... o... alguna cosa,}$_{SSD}$ {porque {*vamos*}$_{SA}$ yo veo otros establecimientos que están menos blindados que el mío...}$_{SSS}$# (CORLEC)

El subacto sustantivo directivo es el núcleo informativo del acto y el subacto sustantivo subordinado depende de aquel. Además, el subacto sustantivo subordinado no puede funcionar sin la presencia del subacto sustantivo directivo. El ejemplo (6) ilustra esta dependencia del subacto sustantivo subordinado y muestra la diferencia entre los subactos sustantivos (directivos o subordinados) y los subactos adyacentes (*vamos*) que, respectivamente, tienen contenido proposicional o carecen de ello.

En resumen, con base en la TUD concluimos provisionalmente que los marcadores pueden conformar intervenciones, actos o subactos adyacentes:

**Tabla 6:** Unidades conformadas por los marcadores

| | |
|---|---|
| Intervención | Cada manifestación de un emisor<br>I: ¡*anda*! |
| Acto (#) | Tiene propia intención comunicativa<br>I: #Sí, sí,# #*vamos*.# |
| Subacto adyacente ({ }) | Unidad informativa no proposicional<br>i/ #{*Venga, venga,*}$_{SA}$ {coja de regalo.}$_{SS}$# |

B. Unidad en la que se inserta el marcador

El modelo jerárquico abogado por la TUD implica que cada marcador se inserta en una unidad superior; así pues, es evidente que el subacto adyacente se inserta en un acto, el acto en la intervención y la intervención en un diálogo (esto es, la combinación de intercambios sucesivos (Grupo Val.Es.Co. 2014, 31)). Un subacto adyacente puede incluso encontrarse insertado en un subacto sustantivo, sea directivo o subordinado (Briz Gómez/Pons Bordería 2010):

(7)   #{yo prefiero quemarme la cabeza e ir con todo en bolsas}$_{SSD}$ {porque, {vamos}$_{SA}$, a mí me parecía horrible}$_{SSS}$# (CREA; España: Oral, s.d.)

De este modo obtenemos la siguiente jerarquía:

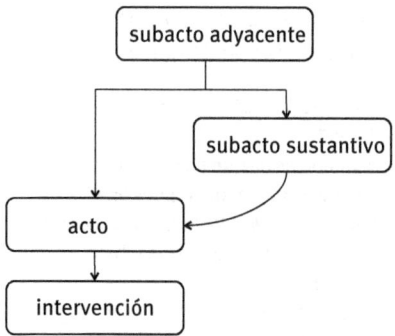

**Figura 32:** Jerarquización de las unidades del discurso

C. Posición del marcador en dicha unidad

La TUD distingue cuatro posiciones: *inicial* (I), *media* (M), *final* (F) e *independiente* (Ind) (Estellés Arguedas/Pons Bordería 2014, 8). Para la descripción de la posición de un segmento es imprescindible la referencia a la unidad en la que se inserta (Pons Bordería 2008b, 152). Por consiguiente, no existe una posición inicial, media, final o independiente en términos absolutos, sino que la posición es siempre relativa a la unidad que conforma y a la unidad en la que se inserta: en el caso de los marcadores, estos pueden, por ejemplo, colocarse en posición inicial de un acto o de una intervención, en posición media de un acto o de una intervención y en posición independiente de una intervención.

Por ello, para describir la posición de un marcador, debemos tener en cuenta las tres dimensiones (unidad conformada, unidad en que se inserta y posición).

De esta manera, obtenemos el esquema siguiente para las diversas posibilidades posicionales de los marcadores (Estellés Arguedas/Pons Bordería 2014):

**Tabla 7:** Unidades conformadas y posiciones de los marcadores

| Unidad conformada | | SA | A | Int |
|---|---|---|---|---|
| Unidad en la que se inserta | | SS | A | Int | ø |
| Posición | Inicial | I-SS | I-A | I-Int | ø |
| | Media | M-SS | M-A | M-Int | ø |
| | Final | F-SS | F-A | F-Int | ø |
| | Independiente | ø | ø | ø | Ind-Int |

La posición independiente se excluye cuando los marcadores conforman subactos o actos y solo se aplica a las intervenciones. A su vez, cuando los marcadores conforman intervenciones solo pueden ocupar una posición independiente. A título ilustrativo, damos un ejemplo para cada una de las posiciones:

(8)  *[I-SS]* #{y que pareció, {{*vamos*}$_{SA}$, a mí al menos me pareció,}$_{SSS}$ una especie de publirreportaje, {¿no?}$_{SA}$}$_{SSD}$# (CREA; España: Oral, 1997)

(9)  *[M-SS]* #{Yo pienso que, {*vaya*}$_{SA}$, hay claras evidencias de que no es lo mismo un drogadicto en una clase media, en una clase alta, que un drogadicto pues en el Pozo del Tío Raimundo, en el barrio de La Mina, de Barcelona.}$_{SSD}$# (CREA; España: Oral, 1983)

(10)  *[F-SS]* #{Yo llego}$_{SSD}$ {y digo:}$_{SSS}$ {"A ver, Fermina, trae tu voto, el del chico, el de tu marido, {*venga*}$_{SA}$".}$_{SSD}$# (CREA; España: oral, 1993)[5]

(11)  *[I-A]* #{¡*Anda*!}$_{SA}$, {¿has salido así de casa?}$_{SSD}$# (MC-NLCH)

(12)  *[M-A]* <H2>#Sí,# #lo que pasa es que no sé todavía...# #{Tengo toda la Semana Santa.}$_{SSD}$ {*Vamos*,}$_{SA}$ {siete días.}$_{SSD}$# (CORLEC)

(13)  *[F-A]* #{Siéntate,}$_{SSD}$ {*anda, anda*}$_{SA}$.# #¿Sabe usted que está bueno el este?# (MC-NLCH)

(14)  *[I-Int]* <H2> #¿Le... </simultáneo> le damos las buenas noticias?#
         <H1> #*Venga*...# #Yo ese... yo he visto ahí uno de enamorados y he dicho...
         <ininteligible>#  (CORLEC)

(15)  *[M-Int]* #Que mi marido fue a la cocina, cogió un caldero de agua# #Y *venga*# #Y me lo tiró así.# (CREA; España, Oral, s.d.)

(16)  *[F-Int]* <H1> Bueno, vamos a romper el disco ya de una vez, ¿no?
         <H2> #Sí, sí,# #*vamos*#. (CORLEC)

(17)  *[Ind-Int]* *EVA: no //$ lo dejé con xxx en casa / hhh //$
         %act: (8) laugh
         *FER: ¡*anda*! //$
         *EVO: eh ?$ hhh$ (C-ORAL-ROM)

---

5 Consideramos que lo citado dentro del estilo directo constituye el SSD dentro del acto porque es el núcleo informativo del acto.

Potencialmente problemática es la distinción entre la posición media de un subacto sustantivo (M-SS) (9) y la posición media de un acto (M-A) (12). Para distinguir entre ambas posiciones, nos basamos en la posible independencia de las unidades: las unidades que no pueden funcionar independientemente son las que necesitan otra unidad para que su interpretación sea completa, mientras que las unidades dependientes son las truncadas, las interrumpidas por el propio autor, o las unidades que consisten en modificadores o correcciones parciales de la unidad que precede (como la unidad *prácticamente ninguno* en el ejemplo: #*{no tiene ningún efecto,}*$_{SSD}$ *{vamos,}*$_{SA}$ *{prácticamente ninguno.}*$_{SSD}$#). Dos unidades dependientes la una de la otra conforman juntas un subacto sustantivo, por lo que el marcador insertado se encuentra en posición media del subacto sustantivo (M-SS) (9). Por otro lado, cuando el marcador separa una unidad dependiente de otra independiente se considera que las dos unidades conforman cada una un subacto sustantivo y que el marcador se sitúa en posición media del acto (M-A), tal como lo ilustra el ejemplo (12). Otra opción es que un marcador con valor metadiscursivo se encuentra entre dos unidades que podrían existir independientemente, lo cual es frecuente cuando el marcador tiene un valor metadiscursivo de tipo reformulativo:

(18)   #yo en el autobús no me quedo a dormir ni de broma, # #*{vamos,}*$_{SA}$ {estoy del autobús hasta las narices}$_{SSD}$# (CREA; España: Oral s.d.)

Puesto que las dos unidades son independientes y una puede sustituir a la otra unidad, se trata de dos actos aislables. El marcador figura entonces en posición inicial del segundo acto (I-A) porque es el segundo acto en el que el hablante se basa para el desarrollo del discurso.

Hasta aquí se han discutido las posiciones que teóricamente pueden ocupar los marcadores. En el análisis empírico averiguaremos si ciertas funciones tienden a preferir ciertas posiciones (7.3).

D.   Posición relativa al segmento al que remite el marcador

Los marcadores remiten a ciertos segmentos del discurso, de los que la posición discursiva, que acabamos de describir, no da cuenta. A fin de mejor poder describir el comportamiento distribucional de los marcadores, tenemos en cuenta también la posición relativa al segmento al que remite el marcador. Así, por ejemplo, un marcador en posición inicial de acto, puede actuar como reacción a una intervención precedente (19) o puede referirse al enunciado que le sigue (20):

(19)  <H1> Hola "pollo". Buenos días nos dé Dios.
      <H4> Buenos días.
      <H1> ¿Cómo vamos?
      <H4> Bien...
      <H1> Recién levanta<d>o.
      <H4> Sí...
      <H1> #{Pues *venga*}$_{SA}$ {¿no...?}$_{SS}$ {Hace un día estupendo Pedro...}$_{SS}$#
      <H4> ¿Qué hora es? (CORLEC)
(20)  <H1> Vaya, menos mal.
      <H9> Ah, sí...
      <H1> #{*Venga,*}$_{SA}$ {haga su pregunta.}$_{SS}$#
      <H9> Pues mire, es que... yo le voy a hacer una pregunta al aboga<(d)>o. Yo tengo un
      piso alquila<(d)>o entonces he da<(d)>o una fianza para los meses que esté, es decir,
      si... se rompe algo. (CORLEC)

En el ejemplo (19) el marcador constituye una reacción a la intervención que precede. Los subactos sustantivos que siguen, forman el núcleo informativo y ayudan a aclarar el sentimiento de sorpresa o incredulidad expresado por el marcador. El subacto adyacente y los subactos sustantivos constituyen un único acto que constituye una reacción a la intervención precedente del emisor <H1>. En el ejemplo (20), al contrario, el marcador no se refiere directamente a una intervención precedente sino que remite al subacto sustantivo en el que se expresa una orden.

Por consiguiente, resulta necesario introducir otro parámetro relativo a la posición del marcador: la posición relativa al segmento al que remite el marcador. En un primer plano, distinguimos entre la referencia a una realidad lingüística o extralingüística, es decir, el marcador constituye una expresión *endofórica* o *exofórica* respectivamente. Así, por ejemplo, un interlocutor puede expresar su asombro al encontrarse con un viejo amigo: *¡Anda, tú por aquí!* El marcador reacciona ante una situación extralingüística y se refiere, pues, de manera exofórica a esta situación. Por lo que toca a la expresión endofórica, según la referencia se realice con respecto a un enunciado que precede o que sigue, se distingue entre una expresión anafórica (21) (22), catafórica (21) o anafórica y catafórica a la vez (24):

(21)  cuando era más joven solía pensar que pues que había que aprender técnicas y tal, y
      ahora pues no sé, o sea más me las tengo que quitar de encima, *vaya*. (CREA; España:
      Oral, 1990)
(22)  G: [¿te– te] estás sacando el carné ya?
      E: sí↓ [el teórico ya]
      L: [¿ya has acabao?]
      G: ¡*vaya*! ¡qué suerte! oyee enhorabuena§ (Val.Es.Co)

(23)  *TIA: vale / guapo //$
      *JOA: hhh *venga* / un besazo / <tía / eh> ?$
      %act: (1) laugh
      *TIA: [<] <venga / un beso> //$ gracias / <Joaquín> //$
(24)  <H2> Ah, fíjate <simultáneo> *anda*, fíjate. (CORLEC)

Un marcador con referencia anafórica alude a un enunciado que forma parte del mismo acto (21) (*más me las tengo que quitar de encima*) o a la intervención de otro interlocutor (22) (*sí el teórico ya*). Además de eso, con referencia anafórica el marcador puede acompañar a un subacto sustantivo que ayuda a interpretar el marcador (*¡qué suerte! oyee enhorabuena*) (22). Cuando un marcador designa catafóricamente, remite a un segmento que le sigue (21) (*venga* remite a *un besazo tía eh*). Un marcador con referencia tanto anafórica como catafórica suele encontrarse entre dos subactos subordinados que tienen la misma intención comunicativa (24).

Integrando esta dimensión referencial tomamos en consideración, al lado de la posición estructural, la relación que tiene el marcador para con los demás segmentos del discurso. Este parámetro no contribuye tanto a la verificación de los dos objetivos de investigación de este capítulo (indagar en la relación entre las funciones y las posiciones, y entre la flexibilidad funcional y la libertad posicional), sino que nos ayudará a explicar y describir mejor el comportamiento distribucional de los marcadores.

En los siguientes apartados recogemos los resultados de la aplicación de la TUD para comprobar si función y posición son dos caras de la misma moneda. El objetivo es doble: (1) nos preguntamos si la posición discursiva de un marcador restringe o activa las posibilidades funcionales de los marcadores (7.3) y (2) verificaremos la hipótesis según la cual mayor diversidad funcional conlleva mayor libertad posicional (7.4). El comportamiento distribucional será estudiado mediante un análisis cualitativo y cuantitativo: el análisis cuantitativo consiste principalmente en pruebas de significación (la *prueba de chi-cuadrado* y *la prueba exacta de Fisher*) que indicarán si son casuales o no las frecuencias observadas de los marcadores en cierta posición y con cierta función. Con esta aproximación empírica pretendemos esbozar la relación entre la distribución y la intención comunicativa de los marcadores. Comenzamos la parte empírica con el estudio de las unidades conformadas por los marcadores (7.2).

## 7.2  La unidad conformada (UC)

Para una primera exploración de los datos, examinamos las unidades conformadas por los marcadores según sus funciones. La discusión de los parámetros (7.1) ha mostrado que teóricamente los marcadores son capaces de conformar tres unidades: un subacto adyacente, un acto o una intervención. Vemos confirmada la teoría en nuestros datos. Cabe añadir que los cuatro marcadores pueden constituir también parte de una unidad (SA, A o Int), junto con otro marcador. Es decir, cuando se da una combinación de dos o más marcadores con la misma intención comunicativa, pertenecen a la misma unidad:[6]

> (25)   T L10MALCC2G05: #{*anda venga*}$_{SA}$ {bebe}$_{SSD}$# (COLAm)

El marcador *anda* y el marcador *venga* sirven a la misma intención comunicativa (apelar al interlocutor) y forman, pues, parte del mismo SA. Analizamos estos marcadores, los que se combinan con otro marcador y que juntos sirven a la misma intención comunicativa, juntos con los marcadores que constituyen ellos solos una unidad. Concretamente, se consideran los marcadores que forman parte de un subacto adyacente, un acto y una intervención dentro de un grupo con los marcadores que constituyen por sí solos, respectivamente un subacto adyacente, un acto o una intervención. La Tabla 8 recoge las frecuencias absolutas y relativas de las unidades conformadas según las funciones que desempeñan los cuatro marcadores:

**Tabla 8:** Las unidades conformadas según las funciones

|       | (parte de) SA | (parte de)A | (parte de)Int | Total |
|-------|---------------|-------------|---------------|-------|
| AP    | 674           | 23          | 57            | 754   |
|       | 89,4%         | 3,1%        | 7,6%          | 100%  |
| EXP   | 326           | 39          | 75            | 440   |
|       | 74,09%        | 8,9%        | 17,0%         | 100%  |
| MD    | 1364          | 10          | 19            | 1393  |
|       | 97,92%        | 0,7%        | 1,4%          | 100%  |
| Total | 2364          | 72          | 151           | 2587  |
|       | 91,38%        | 2,78%       | 5,84%         | 100%  |

($\chi^2$=247,516; df=4; p=0,001; Cramér's V=0,219)[7]

---

6 Para el método de análisis de la combinación de uno de los marcadores objeto de nuestro estudio y una conjunción o un conector pragmático (*pero, porque, pues*, etc.) remitimos al capítulo 8.1 sobre las coocurrencias.

7 La prueba de Cramér's V mide la fuerza de la correlación entre dos variables (cuando se aplica una prueba de chi-cuadrado). El resultado es un número entre 0 y 1. Un valor 0 significa que no existe correlación, un valor 1 significa que la correlación es perfecta: cada valor de una variable concuerda exactamente con un valor de otra variable. En la práctica, hay una correlación entre dos variables a partir de un Cramér's V de 0,10. Es importante calcular la fuerza de asociación ya que esta no depende del tamaño de la base de datos contrariamente a la significancia (el valor p).

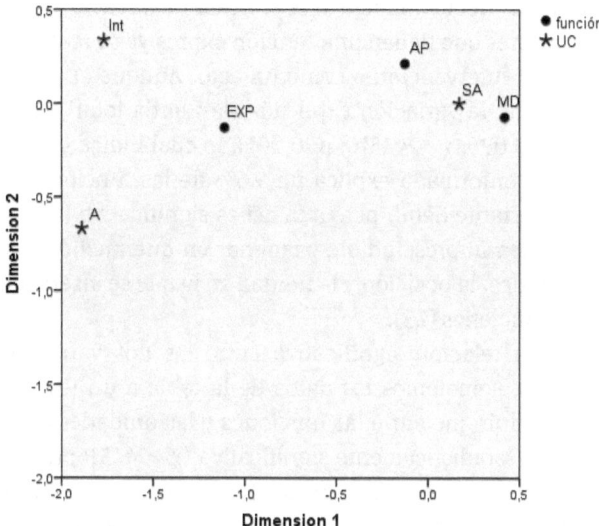

**Figura 33:** Mapa de correspondencias entre funciones y unidades conformadas

En general llama la atención en la Tabla 8 que los marcadores se realizan más frecuentemente como subactos (91,4%, (2364/2587)). En estos casos el marcador inevitablemente se combina con un subacto sustantivo directivo y, por lo tanto, forma parte de un acto complejo. Briz Gómez/Pons Bordería (2010, 352) llegan a una conclusión similar cuando afirman que un marcador más frecuentemente depende de un segmento sustantivo; de ello se desprende que la dependencia pragmática resulta ser un rasgo prototípico de la categoría de los marcadores: «esta última posibilidad [un marcador que conforma un subacto adyacente] es la más frecuente y, posiblemente, sea la marca estructural o constitutiva de esta categoría pragmática» (Briz Gómez/Pons Bordería 2010, 352)

Con respecto a las tres macrofunciones, la misma tabla muestra que cuando los marcadores conforman un subacto, es más frecuente que tengan un valor metadiscursivo, mientras que como acto y como intervención es más frecuente el valor expresivo. El mapa de correspondencias que es el resultado de *un análisis de correspondencias* representa la relación próxima entre las dos variables (Figura 33).[8] De este mapa desprendemos que marcadores con función apelativa

---

**8** El análisis de correspondencias es una técnica descriptiva que se aplica al estudio de las tablas de contingencias. Es un método que determina el grado de relación entre las categorías de cada variable. Cuanto más fuerte sea la asociación, más cerca aparecerán en el mapa. Proporcio-

y, sobre todo, metadiscursiva más frecuentemente constituyen un subacto adyacente, mientras que los marcadores que tienen una función expresiva se realizan con mayor frecuencia como una intervención o como un acto. Aunque el mapa refleje las frecuencias en la tabla, la variación explicada (la inertia total) en el modelo es de un 9,6% (inertia=0,096; $\chi^2$=247,516; p=0,001), lo cual indica que el conocimiento sobre la unidad conformada explica un 9,6% de las funciones y viceversa. Esta asociación es bastante débil, pero aun así es significativo (como indica el valor p). De ahí que sea imprescindible examinar en qué medida los demás parámetros distribucionales, la posición y la unidad en la que se inserta el marcador, se asocian con sus funciones (7.3).

Para verificar si existe una relación significativa entre las dos variables (función y unidad conformada), sometemos los datos de la tabla a un test de chi-cuadrado. Este permite concluir que entre las funciones y las unidades conformadas existe una asociación estadísticamente significativa ($\chi^2$=247,516; df=4; p=0,001). Resulta interesante averiguar qué frecuencias (qué celdas de la tabla) contribuyen a la relación significativa, por lo que determinamos qué frecuencias se desvían de lo esperado, calculando los residuos estandarizados:

**Tabla 9:** Residuos estandarizados de las frecuencias de las UUCC por función

|      | (parte de) SA | (parte de) A | (parte de) Int |
|------|---------------|--------------|----------------|
| AP   | -0,6          | 0,4          | 2,0            |
| EXP  | -3,8          | 7,6          | 9,7            |
| MD   | 2,6           | -4,6         | -6,9           |

De los residuos estandarizados, concluimos que la frecuencia de los marcadores con valor apelativo que constituyen un subacto adyacente y un acto no aportan al valor significativo, es decir, los valores observados no se desvían significativamente de los valores esperados (porque los residuos estandarizados no se encuentran fuera de ±1,96). Visto que los residuos estandarizados son significativos para todas las demás frecuencias desmontamos la tabla enfocando en cada unidad conformada en relación con las funciones; así, en lo que sigue distinguimos entre los marcadores que conforman un subacto adyacente (7.2.1) de los que conforman una unidad aislable, es decir, un acto o una intervención (7.2.2).

---

na, por tanto, una manera de representar una base de datos en un gráfico bidimensional que se llama el *mapa de correspondencias*.

### 7.2.1 Los marcadores al margen del núcleo informativo

Como demuestra la Tabla 8 del apartado anterior, los marcadores aquí estudiados más frecuentemente suelen constituir (parte de) un subacto adyacente. Cuando conforman un subacto adyacente entran siempre en un acto complejo con por lo menos un subacto sustantivo directivo, como ilustra el ejemplo siguiente:

(26)  *ROS: porque si no ...$
      *GUI: pues las puse yo solo //$ hhh //$
      *PAT: <están muy bien puestas //$ eh> ?$
      *GUI: #{[<] <pásame las patatas /]$_{SSD}$ {anda / porfa> //$}$_{SA}$#
      *PAT: qué bien puestas están //$ (C-ORAL-ROM)

Los marcadores que conforman un subacto adyacente se sitúan, por lo tanto, al margen del núcleo informativo. Como hemos visto en el apartado anterior (Tabla 8), las tres funciones contribuyen a la alta frecuencia de subactos adyacentes, pero el valor expresivo y, en menor medida, el valor apelativo se relacionan menos fuertemente con los subactos adyacentes. Con el objetivo de averiguar por qué el lazo entre estos dos valores (expresivo y apelativo) y el subacto adyacente es menos fuerte, y por qué ocurre lo contrario con el valor metadiscursivo, examinamos las frecuencias en función de los distintos marcadores. Eso nos permite indagar en los valores de cada marcador con el objetivo de llegar a una explicación de esa variación en frecuencia. En la Tabla 10 se representa la frecuencia relativa (esto es, la frecuencia de ejemplos que constituyen un subacto adyacente para con el número total de ejemplos con tal función) de cada marcador según su función.

**Tabla 10:** Frecuencias relativas de las funciones por marcador que conforma un subacto adyacente[9]

|       | ANDA      | VAMOS         | VAYA      | VENGA       | Total         |
|-------|-----------|---------------|-----------|-------------|---------------|
| AP    | 97,16%    | 62,34%        | Ø         | 91,23%      | 89,39%        |
|       | (137/141) | (48/77)       |           | (489/536)   | (674/754)     |
| EXP   | 71,34%    | 87,04%        | 69,41%    | 75,18%      | 74,09%        |
|       | (117/164) | (47/54)       | (59/85)   | (103/137)   | (326/440)     |
| MD    | Ø         | 100%          | 100%      | 62,82%      | 98,13%        |
|       |           | (1280/1280)   | (35/35)   | (49/78)     | (1364/1393)   |
| Total | 83,29%    | 97,45%        | 78,33%    | 85,35%      | 91,38%        |
|       | (254/305) | (1375/1411)   | (94/120)  | (641/751)   | (2364/2587)   |

---

9 La Tabla 10 es complementaria con la Tabla 11 (cf. *infra*) en la que se representan las frecuencias relativas (esto es, las frecuencias de ejemplos que constituyen un A o una Int para con el número total de ejemplos marcadores con tal función) de cada marcador como A o Int según su función.

Las frecuencias relativas son muy altas lo que confirma que cada marcador y cada valor contribuyen a la frecuencia alta de subactos adyacentes conformados. Aun así, se notan diferencias llamativas entre las frecuencias relativas de los cuatro marcadores: la frecuencia baja de *vamos* con función apelativa en comparación con los demás marcadores, la frecuencia alta de *vamos* con función expresiva en comparación con los demás marcadores y el marcador *venga* que, contrariamente a *vamos* y *vaya*, no siempre conforma un subacto adyacente cuando tiene función metadiscuriva.

Para empezar, el marcador *vamos* con función apelativa se realiza menos frecuentemente como subacto adyacente que los demás marcadores con esta función:

(27)  T L10MALCC4GO1:  qué cagada
      T L10MALCC4GO2:  \<I> cortó el porteroooo \</I>
      T L10MALCC4GO1:  te va a ganar
      T L10MALCC4GO3:  \<F> te va a ganar \</F>
      T L10MALCC4GO2:  \<I> *vamos* \<navn>Henri\</navn> \</I>
      T L10MALCC4GO3:  sí mira
      T L10MALCC4GO1:  eh qué ha hecho tu portero ahí (COLAm)

(28)  \<H1>#Vamos a ver, \</simultáneo> vamos a ver.# #Estoy diciendo lo de... de la página veintiocho, veintiocho hasta la página treinta y cuatro.# #*Vamos*...# #lo voy a ir leyendo para que más o menos quede claro lo que tenemos que responder \<ininteligible>.# (CORLEC)

En el ejemplo (27) el marcador conforma, junto con el vocativo, una intervención (*vamos Henri*) y en el ejemplo (28) *vamos* constituye un acto. El uso autónomo o aislable (como acto o intervención) de *vamos* con valor apelativo es frecuente en un contexto específico tal como ilustra el ejemplo (27): los interlocutores están jugando y comentando un (video)juego (en este caso es un videojuego de fútbol) y para alentar a alguien, usan el marcador *vamos*. También en el ejemplo (28) se usa el marcador para alentar sin que lo acompañe ningún mandato o deseo explícito. Por el contrario, en el corpus de *anda* con valor apelativo el marcador se combina casi siempre (97,16%) con un enunciado (un subacto sustantivo directivo) que especifica la verdadera orden o demanda (29). También con *venga* es más frecuente la presencia de un subacto sustantivo directivo dentro del mismo acto complejo (91,23%) (30):

(29)  Inf.- #{Siéntate,}$_{SSD}$ {*anda, anda.*}$_{SA}$# ¿Sabe usted que está bueno el este? Vamos a echar otra copita. (MC-NLCH)

(30)  ¡Vamos al número uno! #¡{*Venga*,}$_{SA}$ {el número uno,}$_{SSD}$ {Lucas, *venga*.}$_{SA}$# (CREA; España: oral, 1996)

El enunciado *siéntate* o *el número uno* es el núcleo informativo del acto, por lo que conforma un subacto sustantivo directivo. Cuando el marcador apoya un subacto sustantivo directivo, se usa el marcador con el objetivo de mitigar o reforzar el deseo expresado en este subacto sustantivo directivo. De lo que precede se concluye que el contexto aislable o autónomo (como acto o intervención) de un marcador con valor apelativo genera una interpretación de alentar o animar, mientras que cuando se combina con un subacto sustantivo directivo y constituye un subacto adyacente el marcador apelativo tiene una connotación mitigadora o reforzadora del acto exhortativo.

En segundo lugar, es llamativo que *vamos* con función expresiva constituya más frecuentemente un subacto adyacente (87,0 %) en comparación con los otros tres marcadores con la misma función:

(31)   <H2>Nos encontrábamos los collares ya hechos pero, así de todo tipo de piedras, de conchas y luego resulta que es que era como una especie de secaderos, que la gente del pueblo tenía el monopolio y los iba a recoger los collares y los guardaba en cajas. Nosotras íbamos las cajas a... a mangar algún par de collares. Íbamos llenas de collares hasta arriba y ya volvíamos a casa. Y más bonito... O sea, es que era un sueño, ¿cómo decirte? Todos los colores que había era así, color amarillo claro, y marrón, o sea, el agua era,
       <H3>#{Mira, guapas,}$_{SA}$ {os acordáis de todo,}$_{SSD}$ {*vamos.*}$_{SA}$# (CORLEC)

El hecho de que *vamos* con función expresiva tienda a constituir un subacto adyacente y, por ello, a combinarse con un subacto sustantivo directivo apunta a que su interpretación depende del subacto sustantivo directivo: más que los otros marcadores, este marcador necesita más desambiguación pragmática, o mejor dicho el emisor considera que para una interpretación exitosa del marcador el interlocutor necesita más contexto, lo cual no es sorprendente, puesto que *vamos* con valor expresivo es relativamente poco frecuente (54/1411; 3,83%) en comparación con los demás marcadores (*anda*: 53,77% (164/305), *vaya*: 29,17% (35/120), *venga*: 18,24% (137/751)). Por el uso poco frecuente, los interlocutores están menos familiarizados con esa función expresiva. En combinación con la gran diversidad de valores expresivos y sus diversas connotaciones (desacuerdo, queja, disgusto, incredulidad, sorpresa, etc.) (6.4), la interpretación de *vamos* con valor expresivo se califica poco accesible. De ahí que el hablante considere oportuno e incluso necesario evitar ambigüedades (máximas de Grice 1.1.1) y, por eso, el marcador se combina con un subacto sustantivo directivo. El interlocutor puede, de esta manera, sacar las inferencias más pertinentes y el hablante logra así una interpretación exitosa, lo cual subraya la dependencia pragmática entre el marcador y el subacto sustantivo directivo; es decir, cuando se omite el marcador, se pierde información pragmática. Cuando, a su vez, se omite el subacto sustantivo directivo, se vuelve costosa la interpretación del marcador.

Al lado del comportamiento divergente de *vamos* con valor apelativo y expresivo, no puede pasarse por alto la frecuencia relativamente baja de *venga* con valor metadiscursivo cuando conforma un subacto adyacente (62,82%), mientras que *vamos* y *vaya* con valor metadiscursivo siempre conforman subactos adyacentes. Esto se explica fácilmente por la índole de las funciones metadiscursivas de los tres marcadores. Los marcadores que derivan del verbo *ir* o bien unen dos segmentos del discurso (32) o bien refuerzan un segmento del discurso (33). Los marcadores *vamos* y *vaya* tienen, en otras palabras, una función de estructurar la argumentación del discurso; de este modo, siempre organizan el flujo de habla o refuerzan un argumento, esto es, se ocupan de la micro-estructura del discurso:

(32)  Inf.- Este año ha estado bastante bien. Este año... *vaya*, ya en septiembre se me torció un poquillo, pero... ya casi nos íbamos a venir. (MC-NLCH)

(33)  T L 10 MAORE2J02: una bota por aquí medio.. <riéndose> o sea que estaba hecha una mierda *vamos* </riéndose> (COLAm)

En cambio, el único valor metadiscursivo de *venga* en el corpus es indicar el fin de un tema de la conversación o de la conversación misma. Dicho de otro modo, se ocupa de la macro-estructura del discurso y no de la argumentación interna del discurso (la micro-estructura). Con este valor de indicar el fin de la conversación el marcador se combina frecuentemente con un enunciado que explicita esta intención comunicativa (34) (*Hasta luego*) (62,82%), pero en un 37,18% de los ejemplos la intención comunicativa de *venga* queda clara por el contexto mismo y el marcador prescinde de un subacto sustantivo directivo (35):

(34)  <Hc> <fático=afirmación>. Pásame con ella, pues, si eres tan amable.
      <H1> Un momentito. Ana está comunicando.
      <Hc> Pues nada, no...
      <H1> ¿Con Alicia?
      <Hc> Con Alicia, sí, venga.
      <H1> #{*Venga*.}$_{SA}$ {Hasta luego.}$_{SSD}$#
      <Hc> Hasta luego, gracias. (CORLEC)

(35)  *JOA: [<] <hhh> //$ me voy a leer todos los manuales de pe a pa //$ chaval //$ lo vas a <flipar> //$
      %act: (1) laugh
      *ALV: [<] <bueno> //$ pues empieza a leer //$ empieza a leer //$
      *JOA: hhh //$
      %act: (1) laugh
      *ALV: bueno / guapetón //$

*JOA: #*venga* //$ <Alvarito> //#
*ALV: [<] <que / lo dicho> //$ ya / nos vemos //$ vale ?$ (C-ORAL-ROM)

Como demuestran estos ejemplos, es frecuente la combinación de *venga* con la expresión de despedida *hasta luego*, pero también es posible usar el marcador en lugar de una expresión de despedida. Así en el ejemplo (35) se crea un contexto de despedida (*bueno guapetón, ya nos vemos*) en el que la interpretación más pertinente del marcador es la de una fórmula de despedida. Resulta que el marcador *venga* con valor de despedida tiene suficiente autonomía sintáctica y, por lo tanto, puede usarse *venga* sin que dependa de un subacto sustantivo directivo, conformando un acto o una intervención.

En resumen, la unidad conformada por el marcador puede afectar su interpretación, lo cual vale para la función apelativa que suele interpretarse como un acto de alentar al oyente cuando se usa independientemente (como acto o intervención), mientras que cuando constituye un subacto adyacente y va acompañado de un subacto sustantivo directivo tiene una connotación mitigadora o reforzadora del acto exhortativo. En segundo lugar, postulamos que cuanto menos frecuente sea el valor expresivo del marcador, más frecuentemente se combinará con un subacto sustantivo directivo. Para la función metadiscursiva, a su vez, vale que cuando se usa en el nivel de la estructura interna del texto (reformular, apoyo modal-enunciativo, etc.) siempre forma parte de una unidad mayor (de un acto). Al contrario, el marcador metadiscursivo es aislable cuando funciona en el macro-nivel del discurso, tal como en el caso del marcador *venga*, que se usa para poner fin a un tema del discurso o al discurso mismo.

### 7.2.2 Los marcadores estructuralmente aislados

En el apartado anterior constatamos que los marcadores se sitúan más frecuentemente al margen de un enunciado. En esos casos su interpretación se relaciona con la interpretación de este enunciado, es decir, que el subacto adyacente y el subacto subordinado tienen la misma intención comunicativa. No obstante, los cuatro marcadores también pueden expresar por sí mismos la intención comunicativa y funcionar estructuralmente de una manera aislada. Tal es el caso de los marcadores que tienen suficiente autonomía sintáctica y conforman un acto (36) o una intervención (37):

(36)   <H6>Yo no... yo no tenía... yo no tenía tele ni nada.
         <H2>Entonces no podías estropear la tele.

               <H6> #*Anda*# #pero un día que... que estaba mi padre preparándome... desayuno y yo llorando que me cogió y me quemé con la cerilla.# (CORLEC)

(37)   C: y tenía las manitas y todo así↑ EXACTAMENTE igual que mi
           padre/ y los bíceps/ y el dedito este torcido/ y mi abuela
           paterna→/ ¡ay! / que e– ¡com el meu Juanito/ com el meu Juanito! /
           y esto es/ a los diecisiete años... y este chico que hay aquí↑/ era
           mi pretendiente
           P: ¡anda!
           C: de veintidós/ y mira si éramos en aquella época pobrecitas↑///
           que/ ese traje me lo alquiló mi tío Salvador/ uno a mi prima
           Tatín y otro a mí/ para San Antonio/ y los zapatos no son ni blancos (Val.Es.Co)

En el ejemplo (36) el marcador forma una intervención junto con el otro acto #*pero un día que...#*. La intervención contiene dos actos que corresponden a distintas intenciones comunicativas. Con el primer acto el emisor afirma enfáticamente el enunciado del hablante <H2>, en el segundo acto, por otra parte, el hablante comenta un nuevo acontecimiento. En el ejemplo (37) la intervención consiste en nada más que el marcador. En ambos casos la interpretación del marcador ya no depende de un subacto sustantivo directivo acompañado, sino que el hablante considera suficientemente pertinente el uso del marcador para trasmitir su intención comunicativa.

Las frecuencias de los marcadores estructuralmente autónomos o aislables son complementarias a las frecuencias de la Tabla 10 (7.2.1), es decir, que la suma de las frecuencias de las dos tablas es de un 100%. La Tabla 11 recoge las frecuencias relativas, esto es, las frecuencias de los marcadores que constituyen un acto o una intervención para con el número total de ejemplos:

**Tabla 11:** Frecuencias relativas de las funciones por marcador que conforma un acto o una intervención

|        | ANDA              | VAMOS             | VAYA              | VENGA             | Total               |
|--------|-------------------|-------------------|-------------------|-------------------|---------------------|
| AP     | 2,84%<br>(4/141)  | 37,66%<br>(29/77) | Ø                 | 8,77%<br>(47/536) | 10,61%<br>(80/754)  |
| EXP    | 28,66%<br>(47/164)| 12,96%<br>(7/54)  | 30,58%<br>(26/85) | 24,82%<br>(34/137)| 25,91%<br>(114/440) |
| MD     | Ø                 | 0%<br>(0/1280)    | 0%<br>(0/35)      | 37,18%<br>(29/78) | 2,08%<br>(29/1393)  |
| Total  | 16,72%<br>(51/305)| 2,55%<br>(36/1411)| 21,67%<br>(26/120)| 14,65%<br>(110/751)| 8,62%<br>(223/2587) |

Con un total de solo un 8,62% (223/2587) concluimos que es poco frecuente el uso aislable de los cuatro marcadores. Esta frecuencia baja se adscribe al carácter semántico-pragmático de los marcadores, que es primordialmente procedimental (Montolío Durán 1998, 114) (Capítulo 1); en otras palabras, el marcador constituye un apoyo para el interlocutor para que este encuentre la conclusión más pertinente. Sin embargo, cuando el marcador excede el nivel interno del texto y funciona en un nivel (inter)personal y discursivo puede transmitir por sí mismo la intención comunicativa y tiene, por tanto, más autonomía sintáctica. Así, como hemos visto en el apartado (7.2.1), cuando tienen valor apelativo, expresivo o metadiscursivo con valor de poner fin al discurso (en el caso de *venga*), los marcadores pueden conformar un acto o una intervención.

En resumen, con base en una primera aproximación exploratoria de nuestros datos concluimos que cuando el marcador actúa en un micro-nivel de la estructuración del discurso constituye necesariamente un subacto adyacente y forma parte de una unidad mayor. Dicho de otro modo, actúa en un nivel más profundo del discurso. Cuando su valor se sitúa más bien en un macro-nivel de la estructuración del discurso o cuando tiene función apelativa o expresiva los marcadores admiten funcionar estructuralmente de manera aislada. En la sección siguiente estudiaremos las posiciones que los marcadores ocupan dentro de esa unidad mayor.

## 7.3 La posición discursiva

En este apartado nos interesa averiguar si, al lado de la unidad conformada, también la posición se relaciona con los valores de los marcadores. Con base en las conclusiones del apartado anterior (7.2), nos preguntamos, entre otros, si los valores que actúan en un micro-nivel de la estructuración (reformulación, enlace continuativo, apoyo modal-enunciativo) se incorporan más profundamente en el discurso, esto es, si ocupan más frecuentemente una posición media. Además de eso, pretendemos verificar la primera hipótesis postulada al inicio de este capítulo: ¿en qué medida la posición ocupada restringe las posibilidades funcionales del marcador?

### 7.3.1 La relación entre posiciones y funciones de los marcadores

En esta sección examinamos si existe una relación entre la posición ocupada por un marcador y sus posibilidades funcionales. Como hemos visto en el apartado 7.1, la TUD distingue cuatro posiciones: *inicial, media, final* e *independiente*. La siguiente tabla recoge las frecuencias de las cuatro posiciones (sin tener en cuenta la unidad en que se insertan los marcadores) según la función de los marcadores:

**Tabla 12:** Las posiciones discursivas por función

|        | Inicial | Media  | Final  | Independiente | Total |
|--------|---------|--------|--------|---------------|-------|
| AP     | 446     | 36     | 215    | 57            | 754   |
|        | 59,2%   | 4,8%   | 28,5%  | 7,6%          | 100%  |
|        | 2,2     | -8,5   | 3      | 2             |       |
| EXP    | 256     | 16     | 93     | 75            | 440   |
|        | 58,2%   | 3,6%   | 21,1%  | 17,0%         | 100%  |
|        | 1,4     | -7,0   | -0,9   | 9,7           |       |
| MD     | 674     | 408    | 292    | 19            | 1393  |
|        | 48,4%   | 29,3%  | 21,0%  | 1,4%          | 100%  |
|        | -2,5    | 10,2   | -1,7   | -6,9          |       |
| Total  | 1386    | 460    | 600    | 151           | 2587  |
|        | 53,6%   | 17,8%  | 23,2%  | 5,8%          | 100%  |

(valor-p simulado=0,004998; prueba exacta de Fisher)

Para empezar, vemos en la Tabla 12 que la posición inicial es la más frecuente para cada función individual y en general (un 53,6% del total de los casos). Este resultado coincide con la afirmación de Degand (2014, 151) que la posición inicial ha sido considerada prototípica de los marcadores. Además, en más de tres cuartos de los casos (76,8%) los marcadores, sin tener en cuenta sus funciones, se encuentran en la periferia de la unidad (posición inicial y final).

En cuanto a las macrofunciones, no es de extrañar que cuando el marcador tiene función metadiscursiva la posición media (29,3%) sea mucho más frecuente que para las otras dos funciones (4,8% y 3,6%): un marcador con valor metadiscursivo en la mayoría de los ejemplos une dos enunciados, ya que asume el desarrollo del discurso. Puesto que ocupa la posición media dentro de una unidad mayor, el marcador se incorpora profundamente en la estructura discursiva. Hemos constatado ya en el apartado anterior (7.2) que los marcadores que se ocupan de la estructuración interna del texto parecen incorporarse más profundamente en la estructura discursiva, ya que conforman casi exclusivamente subactos adyacentes y actúan en el nivel del acto o subacto. La combinación de esas dos constataciones (unidad conformada y posición) nos lleva a concluir que un marcador que se encuentra profundamente incorporado en la estructura del discurso tiende a ocuparse de la organización del flujo de habla.[10]

---

10 Como hemos visto en la sección 7.1, un marcador que une dos segmentos se encuentra en

Asimismo, resulta llamativa la alta frecuencia con la que un marcador con valor expresivo se usa de manera independiente (17%). Más que con las otras funciones, un marcador con función expresiva es capaz de, por tanto, indicar la intención comunicativa sin que dependa pragmáticamente de otra unidad.

Ahora bien, pese a que los datos de la Tabla 12 muestren algunas tendencias generales interesantes, es imprescindible incluir en la discusión de la posición discursiva la unidad en la que se inserta el marcador, puesto que «el tipo de unidad en el que aparezca un marcador es importante para distinguir tipos de marcadores» (Briz Gómez/Pons Bordería 2010, 335). En el apartado 7.1 hemos presentado las diez posiciones que los marcadores pueden ocupar teóricamente dentro del discurso (Tabla 7): a saber, una posición inicial, media o final de subacto sustantivo, acto o intervención, o independiente cuando conforma una intervención en sí. Los datos revelan que los marcadores efectivamente ocupan esas diez posiciones teóricamente posibles. La Tabla 13 recoge las frecuencias de las posiciones y las unidades insertadas según la función del marcador:

**Tabla 13:** Las posiciones y las unidades insertadas según las funciones[11]

| UC | Posición | AP | EXP | MD | Total |
|---|---|---|---|---|---|
| (parte de) SA | I-SS | 57 | 31 | 85 | 173 |
| | | 7,6% | 7,0% | 6,1% | 6,7% |
| | M-SS | 4 | 5 | 228 | 237 |
| | | 0,5% | 1,1% | 16,4% | 9,2% |
| | F-SS | 2 | 1 | 5 | 8 |
| | | 0,3% | 0,2% | 0,4% | 0,3% |
| (parte de) SA | I-A | 382 | 200 | 585 | 1167 |
| | | 50,7% | 45,5% | 42,0% | 45,1% |
| | M-A | 30 | 11 | 177 | 218 |
| | | 4,0% | 2,5% | 12,7% | 8,4% |
| | F-A | 199 | 78 | 284 | 561 |

posición media solo cuando por lo menos uno de los dos segmentos depende semánticamente de otro (posición media del subacto sustantivo o posición media del acto). Cuando un marcador une dos segmentos que podrían funcionar de manera independiente el marcador se inserta en la posición inicial del segundo segmento.

**11** Con I, M, F e Ind referimos a la posición del marcador (Inicial, Media, Final e Independiente). Las abreviaturas SA, SS, A e Int remiten, respectivamente, a las siguientes unidades del discurso: subacto adyacente, subacto sustantivo, acto e intervención.

| UC | Posición | AP | EXP | MD | Total |
|---|---|---|---|---|---|
| | | 26,4% | 17,7% | 20,4% | 21,7% |
| (parte de) A | I-Int | 7 | 25 | 4 | 36 |
| | | 0,9% | 5,7% | 0,3% | 1,4% |
| | M-Int | 2 | 0 | 3 | 5 |
| | | 0,3% | 0,0% | 0,2% | 0,2% |
| | F-Int | 14 | 14 | 3 | 31 |
| | | 1,9% | 3,2% | 0,2% | 1,2% |
| (parte de) Int | Ind | 57 | 75 | 19 | 151 |
| | | 7,6% | 9,9% | 2,5% | 5,8% |
| Total | | 754 | 440 | 1393 | 2587 |
| | | 100% | 100% | 100% | 100% |

(valor-p simulado=0,004668; prueba exacta de Fisher)

La prueba exacta de Fisher sobre los datos de la tabla genera un valor-p de < 0,05; la relación entre las posiciones y las funciones de los marcadores es, por lo tanto, estadísticamente significativa. Es conveniente considerar los residuos estandarizados para determinar qué frecuencias de la Tabla 13 contribuyen a la relación significativa entre las dos variables, es decir, queremos averiguar qué frecuencias observadas se desvían significativamente de las frecuencias esperadas:

**Tabla 14:** Residuos estandarizados de las posiciones por función

| UC | posición | AP | EXP | MD |
|---|---|---|---|---|
| (parte de) SA | I-SS | 0,9 | 0,3 | -0,8 |
| | M-SS | -7,8 | -5,6 | 8,9 |
| | F-SS | -0,2 | -0,3 | 0,3 |
| (parte de) SA | I-A | 2,3 | 0,1 | -1,7 |
| | M-A | -4,2 | -4,3 | 5,5 |
| | F-A | 2,8 | -1,8 | -1 |
| (parte de) A | I-Int | -1,1 | 7,6 | -3,5 |
| | M-Int | 0,4 | -0,9 | 0,2 |
| | F-Int | 1,7 | 3,8 | -3,4 |
| (parte de) Int | Ind | 2 | 9,7 | -6,9 |

De la Tabla 13 y la Tabla 14 se desprenden algunos datos llamativos. En primer lugar, en la Tabla 13 notamos que la posición más frecuente para todas las funciones es la posición inicial de acto (45,1%) (38) seguida de la posición final de acto (21,7%) (39). Los marcadores prefieren, pues, una posición en la periferia de un acto:

(38) S: me pasa lo mismo con el alcohol y con las drogas/// yo cuando vi que tuve problemas tuve qu'(d)ecir/ n– ni un cigarro/ ni una cerve– o sea n– ni un cigarro/ ni un POrro/ ni una cerveza↑ nii nada//porque el día que yo me t– tome una cerveza↑ ya se m'ha acabao la historia [y con el tabaco ↑ me ha pasado=]
J: #{[((*vaya*}$_{SA}$ {¡qué mal!))]}$_{SSD}$#
S: = lo mismo... que el día que me fume un cigarro↑/ mira
J: caes otra vez (Val.Es.Co)

(39) <H3>No sé, es que todo depende de cómo venga el año porque a lo mejor viene un año muy lluvioso y quieras que no pues te hartas de vender paraguas. #{No reírse que es verdad,}$_{SSD}$ {*vamos*}$_{SA}$#. <risa> Que... a lo mejor por ejemplo llueve a las once y media de la mañana y coge a la gente en la calle sin el paraguas y entonces se compran un montón de paraguas. (CORLEC)

En segundo lugar, las posiciones medias (de un subacto sustantivo y de un acto) son infrarrepresentadas por los marcadores con función apelativa (residuo estandarizado= -7,8 y -4,2) y expresiva (residuo estandarizado=-5,6 y -4,3). Con función metadiscursiva, en cambio, hay significativamente más ejemplos en posición media (de un acto: residuo estandarizado=5,5 y de un subacto sustantivo: residuo estandarizado=8,9):

(40) <H1> Sin embargo, ¿es bueno... <fático=duda>, regar las hojas? Quiero decir, ¿pulverizarlas?
<H3> Sí, claro #{con... con un agua que... que no sea... <fático=duda> y es un agua...<-fático=duda>,}$_{SSD}$ {*vamos*...}$_{SA}$ {Yo para echarle agua a las... a las hojas normalmente cojo agua del grifo, y la tengo un par de días antes en una jarra abierta, para que se vaya el cloro y todo eso.}$_{SSD}$# (CORLEC)

(41) #{Yo pienso que, {*vaya*,}$_{SA}$ hay claras evidencias de que no es lo mismo un drogadicto en una clase media, en una clase alta, que un drogadicto pues en el Pozo del Tío Raimundo, en el barrio de La Mina, de Barcelona.}$_{SSD}$# (CREA; España: oral, 1983)

Como ha sido mencionado al inicio de esta sección, la frecuencia relativamente alta de los marcadores con valor metadiscursivo en posición media de acto o subacto sustantivo, apunta también a una incorporación de esos marcadores en un nivel más profundo del discurso. No solo conforman más frecuentemente unidades que dependen de otra unidad (subactos adyacentes), sino que, al mismo tiempo, en forma de un subacto adyacente ocupan una posición más central y menos periférica para con esas unidades de las que dependen. Esta incorporación profunda en el discurso se relaciona con el nivel en que actúan los marcadores, es decir, se ocupan de la estructuración interna del discurso.

Una tercera observación llamativa es que para los marcadores con función expresiva la posición inicial de la intervención (residuo estandarizado=7,6) y final de la intervención (residuo estandarizado=3,8) son significativamente más frecuentes de lo esperado, mientras que con los marcadores con función metadiscursiva constatamos justamente la tendencia opuesta. En estas dos posiciones (inicial de intervención y final de intervención) el marcador conforma un acto y como hemos visto en el apartado anterior, con valor metadiscursivo únicamente el marcador *venga* puede conformar por sí solo un acto (7.2); de ahí la frecuencia tan baja de marcadores con función metadiscursiva en posición inicial o final de la intervención. Con valor expresivo es sobre todo la posición inicial de intervención la que es más frecuente (el 5,7% de todos los marcadores con función expresiva) para con las otras funciones (el 0,9% y el 0,3% de todos los marcadores con función apelativa y metadiscursiva respectivamente) (de la posición final de intervención la diferencia en frecuencia con las demás funciones ni siquiera es el doble y es, por lo tanto, menos pronunciada).

La posición inicial de intervención está ocupada principalmente por marcadores con función expresiva, ya que es la función más reactiva. Una prueba de su carácter reactivo es que en nuestro corpus un 86,3% de los marcadores con valor expresivo que se encuentran en posición discursiva inicial se refieren anafóricamente (o en menor medida exofóricamente). Es decir, manifiestan la emoción del emisor frente a lo que precede en el discurso o en la situación extralingüística. Así cuando el marcador, sin que se añada ningún comentario, manifiesta el sentimiento o la emoción del hablante para con lo que precede, el marcador conforma un acto o una intervención con intención comunicativa propia. El acto que consiste en el marcador puede ir acompañado de otra unidad que tiene su propia intención comunicativa y que conforma, pues, otro acto. Los dos (o más actos) juntos forman una intervención reactiva(-iniciativa):

(42)   *NEN: me lo explique //$ escúchame / por favor //$
       *CHI: no es que sale <muy xxx> //$
       *NEN: [<] <que> / Sara una de mi clase / ha comprado un ordenador //$
       *CHI: #¡*anda*!#/ #gracias / xxx buena noticia# //$ #una más //$# (C-ORAL-ROM)

En el ejemplo anterior el marcador *anda* manifiesta una emoción de asombro del emisor frente a lo que dice su interlocutor (NEN). El enunciado que completa la intervención (gracias / xxx buena noticia //$ una más //$) no tiene como objetivo expresar una emoción de asombro, por lo que no forma parte del acto conformado por *anda*.

Por último, los residuos estandarizados confirman nuevamente que la posición independiente de la intervención para marcadores con valor metadiscursivo es excepcional (residuo estandarizado=-6,9). En el apartado anterior este hecho ha sido atribuido al carácter intrínseco de la función metadiscursiva, es decir, los marcadores metadiscursivos suelen unir o apoyar unidades (salvo en el caso de *venga* que tiene una función metadiscursiva que actúa en otro nivel (indicar el fin del discurso), 7.2).

En este apartado hemos tratado de proporcionar una respuesta a la pregunta de si la posición de un marcador restringe sus posibilidades funcionales. Los datos nos revelan que la posición no impide nunca que un marcador tenga cierta función. Hemos constatado, sin embargo, que ciertas posiciones muestran una clara preferencia por ciertas funciones y al revés: en algunas posiciones es difícil encontrar un marcador con determinada función. Las preferencias se deben a la índole de las funciones mismas. Así, por ejemplo, el valor expresivo es más reactivo, por lo que más frecuentemente ocupa una posición inicial de la intervención y el marcador con valor metadiscursivo suele unir segmentos o apoyarse en otros enunciados, por lo que, más que con las otras funciones, estos marcadores se encuentran en posición media de una unidad.

## 7.3.2 Una comparación entre los cuatro marcadores

En el apartado anterior hemos estudiado las posiciones en relación con las tres macrofunciones (apelativa, expresiva y metadiscursiva). En esta sección consideramos el comportamiento distribucional según el marcador y el valor. Dicho de otro modo, descomponemos los resultados del apartado anterior para poder estudiar el funcionamiento específico de cada marcador y, así, llegar a una comparación entre los marcadores. Para no perdernos en la multitud de datos numéricos optamos por considerar las tendencias distribucionales más prototípicas según marcador y según valor, comparando las posiciones más frecuentes: la Tabla 15 recoge las posiciones prototípicas (más frecuentes) según el marcador y el valor. Así, por ejemplo, del marcador *anda* con función apelativa hay 141 ejemplos en el corpus de los cuales la posición más frecuente es la posición final de acto (hay 76 ejemplos en los que ocupa esta posición, lo que equivale a un 53,9% de todos los ejemplos de *anda* con función apelativa):

**Tabla 15:** Posiciones prototípicas según el marcador y el valor

| | | ANDA | VAMOS | VAYA | VENGA |
|---|---|---|---|---|---|
| AP | | F-A<br>76/141<br>53,9% | I-A<br>29/77<br>37,7% | Ø | I-A<br>316/536<br>59% |
| EXP | Asombro/incredulidad/<br>sorpresa | I-A<br>46/102<br>45,1% | F-A<br>3/7<br>42,9% | I-A<br>16/32<br>50% | I-A<br>11/29<br>37,9% |
| | Desacuerdo/protesta/<br>desagrado | I-A<br>26/45<br>57,8% | I-A<br>20/47<br>42,6% | F-A<br>14/38<br>37% | I-A<br>14/29<br>48% |
| | Acuerdo (moderado) | Ø | Ø | Ind<br>7/15<br>46,7% | I-A<br>42/79<br>53,2% |
| | Afirmación enfática | I-A<br>9/17<br>52,9% | Ø | Ø | Ø |
| MD | Reformulativo | Ø | I-A<br>176/607<br>29% | F-A<br>13/35<br>37,1% | Ø |
| | Enlace continuativo | Ø | M-SSD<br>77/89<br>86,5% | Ø | Ø |
| | Apoyo modal-<br>enunciativo | Ø | I-A<br>354/553<br>64% | Ø | Ø |
| | Cierre | Ø | F-A<br>31/31<br>100% | Ø | I-A<br>40/78<br>51,3% |

La Tabla 15 muestra que hay muchas diferencias entre los marcadores con respecto a la posición que prefieren para cierto valor. Una primera tendencia llamativa concierne el valor apelativo: el marcador *anda* tiende a ocupar una posición final del acto, mientras que *vamos* y *venga* suelen encontrarse en posición inicial de acto:

(43) Otra persona.- No, quita, quita, que está mojado, que está mojado.
Inf.- #{Siéntate,}$_{SSD}$ {*anda, anda.*}$_{SA}$# ¿Sabe usted que está bueno el este? Vamos a echar otra copita. (MC-NLCH)

No parece existir una correlación entre la posición y los demás parámetros formales (vocativo, prosodia o coocurrencia). De todos modos, en una posición no focal (esto es, en una posición final), el marcador con valor apelativo parece recalcar el mandato o el deseo expresado en el enunciado que precede, mientras que en posición inicial el marcador introduce el acto directivo que le sigue.

Una segunda observación es que, contrariamente a los demás marcadores, *vamos* con valor de asombro prefiere la posición final del acto:

(44) <H3>#{Mira, guapas,}$_{SA}$ {os acordáis de todo,}$_{SSD}$ {*vamos.*}$_{SA}$# (CORLEC)

La frecuencia de *vamos* con este valor, no obstante, es demasiado baja para poder sacar conclusiones generales.

Con relación al valor de desacuerdo o desagrado se constata que la posición preferida de *vaya* es la de final de acto (45), al contrario de los demás marcadores:

(45) //$ se han pedido / la langosta al final / y la van a echar / con [/] con la primera papilla //$ ¡cachis en la mar! //$ efectivamente //$ cada uno de ellos dejó / su langosta a la mitad //$ la langosta //$ ni el centollo / ni los percebes / ni las almejas //$ la langosta //$ total / Jimi muy malo / #{no llega a echarlo}$_{SSD}$ / {pero sí / tuvo que hacer el amago de / ir al servicio / y meterse en él}$_{SSS}$ / {*vaya*}$_{SA}$ //# $ pero / no ...$ y el Chema / todavía le quedaba espacio en las tripas / para el postre // (C-ORAL-ROM)

De esto se concluye que con este valor *vaya* se usa más frecuentemente que los demás marcadores de manera autorreactiva, es decir, que forma un comentario evaluativo sobre su propio enunciado, mientras que los otros tres marcadores con valor de desacuerdo o desagrado se usan más frecuentemente de manera reactiva a un enunciado precedente de otro interlocutor.

Hemos comentado ya (6.4.2) que el marcador *vaya* le permite al hablante indicar que se conforma con lo dicho, mientras que el marcador *venga* que se usa como fórmula de acuerdo puede adquirir una connotación apelativa o animadora. Esta diferencia semántica entre las dos expresiones de acuerdo resulta reflejarse en el comportamiento distribucional de los dos marcadores, dado que *vaya* suele conformar una intervención independiente (en un 46,7% de las ocurrencias de *vaya* con valor de acuerdo), mientras que *venga* más frecuentemente se encuentra en posición inicial de acto y se acompaña, pues, por un comentario que genera una connotación apelativa (realizado como un subacto sustantivo directivo) (47) (en un 52,2% de los usos de *venga* para expresar el acuerdo):[12]

---

12 Los marcadores *vaya* y *venga* se combinan ambos frecuentemente con el marcador *pues* cuando expresan acuerdo (moderado) (8.1.3.2).

(46)  A: § [un telegrama
      (( )) y era– y era una d'esa dee (( )) / que el día catorce reunión
      D: pues *vaya*
      A: yo los llamé/ oye↓ hacer el favor a mí no volverme a avisar/ con tel–
      además yo ya lo sabía [o sea e– era un recordatorio=] (Val.Es.Co)
(47)  T L 10 MALCC2G01: 2[si nos puedes acercar a la una .. de puta madre ]
      MALCC2G04: 2[bueno pues vamos ]
      T L 10 MALCC2G04: que yo me quiero poner en medio
      T L 10 MALCC2J03: venga pobre <navn>Christian</navn> quiere jugar pobrecito
      T L 10 MALCC2G03: #{*venga*}$_{SA}$ {<navn>Christian</navn> va en medio}$_{SSD}$# (COLAm)

Otra diferencia llamativa es entre los marcadores reformulativos *vamos* y *vaya*, dado que prefieren respectivamente la posición inicial de acto (29%) (48) y final de acto (37,1%) (49):

(48)  #y que nos han yo en el autobús no me quedo a dormir ni de broma,# # {*vamos*,}$_{SA}$ estoy del autobús hasta las narices,# #prefiero dormir tirada en la calle# (CREA; España: Oral, s.d.)
(49)  #Y lo que yo también...# #una idea que yo tenía era que, bueno, en España siempre se ha creado... de todo,# #siempre hemos estado creando,# #siempre hemos sido creativos, {*vaya*}$_{SA}$.# (CORLEC)

Cuando los marcadores reformulativos se encuentran en posición final no dejan de funcionar como conectores, puesto que indican el mismo tipo de relación entre dos unidades discursivas, esto es, de reformulación entre un enunciado α y otro β. Pese a ello, por analogía con el conector reformulativo *o sea*, se podría postular que la posición final del marcador suscita connotaciones más bien autorreflexivas (Briz Gómez 2001). Al valor conectivo puede añadirse el valor de refuerzo argumentativo igual a *así, eso es*, etc.:

(50)  #Y lo que yo también...# #una idea que yo tenía era que, bueno, en España siempre se ha creado... de todo, siempre hemos estado creando, siempre hemos sido creativos, {*vaya*}$_{SA}$.# (CORLEC)

En el ejemplo (50) el marcador *vaya* se encuentra en posición final de acto y tiene valor reformulativo (reformula el enunciado *siempre hemos estado creando* por *siempre hemos sido creativos*). Al mismo tiempo, la posición final del marcador suscita una interpretación autorreflexiva, esto es, parece reforzar el argumento del enunciado que precede (*siempre hemos sido creativos*).

Finalmente, cuando se emplea el marcador *vamos* para indicar el cierre de un tema del discurso o de una digresión siempre se encuentra en posición final de un acto:

(51) Inf.- Lo bonito era antes, que había que poner la leña, los periódicos, las teas, el
carbón... y luego estaba la casita toda caliente.
Enc.- Claro.
Inf.- #{Aunque nosotros también la tenemos caliente,}$_{SSD}$ {pero *vamos*...}$_{SA}$#
Enc.- ¿Su casa qué es, nueva?

En el Capítulo 8, que trata sobre las combinaciones, argumentamos que esta combinación *pero vamos* en posición final de acto está fijándose pragmáticamente,
ya que en esta posición tiene casi siempre el mismo valor de cierre de un tema
del discurso.

De todo lo que precede se concluye que, a pesar de las relaciones significativas entre las posiciones y las macrofunciones (7.3.1), hay que tomar las generalizaciones con cierta prudencia. El análisis de las posiciones más frecuentes
revela que no existen dos marcadores iguales: cada marcador se caracteriza por
su propio comportamiento distribucional que, en algunos casos, apunta a distintas connotaciones en sus valores.

Al inicio de este capítulo hemos fijado un segundo objetivo, a saber, verificar
la hipótesis de que una mayor libertad posicional se relaciona con una mayor
diversidad funcional. En lo que sigue abordaremos esa cuestión y estudiaremos
lo que determina el grado de libertad posicional de los marcadores.

## 7.4 La libertad posicional

En los apartados anteriores hemos trazado las tendencias generales del carácter
distribucional de los marcadores según sus valores. En este apartado pretendemos verificar si se aplica a nuestros datos la hipótesis de que una mayor diversidad funcional se relaciona con una mayor libertad posicional, propuesta por Briz
Gómez/Pons Bordería (2010). Esta hipótesis implica que un marcador con más
posibilidades funcionales demuestra un abanico más amplio de posibilidades
distribucionales. Los cuatro marcadores aquí estudiados tienen mucha libertad
posicional, ya que pueden ocupar casi todas las posiciones (salvo *anda* y *vaya*,
que nunca ocupan una posición media de intervención). Por consiguiente, no
conviene basarnos en el número absoluto de posiciones: la pregunta requiere,
por tanto, otro método cuantitativo.

Así pues, examinamos si la flexibilidad funcional dentro de cada macrofunción (como ya sabemos la macrofunción expresiva y metadiscursiva vehiculan
varios valores) se relaciona con la libertad distribucional (el número de posiciones). De hecho, dentro de cada macrofunción sí constatamos variación en la
libertad posicional entre los marcadores, por ejemplo, *vamos* con función metadiscursiva puede ocupar seis posiciones, a diferencia de *venga* con esta función

que demuestra más libertad funcional (ya que puede ocupar diez posiciones). Para estudiar la asociación entre el grado de libertad posicional y el grado de flexibilidad funcional, se representa en la Tabla 16 la ratio del número de valores (val.) en relación con el número de posiciones (pos.) dentro de cada macrofunción. Según la hipótesis, se esperaría un equilibrio entre todas las ratios, puesto que más polifuncionalidad (un número elevado de valores) conllevaría más libertad posicional (un número elevado de posiciones).

**Tabla 16:** Ratios de los números de valores en relación con los números de posiciones[13]

|  | ANDA | VAMOS | VAYA | VENGA |
|---|---|---|---|---|
|  | #val./#pos. | #val./#pos. | #val./#pos. | #val./#pos. |
| AP | 1/7 | 1/7 | Ø | 1/10 |
|  | 0,14 | 0,14 |  | 0,10 |
| EXP | 3/8 | 2/8 | 3/7 | 3/8 |
|  | 0,38 | 0,25 | 0,43 | 0,38 |
| MD | Ø | 4/6 | 1/6 | 1/8 |
|  |  | 0,67 | 0,17 | 0,13 |

Los resultados muestran, sin embargo, mucha variación entre las ratios. El marcador *vamos*, por ejemplo, tiene muchos diversos valores metadiscursivos (corregir, explicar, matizar y continuativo) pero aun así ocupa en el corpus solo 6 de las 10 posibles posiciones, puesto que nunca conforma un acto que se inserta en una intervención ni conforma nunca una intervención. El marcador *vamos* con función metadiscursiva suele conformar un subacto adyacente que se inserta en un subacto o en un acto, como ilustra el ejemplo (52):

(52)  *UNO: [<] #{<y donde>$ estableces de alguna manera / un precio / de [/] de [/] de {*vamos*}$_{SA}$ de kilovatio hora /}$_{SSD}$ {no ?}$_{SA}$# (C-ORAL-ROM)

De lo que precede se concluye que un número elevado de posibles valores no implica necesariamente un número más elevado de posibles posiciones; en con-

---

13 En el Capítulo 6 discernimos tres valores expresivos de *anda* (asombro, afirmación enfática, desacuerdo), dos de *vamos* (asombro y desacuerdo), tres de *vaya* (asombro, desacuerdo y acuerdo moderado) y tres de *venga* (asombro, desacuerdo y acuerdo). Además, distinguimos cuatro valores metadiscursivos para *vamos* (reformulativo, continuativo, apoyo modal-enunciativo y cierre discursivo), uno para *vaya* (reformulativo) y uno para *venga* (cierre discursivo).

secuencia, difícilmente se puede establecer un vínculo entre el grado de polifuncionalidad y el grado de libertad posicional, puesto que ni el grado de la variación entre las macrocategorías funcionales (apelativa, expresiva o metadiscursiva) ni el grado de la diversidad de los valores dentro de esas categorías funcionales se relacionan con el grado de libertad posicional de los marcadores.

Por consiguiente, los resultados de nuestro análisis no confirman la hipótesis de Briz Gómez/Pons Bordería (2010, 336) que una mayor diversidad funcional conlleva una mayor libertad posicional. Entonces surge la pregunta ¿cómo se explica la diferencia en el grado de libertad posicional entre los marcadores? Basándonos en los datos precedentes proponemos que un marcador que puede tener autonomía sintáctica presenta más libertad posicional. Con la posible autonomía sintáctica se refiere al marcador que es capaz de transmitir su propia intención comunicativa de manera que puede conformar por sí solo un acto o una intervención. Coincidimos, por tanto, con Llamas Saíz (2010, 201) cuando afirma que:

> [...] la incidencia sintáctica es la que determina el nivel de autonomía de los marcadores [...]. El marcador puede afectar, de un lado, a un sintagma, a una oración o enunciado, o, de otro, puede poner en relación dos miembros discursivos. En el primer caso, cuando incide en una oración o un enunciado, existe un elevado grado de movilidad; [...].

Dicho de otro modo, cuanta menos independencia sintáctica demuestre el valor de un marcador, más autonomía, y con ello también más movilidad, tendrá. Esta hipótesis se ve confirmada por el comportamiento de los marcadores en concreto.

Así, algunos marcadores en ciertas de sus funciones, como *vaya* y *vamos* con función metadiscursiva, presentan libertad posicional limitada, ya que siempre tienen ámbito sobre por lo menos un segmento:

(53) Bueno, cuando yo era más joven y no es que sea muy viejo, *vaya*, pero en fin, cuando era más joven solía pensar que pues que había que aprender técnicas y tal, [...] (CREA)

La interpretación de un marcador con valor reformulativo depende de la unidad reformulada (*cuando yo era más joven*) y de la reformulación (*no es que sea muy viejo*). En cambio, marcadores con una posible autonomía sintáctica pueden aparecer teóricamente en cualquier posición del discurso, y además, pueden conformar actos o intervenciones:

(54) \<Ha\> ... pero \</simultáneo\> no consiguen nunca nada, porque el último juicio que tuve... bueno, todos los he gana\<(d)\>o...
\<H1\> Hombre, ¿ha ten\<palabra cortada\>...? ¿Ha dicho "todos"? O sea, que ya ha tenido más de uno.
\<Ha\> Sí... \<simultáneo\> eh...
\<H1\> \<fático=afirmación\> \</simultáneo\>

                                                                           <Ha> ... me ha lleva<(d)>o a todos los... juzga<(d)>os que <simultáneo> hay en Madrid.
<H1> <fático=afirmación> </simultáneo> ¡*Vaya*! (CORLEC)

(55)    <H2><fático=afirmación>
Bueno, a mí me gustaría que... que lanzaseis así al aire una... una frase que llegase a... a toda... a todas las personas que nos puedan estar escuchando. En pro de... no sé, esas personas que incluso son reacias a visitar una... o a ir, asistir a una consulta de salud mental ¿no? A ver. <silencio> Doctora Rojero. <silencio> Carmen.
<H1> *Vaya*, no se me ocurre ninguna frase pero que...
<H2>Que no tenga miedo.
<H1>No. Exactamente.

En el ejemplo (54) el marcador *vaya* tiene función expresiva con valor de asombro y conforma una intervención por sí solo. El mismo marcador con el mismo valor de asombro puede conformar un subacto adyacente que actúa en el nivel del acto, como ilustra el ejemplo (55). Por todo lo que precede, proponemos una reformulación de la hipótesis inicial: el grado de libertad posicional se asocia con la posible autonomía sintáctica más que con el grado de diversidad funcional.

    Ahora bien, según el modelo propuesto por Cuenca (2013) (1.2.1), los marcadores que son capaces de usarse como equivalentes de una frase (esto es, que pueden conformar un acto o una intervención) pertenecen a la clase de las interjecciones y suelen tener funciones modales. En cambio, los marcadores que operan sobre un enunciado o que conectan dos enunciados y que combinan valores modales y discursivos pertenecen a la clase de los conectores pragmáticos. De este modo, consideramos los marcadores con función apelativa (56), expresiva (57) o de despedida (58) como interjecciones, ya que estos pueden constituir un acto (57) o una intervención (56) (58), esto es, pueden ser equivalentes de frases:

(56)    <H3> A ver, tú ponte en plan serio. <ininteligible> <simultáneo> que soy el supervisor general.
<H1> En plan serio, con vuestros caretos de... </simultáneo>.
<H2> Hasta... hasta "ri" es fácil, "ameri". <risas> Hasta ahí es fácil.
<H3> *Venga, venga.*
<H1> No, si es que el máximo problemilla <fático=duda> o fallo y tal es cuando dices <extranjero>airlines</extranjero>. (CORLEC)

(57)    *NEN: me lo explique //$ escúchame / por favor //$
*CHI: no es que sale <muy xxx> //$
*NEN: [<] <que> / Sara una de mi clase / ha comprado un ordenador //$
*CHI: #¡*anda*!# #/ gracias /# #xxx buena noticia //$# #una más //$# (C-ORAL-ROM)

(58)    *ALV: [<] <bueno> / guapa //$
*JOA: <<*venga*>> //$
*ALV: [<] <venga> //$ <hasta luego> //$
*JOA: [<] <hasta luego> //$ (C-ORAL-ROM)

Por otro lado, los marcadores con función de reformulación, continuativo o de apoyo modal-enunciativo pertenecen a la clase de los conectores pragmáticos y dependen siempre de otra unidad discursiva:

59) <H2> #Es que me emociona,# #{*vamos,*}$_{SA}$ {es que es... <fático=duda>}$_{SSD}$# #¡No me lo esperaba!# (CORLEC)

Así pues, sostenemos que los conectores pragmáticos operan en un nivel más profundo del discurso que las interjecciones y que, por ende, estos primeros presentan menos libertad posicional. Este resultado concuerda con la hipótesis propuesta por Briz Gómez/Pons Bordería (2010, 354):

> [...] el nivel más apropiado para estudiar categorías como *acuerdo* o *desacuerdo* es la intervención, mientras que el nivel propio de la categoría *conexión* será el acto.

## 7.5 Conclusiones

En este apartado propusimos verificar dos hipótesis: (1) la posición de un marcador restringe sus posibilidades funcionales y (2) una mayor libertad posicional se relaciona con una mayor flexibilidad funcional. Hemos estudiado tanto las unidades conformadas, como las posiciones y las unidades en las que se insertan en relación con las funciones de los marcadores.

De los resultados cuantitativos deducimos algunas tendencias generales:

a) Los cuatro marcadores prefieren una posición en la periferia de la proposición, es decir, se insertan más frecuentemente en posición final y, sobre todo, inicial de una unidad.

b) En posición inicial de intervención es más probable que el marcador tenga un valor expresivo, puesto que es un valor sumamente reactivo. En esta posición conforma un acto y tiene como intención comunicativa manifestar su emoción o sentimiento frente a lo que ha sido dicho por el interlocutor o frente a lo que ha ocurrido.

c) Los marcadores con valor metadiscursivo se incorporan más profundamente en la estructura del discurso. Prueba de ello es la alta frecuencia de marcadores con este valor que conforman un subacto adyacente y que se encuentran en posición media de un acto o de un subacto sustantivo. Además de ello, la dependencia de los marcadores metadiscursivos de otra unidad se refleja también en la baja frecuencia de posiciones independientes de intervenciones. Los marcadores que conforman una intervención prefieren, al contrario, un valor expresivo.

De estos resultados se concluye, en primer lugar, que ciertas funciones muestran predilección por ciertas posiciones. Se confirma, por consiguiente, la primera hipótesis de que existe una relación entre funciones y posiciones. En segundo lugar, la libertad posicional no se relaciona necesariamente con la flexibilidad funcional, sino con el grado de autonomía sintáctica del valor del marcador. Así, hipotéticamente, un marcador que tiene una única función con mucha autonomía sintáctica demostrará más libertad posicional que un marcador con distintos valores que opera únicamente en un micro-nivel del discurso. En otros términos, un marcador que tiene más autonomía sintáctica muestra mayor libertad posicional que un marcador que por su significado depende necesariamente de otro enunciado. Los marcadores con potencial autonomía sintáctica pertenecen, de acuerdo con el modelo de Cuenca (2013) (1.2.1), a la categoría formal de las *interjecciones*. Por otro lado, los marcadores que por su significado dependen de otro enunciado, se inscriben en la categoría formal de los *conectores pragmáticos*. Esto implica que las interjecciones suelen gozar de más libertad posicional que los conectores pragmáticos. Por todo lo que precede, proponemos una nueva versión de la segunda hipótesis: la libertad posicional se relaciona con *el grado de autonomía sintáctica* del marcador. Cabe subrayar que esta hipótesis necesita verificarse con una gama más amplia de marcadores.

# Capítulo 8
# Las combinaciones

En este capítulo nos proponemos estudiar el comportamiento de los marcadores de nuestro estudio que se combinan con otro marcador (8.1) o con un vocativo (8.2). Ambos fenómenos resultan ser frecuentes en el corpus, por lo que conviene examinar qué unidades lingüísticas se yuxtaponen a los marcadores y por qué tienden a combinarse. Nos preguntamos si las dos (o más) unidades lingüísticas operan juntas, es decir, si sirven a la misma intención comunicativa y examinamos cuáles son estas intenciones comunicativas comunicadas por las combinaciones.

## 8.1 Las coocurrencias[1]

Es frecuente, sobre todo en la lengua hablada, la coocurrencia de dos o más marcadores (*pero vamos, pues mira, pues bueno,* etc.).[2] Sin embargo, del árbol de clasificación resulta que como factor predictivo, la combinación con otro marcador es menos decisiva que los demás parámetros (Capítulo 5). Aun así, la presencia o ausencia de otro marcador ayuda a discriminar, sobre todo, entre la función expresiva y apelativa cuando los marcadores constituyen una intervención. En concreto, es más probable que el marcador que se combina con otro marcador, y que juntos forman una intervención, tenga función expresiva que apelativa.

Sea cual sea, dado que es un fenómeno tan recurrente en el corpus conviene estudiar las coocurrencias más detenidamente. A pesar de su alta frecuencia, la falta de estudios sobre las coocurrencias se considera uno de los huecos más significativos dentro del campo de estudio de los marcadores (Dostie 2013; Pons Bordería 2008b). En la última década, no obstante, algunos autores han pro-

---

1 Se usa el término *coocurrencia* en el sentido amplio de dos marcadores que se combinan sin ningún otro marcador interpuesto. Preferimos ese término por su neutralidad sobre otros términos como *fórmulas conversacionales* (Briz Gómez et al. 2008) o *asociaciones* (Dostie 2013) que parecen implicar ya de antemano cierto grado de nexo entre los miembros.

2 Las combinaciones de un marcador objeto de estudio con la partícula *ya* no se considera en el presente capítulo, ya que *anda ya* y *venga ya* no son combinaciones *libres*. Es decir, en las combinaciones como *pero vamos, pues vaya,* etc. se puede omitir uno de los dos marcadores sin que el enunciado resulte inaceptable pragmáticamente. En cambio, en la mayoría de los contextos en los que se usa *venga ya* o *anda ya* difícilmente se puede omitir *anda* o *venga* y mantener *ya* (para la discusión de sus valores, véase (6.4.1)):

<H1> Que hoy viene el marido de tu jefe a cenar...
<H2> ?¡ya! El jefe de mi marido, dirás... (basado en CORLEC)

puesto varias maneras de abordar el tema: presentaremos estas propuestas antes de describir nuestra manera de proceder (8.1.1). De estas propuestas y de una primera exploración de los datos surgen preguntas como: ¿son combinaciones fijas o libres?, ¿por qué prefieren combinarse entre sí algunos marcadores y otros no?, ¿son más frecuentes las coocurrencias con los marcadores con determinada función?, ¿qué nos enseña la coocurrencia sobre el comportamiento funcional de sus miembros?, etc. Por ello, en el análisis empírico indagaremos en el grado de convencionalización de las coocurrencias (8.1.2), los valores de estas combinaciones (8.1.3) y su comportamiento distribucional (8.1.4).

## 8.1.1 Antecedentes y enfoque

Una pregunta recurrente en las obras existentes sobre el tema de las coocurrencias es el nivel de lexicalización que adquieren, puesto que pueden ser casuales o fijas en cierta medida (Cuenca/Marín 2009; Dostie 2013; Pons Bordería 2008b; Siepmann 2007). En la literatura, esta cuestión ha sido abordada desde varias perspectivas. Así, Cuenca/Marín (2009) se basan en la interdependencia pragmática de los marcadores cuando concluyen que las coocurrencias demuestran diferentes grados de integración (yuxtaposición, adición y composición). Las diferencias entre estos tres tipos de coocurrencias se asocian, además, con su comportamiento gramatical, distribucional y funcional. Dostie (2013), por su parte, estudia – en el marco teórico de la lexicología – las coocurrencias en el francés de Quebec examinándolas en analogía con las combinatorias sintagmáticas de categorías gramaticales (sustantivo, artículo, verbo, adjetivo, etc.). Distingue tres tipos de asociaciones sintagmáticas de los marcadores, a saber, la coocurrencia discursiva libre (*bien vois-tu*), la colocación discursiva (*voyons donc*) y la locución discursiva (*bon ben*). El primer tipo implica una yuxtaposición de dos marcadores sin dependencia mutua. En la colocación discursiva, un constituyente (*marqueur-tête*) selecciona a otro (*marqueur collocatif*). Finalmente, los constituyentes de la locución discursiva constituyen una sola unidad semántica.

En su propuesta, Pons Bordería (2008b) demuestra la importancia de un sistema de segmentación del discurso para poder analizar estructuralmente el grado de lexicalización de las coocurrencias y señala como regularidad que «los elementos que indican funciones interactivas, relacionadas con la gestión de la actividad comunicativa (los marcadores metadiscursivos y de control del contacto, según Briz 1998) tendrán ámbito sobre los meramente conectores» (Pons Bordería 2008b, 158). Así, en la combinación de *bueno [pero]* el primer marcador tiene ámbito sobre la conjunción *pero*, por lo que los dos marcadores no pertenecen a la misma unidad estructural, contrariamente a los constituyentes de la combinación *[pero bueno]* (8.1.3.2).

En el estudio actual se combinan varios enfoques para formular una respuesta a las preguntas de investigación que nos proponemos. En primer lugar, nos preguntamos en qué medida las colocaciones se consideran como lexicalizadas (8.1.2). Para determinar las coocurrencias con la asociación más fuerte entre sus miembros nos basamos en su frecuencia relativa. Más en particular, se determina el grado de asociación entre los miembros de las coocurrencias aplicando una *medida de asociación*. La medida de asociación es una metodología aplicada al estudio de las colocaciones léxicas y calcula un valor de asociación que (1) señala las 'verdaderas' coocurrencias cuando se determina un valor umbral y (2) permite ordenar las coocurrencias según la fuerza de asociación entre sus dos constituyentes (con las coocurrencias *fuertes* encabezando la lista) (Evert 2008). La medida de asociación aplicada es la *información mutual puntual* (IMP) que compara la frecuencia observada de la coocurrencia con el valor esperado si los dos miembros de la coocurrencia fueran independientes, esto es, bajo la hipótesis nula (Evert 2008) (para más información sobre el método aplicado véase 8.1.2).

En segundo lugar, indagamos sobre el porqué de las coocurrencias, es decir, estudiamos la afinidad pragmática entre los miembros de las coocurrencias, porque «il paraît assez clair que les associations de MD ne sont pas aléatoires» (Dostie 2013) (8.1.3). Dos o más marcadores que se yuxtaponen «deben ordenarse de modo congruente desde el punto de vista semántico» (Martín Zorraquino 1998).

Además de eso, verificaremos la hipótesis, propuesta por Mosegaard Hansen (1998a, 233) y Waltereit (2007, 104), según la cual las combinaciones de marcadores tienen un significado antes *sumativo* que *holístico*, esto es, los marcadores dentro de la coocurrencia suelen mantener su propio significado antes que contribuir a un significado distinto. Así, por ejemplo, Waltereit (2007) constata que en francés la combinación de *bon ben* se considera como unidad léxica nueva por su alta frecuencia de uso. Sin embargo, la unidad no ha adquirido un significado nuevo, sino que su significado es simplemente la combinación de los valores de *bon* y *ben*. A fin de averiguar si la hipótesis del significado sumativo se aplica también a los marcadores del corpus, estudiamos en el apartado 8.1.3 los valores de las coocurrencias y de sus miembros.

Por último, examinamos el comportamiento distribucional de las coocurrencias (8.1.4). Se describen las posiciones de las coocurrencias con base en la Teoría de las Unidades del Discurso (TUD) (Capítulo 7). Como primer objetivo nos proponemos averiguar si la posición de la coocurrencia se relaciona con los tipos de constituyentes (marcador modal o marcador discursivo) y su función (apelativa, expresiva o metadiscursiva) (Pons Bordería 2008b), lo cual implica examinar la asociación entre los tipos de constituyentes y las posiciones, por un lado, y los tipos de constituyentes y el alcance de las coocurrencias, por el otro. Así, por ejemplo, según el estudio de Cuenca/Marín (2009), una yuxtaposición de dos conjunciones se encuentra principalmente dentro de un acto (*y pero*). La combinación de una conjunción y de un conector pragmático o parentético suele encontrarse dentro de un turno o una intervención, o en sitios de transición menor (*pero vamos, porque bueno*). Por último, según las autoras, la combinación de dos conectores pragmáticos que funcionan como una unidad compleja se usa en posición inicial o final de un segmento o en sitios de transición mayor (*vamos hombre, bueno claro*).

Resumiendo, dada la alta frecuencia de coocurrencias en el corpus analizado, nos proponemos examinar su funcionamiento con el fin de determinar bajo qué condiciones – formales y funcionales – los marcadores objeto del presente estudio entran en combinaciones más a menos fijas. Además de eso, un estudio pormenorizado de las coocurrencias en las que entran *anda, vamos, vaya* y *venga* proporcionará más información sobre los rasgos funcionales y formales de estos cuatro marcadores.

### 8.1.2 La convencionalización de las coocurrencias

En este apartado indagamos sobre el grado de lexicalización de las coocurrencias mediante el cálculo de la fuerza de asociación entre sus constituyentes. La medida de asociación aplicada es la *información mutua puntual* (IMP). El objetivo es establecer una lista de las coocurrencias más frecuentes (esto es, las que son iguales a o superan el umbral de frecuencia de cinco (f ≥5)) según la fuerza de asociación entre sus dos miembros.[3] Ante todo, cabe mencionar que el corpus entero contiene 1.741.033 palabras:[4]

---

**3** La Información mutua puntual (IMP) tiende a asignar valores de asociación muy altos de coocurrencias poco frecuentes, en otras palabras, la IMP demuestra un sesgo de baja frecuencia (Evert 2008). De ahí que se aconseje determinar un umbral de frecuencia (en nuestro caso de 5) y considerar exclusivamente las coocurrencias que superan este umbral.

**4** Del corpus oral del CREA no se puede determinar el número total de palabras, por lo que las coocurrencias de este corpus no se toman en cuenta.

**Tabla 17:** Número de palabras en el corpus

| Corpus | Número de palabras |
|---|---|
| Val.Es.Co | 55.183 |
| COLAm | 175.000 |
| CORLEC | 1.100.000 |
| C-ORAL-ROM | 300.000 |
| MC-NLCH | 110.850 |
| Total | 1.741.033 |

En este muestreo hemos seleccionado las coocurrencias más frecuentes (f ≥5) con *anda, vamos, vaya* y *venga* y otro marcador. La Tabla 18 recoge  las frecuencias absolutas de estas coocurrencias con un total de 589 ejemplos:

**Tabla 18:** Frecuencias absolutas de las coocurrencias

| ANDA | # | VAMOS | # | VAYA | # | VENGA | # |
|---|---|---|---|---|---|---|---|
| pues anda | 11 | pero vamos | 299 | pues vaya | 15 | pues venga | 28 |
| venga anda/ anda venga | 11 | y vamos | 49 | vaya hombre | 8 | venga venga | 23 |
| anda anda | 7 | porque vamos | 16 | vaya vaya | 5 | bueno venga | 19 |
| vamos anda/ anda vamos | 5 | venga vamos/ vamos venga | 16 | | | a ver venga/ venga a ver | 14 |
| | | bueno vamos | 9 | | | vale venga/ venga vale | 11 |
| | | vamos vamos | 8 | | | venga hombre | 10 |
| | | pues vamos | 7 | | | venga va/va venga | 10 |
| | | | | | | y venga | 8 |
| Total | 34 | Total | 404 | Total | 28 | Total | 123 |

Cabe observar que cuando el marcador se combina con un conector (*pues, y, porque, o sea*) se considera solo como coocurrencia la combinación *conector + marcador* (y no la combinación *marcador + conector*), lo cual se explica por las funciones de los miembros constitutivos; una combinación de *conector + marcador* puede pertenecer a la misma unidad estructural (acto o subacto) cuando tienen el mismo objetivo comunicativo, mientras que en la combinación *marcador + conector* (*venga pues, vamos pero,* etc.) existe siempre una frontera de unidad entre los miembros (el marcador en sí puede constituir un subacto o acto) (Pons Bordería 2008b, 158). Esta distinción no se presenta en coocurrencias cuyos miembros tienen la misma función apelativa, expresiva o metadiscursiva (*venga va, venga anda,* etc.), ya que en tales casos ambos marcadores forman una unidad estructural (acto, subacto o intervención). En resumen, no consideramos como coocurrencias las combinaciones *marcador + conector* porque sus constituyentes operan en otro nivel discursivo.

Una segunda observación es que la fuerza de asociación entre los miembros de las reduplicaciones (*anda anda, vamos vamos, vaya vaya* y *venga venga*) no se puede calcular de la misma manera que la de otras coocurrencias, porque las constataciones de sus constituyentes no son independientes. Por eso, no incluiremos las reduplicaciones en la lista y las consideramos como un tipo particular de coocurrencia (8.1.3.4).

Al lado de estos datos, se necesitan también las frecuencias de todos los constituyentes de las coocurrencias en el corpus:

**Tabla 19:** Frecuencias de los constituyentes de las coocurrencias

| Marcador | # |
| --- | --- |
| a ver (Marc.) | 1002 |
| anda | 266 |
| bueno (Marc.) | 7219 |
| hombre (Marc.) | 1477 |
| pero | 15.642 |
| porque | 9687 |
| pues[5] | 12.292 |
| va (Marc.) | 78 |
| vale (Marc.) | 1625 |
| vamos | 1220 |
| vaya | 108 |
| venga | 624 |
| y | 40.941 |

---

**5** Hay que señalar que el marcador *pues* puede realizarse y transcribirse también como *pos, pus* o *pueh.*

Es necesario apuntar que para las formas *a ver, bueno, hombre, va* y *vale* las frecuencias representan exclusivamente las ocurrencias de las formas usadas como marcadores (Marc.) (y no como verbos, adjetivos, etc.).

Con base en todas estas cifras se calcula, en una primera fase, la frecuencia esperada (E) de cada coocurrencia aplicando la fórmula $E=f1x(f2/N)$ en la que f1 es la frecuencia observada del primer miembro, f2 es la frecuencia observada del segundo miembro y N es el tamaño de la muestra (=1.741.033). Por ejemplo, el marcador *pues* y el marcador *anda* ocurren respectivamente 12292 (f1) y 266 (f2) veces en el corpus. Se espera, por tanto, que la coocurrencia *pues anda* ocurre 1,88 veces en el corpus ($E=12.292x(266/1.741.033)$). Observamos que la frecuencia esperada ($E=1,88$) es sustancialmente más baja que la frecuencia observada ($O=11$) de esta coocurrencia, lo cual es ya un indicio de su carácter colocacional (Evert 2008).

La información sobre la frecuencia esperada y la frecuencia observada permite calcular la información mutua puntual (IMP) aplicando el cálculo $IMP=log_2(O/E)$ (Evert 2008). Esta medida calcula el número de *bits* de información compartida entre los dos miembros de la coocurrencia (esto es, la IMP). La hipótesis nula de la independencia de los miembros corresponde con 0 bits ($O=E$), 1 bit significa que la coocurrencia ocurre dos veces más frecuentemente que esperado ($O=2E$), 2 bits significa que es cuatro veces más frecuente ($O=4E$), 10 bits significa que es mil veces más frecuente ($O=1000E$), etc. Por ejemplo, la IMP de la coocurrencia *pues anda* es de 2,55 ($=log_2(11/1,88)$). Por otro lado, una IMP negativa constituye evidencia de una anti-colocación, ya que los dos miembros parecen *repelerse*. De tal modo, se obtiene una lista de todas las fuerzas de asociación de las coocurrencias en el corpus. El ranking consta de todas las coocurrencias con *anda, vamos, vaya* y *venga* que ocurren cinco veces o más en el corpus y que tienen una IMP>0. Dicho de otro modo, se han excluido las anti-colocaciones *y venga* (IMP=-0,88) y *pues vamos* (IMP=-0,30).

La coocurrencia que presenta la fuerza de asociación mayor entre sus constituyentes es *venga va/va venga* con una IMP de 8,48. Asimismo, se destacan las combinaciones de *venga* con *a ver, anda, vamos* y *pero vamos* que presentan unas fuerzas de asociación muy fuertes. Además, resalta la ausencia del marcador *vaya* combinado con otro marcador objeto de este estudio, mientras que es frecuente la combinación entre sí de los demás marcadores (*anda, vamos* y *venga*) (esta tendencia se explica en la sección 8.1.3.1).

**Tabla 20:** Lista de las fuerzas de asociaciones de las coocurrencias

|  | Coocurrencia | IMP |
|---|---|---|
| ANDA | anda venga/venga anda | 6,85 |
|  | anda vamos/vamos anda | 4,75 |
|  | pues anda | 2,55 |
| VAMOS | venga vamos/vamos venga | 5,19 |
|  | pero vamos | 4,80 |
|  | vamos anda/anda vamos | 4,75 |
|  | porque vamos | 1,24 |
|  | y vamos | 0,77 |
|  | bueno vamos | 0,83 |
| VAYA | vaya hombre | 6,45 |
|  | pues vaya | 4,30 |
| VENGA | venga va/ va venga | 8,48 |
|  | venga anda/anda venga | 6,85 |
|  | venga a ver/ a ver venga | 5,28 |
|  | venga vamos/vamos venga | 5,19 |
|  | venga hombre | 4,24 |
|  | vale venga/venga vale | 4,24 |
|  | bueno venga | 2,88 |
|  | pues venga | 2,67 |

Luego, conviene calcular también la frecuencia relativa de las reduplicaciones de los marcadores para con el número total de ocurrencias del marcador:

**Tabla 21:** Frecuencias relativas de las reduplicaciones

|  | # | % |
|---|---|---|
| ANDA ANDA | 7/266 | 2,6% |
| VAMOS VAMOS | 8/1220 | 0,7% |
| VAYA VAYA | 5/108 | 4,6% |
| VENGA VENGA | 23/624 | 3,7% |

La reduplicación de *vamos* resulta ser menos frecuente que la iteración de los demás marcadores. Esta baja frecuencia se relaciona probablemente con la baja frecuencia de valores apelativos y expresivos del marcador *vamos* que juntos representan no más de un 9,29% de las ocurrencias del corpus (Capítulo 6), puesto que como veremos (8.1.3.4.) son sobre todo los marcadores con valor apelativo o expresivo los que prestan a reiterarse. En los apartados siguientes exploraremos la relación entre los valores de los miembros de las coocurrencias y averiguamos, mediante un análisis cualitativo, si las combinaciones han desarrollado un significado propio y distinto de la suma de los significados de sus miembros.

### 8.1.3 Los valores de las coocurrencias y la afinidad pragmática entre sus constituyentes

Para que dos o más marcadores se combinen con cierta frecuencia, se supone que existe cierta afinidad pragmática entre ellos. Proponemos que el grado de afinidad pragmática entre los constituyentes se relaciona con las funciones de estos constituyentes (discursiva o modal); así, se distinguen tres tendencias en la composición de las coocurrencias. Un primer grupo consiste en las coocurrencias de un *marcador modal* (MM) con uno de los marcadores objeto de estudio (M). En un segundo grupo se sitúan las coocurrencias de un *marcador discursivo* (MDi) con uno de los marcadores objeto de estudio (M). Para una descripción de los marcadores modales y discursivos remitimos al modelo propuesto por Cuenca (2013) (1.2.1). Por último, como tercer grupo se distinguen las reduplicaciones de los marcadores que son objeto de estudio.

Para empezar, examinamos el funcionamiento de los primeros dos grupos y nos centramos, más en particular, en las diferencias y semejanzas entre estos dos tipos de coocurrencias. Las coocurrencias *va venga/venga va, a ver venga/ venga a ver, vaya hombre, vale venga/venga vale, bueno venga* y *venga hombre* pertenecen al primer grupo por ser combinaciones de uno de los marcadores de nuestro estudio y un *marcador modal*. En el segundo grupo se encuentran las coocurrencias de un *marcador discursivo* (una conjunción, un conector pragmático o un conector parentético) con *anda, vamos, vaya* o *venga*. Este grupo incluye las coocurrencias *pero vamos, pues vaya, pues venga, pues anda, y vamos* y *porque vamos*. A partir de ahora referimos a los dos grupos con respectivamente el grupo [MM+M] y el grupo [MDi+M] en los cuales la M remite de manera neutra a los marcadores objeto de estudio, esto es, sin hacer referencia a sus valores.[6] En los apar-

---

6 Conviene dejar constancia de que con la representación [MM+M] no remitimos necesaria-

tados siguientes, discutiremos las funciones de las coocurrencias y los valores de sus constituyentes.

### 8.1.3.1 Las coocurrencias con un marcador modal

Este apartado ofrece un análisis de los valores de las coocurrencias del tipo [MM+M] y de sus constituyentes. Constatamos, ante todo, que los dos miembros de este tipo de coocurrencia sirven a intenciones comunicativas muy afines:

(1)  Y aquí es todos chicos *venga, va*, cuéntanos quién eres, la edad que tienes, cómo te llamas. (CREA; España: oral, s.d.)

(2)  B: [SÍ PERO YO ES QUE] / PERO YO ¡QUÉ COÑO! / A VER ANDRÉSΔ
     mira↓ paso↓ es que no me quiero enfadar/ YO– YO ¿¡CÓMO
     VOY A SABER LO QUE TÚ PIENSAS Y LO QUE TÚ QUIERES!? / SI
     HE VENIDO AQUÍ PARA HABLAR CONTIGO Y DECIRTE QUÉ
     COJONES TE PASA/ A VER ¿¡QUÉ QUIERES QUE TE DIGA YA!?
     ¡HOSTIA! ES QUE/ YO ESTOY HASTA LA POLLA
     A: *venga va*/no seas ridícula (Val.Es.Co)

Así, en el ejemplo (1) los marcadores tienen ambos un valor apelativo y en (2) ambos expresan un rechazo. Por la intención comunicativa compartida, consideramos que los dos miembros de la coocurrencia pertenecen a la misma unidad discursiva, que es en el caso de los ejemplos (1) y (2) un subacto adyacente (#{venga, va,}$_{SA}${cuéntanos quién eres}$_{SSD}$#, #{*venga va*}$_{SA}${no seas ridículo}$_{SSD}$#). Constatamos una tendencia similar en el caso de los marcadores *a ver* y *venga*:

(3)  \<H1> Yo lo hago, digo: "grabación de tal y cual".
     \<H3> Yo eso no.
     \<H2> *A ver, venga*, vosotras mandáis, ¿qué es lo que queréis que...? (CORLEC)

(4)  \<H2> Oye ¿no te quieres ir hoy a dormir a casa de Lolita?
     \<H4> No. Hoy no. Está durmiendo Conchi y no hay sitio.
     \<H5> *Venga, a ver*, cuenta. (CORLEC)

En el Capítulo 6 se ha comprobado que *venga* puede tener valor apelativo y, según Fuentes Rodríguez (2009) y Santos Río (2003), el marcador *a ver* también introduce una apelación al interlocutor, como en *A ver, Nieves, tráeme los papeles*. Cuando coocurren, los dos marcadores cumplen con la misma intención comunicativa apelativa.

---

mente a un orden fijo entre los dos (o más) marcadores. Dicho de otro modo, el orden dentro de la coocurrencia también puede ser [M+MM].

Las coocurrencias de *venga* con *vale* en el corpus expresan un asentimiento o la aceptación de una propuesta:

(5)   *TRI: [<] <si se> portara como se tiene que portar / todavía dices / *venga* / *vale* / pues te / ayudo / y tal //$ pero si es [/] pero si es que ha estado de viviendo de mamá toda la vida //$ (C-ORAL-ROM)

Como es bien sabido, el marcador *vale* sirve para expresar el acuerdo o la conformidad (Fuentes Rodríguez 2009; Padilla García 2004; Santos Río 2003) y presenta, pues, un valor muy similar al marcador *venga*.

Asimismo, cuando se combinan dos marcadores objeto de estudio, sirven a la misma intención expresiva (7) o, sobre todo, apelativa (6) (8):

(6)   T   L10   MALCE2G02:   eh chís dame un porrito tio (sic)
      T   L10   MALCE2GX1:   <R> no tengo porros </R>
      T   L10   MALCE2G02:   *anda venga*
      T   L10   MALCE2GX1:   <F> que no tengo porros </ (COLAm)
(7)              MALCC2G01:   MALCC2G02: porque a lo mejor
                         :   <R> porque me iba a
      T   L10   MALCC2G02:   sentar así en una silla
      T   L10                y no iba hacer nada
      T   L10                *vamos andaaa* </R>
      T   L10   MALCC2G01:   porque a lo mejor
      T   L10                tú ves una faceta de ti (sic)
          L10                que dices
      T   L10                ala que guapooo (COLAm)
(8)   <H1> <ininteligible> </simultáneo> Bien, entonces ya... vamos a darnos un poco de prisa, que si no no va a darnos tiempo a todos, y además hacer algunos comentarios que tengo que hacer.
      <Hg> *Venga, vamos*, dale. (COLREC)

Las coocurrencias con la estructura [MM+M] se usan sobre todo con valor apelativo (89,29%, 25/28) y mucho menos frecuentemente con valor expresivo (10,71%, 3/28). Esto explica la ausencia de combinaciones de *vaya* con otros marcadores objeto de estudio, dado que carece de valor apelativo. Además, puesto que es, en general, menos frecuente el uso de *vaya*, la probabilidad de toparse con una combinación [MM+*vaya*] con valor expresivo es más bien baja (pero aun así no excluida).

Los constituyentes de todas las coocurrencias precedentes tienen una intención comunicativa muy similar sin que uno tenga alcance pragmático sobre otro. Por eso, el orden de los constituyentes dentro de las coocurrencias es libre y la alternancia entre, por ejemplo, *venga va* y *va venga* parece ser libre. Constatamos, no obstante, que los marcadores que coocurren con el marcador *hombre* siempre preceden a este marcador:

(9)   T L 10 MAESB2J01: que no decimos nada cuéntanoslo y así nos reimos (sic) un rato *venga hombre* (COLAm)

(10)  T L 10 MALCC2J01: hay poca cosa pero bueno
      T L 10 en mi casa se ha ido ventilando todo
      T L 10 el zumo de manzana estaba bueno con la ginebra
      T L 10 tampoco queda ginebra se la ha gastado mi padre
      T L 10 MALCC2J03: *vaya hombre*
      T L 10 MALCC2J02: a a a trago limpio sabes  (COLAm)

Este orden fijo se debe al estatuto pragmático ambiguo del marcador *hombre*. El marcador podría subrayar el contenido modal del marcador *vaya* o *venga*, como el valor de asombro (10) (Fernández 200;, Fuentes Rodríguez 2009; Santos Río 2003), y al mismo tiempo funcionar como vocativo fático (Fernández 2004; Santos Río 2003) (9). Como veremos en la sección (8.2), los vocativos prefieren la posposición al marcador, lo que explica el orden fijo de los constituyentes dentro de *venga hombre* y *vaya hombre*.

La posición fija de los constituyentes *bueno* y *venga* también se explica mediante los valores pragmáticos de los dos marcadores:

(11)  Caso de Fuenlabrada, caso del... del Moscardó. Eh... ahí demuestra que... que es muy importante que se hagan las cosas bien desde el principio, o sea, que no vale decir: "*bueno, venga,* vamos fichando futbolistas" y a lo mejor el capítulo de entrenador se... es el que se deja para el último (CORLEC)

El marcador *bueno* expresa aceptación o acuerdo (Fuentes Rodríguez 2009) y «reconocimiento explícito del miembro anterior», por lo que prefiere la posición inicial del miembro discursivo (Pons Bordería 2004a). El marcador *venga*, al contrario, tiene en combinación con *bueno* un uso menos reactivo, ya que expresa asentimiento y al mismo tiempo apela al interlocutor a actuar o pensar de cierta manera. En el ejemplo (11) el marcador *bueno* expresa la aceptación y el marcador *venga* tiene un uso ambiguo entre el asentimiento y la apelación al interlocutor. Por el valor reactivo de *bueno*, el marcador prefiere la posición inicial tanto en la intervención como en la coocurrencia con *venga*. Resulta llamativo que los constituyentes de las coocurrencias con orden libre sean todos marcadores deverbales (*anda, vamos, vaya, venga, vale, a ver, va,* etc.), mientras que uno de los constituyentes de las coocurrencias con orden fijo deriva de un sustantivo (*hombre*) o un adjetivo (*bueno*). Estos siempre siguen (por su función de vocativo) o preceden (por su carácter reactivo) al otro constituyente respectivamente.

En resumen, para todas estas coocurrencias es necesario que entre los valores de sus constituyentes haya una zona de solapamiento pragmático parcial, como ilustra la Figura 34:

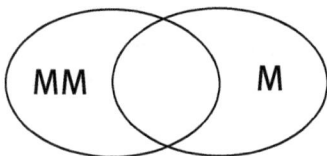

**Figura 34:** Solapamiento de los constituyentes de una coocurrencia

Los constituyentes de las coocurrencias estudiadas se combinan frecuentemente porque son funcionalmente afines, esto es, sirven a una intención comunicativa similar.[7] Esto explica también el orden libre de los dos miembros constitutivos (salvo en el caso de *hombre* y *bueno*).

### 8.1.3.2 Las coocurrencias con un marcador discursivo

Las coocurrencias [MDi+M] se comportan de manera distinta de las del tipo [MM+M] porque el marcador discursivo (MDi) actúa en un nivel más bien estructural. Ya sabemos que los marcadores discursivos son conjunciones (*y, porque*, etc.), conectores pragmáticos (*pues, pero*, etc.) o conectores parentéticos (*en cambio, sin embargo*, etc.) que desempeñan ante todo una función textual. Los marcadores discursivos concretan el contenido de dos enunciados y prototípicamente tienen, por lo tanto, alcance sobre el enunciado que precede y/o el enunciado que sigue. Los marcadores que se combinan con un MDi (es decir, *anda, vamos, vaya* o *venga*), al contrario, suelen predicar exclusivamente sobre un enunciado, ya que en el corpus tienen valor expresivo o metadiscursivo de apoyo modal-enunciativo dentro de la coocurrencia. Ya se ha indicado que no se considera como coocurrencia la combinación [M+MDi], puesto que sus constituyentes no pertenecen a la misma unidad discursiva (8.1.2).[8] En resumen, cuando se invierte el orden de las coocurrencias [MDi+M] (*pero vamos, pues venga*) en

---

**7** En algunos casos, como los de *venga vale* y *venga a ver*, uno de los dos marcadores parece tener un significado más específico. Así, por ejemplo, *vale*, contrariamente a *venga*, siempre tiene valor de acuerdo. Por ello, parece que en estos casos el marcador pragmáticamente más especializado (*vale*) anula la posible vaguedad del marcador con el que se combina (*venga*).
**8** Considérese el ejemplo siguiente:

> ¿Eres nacido en Alcalá? No. #Nacido en Madrid, *vamos*,# #*pero* llevo viviendo veintiún años aquí ya.# (CREA; España: Oral, s.d.)

El marcador *vamos* y el conector *pero* pertenecen a dos unidades discursivas distintas, por lo que no se considera como coocurrencia.

[M+MDi] (*vamos pero, venga pues*), los marcadores adquieren otros valores y estas últimas combinaciones ya no se consideran propicias a convencionalizarse como unidades. En consecuencia, las coocurrencias con un marcador discursivo presentan siempre un orden fijo:

(12)   <H2> Excepción excepcional <ininteligible> la redundancia pero... ocurre. *Pero vamos*, lo normal es a partir de los sesenta. (CORLEC)

(13)   *MAM: Ana el domingo / ayer / todo el día acostada //$
       *PAP: ¡jo! //$
       *MAM: con la gripe //$
       *PAP: *pues vaya* ...$ (C-ORAL-ROM)

(14)   T L 10  bueno que nos tenemos que pirar vale/
       T L 10 MAESB2J04: vale
       T L 10 MAESB2J02: 1[*pues venga* ]
       MAESB2J05: 1[vale ] (COLAm)

(15)   *SOF: [<] <de> qué me voy a reír ?$ me río de tu complejo / no de tu pelo //$ *pues ¡anda!* / si el mundo está lleno de calvos //$ si me tuviera que reír de todos /$ (C-ORAL-ROM)

(16)   <H4>Sí, Enrique podías dar un... un estatuto a cada uno? Es que yo no...no lo tengo y *vamos* creo que puede interesar...como...
       <H1>Pues sí, lo haré. (CORLEC)

(17)   <H6> No sé si será persecución... o... alguna cosa, *porque vamos* yo veo otros establecimientos que están menos blinda<(d)>os que el mío... (CORLEC)

A continuación, examinamos la afinidad pragmática entre los MMDi y los M para desvelar por qué algunos marcadores se combinan tan frecuentemente.

## A. PERO VAMOS

El marcador *pero* tiene valor adversativo restrictivo y al mismo tiempo introduce el segundo miembro discursivo como el más importante y como base para obtener las conclusiones pertinentes (Santos Río 2003), como en *La estación está cerca, pero el tráfico anda muy mal*. De esta manera, resulta compatible el valor de *pero* con el valor de *vamos* como apoyo modal-enunciativo. En otras palabras, se solapan parcialmente los valores de los dos constituyentes, ya que ambos subrayan la importancia de un miembro discursivo (cf. *supra* Figura 34):

(18)   <H2> Tenemos intención... de inaugurarlo... en las fiestas de la Comunidad, más concretamente, del dos de mayo. Lo que pasa es que ya sabes como... como son las obras e... e... en todas partes y lo mismo se retrasa a lo mejor determinada área, la... la terminación y... el compromiso en firme es inaugurar entre las... Olimpiadas y la Expo en el verano. *Pero, vamos*, lo que nosotros pretendemos es inaugurar e... en mayo del año que viene. (CORLEC)

(19) E: yo sí/ liberaal– soy conservadora enn–/ pues en lo que interesa como to'l mundo...
*pero vamos* no soy nada liberal↓ lo contrario/// lo que pasa↑ es que yo respeto mucho
lo que dice la gente↓a mí– cada uno que haga lo que quiera yy§ (Val.Es.Co)

En estos dos ejemplos, el marcador *pero* introduce un nuevo acto sin que se contrapongan necesariamente dos hechos: indica más bien que el contenido de este acto es más pertinente.[9] El marcador *pero* funciona, pues, como conector pragmático que enlaza dos miembros del discurso, por lo que se encuentra en posición inicial del miembro discursivo (el acto o el subacto).[10] En cambio, el marcador *vamos* es un operador que predica sobre un enunciado subrayando su pertinencia y se pospone, por lo tanto, al marcador *pero*. Así pues, resumiendo, por la afinidad pragmática entre los dos marcadores, es muy frecuente la coocurrencia *pero vamos*. La función más frecuente de la coocurrencia es indicar el miembro discursivo más pertinente en un nivel argumentativo y subjetivo.[11] Con este valor,

---

**9** Nos parece interesante indagar en el papel de la pausa entre los dos marcadores dentro de una coocurrencia. Más concretamente, se podría comprobar si la presencia de una pausa, por ejemplo, entre *pero* y *vamos* se asocia con otra intención comunicativa o si la pausa es el resultado de problemas de planificación del discurso. De todos modos, a partir de las transcripciones no es factible realizar un análisis de las pausas, ya que las comas no siempre concuerdan con una pausa considerable. Haría falta, por tanto, un análisis prosódico de las coocurrencias.

**10** Coincidimos con el grupo Val.Es.Co cuando afirman que marcadores como *pero* y *porque* funcionan de *conectores pragmáticos* cuando introducen un acto:

(1) 13P8: [y QUE]/ y que see–/ y que se- se lo hacen con un turmis/// todo↑§
Ir T11: § ((¿y después?))§
13P8: #@§ yy- y eso↓ y que pueden comer y eso#/ #*pero* vamos↓ con un tur-#/ (Grupo Val.Es.Co. (2014, 48))

En cambio, funcionan como *conjunciones* cuando introducen un subacto:

(2) P8: [...] laa enfermera/ quee/ la gente que ha estao operada d'eso↑ que habla tam(b) ién# / #con la boca cerrada *pero* habla# (Grupo Val.Es.Co. (2014, 48)).

De hecho, las conjunciones introducen un segmento (subacto sustantivo subordinado (SSS)) que depende semánticamente e informativamente de otro segmento (subacto sustantivo directivo (SSD)), mientras que los conectores pragmáticos introducen segmentos que poseen su propia fuerza ilocutiva (actos).

**11** Fuentes Rodríguez (1998b, 189) alega como prueba de que *vamos* tiene valor de apoyo modal-enunciativo, que el marcador *vamos* puede aparecer separado de *pero* y encontrarse en posición final del miembro discursivo sin que cambie su significado:

(1) *LUI: / millones / de / Volkswagen / escarabajo / que se cae / absolutamente todo a cachos /$
*ALB: hhh //$
%act: (1) laugh
*LUI: / *pero* que es un caos / <auténtico / <*vamos*>> //$ (C-ORAL-ROM)

la coocurrencia aparece en contextos diversos con sus respectivas connotaciones que ilustramos a continuación.

Como postula Fuentes Rodríguez (1998b), recalcando la pertinencia del contenido de determinado segmento, la coocurrencia *pero vamos* «pued[e] usarse como elemento para re-orientar el texto, para señalar qué es lo más importante informativamente para el hablante o para cambiar de tema y dar un giro al discurso»:

> (20)  &lt;H1&gt; Pero no, no lo tome usted por un sentido... figurado, sino por el sentido práctico; es decir, el de dormir. Que dice que en los hoteles parece ser que echa usted de menos la cama, cuando viaja, y... ¿no?
> &lt;H6&gt; ¿No es verdad?
> &lt;H5&gt; Si (sic). *Pero vamos,* también me gusta salir mucho, ver las cosas... y cuando (CORLEC)

Con la coocurrencia se resta importancia al contenido del enunciado que le antecede, por lo que se usa también para dar por terminado un tema de la conversación y retomar el hilo de la conversación (6.5.4):

> (21)  T L10MAESB2G02:  pero bueno yo también no sé hacerlo de otra forma ja   ja ja
> T L10MAESB2G01:  sí a mí es lo que más me
> T L10MAESB2G02:  por energía lo hago yo rápidamente no sé *pero vamos*
> T L10MAESB2G01:  bueno da igual
> qué qué iba a decir (COLAm)

El ejemplo (21) ilustra que la coocurrencia puede poner fin a una digresión para ceder el turno al interlocutor o para volver al tema principal de la conversación (*qué qué iba a decir*). Con este uso la coocurrencia *pero vamos* jerarquiza la información.

Al lado de la jerarquización de la información, encontramos en el corpus otros dos contextos menos frecuentes de la coocurrencia *pero vamos*. En algunos ejemplos, *pero vamos* se usa para llamar la atención sobre una calificación adjetival o adverbial que especifica el enunciado antecedente:

> (22)  me dieron útil condicional, porque era estrecho de pecho; total, aprobé, *pero, vamos* condicionalmente (MC-NLCH)

El marcador *pero* funciona de manera restrictiva y el marcador *vamos* subraya nuevamente la pertinencia del enunciado que sigue.

Otro uso de la coocurrencia *pero vamos* es más bien expresivo:

> (23)  Pero tú, Rodolfo, qué estás haciendo, qué llevas puesto, pero tú en este programa, en el nuevo programa de Vida mía, ¿qué vas a hacer? Cómo me lo pregunta, con qué tono.

Pero qué grosera eres, oye. *Pero, vamos,* es que contigo no se puede hablar, de verdad, eres como un camionero, te lo juro. (CREA; España: oral, 1993)

Como es bien sabido, el marcador *pero* puede usarse de manera reactiva para expresar su descontento, enfado o asombro ante los hechos (Fuentes Rodríguez 1998a; Porroche Ballesteros 1996; Santos Río 2003). Este uso demuestra afinidad con el valor de asombro o disgusto del marcador *vamos,* por lo que los dos marcadores se usan juntos para expresar la actitud del hablante. A pesar de que los dos marcadores tengan valor modal, se observa un orden fijo entre los dos constituyentes: el marcador *pero* siempre precede al marcador *vamos,* dado que *pero* con uso modal siempre es reactivo y se encuentra, pues, en posición inicial de intervención, mientras que *vamos* tiene más libertad posicional, puesto que también puede ser autorreactivo *(\*PIL: [<] <una patada en todo el culo le doy / si me quita el reloj> //$ vamos //$,* C-ORAL-ROM).

En resumen, dada la relativamente alta frecuencia de la coocurrencia *pero vamos* (IMP=4,8) se usa en contextos variados en los cuales adquiere connotaciones particulares (cambio de tema, fin de digresión, etc.).

## B. Y VAMOS

En la coocurrencia *y vamos,* el marcador *y* suele funcionar como conector pragmático y marca de continuación o progresión (Bermejo Calleja 2004; Fuentes Rodríguez 2009). La compatibilidad pragmática entre los dos marcadores se encuentra en su capacidad continuativa, ya que el marcador *vamos* también puede tener valor continuativo en combinación con el valor de apoyo modal-enunciativo (6.5). Los valores de los dos marcadores, por tanto, se solapan parcialmente (cf. *supra* Figura 34):

(24)  T L 10 lo siento perooo no es que me guste hablar solo\ <ruido de micro/> estoy hablando solo aquí con el micrófono como un imbécil pero tengo que decir esto que he estado escuchando lo que he grabado hoy *y vamos* parezco tonto del culo en serio yo soy una persona simpática ja ja ja <risa/> <ruido del micro/> (COLAm)

En el ejemplo (24) el marcador *vamos* subraya la importancia del enunciado que sigue para el hablante.

En algunos ejemplos la coocurrencia introduce una conclusión:

(25)  Sé que nunca iré a vivir para un pueblo de esos porque no vamos, no sería capaz allí, en ese pueblo me parece que ya quedan veinticinco personas *y vamos,* a lo mejor dentro de unos años no quedará nadie. (CREA; España: oral, s.d.)

En este caso la coocurrencia introduce un desenlace, esto es, la intención comunicativa principal y todo lo que precede es información preparatoria. De ahí que el hablante emplee *vamos* para subrayar la importancia del enunciado que sigue.

## C. PORQUE VAMOS

Los ejemplos del corpus demuestran que en la coocurrencia *porque vamos* el marcador *vamos* tiene valor de apoyo modal-enunciativo subrayando el enunciado al que remite (Fuentes Rodríguez 1998b, 185). El marcador discursivo *porque*, en cambio, es una conjunción que expresa la causa.

> (26) <H2> Hay... hay una diferenciación estrictamente vitológica y nada más. Que además tampoco es muy grande, luego debe ser muy pequeñita y además todos sabemos que hay comportamientos lo que se llaman "bisexuales", de personas que son capaces de tener relaciones satisfactorias con ambos sexos, que probablemente son los que mejor se lo pasan, *porque vamos*, tienen... tienen mucho más donde escoger. (CORLEC)

De hecho, los constituyentes de esta coocurrencia no muestran solapamiento de sus valores pragmáticos. Los dos marcadores funcionan en niveles muy distintos, a saber, el marcador discursivo funciona como conjunción causativa en un nivel proposicional y el marcador *vamos* funciona en un nivel más bien modal, operando sobre el enunciado que sigue; en consecuencia, los dos marcadores no pertenecen a la misma unidad estructural. Aun así, su fuerza de asociación (IMP=1,24) indica que los marcadores no se combinan por casualidad sino que hay cierta atracción entre *porque* y *vamos*. Proponemos que la combinación frecuente de *porque* y *vamos* se debe a la índole de la causa introducida por *porque*, que suele ser una opinión o un hecho personal, esto es, un enunciado subjetivo (como en el ejemplo (26): *tienen mucho más donde escoger*). Con el marcador *vamos* el hablante intenta implicar al interlocutor en su punto de vista, lo cual es posible gracias a la forma incluyente (de primera persona plural) de la forma verbal de la que deriva el marcador *vamos* (6.5). Finalmente, los valores de los dos marcadores no se solapan, sino que, antes bien, se complementan para cumplir con la intención comunicativa del hablante:

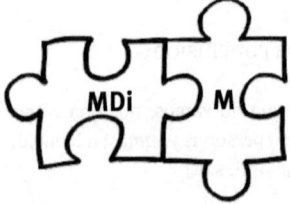

**Figura 35:** Complementariedad de los constituyentes de una coocurrencia

## D. COOCURRENCIAS CON *PUES*

Los marcadores *anda, vaya* y *venga* coocurren frecuentemente con el marcador discursivo *pues*. Es bien sabido que *pues* funciona como conector pragmático reactivo que introduce un miembro discursivo de respuesta, de reacción evaluativa o de confirmación (Fuentes Rodríguez 2009; Pons Bordería 2004b). Dado que *pues* tiene función conectiva, siempre se antepone a los marcadores *anda, vaya* y *venga* que predican sobre un solo enunciado. Como tal, se combina con el marcador *anda* que tiene un valor expresivo también reactivo:

(27) \<H1> Bueno, quiero decir, bueno, razona un poco, quiero decir que... los defectos que pueda tener una botella no son cosa mía porque antes ha venido un chico aquí, bueno, le veía que era un poquito retardado mental, en fin, me dijo que si yo hacía las botellas también y yo creí que me lo tomaba a... joder, casi hasta se ha enfada\<d)>o también el pobre, claro, luego he visto que algún defectito tenía, ¿no? "Pues yo tengo un amigo que trabaja el vidrio" *Pues anda*, un amigo trabaja el vidrio, ya, pero para hacer las botellas hace falta almuflas, hace falta tener una fábrica a la espalda, pero uste\<d)> no comprende, mira, si esto es, mira, una botella de suero, una botella de Aníbal, una botella de Ron Bacardí, una botella de Coca-Cola, una... un sifón, una... ¿Cómo voy a hacer yo esto? Pero ¿cómo puede ser, un señor que...? (CORLEC)

En el ejemplo (27), *pues* enlaza los contenidos de dos enunciados mientras que el marcador *anda* indica la actitud del hablante ante el enunciado que precede. En este caso concreto la combinación de ambos marcadores expresa la sorpresa irónica.

En el corpus la coocurrencia *pues vaya* siempre expresa una aceptación moderada:

(28) C: § ¡bendito sea Dios!§
A: § [un telegrama
(( )) y era– y era una d'esa dee (( ))/ que el día catorce reunión
D: *pues vaya* (Val.Es.Co)

En esta coocurrencia *pues* también funciona como conector pragmático reactivo y *vaya* expresa la aceptación moderada.

Al revés, el valor principal de *pues venga* es expresar asentimiento o acuerdo como reacción a una pregunta o propuesta:

(29) T L 10 MAESB2G01: no sé muchas expectativas pero o
no sé
dice ba bach
que va a ir al cine
T L 10 MAESB2G02: *pues venga* vámonos con bat bacs (COLAm)

Como hemos visto, el valor de asentimiento tiene fronteras muy borrosas con el valor apelativo y el valor metadiscursivo de cierre. Así, el asentimiento puede implicar una incitación a realizar lo propuesto, por lo que *pues venga* adquiere más bien un valor apelativo:

> (30) Y cómo baila y qué bien lo hace todo, aunque de vez en cuando tenga algún tropiezo. Entonces, *pues venga,* vamos a verlo (CREA; España: Oral, 1995)

Incluso puede usarse para aceptar una propuesta de cierre de la conversación:

> (31) T L 10 MAESB2J01: y yo anda ya un <navn>Cabrera</navn>
> pero bueno
> bueno que nos tenemos que pirar vale/
> T L 10 MAESB2J04: vale
> T L 10 MAESB2J02: 1[*pues venga* ]
> MAESB2J05: 1[vale ] (COLAm)

También en esta coocurrencia *pues* se ocupa de enlazar dos enunciados, mientras que *venga* desempeña una función apelativa, expresiva o metadiscursiva y tiene alcance sobre un único enunciado. Por eso, los miembros de estas coocurrencias se presentan en un orden fijo. Además, no hay solapamiento pragmático entre los dos marcadores, sino más bien afinidad pragmática (ya que *pues* introduce una reacción y los marcadores *anda, vamos, vaya* y *venga* constituyen esta reacción). La relación entre los dos miembros de [*pues*+M] se presenta, por tanto, como las dos piezas de un rompecabezas que encajan (cf. *supra* Figura 35).

### 8.1.3.3 Una comparación entre los dos tipos de coocurrencias: [MM+M] vs. [MDi+M]

La diferencia en la composición de los dos tipos de coocurrencias (una con un marcador modal otra con un marcador discursivo) tiene repercusiones en su funcionamiento pragmático. La Tabla 22 recoge las tres características prototípicas de ambos tipos:

**Tabla 22:** Diferencias prototípicas entre [MM+M] y [MDi+M]

| [MM+M] | [MDi+M] |
|---|---|
| – Orden libre de sus constituyentes (salvo con *hombre* y *bueno*) | – Orden fijo de sus constituyentes |
| – Solapamiento (parcial) pragmático de los constituyentes | – Solapamiento (parcial) pragmático o complementariedad pragmática de sus constituyentes |
| – Forman una unidad discursiva. | – El MDi puede o no formar parte del subacto del M |

Los constituyentes de una coocurrencia del tipo [MM+M] suelen servir a la misma intención comunicativa (apelativa o expresiva), ya que los significados pragmáticos de los miembros se solapan en cierta medida. Por eso, el orden de los constituyentes es libre, es decir, un cambio en el orden de los constituyentes no conlleva un cambio en el valor pragmático de la coocurrencia. Además, puesto que sirven a la misma intención comunicativa y funcionan en el mismo nivel discursivo (apelativo o expresivo), los constituyentes se integran en la misma unidad discursiva. Las coocurrencias con *hombre* y *bueno* son casos fronterizos entre ambos tipos de coocurrencias, puesto que *bueno* tiende a comportarse como *conector pragmático* en algunos ejemplos y *hombre* puede comportarse como un vocativo.

Por otro lado, los constituyentes de una coocurrencia del tipo [MDi+M] adoptan más frecuentemente un valor metadiscursivo, pero el MDi suele conectar dos miembros discursivos, mientras que el M suele ser un operador que tiene alcance sobre un único enunciado, de ahí que el MDi siempre preceda al M. En algunos casos las intenciones comunicativas de los dos constituyentes se solapan en parte (*pero vamos*, *y vamos*, etc.) (32), mientras que con otras coocurrencias los constituyentes actúan en niveles discursivos distintos pero tienen usos complementarios (*porque vamos*, *pues anda*, etc.). En estas últimas coocurrencias los constituyentes no pertenecen a la misma unidad discursiva sino que el MDi, que funciona como conjunción y no como conector pragmático, introduce el subacto sustantivo subordinado y el M constituye un subacto adyacente que predica sobre lo que sigue (33):

(32) &lt;H2&gt; Tenemos intención... de inaugurarlo... en las fiestas de la Comunidad, más concretamente, del dos de mayo. #Lo que pasa es que ya sabes como... como son las obras e... e... en todas partes y lo mismo se retrasa a lo mejor determinada área, la... la terminación y... el compromiso en firme es inaugurar entre las... Olimpiadas y la Expo en el verano.# #{*Pero, vamos,*}$_{SA}$ lo que nosotros pretendemos es inaugurar e... en mayo del año que viene.# (CORLEC)

(33) &lt;H2&gt; Hay... hay una diferenciación estrictamente vitológica y nada más. Que además tampoco es muy grande, luego debe ser muy pequeñita #{y además todos sabemos que hay comportamientos lo que se llaman "bisexuales", de personas que son capaces de tener relaciones satisfactorias con ambos sexos, que probablemente son los que mejor se lo pasan,}$_{SSD}$ {*porque* {*vamos*}$_{SA}$, tienen... tienen mucho más donde escoger.}$_{SSS}$# (CORLEC)

En resumen, cuando el MDi funciona como conector pragmático, esto es, cuando introduce un nuevo acto, se integra en la unidad discursiva del que forma parte el M (32). En cambio, cuando el MDi funciona como conjunción, introduce un subacto sustantivo subordinado y no forma parte del subacto del M, ya que no se solapan las intenciones comunicativas de los miembros (33).

Cabe subrayar que un mismo marcador puede funcionar como conector pragmático y como conjunción (Grupo Val.Es.Co. 2014, 48). En el ejemplo (32) *pero* introduce un nuevo acto y funciona, por lo tanto, como conector pragmático, contrariamente al ejemplo (34):

(34) me dieron útil condicional, porque era estrecho de pecho; total, #{aprobé}$_{SSD}$, {*pero*, {*vamos*}$_{SA}$ condicionalmente}$_{SSS}$# (MC-NLCH)

El marcador *pero* no introduce un nuevo acto sino un subacto sustantivo subordinado, por lo que funciona como conjunción y no forma parte del subacto de *vamos*. Constatamos que cuando *pero* introduce un nuevo acto (32) hay más solapamiento pragmático con *vamos* que cuando se usa *pero* para llamar la atención sobre una calificación (*condicionalmente*) (34). En el primer caso ambos marcadores se usan para indicar la pertinencia del enunciado al que remiten, mientras que en el segundo *pero* indica que se añade una calificación y *vamos* señala la pertinencia de esta calificación. Los valores de *pero* y *vamos* como miembros de la coocurrencia en la que *pero* es conjunción son, por lo tanto, más bien complementarios.

Es necesario apuntar que los rasgos de los tipos de coocurrencias no son categóricos, sino que los dos tipos se sitúan en un continuo; por eso hablamos de rasgos *prototípicos* de los tipos de coocurrencias. Así, por ejemplo, los valores de los constituyentes de *vale venga/venga vale* se solapan más que los valores de *pero vamos*. El grado de solapamiento o no solapamiento suele correr pareja con la medida en que los marcadores ejecutan una función menos o más discursiva. Así, los marcadores con valor modal (*a ver, vale, bueno* etc.) se solapan más con los marcadores de este estudio (*anda, vamos, vaya* y *venga*), mientras que los marcadores que funcionan como conectores pragmáticos (*pero*, etc.) demuestran ya menos solapamiento y los marcadores que funcionan como conjunciones (*porque, pero*, etc.) ya no presentan solapamiento pragmático con el M, sino que sus valores suelen ser meramente complementarios.

Ahora bien, el análisis funcional demuestra que en las coocurrencias los constituyentes mantienen sus valores propios. Los dos marcadores coocurren para reforzar la intención comunicativa (*anda venga, y vamos*, etc.), lo cual es posible por la afinidad pragmática entre ellos (solapamiento o complementariedad). Las coocurrencias tienen, por lo tanto, un significado sumativo y no holístico (Waltereit 2007, 104). La coocurrencia *pero vamos*, no obstante, sí parece especificar su valor metadiscursivo, dado que es frecuente su uso para indicar un giro temático en el discurso o para poner fin a una digresión y retomar el hilo discursivo. En el apartado 8.1.4 examinamos si a estas funciones más específicas corresponde un comportamiento distribucional particular, es decir, verificamos si la especialización funcional va de la mano con una especialización posicional.

Antes de abordar esta cuestión, ahondamos en las funciones de las reduplicaciones.

### 8.1.3.4 Las reduplicaciones

La posibilidad que tiene el marcador de reduplicarse o iterarse se debe al proceso de pragmaticalización y el asociado proceso de desemantización, según afirma Castillo Lluch (2008, 1750):

> Cuanto más se pragmaticaliza una unidad, más desmotivada se vuelve semánticamente con respecto a la unidad de origen, lo que puede asociarse formalmente a una reduplicación: *vaya vaya, vamos vamos, anda anda, venga venga...*

Constatamos que los cuatro marcadores del corpus pueden iterarse, lo que implica una duplicación, triplicación o incluso cuadruplicación del mismo marcador.[12] En la bibliografía se propone que se iteran los marcadores para obtener un efecto de realce de su valor (Dostie 2007; Landone 2009; Martín Zorraquino/Portolés 1999): «la [réduplication pragmatique] des [marqueurs discursifs] servait à réaliser un acte illocutoire modal d'insistance par convention d'usage» (Dostie 2007, 57).[13] De hecho, ambos marcadores reduplicados tienen la misma intención comunicativa, es decir, hay solapamiento pragmático completo entre los valores de los dos constituyentes. Más en particular, efectúan un acto ilocutivo de insistencia al mismo tiempo que el hablante expresa una implicación más marcada (Dostie 2007, 57).

La tabla siguiente informa sobre la distribución de las reduplicaciones según la función y el marcador:

---

**12** Dado que, en el corpus, los marcadores casi exclusivamente se repiten dos veces, adoptamos el término *reduplicación*.

**13** La iteración léxica es un recurso pragmático general de intensificación, véanse Briz Gómez (1998, 107 & 122) y Lamíquiz (1971). Sin embargo, según Dostie (2007) la acción de intensificar se aplica exclusivamente a las palabras que tienen carácter graduable (por ejemplo, los adjetivos: *es muy débil*). Puesto que los marcadores no expresan una calidad graduable, la iteración no puede causar la intensificación del significado de los marcadores, sino que conviene hablar de insistencia de su acto ilocutivo modal. A pesar de que los marcadores no puedan recibir modificadores de intensificación (*\*muy anda*), a nuestro parecer, los contenidos (o los actos ilocutivos) de los marcadores sí pueden intensificarse: mientras que en *anda, veta más deprisa* el marcador indica que el hablante quiere que se vaya más deprisa, en *anda anda, vete más deprisa* el deseo del hablante de que se vaya más deprisa es más fuerte y queda por tanto intensificado. De ahí que en el presente estudio apliquemos el término *intensificación* también a la reduplicación de los marcadores.

**Tabla 23:** Frecuencias de las reduplicaciones según la macrofunción y el marcador

|  | AP | EXP | MD | Total |
|---|---|---|---|---|
| ANDA | 3 | 4 | Ø | 7 |
|  | 42,86% | 57,14% |  | 100% |
| VAMOS | 4 | 1 | 3 | 8 |
|  | 50% | 12,5% | 37,5% | 100% |
| VAYA | Ø | 5 | 0 | 5 |
|  |  | 100% | 0% | 100% |
| VENGA | 18 | 5 | 0 | 23 |
|  | 78,26% | 21,74% | 0% | 100% |
| Total | 25 | 15 | 3 | 43 |
|  | 58,14% | 34,89% | 6,98% | 100% |

Como se puede observar, las reduplicaciones se dan sobre todo con los valores apelativos y expresivos y – lógicamente – son menos frecuentes con el valor metadiscursivo, ya que difícilmente se puede insistir en este valor. La reduplicación de un marcador con tal valor se presenta solo con el marcador *vamos:*

(35)  C: § y yo digo ¡ostras! cinco mil pesetas en– en na(da)/ porque esto/ *vamos… vamos/* porque es que era un señor pero muy serio oye↓ y que– que– que [te daba hasta miedo ¿eh?] (Val.Es.Co)

En los tres casos la iteración del marcador *vamos* es una manifestación de vacilación, como sucede en el ejemplo (35). De esto se concluye que la reduplicación de un marcador con valor metadiscursivo no implica una insistencia en el acto ilocutivo, sino que es el resultado de problemas de planificación del discurso.

En cambio, los marcadores con valor apelativo o expresivo que se reduplican sí realizan una insistencia, lo que confirma la hipótesis de Dostie (2007, 58) que solo los marcadores que pueden constituir una intervención y comunicar su propia intención comunicativa se reduplican con el objetivo de insistir en el acto ilocutivo y de reforzar la implicación del hablante: «la [réduplication pragmatique] des [marqueurs discursifs] concerne souvent les sens où ces unités réalisent un acte illocutoire et où elles ont donc le statut de mots-phrases» (Dostie 2007, 58). Los ejemplos siguientes ilustran el objetivo de insistencia de la reduplicación:

(36)  Inf.- Siéntate, *anda, anda.* ¿Sabe usted que está bueno el este? Vamos a echar otra copita. (MC-NLCH)
(37)  T L 10 MALCE2J04: es que mirar os cuento. a mí me gusta <navn>Juanma</navn>
      T L 10 MALCE2J01: 2[espera *vamos vamos*]
      MALCE2J04: 2[callar chiiisss..] (COLAm)

(38) &lt;H2&gt; Buenos días, José Luis. Un día más aquí con... con todos ustedes para contar-
les... bueno pues un montón de suculentas noticias &lt;simultáneo&gt; &lt;ininteligible&gt;
&lt;H1&gt; *Venga, venga*. Estamos ansiosos. (CORLEC)

(39) &lt;H3&gt; Somos 4 vecinos y mal avenidos. Todos viejos, solterones, aburridos, y... y... no
sé qué pasa, pero nos llevamos de mal...
&lt;H2&gt; ¿Sí? &lt;risas&gt; ¡Qué pena!, ¿no?
&lt;H1&gt; &lt;ininteligible&gt;
&lt;H3&gt; A mí me nombraron presidente y administrador hace... 6 años. Y... al mes ya lo
había deja&lt;(d)&gt;o. ¡Era horrible! ¡Horrible!
&lt;H2&gt; *¡Vaya, vaya!* (CORLEC)

Cuando los marcadores tienen valor apelativo, como en los ejemplos (36), (37)
y (38), se anima con más insistencia al interlocutor a que ejecute la acción (*sentarse, esperar* o *contar las suculentas noticias*). Con valor expresivo, como en el
ejemplo (39), se subraya e insiste en la actitud de desagrado del hablante al redu-
plicar el marcador *vaya*.

Desde esta perspectiva, las coocurrencias del tipo [MM+M] cuyos miembros
poseen amplio solapamiento pragmático (por ejemplo *vale venga*) (8.1.3.1), no
difieren tanto de las reduplicaciones, es decir, en estas se reduplica formalmente
para efectuar un acto de insistencia, mientras que en aquellas se reduplica la
intención comunicativa para lograr el mismo efecto de insistencia. A este respecto señala Landone (2009, 334) que existe una relación icónica entre la abundancia de material lingüístico y la intensificación, lo que obedece al principio
de iconicidad de cantidad que postula que más forma corresponde a más significado (Haiman 1985). De esto concluimos que el objetivo de realizar un valor se
obtiene o bien reduplicando el mismo marcador formalmente, o bien añadiendo
un segundo marcador con una intención comunicativa similar.

En resumen, las reduplicaciones son un tipo particular de coocurrencia, dado
que hay solapamiento completo de los valores de sus constituyentes. Puesto que
sirven la misma intención comunicativa los constituyentes siempre forman parte
de la misma unidad discursiva y realizan una insistencia de su valor pragmático
(apelativo o expresivo).

## 8.1.4 El comportamiento distribucional de las coocurrencias

En esta sección se estudia el comportamiento distribucional de las coocurrencias. Averiguamos, más en particular, si los dos tipos de coocurrencias
([MDi+M] y [MM+M]) presentan los mismos patrones distribucionales. Conforme a la Teoría de las Unidades del Discurso (TUD) (7.1), distinguimos las
posiciones inicial, media, final e independiente (cuando constituye una
intervención) de un subacto sustantivo (SS), un acto (A), o de una intervención

(Int).[14] La Tabla 24 recoge las frecuencias de las posiciones observadas por coocurrencia en el corpus. Las coocurrencias del tipo [MDi+M] están indicadas en cursivas:

**Tabla 24:** Frecuencias de las posiciones por coocurrencia

|  | Inicial | Media | Final | Ind | Total |
|---|---|---|---|---|---|
| *Pero vamos* | 223 | 5 | 31 | 0 | 260 |
|  | 86,10% | 1,93% | 11,97% | 0% | 100% |
| Venga/va | 10 | 0 | 0 | 0 | 10 |
|  | 100% | 0% | 0% | 0% | 100% |
| Venga/vamos | 6 | 0 | 3 | 4 | 13 |
|  | 46,15% | 0% | 23,08% | 30,77% | 100% |
| Anda/venga | 9 | 0 | 0 | 2 | 11 |
|  | 81,82% | 0% | 0% | 18,18% | 100% |
| A ver/venga | 9 | 1 | 2 | 0 | 12 |
|  | 75% | 8,33% | 1,67% | 0% | 100% |
| *Pues vaya* | 3 | 0 | 3 | 3 | 9 |
|  | 33,33% | 0% | 33,33% | 33,33% | 100% |
| *Pues venga* | 20 | 0 | 2 | 4 | 26 |
|  | 76,92% | 0% | 7,69% | 15,38% | 100% |
| Vaya hombre | 2 | 0 | 1 | 4 | 7 |
|  | 28,57% | 0% | 14,29% | 57,14% | 100% |
| Vale/venga | 6 | 1 | 2 | 0 | 9 |
|  | 66,67% | 11,11% | 22,22% | 0% | 100% |
| Bueno venga | 15 | 0 | 1 | 1 | 17 |
|  | 88,24% | 0% | 5,89% | 5,89% | 100% |
| Venga hombre | 5 | 0 | 3 | 2 | 10 |
|  | 50% | 0% | 30% | 20% | 100% |
| Vamos/anda | 0 | 0 | 4 | 0 | 4 |
|  | 0% | 0% | 100% | 0% | 100% |
| *Pues anda* | 8 | 0 | 0 | 0 | 8 |
|  | 100% | 0% | 0% | 0% | 100% |
| *Y vamos* | 43 | 2 | 0 | 0 | 45 |
|  | 95,56% | 4,44% | 0% | 0% | 100% |
| *Porque vamos* | 11 | 0 | 0 | 0 | 11 |
|  | 100% | 0% | 0% | 0% | 100% |
| Total | 370 | 9 | 52 | 20 | 521 |
|  | 82,04% | 2% | 11,53% | 4,43% | 100% |

----

**14** Para calcular la fuerza de asociación entre los constituyentes de las coocurrencias se han considerado todas las ocurrencias, salvo las del corpus CREA (8.1.2). Para el análisis distribucional de las coocurrencias solo se han tenido en cuenta los ejemplos que daban suficiente contexto, sin interrupciones, etc., lo cual explica la diferencia en el total de los ejemplos entre la Tabla 24 (521) y la Tabla 18 (589).

A primera vista, llama la atención la predominancia de la posición inicial de las coocurrencias que es de un 82,04%, casi un tercio más en comparación con la distribución general de los marcadores en posición inicial que es de un 53,2% (7.3). Además de eso, al comparar la frecuencia relativa de la posición inicial de las coocurrencias [MDi+M] con las [MM+M], constatamos que el número tan alto de posiciones iniciales se debe principalmente a las coocurrencias [MDi+M], puesto que en un 85,63% de los casos (298/348) se encuentran en esta posición (con un 70,87% (72/103) de las coocurrencias [MM+M]). Esta asociación entre posición inicial y [MDi+M] se debe a la índole de sus constituyentes, a saber, los MMDi tienden a conectar el enunciado en que se encuentran con el enunciado precedente, lo cual confirma que «the initial turn is often marked by a combination that integrates modal and structural functions» (Cuenca/Marín 2009, 909).

Estudiando estos resultados cuantitativos, salta a la vista también la frecuencia relativamente alta de *pero vamos* en posición final, a diferencia de las demás coocurrencias del tipo [MDi+M]. La coocurrencia puede encontrarse en posición final de un acto con un valor particular, a saber, el de dar por terminado un tema para que el hablante pueda retomar el hilo principal:

(40)  <H1> Llegaron dos amigos de la hermana de Tato cuando eh... cuando n<palabra cortada>... nos íbamos nosotros, que... que estaban recién cas<(d)>os y (sic.) iban... de viaje de novios.
<silencio>
<H1> ¡Importante!
<H2> <fático=afirmación> Y... ¿cómo es de grande el... el país?
<H1> Como Galicia.
<H2> ¿Cómo (sic.) Galicia?
<H1> Más o menos. Un poco más, quizás, *pero vamos*. Pero eso, que... yo estuve 22 días y me han queda<(d)>o un... 1000 cosas por ver... y lo más bonito, lo de <ininteligible> (CORLEC)

En el ejemplo (40) *pero vamos* funciona como un tipo de *marqueur de balisage*, puesto que «signale [...] la fin d'une étape dans une intervention» (Dostie 2004, 48). Es posible también que se encuentre en posición final de intervención y funcione como un tipo de *turn-yielding* (Duncan 1972). Es decir, el hablante indica con el uso de *pero vamos* que ha terminado su intervención y que da la palabra al oyente (41):

(41)  <H7> 28, 30 hemos caza<(d)>o un día.
<H6> Y se cazaban montones y montones.
<H7> ¿Te acuerdas que nos comieron el saco y se nos salieron unos pocos?
<H6> Pero si na<(d)>a más había que ver las laderas que hay... pasa<(d)>o el cerca<(d)>o de piedra  para allá había unas laderas... que están todas agujereadas que allí había conejos *pero vamos*...

<H2> ¿Y.. y en las tardes, en las noches al escurecer? Ahí en el... en el bajo ahí al verde, ¡oy! salían a comer al escurecer. (CORLEC)

La función interpersonal de ceder el turno de habla es típica de la periferia derecha de una unidad discursiva (Beeching/Detges 2014, 11). Aunque en la transcripción es frecuente la aparición de puntos suspensivos cuando *pero vamos* se encuentra en posición final de la intervención, como en el ejemplo (41), el hablante no tiene la intención de continuar y efectivamente indica el fin de su turno. Esto se ve confirmado en el análisis prosódico de *pero vamos* en posición final de intervención: la coocurrencia no forma parte de un *acto suspendido*, ya que no tiene tonema ascendente o suspendido (Grupo Val.Es.Co. 2014, 52) sino más bien descendente, como ilustra el ejemplo siguiente y la curva melódica esti- lizada correspondiente:[15]

(42)  T L 10  MAORE2J01: 2[o sea me dice mi amiga me dice mi amiga ]
       MAORE2J04: 2[ya yo lo sabía eh/ <navn>alicia</navn> ]
       T L 10  MAORE2J01: 1[oye el sulfero ]
       MAORE2J04: 1[yo sabía que estaba a por tí ]
       T L 10  MAORE2J01: 2[es que yo en la fiesta me dí (sic.) cuenta *pero vamos* ]
       MAORE2J05: 2[y desde cuando ]
       T L 10  MAORE2J04: no yo me dí (sic.) cuenta antes (COLAm)

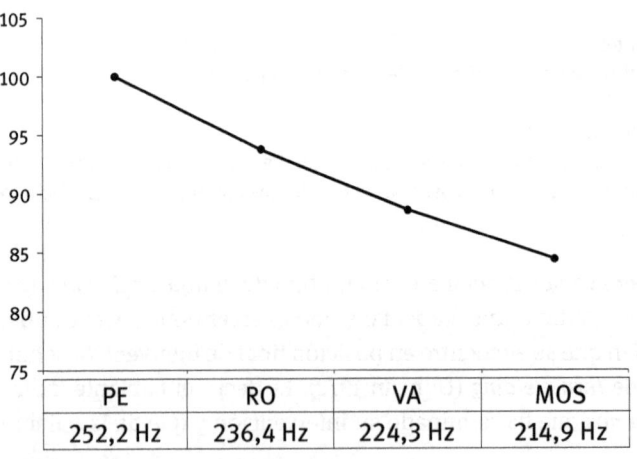

| PE | RO | VA | MOS |
|---|---|---|---|
| 252,2 Hz | 236,4 Hz | 224,3 Hz | 214,9 Hz |

**Figura 36:** Curva melódica de *pero vamos*

---

15 Las estilizaciones de las curvas melódicas se lograron mediante la aplicación del análisis melódico del habla propuesto por Cantero Serena/Font Rotchés (2009). Las curvas melódicas representan, pues, las sucesiones de valores relativos (Herzios estandarizados).

Todo ello demuestra que la coocurrencia *pero vamos* puede aparecer en una posición atípica (final de acto o intervención) con un valor específico (indicar el fin de un tema o turno), lo cual apunta a que la coocurrencia se está fijando como unidad: en este contexto específico parece que *pero vamos* se está fijando formalmente y que, como *Gestalt*, está desarrollando valores específicos, como el de *turn-yielding*. La consolidación de esta coocurrencia o construcción es una consecuencia de su uso frecuente en tal contexto. Por eso, argumentamos que la consolidación de *pero vamos* obedece al principio de *entrenchment* según el cual existe una:

> [...] continuous scale of entrenchment in cognitive organization. Every use of a structure has a positive impact on its degree of entrenchment, whereas extended periods of disuse have a negative impact. With repeated use, a novel structure becomes progressively entrenched, to the point of becoming a unit; moreover, units are variably entrenched depending on the frequency of their occurrence. (Langacker 1987, 59)

En otras palabras, una construcción presenta diversos grados de *entrenchment* o automatización. Este grado depende de la frecuencia de ocurrencia de la construcción, lo cual significa que cuanto más frecuente sea el uso de una construcción (en este caso una coocurrencia de dos marcadores), más estará arraigada en el lenguaje y en el conocimiento del hablante.

## 8.1.5 Conclusiones

En este apartado hemos estudiado un tema poco explorado en el campo de estudio de los marcadores. Combinando un enfoque cuantitativo y cualitativo, hemos podido aclarar algunas cuestiones pendientes. En primer lugar, elaboramos una lista de todas las coocurrencias más frecuentes de los marcadores *anda, vamos, vaya* y *venga* con otro marcador. A partir de la estructura interna de las coocurrencias, se disciernen tres tipos: (1) la coocurrencia con un marcador modal, (2) la coocurrencia con un marcador discursivo y (3) la reduplicación. El análisis semántico-pragmático de estas coocurrencias resultó en algunos rasgos prototípicos que caracterizan cada tipo. Es importante recalcar que a veces las fronteras entre las tres categorías son borrosas, por lo que proponemos un continuo entre (a) las coocurrencias que presentan un grado de integración funcional completo en un extremo (la reduplicación) y (b) las coocurrencias con un grado de integración funcional menor en el otro (algunas coocurrencias del tipo [MDi+M], como *porque vamos*):

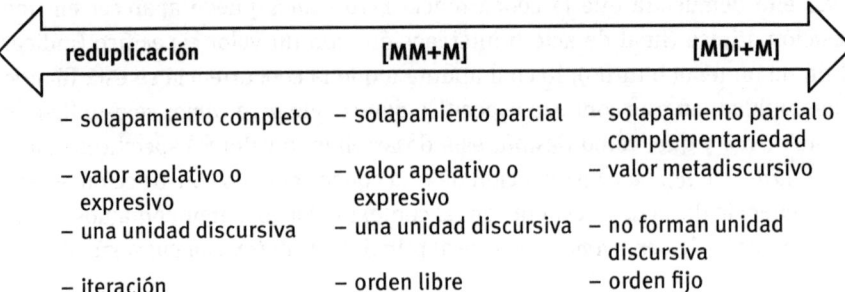

| reduplicación | [MM+M] | [MDi+M] |
|---|---|---|
| – solapamiento completo | – solapamiento parcial | – solapamiento parcial o complementariedad |
| – valor apelativo o expresivo | – valor apelativo o expresivo | – valor metadiscursivo |
| – una unidad discursiva | – una unidad discursiva | – no forman unidad discursiva |
| – iteración | – orden libre | – orden fijo |

**Figura 37:** Continuo de la integración funcional de las coocurrencias

Hemos podido comprobar que la coocurrencia de dos marcadores no es aleatoria sino que está motivada por razones comunicativas: solo se combinan dos marcadores para lograr cierta intención comunicativa. Los marcadores que coocurren tienen cierta afinidad pragmática que puede ser un solapamiento total, un solapamiento parcial o complementariedad funcional. En los primeros dos casos, los constituyentes tienen en común (parte de) su valor pragmático, mientras que en el caso de la complementariedad los constituyentes se completan pragmáticamente.

De todos modos, el valor de una coocurrencia suele ser la suma de los valores de sus constituyentes o dicho de otro modo las coocurrencias tienen un valor sumativo antes que holístico. La única coocurrencia que parece estar en camino de lexicalizarse, esto es, de fijarse formalmente y especificarse funcionalmente es *pero vamos*: en posición final de un acto o de una intervención adquiere el valor de cierre de una digresión o de *turn-yielding*, respectivamente. Por todo ello, concluimos que la coocurrencia *pero vamos* es la única coocurrencia que está consolidada ya en la lengua como una unidad y con valores ya más especializados.

Como ilustra la Figura 37, el grado de afinidad funcional tiene sus implicaciones en la estructura y en las funciones de las coocurrencias. En primer lugar, por la presencia de un MDi en [MDi+M] estas coocurrencias suelen tener una función metadiscursiva. Las reduplicaciones y coocurrencias del tipo [MM+M], en cambio, tienen más frecuentemente una función apelativa o expresiva. Además, los constituyentes cuyas funciones se solapan completa o parcialmente pertenecen a la misma unidad discursiva, ya que sirven a la misma intención comunicativa. Cuando las funciones de los constituyentes no se solapan – es decir, cuando se combina una conjunción o conector pragmático (como *y* o *porque* en algunos casos) con un marcador objeto de estudio – los constituyentes no pertenecen a la misma unidad discursiva. Además, dado que un MDi suele conectar el enunciado precedente con el que sigue, tiene alcance sobre el M, por lo que los constituyentes siempre se presentan en el orden fijo de [MDi+M].

Resumiendo, la coocurrencia más frecuente (*pero vamos*) está desarrollando valores holísticos, mientras que las demás tienen un valor más bien sumativo. Con estas últimas coocurrencias la sinergia entre los constituyentes se encuentra antes bien en que los dos marcadores se complementan o se refuerzan para lograr un efecto de insistencia o para acertar mejor la intención comunicativa del hablante. De todo esto se concluye que los conocimientos sobre las coocurrencias de los marcadores ayudan a comprender mejor sus perfiles funcionales.

## 8.2 El vocativo

No es insignificante la frecuencia con la que los marcadores objeto de estudio se combinan con un vocativo, por lo cual este fenómeno merece un estudio detenido. El árbol de clasificación (Capítulo 5) ha mostrado que la presencia o ausencia de un vocativo es un indicio de la probabilidad de que un marcador tenga determinada función (salvo para los marcadores que ocupan una posición media). Concretamente, cuando un marcador lleva un vocativo es más probable que tenga una función apelativa. En este apartado estudiamos las combinaciones de un marcador con un vocativo con el objetivo de averiguar si el significado del marcador se refleja en la ausencia o presencia de un vocativo, en el tipo de vocativo con el que se combina y/o en la posición del vocativo para con el marcador. Además, con el estudio del vocativo nos proponemos revelar diferencias en el comportamiento formal y funcional de los cuatro marcadores, lo cual se realiza mediante un enfoque comparativo entre *anda, vamos, vaya* y *venga*.

El primer apartado expone las características del vocativo (8.2.1). A fin de averiguar en qué contextos un marcador se combina con un vocativo, se estudian, en el segundo apartado, las frecuencias con la que un marcador se combina con un vocativo (8.2.2.1), los tipos de vocativos (8.2.2.2), las funciones (8.2.2.2) y su posición relativa a los marcadores (8.2.2.4).

### 8.2.1 Acerca del vocativo

Ante todo, cabe subrayar que el vocativo es una categoría funcional y que, por tanto, se deja definir, en primer lugar, por su comportamiento pragmático. Según lo propuesto en la bibliografía, el vocativo sirve, principalmente, para dirigirse directamente al receptor y constituye una expresión apelativa (Cuenca 2004; Edeso Natalías 2005; Sonnenhauser/Aziz Hanna 2013). A este valor principal se suelen añadir muchos otros valores determinados por el contexto (Edeso Natalías 2005) (cf. *infra*). Los elementos que actúan de vocativo suelen ser sustantivos (*chaval, tío, hijo*, etc.), pronombres (*tú*) o adjetivos (*lindo, guapa*, etc.) que solo en casos excepcionales llevan un determinante (Leech 1999). Este determinante es muchas veces un posesivo que puede ir ante o pospuesto, como en *mi vida, hijo mío, amigo mío*, etc. (Alonso Cortés 1999; Brandimonte 2010). Sintácticamente, el vocativo, como los marcadores, no depende de ningún otro miembro de la estructura oracional (Cuenca 2004; Gómez Montoya 2009; Leech 1999; Miguel Bañón 1993). Este carácter extraproposicional se debe a que no desempeña ninguna de las funciones sintácticas básicas (sujeto, objeto, etc.); por consiguiente, tiene mucha libertad posicional (43) y su omisión no influye en una buena comprensión del enunciado (43) (Miguel Bañón 1993):

> (43) *Jaqueline*, anda, pídelo tú, va. (CREA; España: Oral, 1990)
>     a. Anda, *Jaqueline*, pídelo tú, va./ Anda, pídelo tú, *Jaqueline*, va./ Anda, pídelo tú,
>        va *Jaqueline*.
>     b. Anda, pídelo tú, va.

En lo que sigue profundizamos en los tipos de vocativos (8.2.1.1), la clasificación funcional (8.2.1.2) y la posición del vocativo para con el marcador (8.2.1.3).

### 8.2.1.1 Los tipos de vocativos

Se disciernen varios tipos de vocativos que pueden clasificarse según la relación social que reflejan. En adelante enumeramos los tipos de vocativos yendo de formas prototípicamente más familiares e íntimas a formas más respetuosas y de distancia (basado en Alonso Cortés (1999); Cuenca (2004); Leech (1999)):

– Nombres de cariño (*amor, cariño*, etc.). Reflejan las relaciones sociales más íntimas.
– Nombres de parentesco (*papa, abuelo*, etc.). Payrató (2002) señala que no todos los nombres de parentesco son propensos a usarse como vocativos. Así, es más frecuente el uso de vocativos de parentesco entre padres e hijos (*¡Hola, mamá!*) o cuando va dirigido a un nivel superior en la relación de parentesco (*¡Hola, abuela!*) que el uso del vocativo de parentesco hacia un nivel inferior de la relación (*¡Hola, nieto!*) o entre iguales (*¡Hola, hermana!*).
– Nombres de trato íntimo (*colega, tío, amigo, tronco*, etc.). Se usa este tipo de vocativo para limitar la distancia social entre los interlocutores (Cuenca 2004, 49). Por el uso de un nombre de trato íntimo como vocativo se indica que el hablante y el oyente pertenecen al mismo grupo social que es distinto de los demás (Alonso Cortés 1999, 4040).
– Pronombre *tú*. El uso del pronombre *tú* como vocativo indica una relación de proximidad entre los interlocutores. Antes que apelar al interlocutor, se usa este tipo de vocativo para enfatizar o destacar lo dicho (Cuenca 2004, 50).

- Hipocorísticos (*Pepe, Desi*, etc.). El hipocorístico se usa cuando «l'intercanvi será molt probablement individual i hi ha relació de solidaritat» (Cuenca 2004, 46).
- Gentilicios (*español, francés, belga*, etc.). Los nombres que remiten a naciones implican una relación más bien informal entre los interlocutores (Alonso Cortés 1999, 4045).
- Nombres que denotan edad *(niño, joven, chico*, etc.). Cuando se usan los nombres que denotan edad con valor referencial, pueden usarse entre desconocidos. También es posible que hayan perdido su valor referencial y se usan más bien con valor afectivo, por lo que indican una relación de solidaridad (Cuenca 2004, 49).
- Nombres propios en su forma normal (*José, Manuel, Asunción*, etc.). El uso de un nombre propio puede indicar una relación de proximidad pero también de cierta distancia (*José, ¿Usted ha hablado con Antonio?*) (Cuenca 2004, 46; Leech 1999, 112).
- Apellidos (*López, Martínez*, etc.). El uso del apellido como vocativo indica cierta distancia entre los interlocutores (Cuenca 2004, 46).
- Nombres de profesión (*chófer, camarero*, etc.). Indican una relación de respecto.
- Títulos (con o sin apellido) (*señor (García), doctor, alteza*, etc.). Marcan una relación asimétrica entre los interlocutores (Leech 1999, 112).

El adjetivo usado como vocativo es un caso particular, ya que la relación social señalada depende del significado del adjetivo. De todos modos, muchos adjetivos usados como vocativos tienen valor afectivo (*querido, chato*, etc.) o se usan jocosamente para indicar una relación familiar o íntima (*pesado, despabilado*, etc.) (Alonso Cortés 1999, 4044; Leech 1999, 113).

### 8.2.1.2 La clasificación funcional

Es bien sabido que la función principal del vocativo es la apelación al oyente, es decir, con el vocativo el hablante llama la atención del oyente e identifica al oyente de entre un grupo de personas (Leech 1999, 108). A esta función se suman muchos otros efectos de sentido determinados por el contexto, «esto se debe a que puede acompañar a cualquier acto de habla, tiñéndose, en cada caso, del valor ilocutivo de aquel» (Edeso Natalías 2005, 125).

En primer lugar, varios autores disciernen una función estructural del vocativo. Así, pueden indicar la apertura o el cierre del discurso y organizan la distribución de los turnos de habla (Cuenca 2004; Miguel Bañón 1993). Al lado de esta función estructural, el vocativo se usa también para establecer o mantener las relaciones sociales. La propuesta de clasificación funcional que más elabora el valor de cortesía es la de Edeso Natalías (2005). Optamos por esta clasificación para este estudio empírico porque su propuesta está basada en un estudio de corpus de lengua hablada espontánea y es la más elaborada y detallada.

Según Edeso Natalías (2005), el vocativo se usa en el discurso para (a) indicar cortesía, (b) expresar autorreflexión por parte del hablante (el vocativo autorreflexivo) o (c) para implicar al oyente en lo dicho por el hablante (el vocativo implicativo).

## A. EL VOCATIVO Y LA CORTESÍA

Se entiende por cortesía los procedimientos que evitan que las acciones del hablante dañen la dignidad o el prestigio del oyente (Kerbrat-Orecchioni 2004). Se remite a esta dignidad en un contexto social con el término *imagen (face)* (Goffman 1955). Los actos de habla que potencialmente amenazan la imagen del hablante, los llamados *actos amenazadores de imagen (FTA, Face Threatening Acts)*, incluyen por ejemplo órdenes, peticiones, reprimendas, reproches, etc. A estos se oponen los *actos agradadores de imagen (FFA, Face Flattering Acts)* como los saludos, las despedidas, los agradecimientos, las disculpas, los ofrecimientos, los cumplidos, etc. Los FFAs valorizan, pues, de manera positiva la imagen del otro (Kerbrat-Orecchioni 2004). La cortesía es la acción de o bien atenuar los FTAs, o bien de reforzar los FFAs: en el primer caso, se habla de *cortesía negativa* en el segundo caso de *cortesía positiva* (Brown/Levinson 1987). El vocativo puede estar involucrado en el *trabajo de las imágenes (face-work)* y sirve para proteger la imagen social del interlocutor, reforzando FFAs (cortesía positiva) (44) o atenuando FTAs (cortesía negativa) (45):[16]

(44) Nos vemos, *chicos*. (Edeso Natalías 2005, 130)
(45) *Álvaro*, por favor, pásame el agua que me estoy poniendo malísimo. (Edeso Natalías 2005, 135)

---

[16] Según Watts (2004), la teoría de *facework* propuesta por Brown/Levinson (1987) no cubre toda la realidad, ya que es demasiado limitada. Watts propone, por ello, la teoría de *relational work* que logra dar cuenta de las negociaciones de las relaciones entre los interlocutores. Por eso, la teoría no solo considera el comportamiento cortés y descortés, sino también el comportamiento apropiado. A pesar de que la teoría de Watts conozca muchos adeptos actualmente, no la aplicamos en este trabajo para evitar que nos perdamos en la discusión sobre el concepto de la cortesía y para que no nos desviemos demasiado del objetivo principal. Además de eso, aplicamos la teoría de los vocativos propuesta por Edeso Natalías (2005) en la que emplea la teoría de *facework*.

En el ejemplo (44) el vocativo *chicos* acompaña a una despedida, un FFA, y expresa la cortesía positiva. En cambio, en el ejemplo (45) la petición se interpreta como una atenuación del FTA por la presencia del vocativo *Álvaro*.

## B. EL VOCATIVO AUTORREFLEXIVO

Según propone Edeso Natalías (2005, 137–138), otro uso del vocativo consiste en «mostrar una actitud autorreflexiva por parte del hablante», lo cual se refiere a que el hablante usa el vocativo para reflexionar sobre actos de habla que expresan juicios, dudas, sorpresa, invocación, etc.:

(46) ¡*Chicos*, ya son las doce!
(47) ¡*Hombre*, qué grande es la tarta!
(48) Pero, *señor mío*, ¿Van a vivir cien años las ovejas? (Edeso Natalías 2005, 137)

Cuando un vocativo tiene función autorreflexiva, su contenido apelativo queda en cierta medida suspendido y el vocativo adquiere un valor más bien modal.

## C. EL VOCATIVO IMPLICATIVO

Finalmente, el uso del vocativo puede tener como efecto implicar al oyente en el ámbito del hablante. Más en concreto, el hablante usa el vocativo para que el oyente comparta su punto de vista o se ponga de su parte (Edeso Natalías 2005, 138–139):

(49) Venga, *hija*, tampoco es para tanto.

Por otro lado, el valor implicativo también se refiere al uso del vocativo para implicar al hablante en el ámbito del oyente:

(50) No, si es inútil, *Sergio*, es inútil; no sirve discutir (Edeso Natalías 2005)

En conclusión, a la función apelativa del vocativo pueden añadirse tres valores más: expresar la cortesía (negativa o positiva), mostrar una actitud autorreflexiva e implicar al oyente en el ámbito del hablante o viceversa. En algunos contextos la función autorreflexiva o implicativa se da de manera simultánea con la expresión de cortesía:

(51) Agustín, mira que te lo dije muy claro. Los votos hay que cuidarlos exhaustivamente porque de lo contrario se evaporan. No te enfades, Adolfo, te juro que voy a encontrarlo. A lo mejor está entre las facturas de mis hijos. Te llamo la semana que viene, *Adolfo*, anda. (CREA; España: Oral, 1986)

En el ejemplo (51) el vocativo *Adolfo* sirve ante todo para implicar al oyente en el ámbito del hablante, ya que el hablante quiere tranquilizarle al oyente. Simultáneamente, el vocativo acompaña a un FFA, la despedida (*Te llamo la semana que viene*), por lo que expresa también la cortesía positiva. Según el contexto en el que aparezca, habrá siempre un valor predominante del vocativo (que en el ejemplo (51) es la cortesía positiva). En el estudio empírico examinaremos los valores que adoptan los vocativos en combinación con los marcadores, lo que permitirá determinar por qué los marcadores llevan un vocativo (8.2.2.2).

### 8.2.1.3 La posición del vocativo

Varios autores se han centrado en la movilidad posicional del vocativo y la relación con sus valores (Alonso Cortés 1999; Brandimonte 2010; Cuenca 2004; García Dini 1998; Leech 1999; Miguel Bañón 1993). Según Cuenca (2004, 54), la posición es incluso «un dels trets més rellevants del vocatiu, i [...] té relació amb diferències en l'ús discursio». En líneas generales, la posición inicial en el enunciado se asocia con la función apelativa de atraer la atención de alguien o llamar la atención sobre lo dicho (Alonso Cortés 199; Cuenca 2004; García Dini 1998; Leech 1999) (51). En su uso independiente, el vocativo también tiene función apelativa (Cuenca 2004) (52). En la posición media o central (53) y en la posición final (54), el vocativo tiene más bien valor reforzador o atenuador de la expresividad del enunciado (Cuenca 2004; García Dini 1998; Miguel Bañón 1993):

> (52)   ¡*Chicho*, espabila, que ya va siendo hora! (García Dini 1998)
> (53)   ¡*Manolo*!
> (54)   Que te vaya bien, *mi vida*, adiós. (García Dini 1998)
> (55)   Claro que sí, *niña*. (García Dini 1998)

Cabe distinguir entre la posición absoluta y la posición relativa del vocativo. La posición absoluta es la posición del vocativo dentro del enunciado, mientras que con la posición relativa se refiere a la posición del vocativo para con el verbo o, en nuestro caso, el marcador:

> (56)   Digo: anda, *niño*, vaca (sic) el volumen del televisor, niño. (CREA; España: Oral, 1990)

En el ejemplo (56) el vocativo *niño* se encuentra en posición absoluta media, pero ocupa una posición relativa final para con el marcador.

Dado que el objetivo de este análisis es estudiar el vocativo en combinación con los marcadores, se tendrá en cuenta la posición relativa del vocativo para con el marcador. De esta manera, el vocativo puede encontrarse en posición relativa inicial (57), media (58) o final  (59) para con el marcador:

| (57) | TL10MALCE2J01: | <navn>*Juan*</navn> *anda* por faaa (COLAm) |
|------|----------------|---------------------------------------------|
| (58) | TL10MALCC4GO3: | *vamos* <navn>*Luiiiis*</navn> *vamos* (COLAm) |
| (59) | TL10MALCC2G05: | bebe *anda* <navn>*Borja*<navn> (COLAm) |

Según un estudio de Cuenca (2004, 55), los vocativos catalanes se combinan frecuentemente con marcadores a los que prefieren posponerse los marcadores. En lo que sigue se examinará si esto vale también para el español y, en particular, para los marcadores derivados de verbos de movimiento: estudiamos la posición relativa preferida por los vocativos para con los marcadores y se analizará lo que esta posición revela sobre los valores de estos marcadores (8.2.2.4).

## 8.2.2 Los marcadores y el vocativo

A continuación, se estudiarán las características de las colocaciones de un marcador con un vocativo con el objetivo de verificar si la ausencia o presencia de un vocativo, su función y/o su posición determina la función del marcador. Además, comparamos detenidamente los cuatro marcadores en cuanto a los rasgos de los vocativos con los que se combinan a fin de revelar diferencias en los valores o las connotaciones entre los marcadores aquí estudiados. Para empezar, se calcula la frecuencia de aparición de los vocativos según la función pragmática y el marcador (8.2.2.1). En los apartados siguientes, se indaga en los tipos (8.2.2.2) y en las funciones de los vocativos que se combinan con un marcador (8.2.2.2). Al final de este capítulo, se aborda también el posible lazo entre la posición relativa del vocativo y su función (8.2.2.4). El estudio del vocativo revelará más sobre el comportamiento pragmático de los marcadores; ayudará a distinguir matices en sus valores pragmáticos y diferencias entre los cuatro marcadores.

### 8.2.2.1 La frecuencia de los vocativos

A pesar de la frecuencia de aparición relativamente alta del vocativo en combinación con los marcadores (Cuenca 2004), este tipo de combinación ha recibido poca atención en los estudios empíricos de los marcadores. Y efectivamente, los datos del corpus confirman que la presencia de un vocativo no es insignificante (aparece en el 6,07% (157/2578) del corpus entero). Precisamente por su alta frecuencia es interesante examinar detenidamente las combinaciones de un marcador con un vocativo. La Tabla 25 recoge las frecuencias absolutas y relativas de la presencia de un vocativo en combinación con un marcador observadas por macrofunción:

**Tabla 25:** Presencia del vocativo según la función del marcador

|       | # total | # con vocativo | %      |
|-------|---------|----------------|--------|
| AP    | 754     | 124            | 16,45% |
| EXP   | 440     | 30             | 6,82%  |
| MD    | 1393    | 3              | 0,22%  |
| Total | 2587    | 157            | 6,07%  |

Como era de esperar, los marcadores con función apelativa llevan más frecuente-mente un vocativo (16,05%), ya que con esta función los marcadores se centran en la relación entre el hablante y el oyente. No obstante, también es frecuente el uso de un vocativo con marcadores con función expresiva (7,5%), mientras que con valor metadiscursivo es muy excepcional la presencia de un vocativo (0,22%). Estas proporciones se reflejan en las frecuencias de uso del vocativo observadas por marcador:

**Tabla 26:** Presencia del vocativo según el marcador

|       | # total | # con vocativo | %      |
|-------|---------|----------------|--------|
| ANDA  | 305     | 25             | 8,20%  |
| VAMOS | 1411    | 22             | 1,56%  |
| VAYA  | 120     | 6              | 5%     |
| VENGA | 741     | 104            | 13,85% |
| Total | 2587    | 157            | 6,07%  |

La Tabla 26 revela que es muy poco frecuente la presencia del vocativo en com-binación con el marcador *vamos* (1,56%). Esta baja frecuencia se explica por el comportamiento pragmático del marcador que se usa ante todo con valor meta-discursivo (Capítulo 6). Ya sabemos que un marcador con valor metadiscursivo se centra en el texto y la implicación del oyente queda limitada. En cambio, no es de extrañar la alta frecuencia de la combinación de *venga* con el vocativo, puesto que este marcador se usa principalmente con valor apelativo (en un 71,37% de todos los ejemplos del corpus (Capítulo 6)).

Finalmente, llama particularmente la atención el hecho de que el marcador *vaya* se combina en un 5% de los ejemplos con un vocativo a pesar de no cumplir nunca una función apelativa (Capítulo 6). Se espera, por lo tanto, que el vocativo que se combina con marcadores con función expresiva tenga un valor particular, o por lo menos distinto de los valores de los vocativos que se combinan con mar-cadores con función apelativa (cf. *infra*).

### 8.2.2.2 Las funciones del vocativo

En este apartado indagamos sobre las funciones del vocativo y examinamos la relación entre la función del marcador y el valor del vocativo con el cual se combina. De la tabla siguiente se desprende que los vocativos en combinación con un marcador se usan ante todo con valor de cortesía negativa (esto es, para atenuar un FTA):

**Tabla 27:** Funciones del vocativo en combinación con un marcador

|       | Cortesía negativa | Cortesía positiva | Autorreflexivo | Implicativo | Total |
|-------|-------------------|-------------------|----------------|-------------|-------|
| AP    | 118               | 3                 | 0              | 3           | 124   |
|       | 95,16%            | 2,42%             | 0%             | 2,42%       | 100%  |
|       | 2,0               | -0,8              | -3,9           | -1,3        |       |
| EXP   | 6                 | 0                 | 19             | 5           | 30    |
|       | 20%               | 0%                | 63,33%         | 16,67%      | 100%  |
|       | -3,6              | -1,1              | 8,1            | 2,8         |       |
| MD    | 0                 | 3                 | 0              | 0           | 3     |
|       | 0%                | 100%              | 0%             | 0%          | 100%  |
|       | -1,5              | 8,5               | -0,6           | -0,4        |       |
| Total | 124               | 6                 | 19             | 8           | 157   |
|       | 78,98%            | 3,82%             | 12,10%         | 5,10%       | 100%  |

(p<2,2$^{-16}$; prueba exacta de Fisher)

Primero, sobre todo en combinación con un marcador con valor apelativo los vocativos suelen indicar la cortesía negativa, esto es, sirven para atenuar los FTAs (95,16%):

(60)  *¡Anda! Mariano* / bájate un ratito con el niño (C-ORAL-ROM)
(61)  T L 10 MALCB2G03: *venga* <navn>*Jorge*</navn> pásame la hoja anda (COLAm)

El FTA en los ejemplos (60) y (61) consiste en la orden expresada por el imperativo que, a su vez, está intensificada por el marcador *anda*. El hablante usa el vocativo para mitigar la orden y para evitar así tensiones entre los interlocutores. Hay que señalar que el marcador y el vocativo trabajan el *facework* juntos, esto es, contribuyen ambos a la cortesía negativa o positiva. Los marcadores pueden, de hecho, «codificar de forma metalingüística una señal de regulación cortés en la relación dialógica» (Landone 2009, 232). Dicho de otro modo, a los valores básicos del vocativo (apelativo) y de los marcadores (apelativo, expresivo y metadiscursivo) se puede sumar un valor de cortesía, según el contexto.

También los marcadores con función expresiva se combinan, aunque en menor medida (en un 20% de todos los marcadores con función expresiva), con un vocativo que atenúa el FTA. Este FTA suele ser una actitud de desacuerdo o rechazo expresada por el hablante, como ilustra el ejemplo (62):

(62)  &lt;H3&gt; Lo ha reconocido.
      &lt;H1&gt; ... como todas las falacias pequeñas...
      &lt;H3&gt; Lo ha reconocido.
      &lt;H2&gt; No, ha reconocido... que a mí me conoce más tiempo que a ti (sic.),
      &lt;H3&gt; *Vamos, venga, Ramón.* No.
      &lt;H2&gt; &lt;ininteligible&gt; Es decir, decir eso...
      &lt;H3&gt; Vamos a ser serios. (CORLEC)

Aun así, un 63,33% de los vocativos que acompañan a un marcador con función expresiva, suele tener carácter autorreflexivo:

(63)  *UEL: ¡joder! //$ pues no sé / *tío* //$ xxx yo eso no lo sabía / macho //$ nunca me lo has dicho / &lt;capullo&gt; //$
      *OÑO: [&lt;] &lt;¡hombre!&gt; / tampoco / voy con un letrero diciendo / mira / &lt;tal&gt; //$
      *UEL: [&lt;] &lt;no / pero&gt; / *tío* / pues yo sí que lo hubiera contado / *macho* //$ o sea traba-jamos juntos / *tío* /$
      *OÑO: &lt;hhh&gt; //$
      %act: (1) laugh
      *UEL: / [&lt;] &lt;pues siete horas al día ...$ hhh&gt; //$
      %act: (5) laugh
      *OÑO: y [/] y lo [/] y / lo hubieras contado / para presumir / no ?$ *venga* / *tío* //$
      %alt: (8) pa
      *UEL: no //$ pero no para presumir //$ solamente es una curiosidad / *macho* //$
      (C-ORAL-ROM)

Este ejemplo ilustra que el vocativo le permite al hablante indicar una actitud reflexiva, es decir, el vocativo indica que el hablante está considerando, y muchas veces también valorando, lo dicho o lo ocurrido. En el ejemplo (63), los dos hablantes usan a menudo el vocativo *tío* con valor autorreflexivo. También cuando el vocativo *tío* se combina con el marcador *venga* con función expresiva de desagrado o desacuerdo, el vocativo se usa para considerar y valorar lo dicho en el enunciado que precede. En estos contextos de uso el valor apelativo del vocativo se ha relegado a un segundo plano.

Los vocativos con valor implicativo se combinan más frecuentemente con marcadores con función expresiva (64):

(64)  "Pues, *anda,* que *hija mía,* pues por no quitar tantas" (CREA; España: Oral, s.d.)
      T L 10 MAORE2J02: nos los quitamos las dos y decimos
      T L 10 le digo *venga* &lt;navn&gt;*bego*&lt;/navn&gt; que me quito los zapatos
      T L 10 y la otra
      T L 10 eh le digo venga sí nos quitamos los zapatos (COLAm)

Con este uso el vocativo le permite al hablante atraer al oyente en su ámbito para que comparta su punto de vista.

Para terminar, el único marcador con valor metadiscursivo que lleva un vocativo es *venga*. En los tres ejemplos del corpus, el marcador tiene función metadiscursiva de despedida, como ilustra el ejemplo (65):

(65)  <H2> <risas> Si existen las meigas, por favor, <risas> que quiten
la mala suerte de aquí. Fernando, gracias. ¡Te vamos a despedir con un grito, a ver
si nos sale! ¡Venga, a ver! Os dejo con ello, ¿eh? *¡Venga! Fernando,* ¡hasta siempre!
(CORLEC)

El acto de despedirse se considera un FFA (Edeso Natalías 2005, 129) y los vocativos añaden un matiz de familiaridad al acto, intensificando de esta manera el FFA. La presencia de un vocativo con el marcador *venga* con función de despedida es prueba de que tal función actúa más bien en un nivel interpersonal, contrariamente a los demás valores metadiscursivos ejecutados por *vamos* y *vaya* (reformulativo, continuativo, etc.) que se centran más en el texto mismo.

Con lo que respecta a la comparación entre los marcadores, la tabla siguiente compara los valores de los vocativos en función de los marcadores con los cuales se combinan:

**Tabla 28:** Valores de los vocativos por marcador

|       | Atenuador de FTAs | Refuerzo de FFAs | Autorreflexivo | Implicativo | Total |
|-------|-------------------|------------------|----------------|-------------|-------|
| ANDA  | 19                | 0                | 3              | 3           | 25    |
|       | 76%               | 0%               | 12%            | 12%         | 100%  |
| VAMOS | 21                | 0                | 0              | 1           | 22    |
|       | 94,45%            | 0%               | 0%             | 4,55%       | 100%  |
| VAYA  | 1                 | 0                | 5              | 0           | 6     |
|       | 16,67%            | 0%               | 83,33%         | 0%          | 100%  |
| VENGA | 83                | 6                | 11             | 4           | 104   |
|       | 79,81%            | 5,77%            | 10,58%         | 3,85%       | 100%  |
| Total | 124               | 6                | 19             | 8           | 157   |
|       | 78,98%            | 3,8%             | 12,03%         | 5,06%       | 100%  |

Se destaca que los vocativos que se combinan con el marcador *vaya* suelen tener un valor autorreflexivo, lo cual no es de extrañar, dado que *vaya* más vocativo tiene siempre un valor expresivo. Al lado de esto, de la tabla se desprende que *venga* es el único marcador que se combina con un vocativo con valor de cortesía para reforzar un FFA. En este contexto el marcador tiene o bien una función de despedida (66) o bien un valor de animar al interlocutor (67):

(66)  *ALV: bueno / guapetón //$
      *JOA: *venga* //$ *<Alvarito>* //$
      *ALV: [<] <que / lo dicho> //$ ya / nos vemos //$ vale ?$ (C-ORAL-ROM)
(67)  <H6> ¡*Venga, chicos*!, os deseo muchísima suerte. (CORLEC)

Tanto la despedida como el acto de dar ánimos al oyente se consideran FFAs, que el vocativo puede reforzar. El marcador *venga* resalta de entre los demás marcadores por la expresión más explícita de actos que agradan la imagen del oyente. Como ha señalado también Landone (2009, 245), el marcador *venga* puede interpretarse en algunos contextos como índice de cortesía, dado que «[modula] la proximidad, como un intento de atraer al interlocutor hacia el territorio del emisor». Con el marcador *venga*, perdura en estos usos el esquema de acercamiento presente en la base léxica, pero ya no se sitúa, en el dominio espacial sino en el dominio de las relaciones sociales.

En resumen, la función más frecuente del vocativo en combinación con un marcador es atenuar un acto que podría amenazar la imagen del oyente. El valor autorreflexivo, en cambio, se manifiesta en los vocativos que se combinan con un marcador con función expresiva. Finalmente, por el carácter pragmático de proximidad, *venga* pueda llevar un vocativo que refuerza de manera positiva la imagen social del oyente. Además, el marcador y el vocativo suelen perseguir el mismo objetivo comunicativo (de cortesía o más bien expresivo) dado que, como hemos dicho en 8.2.1.2, los vocativos se tiñen de los valores o actos ilocutivos del contexto, en este caso de los marcadores. Por consiguiente, la combinación de un marcador y un vocativo puede considerarse como un tipo de colocación, tales como las coocurrencias discutidas en el apartado 8.1.

### 8.2.2.3 Los tipos de vocativos
En la Tabla 29 quedan recogidas las frecuencias de los tipos de vocativos que acompañan a los marcadores *anda, vamos, vaya* y *venga*:

**Tabla 29:** Tipos de vocativos por función del marcador

|            | AP    | EXP   | MD   | Total |
|------------|-------|-------|------|-------|
| Gentilicio | 1     | 0     | 0    | 1     |
|            | 0,81% | 0%    | 0%   | 0,63% |
| Adjetivo   | 7     | 2     | 0    | 9     |
|            | 5,65% | 6,67% | 0%   | 5,70% |
| Edad       | 8     | 1     | 0    | 9     |
|            | 6,45% | 3,33% | 0%   | 5,70% |

| | AP | EXP | MD | Total |
|---|---|---|---|---|
| Trato íntimo | 19 | 14 | 0 | 33 |
| | 15,32% | 46,67% | 0% | 21,02% |
| Nombre propio | 81 | 10 | 2 | 93 |
| | 65,32% | 33,33% | 66,67% | 59,24% |
| hipocorístico | 1 | 0 | 0 | 1 |
| | 0,81% | 0% | 0% | 0,63% |
| Parentesco | 1 | 3 | 0 | 4 |
| | 0,81% | 10,00% | 0% | 2,53% |
| Profesión | 1 | 0 | 0 | 1 |
| | 0,81% | 0% | 0% | 0,63% |
| Pronombre | 3 | 0 | 0 | 3 |
| | 2,42% | 0% | 0% | 1,90% |
| Patronímico | 0 | 0 | 1 | 1 |
| | 0% | 0% | 33,33% | 0,63% |
| Título | 2 | 0 | 0 | 2 |
| | 1,61% | 0% | 0% | 1,27% |
| Total | 124 | 30 | 3 | 157 |
| | 100% | 100% | 100% | 100% |

Los nombres propios son los vocativos que más frecuentemente se combinan con los marcadores (59,24%). Además, son los vocativos más prototípicamente apelativos (Alonso Cortés 1999, 4037; Cuenca 2004, 45), puesto que siempre se refieren a una entidad única que está conocida contextualmente (Cuenca 2004, 46). Por eso, no es de extrañar que los vocativos que se combinan con un marcador apelativo estén realizados más frecuentemente por un nombre propio (65,32%). La relación social indicada por los nombres propios es siempre más bien informal, porque son todos ejemplos de nombres de pila:

(68) TL10MALCC4G02:   2[*vamos* <navn>*Robinho*</navn> le ha quitado pelotas al negro vamos <navn>Robinho</navn> no pueden con él] (COLAm)

(69) TL10MALCC2G04:   hazte otro *anda* <navn>*Chritian*</navn> (COLAm)

El segundo tipo de vocativo más frecuente son los nombres de trato íntimo (*tía/ tía, hombre, mujer, tronco/tronca*, etc.) (21,02%):[17]

---

17 El vocativo *hombre* se distingue del marcador conversacional *hombre* por los rasgos siguientes: (a) el marcador ha perdido la posibilidad de variación de número cuando se dirige a varios interlocutores, (b) el marcador no puede llevar ningún adyacente (*hombre de Dios*), (c) el marcador puede remitirse a sujetos femeninos o masculinos, (d) el marcador puede combinarse con un vocativo (*hombre, Alonso*) (Martín Zorraquino/Portolés 1999). No obstante, en contextos reales

(70)   *OÑO: y [/] y lo [/] y / lo hubieras contado / para presumir / no ?$ *venga* / *tío* //$
       (C-ORAL-ROM)

(71)   T L 10 MALCB2JO3: joder *tronca vaya* con que atencion (sic) escuchabas  (COLAm)

Como era de esperar, los marcadores con función expresiva antes prefieren combinarse con vocativos realizados por nombres de trato íntimo (46,67%) (70) que con vocativos realizados por un nombre propio (33,33%), lo cual confirma el carácter más apelativo de los nombres propios y menos puramente apelativo de los nombres de trato íntimo. Estos últimos se definen a partir de sus rasgos léxicos y añaden información intensional sobre el referente al valor apelativo (Cuenca 2004, 46).

En general, los dos tipos de vocativos que más frecuentemente se combinan con los marcadores son indicios de una relación social informal entre los interlocutores. Al mismo tiempo, es muy poco frecuente que los marcadores se combinen con vocativos que indican una relación más bien formal, como los patronímicos o títulos:

(72)   <H2> ¡Venga ya! </simultáneo> *¡Venga!, doña Adelaida*, no me dé la lata con "La dama
       de rosa", <simultáneo> que todo es mentira, ¡hombre! si todo (CORLEC)

Este desequilibrio cuantitativo entre vocativos que indican una relación social informal y los que indican una relación social de distancia se debe, ante todo, a los registros de las bases de datos usadas, ya que los ejemplos vienen mayoritariamente de conversaciones coloquiales (Capítulo 4). De hecho, Cuenca (2004) señala la diferencia en el uso del vocativo según el género discursivo; así, en los intercambios institucionalizados los vocativos se usan menos frecuentemente y, además, cuando se usan son vocativos más formales, tales como las formas de tratamiento (*señor Fabregas*). Los tipos de los vocativos están, por lo tanto, determinados en gran medida por el género discursivo del texto (Cuenca 2004, 42).

En resumen, los vocativos que más frecuentemente se combinan con los marcadores son los nombres propios. Hemos constatado, no obstante, que las funciones demuestran preferencias por ciertos tipos de vocativo: con función apelativa es más frecuente un vocativo realizado como nombre propio, mientras que los marcadores con función expresiva se combinan más frecuentemente con vocativos bajo forma de nombres de trato íntimo. En el apartado siguiente examinamos

---

no suele quedar tan clara la distinción entre los dos usos, también porque la frontera entre el valor apelativo y el valor modal no es tan nítida. Por eso, muchos de los ejemplos se recogen tanto en el análisis de las coocurrencias (8.1) como en el análisis del vocativo.

si las funciones desempeñadas por los vocativos también varían según su posición para con el marcador.

### 8.2.2.4 La posición relativa del vocativo

Por último, nos interesa en particular la relación entre los valores del vocativo y su posición relativa para con el marcador (inicial, media o final), representada en la Tabla 30:

**Tabla 30:** Posición del vocativo según su valor

|                    | Inicial | Media | Final  | Total |
|--------------------|---------|-------|--------|-------|
| Atenuador de FTAs  | 23      | 2     | 99     | 124   |
|                    | 18,40%  | 1,60% | 79,84% | 100%  |
| Refuerzo de FFAs   | 0       | 0     | 6      | 6     |
|                    | 0%      | 0%    | 100%   | 100%  |
| Autorreflexivo     | 0       | 0     | 19     | 19    |
|                    | 0%      | 0%    | 100%   | 100%  |
| Implicativo        | 1       | 0     | 7      | 8     |
|                    | 12,5%   | 0%    | 87,5%  | 100%  |
| Total              | 24      | 2     | 131    | 157   |
|                    | 15,19%  | 1,27% | 83,44% | 100%  |

(p=0,135; Prueba exacta de Fisher)

Según una prueba exacta de Fisher, no existe una asociación estadísticamente significativa entre la posición relativa del vocativo y su valor (p=0,135). De todos modos, resulta que la posición relativa final es la más frecuente (83,44%) (73) (74) y que la media es muy poco frecuente, puesto que solo es posible cuando el marcador se reduplica (1,27%) (75):

(73)  \<H3> *Venga Frutos,* puedes hablar. (CORLEC)
(74)  \<H1> Bueno, sí; *anda, guapo*, pásate por aquí y te tomas algo que buena falta te hace. (CORLEC)
(75)  T  L 10 MALCC4G01:  y ahí aguantando prórroga pincha \<navn>Álvaro\</navn>
      T  L 10                  hay prórroga no/
      T L 10 MALCC4G03:  *vamos* \<navn>*Luiiiis*\</navn> *vamos* (COLAm)

Destaca en la Tabla 30 que los vocativos con valor autorreflexivo siempre se posponen al marcador:

(76)  T L10MABPE2G01:  1[je je je llevas las bragas por el ombligo ]
      MABPE2J01:  1[no era era broma tío no las llevaba bueno ]
      T L10MABPE2G01:  2[ya ya *anda tonta* ] (COLAm)

Esta tendencia parece confirmar que con los vocativos en posición final el valor apelativo queda en un segundo plano: «En posició no inicial [...] el valor apellatiu és secundari i s'hi imposen valors reforçadors o atenuadors» (Cuenca 2004, 54).

### 8.2.3 Conclusiones

En general el vocativo tiene función apelativa y según el contexto desarrolla efectos semántico-pragmáticos de cortesía, autorreflexión o implicación. En combinación con los marcadores objeto de estudio el vocativo sirve principalmente para atenuar un acto que podría amenazar la imagen social del oyente. Este valor se desarrolla sobre todo con marcadores con valor apelativo y el vocativo suele estar realizado como nombre propio. Los vocativos que se combinan con marcadores con función expresiva, en cambio, suelen desarrollar un valor autorreflexivo y están realizados más frecuentemente como un nombre de trato íntimo. Con este valor los vocativos se encuentran siempre en posición relativa final, esto es, siguen al marcador. También con los demás valores la posición relativa final es la más frecuente, lo cual apunta a que el valor apelativo del vocativo se ha relegado a un segundo plano.

Con respecto a la relación entre el vocativo y las funciones de los marcadores, el análisis nos ha permitido constatar que, como cabía esperar, los marcadores con función apelativa más frecuentemente se combinan con un vocativo. También es posible que un marcador con función expresiva o, en menor medida, metadiscursiva se combine con un vocativo. Según la función del marcador, el vocativo adquiere un valor más o menos apelativo al que se puede añadir: (a) una función de cortesía (sobre todo con marcadores con una función apelativa o con la fórmula de despedida *venga*) o (b) una función autorreflexiva o implicativa (principalmente con marcadores que tienen una función expresiva).

El estudio comparativo entre los cuatro marcadores ha mostrado el uso particular de *venga* más vocativo. Los valores de los vocativos que se combinan con el marcador *venga* se destacan, ya que pueden contribuir a la cortesía positiva. Puesto que el valor del vocativo está teñido del valor del contexto en el que aparece, resulta que *venga* parece expresar o intensificar más fácilmente que los demás marcadores un FFA que es un acto de despedida o un acto apelativo de animar a alguien. Este carácter agradador de *venga* se ve confirmado por la frecuencia con la que *venga* con valor apelativo se combina con oraciones declarativas o interrogativas y menos con oraciones imperativas (6.3). Aquellas expresan la orden de manera indirecta, a diferencia de las imperativas que constituyen FTAs que pueden dañar la imagen del oyente. El marcador *venga* con valor apelativo remite, por tanto, más frecuentemente que *anda* o *vamos* a un acto de habla directiva indirecta, es decir, un acto que evita dañar la imagen positiva del oyente. De esto concluimos que *venga* es el marcador más apropiado para contribuir a la cortesía positiva del enunciado reforzando los actos agradadores de imagen. Este carácter agradador de *venga* se motiva, como ya hemos apuntado, por el valor de acercamiento presente en la forma verbal originaria: el hablante intenta atraer al oyente hacia su territorio.

# Capítulo 9
# La configuración prosódica

En el apartado 1.2.2.3 hemos visto que los marcadores suelen describirse en el plano prosódico intuitivamente como elementos parentéticos, porque son aislados prosódicamente (se encuentran entre pausas) y presentan una curva de entonación diferente del resto del enunciado. En este capítulo examinaremos los rasgos prosódicos de los marcadores objeto de estudio en su uso real. Además, iremos en busca de pruebas de la alegada relación entre las realizaciones prosódicas y las funciones de estos mismos marcadores (1.2.2.3). Empezamos este capítulo con un resumen del actual estado de cosas en el dominio del estudio empírico de la prosodia de los marcadores y describiremos la metodología que aplicaremos (9.1). A continuación, en los apartados (9.2) hasta (9.4) presentaremos los factores prosódicos que potencialmente revelan diferencias entre los varios valores de los marcadores seleccionados para este estudio. Asimismo, propondremos un análisis comparativo de las configuraciones prosódicas de *anda*, *vamos*, *vaya* y *venga* que conducirá a una comparación de las configuraciones prosódicas entre estas cuatro formas. En la parte conclusiva (9.5), se reúnen los resultados que arrojan luz sobre el comportamiento prosódico de los cuatro marcadores y la asociación de este comportamiento con sus funciones discursivas.

## 9.1 Metodología

### 9.1.1 Introducción

Mientras que a finales del siglo XX la prosodia de los marcadores se consideraba aún «un ámbito de estudio pendiente» en la lingüística española (Martín Zorraquino/Montolío Durán 1998, 13–14), los estudios acústicos instrumentales de marcadores específicos van apareciendo poco a poco. Algunos autores de los citados han establecido caracterizaciones fónicas de los marcadores estudiados, como es el caso de Romera/Elordieta (2002) (*entonces*), Dorta Luis/Domínguez García (2003) (*entonces*), Martín Butragueño (2006) (*bueno*), Martínez/Domínguez (2006) (*o sea, pues, ¿no?, claro, ahora, bueno, pero*) y Cabedo Nebot (2013) (*¿eh?, no, bueno, claro, fíjate, mira, oye, total, vale, vamos, venga*). Así, en sus respectivos estudios Dorta Luis/Domínguez García (2003) y Romera/Elordieta (2002) llegan a conclusiones similares sobre el marcador *entonces*: el marcador está unido más fuertemente a la unidad prosódica que le sigue (frecuencia más baja de pausas y de reajustes tonales que siguen al marcador) y, más en general, los esquemas tonales se relacionan con el papel del marcador en el discurso (distinguen entre las funciones argumentativas y organizativas de *entonces*). Martínez/Domínguez (2006), por su parte, caracterizan los marcadores en general como unidades prosódicas que muy frecuentemente se encuentran entre pausas (aunque las pausas posteriores son menos frecuentes) y que muestran prototípicamente una estructura tonemática descendente. Del estudio de Cabedo Nebot (2013), por el contrario, resulta que los marcadores no suelen constituir grupos entonativos, sino que se incorporan más frecuentemente en unidades prosódicas mayores.[1]

Varios de los estudios ya realizados han indagado también en la relación entre los distintos valores de un marcador y su realización prosódica. Dicho de otro modo, los autores se preguntan en qué medida la configuración prosódica de un marcador se asocia con la función de un marcador en cada una de sus ocurrencias. Estudios de los marcadores *bueno* (Martín Butragueño 2006; Pereira 2011), *entonces* (Dorta Luis/Domínguez García 2003), *ah, hombre, vamos* y *vaya* (de Luna Moreno 1996) y *ver, claro, vale, ¿cómo?* y *ya* (Pereira 2011) así como de los parentéticos epistémicos ingleses del tipo *I think, I believe* (Dehé/Wichmann 2010) confirman que las diferencias en su ejecución prosódica se asocian con funciones pragmáticas distintas. Las características distintivas en la ejecución prosódica resultan ser entre otros, la configuración entonativa del marcador (de Luna Moreno 1996; Pereira 2011, 98), la presencia o ausencia de una pausa que sigue al marcador (Dorta Luis/Domínguez García 2003, 769; Martín Butragueño 2006, 72) y la realización tónica o átona (Dehé/Wichmann 2010, 23).

Así, en cuanto a la configuración entonativa, de Luna Moreno (1996) concluye que se distinguen los valores emotivos de los comunicativos o discursivos por la estructura tonal ascendente-cadente de estos primeros. Pereira (2011) por su parte, constata que los marcadores con valor de enfado presentan una conformación tonemática /+enfático/, que los marcadores con valor de asentimiento presentan una entonación más bien neutra (/-interrogativo/), y que los que expresan incredulidad suelen tener una conformación tonemática /+interrogativo/. Dorta Luis/Domínguez García (2003) muestran que las pausas precedentes o posteriores al marcador son el factor distintivo para determinar los valores de *entonces*.[2]

---

**1** Los resultados a veces dispares de los estudios ya realizados se deben a la composición de los corpus empleados que presentan distintos ejes de variación: la índole de los marcadores (de interaccionales a textuales), la variación regional (Venezuela, México, España, etc.) y el género y registro discursivo (de conversaciones coloquiales en el caso de Cabedo Nebot (2013) a entrevistas semidirigidas en los estudios de Martínez/Domínguez (2006) y Martín Butragueño (2006) e incluso una mezcla de los dos géneros en Dorta Luis/Domínguez García (2003)).

**2** Las autoras disciernen seis funciones de *entonces*, a saber (1) la procondicionante (*Y si tú la sientes lejano. Entonces es que hay un grado de, de posibilidad, ¿sabes?*), (2) el valor continuativo

Así, solo el valor procondicionante (el hablante usa *entonces* porque quiere una afirmación de que la consecuencia deducida es correcta) no favorece pausa precedente. Los valores continuativo (marcador de tiempo cronológico), consecutivo causativo (conectar consecutivamente dos hechos objetivos) y procondicionante se distinguen de los demás valores de *entonces* (consecutivo deductivo, reformulativo y recapitulativo-conclusivo), ya que se manifiestan mayoritariamente sin pausa posterior. Finalmente, para el marcador *bueno*, Martín Butragueño (2006) concluye que solo la pausa posterior tiene valor distintivo.

Además de eso, en algunos trabajos recientes ha sido aducida la relación entre una configuración prosódica especial y el proceso de *pragmaticalización* de los marcadores. Según Dehé/Wichmann (2010), la prosodia es una clave para distinguir entre el uso con contenido conceptual y los valores discursivos y más pragmáticos de las formas. Según ellos, cuanto más pragmaticalizada sea una forma, menos propicia será a atraer un acento tonal. Esta idea concuerda con la hipótesis propuesta por Wichmann et al. (2010, 35) según la cual la *pragmaticalización* implica una pérdida de prominencia prosódica: «We would expect grammaticalised items to be infrequently stressed, just as functions words are usually unstressed [...]». En otras palabras, la tendencia a la no prominencia prosódica de los marcadores refleja la *desemantización* y la pérdida de contenido conceptual. Pereira (2011), a su vez, no relaciona directamente la *desemantización* con una pérdida de prominencia, sino que constata en su estudio que por la pérdida de contenido semántico y por el enriquecimiento pragmático, la prosodia desempeña un papel importante en establecer la intencionalidad del hablante. Es decir, argumenta que la prosodia es una clave importante que guía al interlocutor en la interpretación de los marcadores en un contexto determinado.

En resumen, los primeros estudios exploratorios sobre la interfaz marcadores-prosodia son prometedores, pero queda mucho por explorar todavía. De ahí

---

de progresión narrativa (*Y el hombre hace así con la cabeza, un gesto. Entonces Rick mira hacia donde le hacía con la cabeza*), (3) la función consecutivo-causativa (*que, no, no te informan de las que puedes coger o de las que te vienen mejor, [...] Y... no, nada más. Entonces, sí que hubiera... ya, sí, son de libre elección*), (4) la función consecutivo-deductiva (*claramente cuándo se usa uno y cuándo se usa otro, yo creo, vamos. Entonces, tampoco es tan grave*), (5) el valor reformulativo (*Por ejemplo, soy de filología inglesa y apenas damos prácticas de inglés, apenas hablamos inglés. Sí, tengo muchas clases en inglés pero tampoco es muy bueno el inglés que tienen mis profesores. Entonces, como facultad que tenía que ser, fuerte, porque se supone que a nivel de España la más fuerte*), (6) la función recapitulativo-conclusiva (*– Que te ponen de todo menos de lo que han dado. Porque hay asignaturas [...]. Porque... hay muchas asignaturas que llegas, [...] si son 200 folios tienes que estudiar 800 para aprobar – Mmm – Y entonces, que ellos se ciñan más al temario, que te den más y si...*).

que según Hidalgo Navarro (2010, 62): «[sean] todavía exiguos los estudios específicos dedicados a los marcadores desde un punto de vista prosódico».

En el presente estudio, la contribución a la investigación de la interfaz marcadores-prosodia es doble: (1) un primer objetivo es esbozar y comparar la configuración prosódica de los cuatro marcadores, (2) en segundo lugar, nos proponemos indagar en la asociación entre la variación funcional de los marcadores y su realización prosódica. Nos preguntamos en qué medida la realización prosódica contribuye a distinguir entre los distintos valores de un marcador. Este estudio empírico nos permite indagar también en la hipótesis que estipula que la pragmaticalización conlleva un cambio en el comportamiento prosódico de la forma. Concretamente, hemos visto en el apartado 3.3 que los valores expresivos y metadiscursivos derivan históricamente del valor apelativo y que estos se consideran, por ende, como los valores más pragmaticalizados. La hipótesis, que verificamos a continuación, implica, por tanto, que los valores expresivos y metadiscursivos presentan menos prominencia prosódica.

### 9.1.2 Los parámetros prosódicos

Para la determinación de los parámetros prosódicos nos basamos principalmente en la propuesta de Hidalgo Navarro (2010, 88).[3] Los parámetros suprasegmentales aplicados son los siguientes:

1) El primer parámetro es *la posición del marcador dentro del grupo fónico (GF)*. Definimos el grupo fónico como el segmento prosódico que se encuentra entre dos pausas perceptibles en el flujo de habla (Quilis 1998). El marcador puede encontrarse en posición inicial (1), media (2), final (3) del GF o formar un GF completo (4). Los límites del GF se indican mediante barras (|GF|):

(1) |*Venga*, que vamos a ir al cine.| (CORLEC)
(2) pero ¿luego qué pasa? que la profesora no va, que se pone mala, que no sé qué, que no sé cuántos, nada. |Total que a los alumnos libres les exigen todo el libro de segundo, los dictados con todas sus dificultades, la teoría *vamos*, al dedillo y los alumnos oficiales...| (CORLEC)

---

**3** Basado en un conjunto de trabajos prosódicos existentes Hidalgo Navarro (2010) concluye que un análisis prosódico de los marcadores debería incluir por lo menos los siguientes parámetros: (a) la posición del marcador dentro del grupo entonativo, (b) constitución o no de contorno melódico propio, (c) perfil entonativo del marcador, (d) análisis del entorno prosódico (reajustes tonales y pausas) y (e) presencia o ausencia de reducción fónica.

(3)  <H1> ¡Ay!, |decide rápido, *anda*.| (CORLEC)
(4)  [...] con el rollo de papel higiénico tío <p MALCE4G02-> |*vaya*| <p MALCE4G04-> estaba cagando y me lo puse allí. (COLAm)

2)  La configuración tonal del marcador se estudia mediante *la frecuencia fundamental* (FO) *media del marcador* (con *media* referimos a la FO de la palabra entera) (Hidalgo Navarro/Quilis Merín 2012, 82). Para neutralizar las diferencias individuales de los hablantes optamos por usar la unidad logarítmica de *semitonos* y no la absoluta de *Hercios* (Cabedo Nebot 2009).[4]

3)  El tercer parámetro es *la intensidad media* (dB) del marcador (esto es, de la palabra entera). Una mayor intensidad se obtiene por una mayor fuerza de expulsión de aire (Hidalgo Navarro/Quilis Merín 2002, 119).

4)  Cuando el marcador forma un GF completo tenemos en cuenta la *curva de intensidad* y la *curva melódica* (de la frecuencia fundamental (FO)).[5] Estas se adquieren, respectivamente, a partir de la diferencia entre los valores de intensidad o de FO del centro de la segunda sílaba del marcador y del centro de la primera sílaba del marcador (Cabedo Nebot 2009), ya que los cuatro marcadores solo tienen dos sílabas. Consideramos las tendencias de las curvas, a saber las curvas son ascendentes o descendentes.[6]

5)  Tenemos en cuenta también *la duración del marcador*, a saber, el tiempo que se necesita para emitirlo.

6)  Para estudiar la ubicación prosódica del marcador dentro del enunciado o del contexto más amplio estudiamos el contorno prosódico de los marcadores con base en los parámetros siguientes:

    a.  *La duración de las pausas que rodean al marcador.* Solo tiene sentido este parámetro cuando el marcador del discurso aparece aislado fónicamente

---

**4** El semitono es una unidad relativa que permite relativizar los niveles tonales distintos de varios hablantes (por ejemplo, las diferencias en nivel tonal entre hombres y mujeres) (Cabedo Nebot 2009). El algoritmo del semitono es: $D = 12 \log 2\, f1 / f2 = 12 / \log 10\, 2 \cdot \log 10\, f1 / f2$ ('t Hart et al. 1990).

**5** La frecuencia fundamental se relaciona con la frecuencia de vibraciones de las cuerdas vocales. Cuando aumenta la cantidad de la corriente de aire, aumenta el número de vibraciones de las cuerdas vocales y aumenta, a su vez, la frecuencia fundamental (Lehiste, apud. (Quilis 1998, 357)).

**6** La exclusión de las curvas melódicas de los marcadores que no constituyen un GF autónomo evita resultados deformados. Las curvas melódicas de estos marcadores forman parte de y están influidas por una curva melódica más abarcadora de las que no se pueden desconectar. Como señalan Hidalgo Navarro/Quilis Merín (2012, 301): «Cuando los sonidos se encadenan para formar una frase, sus características acústicas varían considerablemente [...]. Todos los sonidos se agrupan en torno a una unidad superior, el grupo fónico, lo que origina cambios considerables, sobre todo en su intensidad y tono».

y en posición inicial del GF (para estudiar la pausa que precede) o en posición final del GF (para estudiar la pausa posterior).

b. *Los reajustes de intensidad y de F0 que preceden y que siguen al marcador.* Un reajuste es la diferencia entre el valor de la intensidad o de la F0 del primer punto de un segmento (la mitad de la sílaba) y el valor de la intensidad o de la F0 del último punto del segmento anterior (la mitad de la sílaba):

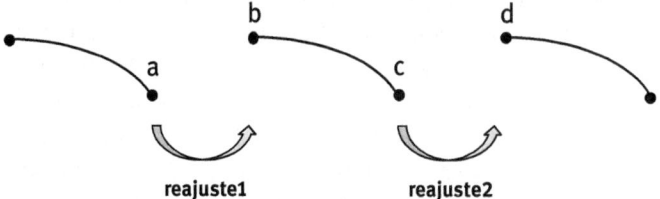

**Figura 38:** Los reajustes (basado en Cabedo Nebot (2009, 196))

El segmento b-c representa el marcador. El primer reajuste es la diferencia entre el valor b y el valor a. El segundo reajuste es la diferencia entre el valor d y el valor c. Es evidente que no son pertinentes los reajustes cuando no hay pausa entre los segmentos. Por eso, el primer reajuste se aplica solo a los marcadores en posición inicial de GF o que forman GGFF completos y los reajustes que siguen solo valen para los marcadores en posición final de GF y que forman GGFF completos. Consideremos el ejemplo siguiente:

(5)     <H2> Pues... |pues es que se ha metido,| |¡vamos!|, |porque yo <simultáneo> tampoco la conozco y él tampoco la conoce.| (CORLEC)

El primer reajuste es la diferencia entre el valor de la mitad de la primera sílaba de *vamos* y el valor de la mitad de la última sílaba de *metido*. El segundo reajuste es la diferencia entre el valor de la mitad de la primera sílaba de *porque* y el valor de la mitad de la última sílaba de *vamos*.

Además de eso, nos interesa la cantidad global del reajuste (y no la condición negativa (cuando el valor de b es más bajo que el de a) o positiva (cuando el valor de b es más alto que el valor de a)), por lo que los valores negativos pasan a ser positivos (Cabedo Nebot 2009, 196). Esta neutralización de los valores negativos facilitará también el procesamiento estadístico de los datos.[7]

---

[7] Por ejemplo, neutralizamos los valores negativos para poder compararlos con los valores positivos y calcular los promedios de todos los reajustes (sean positivos, sean negativos).

### 9.1.3 Descripción y anotación del corpus

Desafortunadamente, no disponemos de las grabaciones de todos los ejemplos del corpus usado en la presente disertación. Por eso, el análisis que sigue se basará exclusivamente en un corpus reducido con ejemplos de cuyas grabaciones disponemos. El corpus prosódico se limita a dos géneros discursivos, a saber, la conversación coloquial y la entrevista semidirigida, por lo cual representa el habla (semi)espontánea. La mayoría de los ejemplos provienen de los subcorpus de las conversaciones y entrevistas del CORLEC (que juntos representan un 40,1% del CORLEC, con unas 441.1000 palabras) (Marcos Marín 1992). Por el número bajo de ocurrencias de *vaya* en el CORLEC, completamos el muestreo de este marcador con ejemplos del COLAm (Jørgensen) y del Corpus de Conversaciones Coloquiales de Val.Es.Co (Briz Gómez/Grupo Val.Es.Co. 2002). Quedan excluidos del muestreo los marcadores que no se usan sintácticamente de manera autónoma, esto es, que se combinan con otros marcadores o conectores (*pues vamos, venga vamos*, etc.), que se reduplican (*vamos vamos, venga venga*, etc.) o que llevan complemento (*anda que sí*). La muestra prosódica consiste en 222 ejemplos: [8]

**Tabla 31:** Composición del corpus prosódico

|        | CORLEC | COLAm | Val.Es.Co | #   | %      |
|--------|--------|-------|-----------|-----|--------|
| ANDA   | 53     | –     | –         | 53  | 23,87% |
| VAYA   | 8      | 3     | 3         | 14  | 6,31%  |
| VENGA  | 62     | –     | –         | 62  | 27,93% |
| VAMOS  | 93     | –     | –         | 93  | 41,89% |
| Total  | 216    | 3     | 3         | 222 | 100%   |

Hemos clasificado los 222 ejemplos según las tres macrofunciones:

---

[8] 222 ejemplos es el total después de haber deshecho los audios que no servían para un análisis prosódico por su calidad inferior (debida a solapamientos, demasiado ruido de fondo, etc.). A primera vista, un corpus de 222 ejemplos parece más bien limitado. Sin embargo, el número de ejemplos se explica principalmente por dos razones: (1) no es fácil encontrar datos buenos y útiles para un análisis pragmaprosódico y (2) la anotación de los parámetros prosódicos es una tarea que requiere mucho tiempo. Por eso, hace falta verificar, mediante pruebas estadísticas, si los resultados del análisis se generalizan a una población mayor, lo cual, efectivamente, efectuamos en la parte del análisis (9.2, 9.3 y 9.4).

**Tabla 32:** Frecuencias de las macrofunciones por marcador

|  | AP | EXP | MD | Total |
|---|---|---|---|---|
| ANDA | 18 | 35 | Ø | 53 |
|  | 33,96% | 66,04% |  | 100% |
| VAYA | Ø | 13 | 1 | 14 |
|  |  | 92,86% | 7,14% | 100% |
| VAMOS | Ø | 16 | 77 | 93 |
|  |  | 17,20% | 82,80% | 100% |
| VENGA | 41 | 17 | 4 | 62 |
|  | 66,13% | 27,42% | 6,45% | 100% |
| Total | 59 | 81 | 82 | 222 |
|  | 26,58% | 36,49% | 36,94% | 100% |

Como se puede ver en la Tabla 32, no hay ejemplos de *vamos* con función apelativa en la muestra. Dada la baja frecuencia de la función apelativa del marcador *vamos* (un 5,46% de todos los ejemplos de este marcador en el corpus (Tabla 2, 6.2)), no debe sorprender que en una muestra reducida no haya ocurrencias de *vamos* con función apelativa. Del marcador *vaya* con función metadiscursiva hay solo un ejemplo, por lo que no se podrá sacar conclusiones generales sobre este marcador con esta función.

Para la anotación prosódica se ha usado el programa de análisis prosódico Praat 5.3.53 (Boersma/Weenink 2013). *Praat* proporciona toda la información pertinente para realizar el presente estudio (espectograma, intensidad, frecuencia fundamental, etc.); así, el programa permite indicar y extraer información sobre las pausas y la forma del marcador con intervalos, y los puntos centrales de las sílabas. En la Figura 39 ilustramos el método de anotación aplicado a los ejemplos de nuestra muestra:

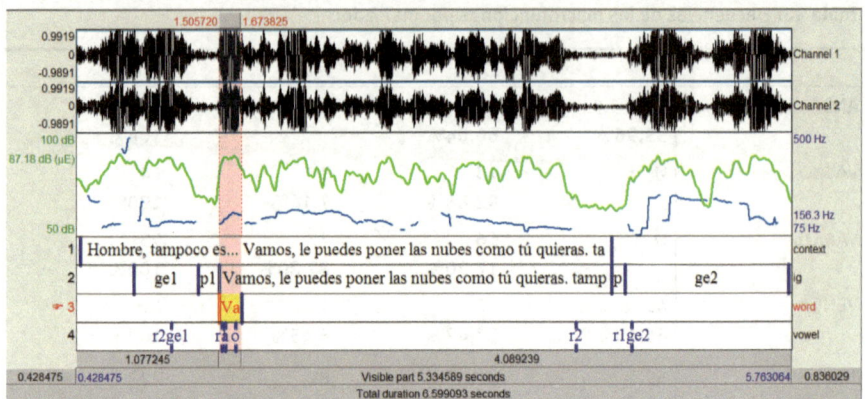

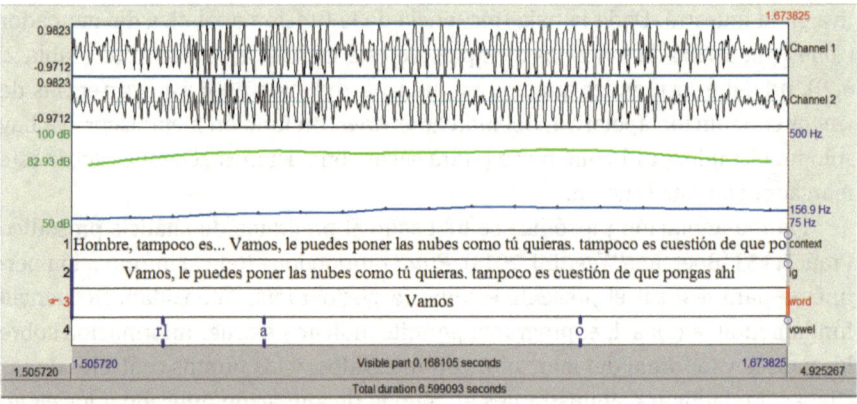

**Figura 39:** Ejemplo de anotación en *Praat*

Para sacar la información cuantitativa de todos los ejemplos anotados en *Praat*, se utiliza un *script* (las instrucciones para *Praat*). Aplicamos a nuestros datos el *script* 'analyse_tier.praat' elaborado por Daniel Hirst, que permite recuperar información sobre la duración, el tono y la intensidad de los intervalos o puntos indicados.[9] La información recuperada se ha copiado al programa Excel que

---

9 Los *scripts* más comunes elaborados para *Praat* se reúnen en http://uk.groups.yahoo.com/group/praat-users.

permite organizar los datos y aplicar cálculos necesarios para obtener las tendencias de las curvas melódicas y los reajustes. Así, las tendencias de las curvas melódicas se han calculado restando los valores de la primera sílaba (r1) de los valores de la segunda sílaba (r2). El primer reajuste se calcula restando el valor de la última sílaba del grupo fónico que precede (r2ge1) del valor de la primera sílaba del marcador (r1), y el segundo reajuste es la diferencia entre el valor de la primera sílaba del grupo fónico que sigue (r1ge2) y del valor de la segunda sílaba del marcador (r2). Por último, en el programa se ha otorgado etiquetas (*down* o *up*) a las tendencias de las curvas y los reajustes. Estos resultados y los demás datos han sido introducidos al programa estadístico SPSS (IBM 2013). En lo que sigue entramos en detalle sobre el procesamiento de los datos y los resultados significativos generados.

Como se ha indicado anteriormente, en este apartado nos proponemos: (1) dar una descripción de la caracterización prosódica de los cuatro marcadores y (2) examinar si existe una relación entre las funciones de los marcadores y su configuración prosódica. De acuerdo con el segundo objetivo optamos por estudiar los marcadores como conjunto sin destacar las formas individuales, es decir, indagamos sobre la correlación entre los parámetros prosódicos y las tres macrofunciones. Este enfoque nos permite trazar las tendencias prosódicas generales según las funciones de los marcadores derivados de los verbos de movimiento. Sin embargo, no perderemos nunca de vista la configuración prosódica de los marcadores específicos. Es más, en la medida de lo posible, compararemos el comportamiento prosódico de los cuatro marcadores para examinar si las tres macrofunciones se realizan prosódicamente de la misma manera o si, en cambio, encontramos diferencias entre las cuatro formas.

En cuanto a las pruebas estadísticas aplicadas, el tipo de datos impide realizar pruebas multifactoriales porque algunas variables prosódicas solo se dan en contextos específicos, esto es, depende de la posición que ocupan dentro del GF (9.1.2).[10] Por eso, se estudia por separado cada parámetro prosódico. En concreto, aplicamos una prueba de chi-cuadrado o un test exacto de Fisher para las variables prosódicas categóricas (posición dentro del GF y las curvas melódicas y de intensidad), un análisis de varianza con clasificación doble (la duración de los

---

**10** Al realizar una prueba multifactorial solo se toman en consideración los ejemplos de los cuales se dispone de información para todos los parámetros prosódicos. En nuestro corpus solo disponemos de unos 25 ejemplos con información completa, lo cual no es un número aceptable para aplicar una prueba multifactorial.

marcadores) o una prueba de Kruskal-Wallis para las variables prosódicas continuas (F0 media, intensidad media, duración de las pausas, los reajustes).[11]

En lo que sigue, trataremos primero la posición del marcador dentro del GF (9.2). Luego, nos centramos en el perfil prosódico del marcador (9.3) y terminamos con la descripción prosódica del contexto inmediato del marcador (9.4).

## 9.2 La posición del marcador dentro del GF

En este apartado examinamos si la función de los marcadores *anda, vamos, vaya* y *venga* se asocia con su posición dentro del GF. Efectivamente, en el corpus analizado se observa una correlación entre estas dos variables (p=0,006, prueba exacta de Fisher, cf. Tabla 33) (Posición inicial (I), media (M), final (F) o independiente (IND)). Para determinar dónde se encuentran las asociaciones más fuertes, calculamos los residuos estandarizados (en cursivas en la Tabla 33). A pesar del valor p significativo de la prueba exacta de Fisher, los residuos estandarizados resultan no ser significativos (esto es, no se encuentran fuera de ±1,96), lo cual se explica probablemente por la muestra limitada de 222 casos, ya que cuando se duplican todos los valores, manteniendo las proporciones, el cálculo sí genera residuos significativos (Gravetter/Wallnau 1995, 222). Aun así, se observan algunas tendencias y relaciones llamativas en la Tabla 33 y en el correspondiente diagrama de la Figura 40:

---

11 A una tabla de contingencia con variables categóricas se suele aplicar una prueba de chi-cuadrado para calcular la significancia estadística. Sin embargo, cuando los tamaños de muestra son pequeños (con más del 20% de los valores esperados menores de 5) hace falta aplicar una prueba exacta de Fisher que calcula la significancia de manera exacta y no por aproximación (como la prueba de chi-cuadrado). Para la comparación de dos o más muestras con valores continuos, aplicamos la prueba de Kruskal-Wallis. Optamos por la prueba de Kruskal-Wallis, ya que se basa en la distribución de los valores (es un método no paramétrico), contrariamente al análisis de varianza que compara los promedios de las muestras. Cuando hace falta introducir una segunda variable independiente no se puede aplicar la prueba de Kruskal-Wallis, por lo que recurrimos a un análisis de varianza con clasificación doble. Las pruebas estadísticas se explican más en detalle en los apartados siguientes.

**Tabla 33:** Posición del marcador dentro del GF según su función

|  | I | M | F | IND | Total |
|---|---|---|---|---|---|
| AP | 17 | 22 | 9 | 11 | 59 |
|  | 28,81% | 37,29% | 15,25% | 18,64% | 100% |
|  | *0,3* | *-0,4* | *-0,8* | *1,3* |  |
| EXP | 29 | 27 | 13 | 12 | 81 |
|  | 35,80% | 33,33% | 16,05% | 14,81% | 100% |
|  | *1,6* | *-1,1* | *-0,8* | *0,6* |  |
| MD | 13 | 42 | 22 | 5 | 82 |
|  | 15,85% | 51,22% | 26,83% | 6,10% | 100% |
|  | *-1,9* | *1,4* | *1,4* | *-1,7* |  |
| Total | 59 | 91 | 44 | 28 | 222 |
|  | 26,6% | 41,0% | 19,8% | 12,6% | 100,0% |

(p=0,006; prueba exacta de Fisher)

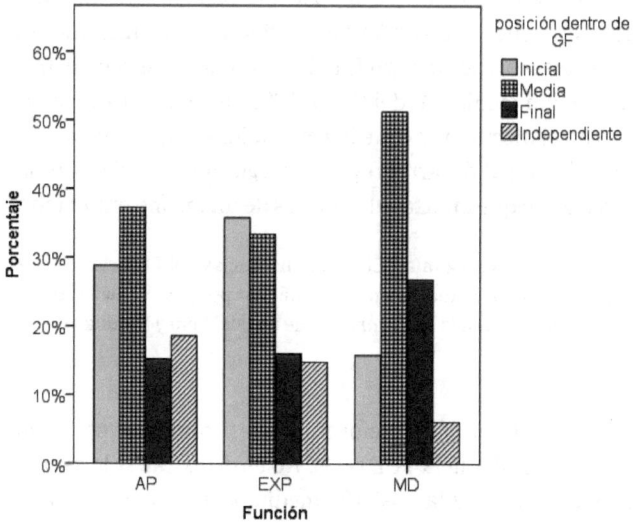

**Figura 40:** Diagrama de la posición dentro del GF por función

Para empezar, la Tabla 33 nos enseña que en muy pocos casos (12,6%) el marcador constituye un GF autónomo (IND). Esta constatación refuta la aseveración más o menos aceptada en la bibliografía existente según la cual los marcadores se asocian con una delimitación pausal (1.2.2.3.):

> Les MD ont tendance à constituer des unités prosodiques indépendantes si bien qu'ils sont en général extérieurs à la structure de la phrase. (Mosegaard Hansen 1996, en Dostie (2004, 34))

Al contrario, los resultados muestran que, por lo menos en el caso de los marcadores aquí estudiados, la posición media es la posición más frecuente (41,0%) y la posición independiente la menos frecuente (12,6%). Cabedo Nebot (2013) llega a conclusiones muy similares. A partir de un estudio de 10 marcadores – entre los cuales también *vamos* y *venga* –, concluye que solo un 30% de estas formas constituyen GGFF autónomos, los demás van integrados en unidades fónicas mayores. Atribuye la incorporación prosódica de los marcadores a la mayor velocidad elocutiva del discurso (Cabedo Nebot 2013, 212).

Asimismo, el corpus revela que la posición inicial (26,6%) es más frecuente que la posición final del GF (19,8%). Aunque la diferencia sea mínima (6,8%), concluimos que los marcadores se incluyen más frecuentemente en el segmento prosódico que le sigue que en el que precede. Estos resultados confirman las conclusiones de Dorta Luis/Domínguez García (2003) y Romera/Elordieta (2002) que demuestran que el marcador *entonces* prefiere la posición inicial dentro del GF.

Con respecto a la relación entre la posición dentro del GF y las funciones de los marcadores, resulta que los marcadores con función metadiscursiva muestran una predilección por la posición media (M) del GF (51,22%), lo cual se explica por el papel que desempeñan en el discurso, ya que los marcadores *vaya* y *vamos* con valor metadiscursivo contribuyen al desarrollo y al proseguimiento del discurso. Dicho de otro modo, es frecuente que enlazan dos partes de un mismo enunciado:

(6)  <H1> Ha... contestado a sus dos preguntas. Bueno. Bah. Gracias, ¿eh? Gracias. Esto es una de las cosas que nunca debe nadie hacer, </simultáneo> porque... ¿quién sabe? Es decir, <fático=duda> |Vas y te quita la silla, *vamos*; sale un (sic) fiera y te quita la silla|. (CORLEC)[12]

En el ejemplo (6) el marcador tiene valor reformulativo y funciona así como enlace entre dos actos (en el sentido de la TUD) (7.1). No es de extrañar la asociación entre la función metadiscursiva y la posición media, ya que la ausencia de pausas significa que el marcador va incorporado prosódicamente en el flujo de habla, de la misma manera que se incorpora pragmáticamente en el desarrollo del discurso.

---

12 Dentro del grupo fónico se han transcrito una coma y un punto y coma (*la silla, vamos; sale un (sic) fiera y te quita*). Sin embargo, no concuerdan con pausas perceptibles en el audio. Se opta por no modificar la transcripción original del CORLEC.

El segundo resultado llamativo es que con valor expresivo el marcador ocurre más frecuentemente en la posición inicial del GF (35,80%), mientras que con función apelativa (28,81%) y sobre todo metadiscursiva (15,85%) es menos frecuente esta posición. La asociación entre los marcadores con función expresiva y la posición inicial de GF se explica por su uso frecuente en posición distribucional inicial de intervención o como intervención independiente (7.3) que es más frecuente con la función expresiva que con otras funciones, como ilustra el ejemplo (7):

> (7) Para que te hagas una idea, una de ellas es que el... padre o la madre ayuden a... a su hijo a construir una balsa con la cual van a atravesar luego un lago para meterse en una selva y... embular Indiana <extranjero>Jones</extranjero>.
> <H1> #{¡*Vaya!*,}$_{SA}$ {pues eso sí que va a ser complicado,}$_{SSA}$ {¿eh?}$_{SA}$# #Nos van a poner a prueba a los papás.# (CORLEC)

Muchos de los valores expresivos pueden ser reactivos, es decir, se usan para formular una reacción al enunciado de otro interlocutor: en el ejemplo (7) el hablante expresa su asombro sobre la complejidad del asunto, por lo que ocupa la posición inicial de la intervención. Esto explica por qué es más frecuente un marcador con función expresiva en posición inicial del GF que un marcador con función apelativa o metadiscursiva.

Al estudiar por separado los marcadores, resalta que solo el marcador *anda* presenta una relación significativa entre sus funciones (apelativa y expresiva) y las posiciones dentro del GF (p=0,006):

**Tabla 34:** Posición de *anda* dentro del GF según su función

|         | AP    | EXP  | Total |
|---------|-------|------|-------|
| Inicial | 5     | 16   | 21    |
|         | -0,8  | 0,6  |       |
| Media   | 9     | 13   | 22    |
|         | 0,6   | -0,4 |       |
| Final   | 4     | 0    | 4     |
|         | 2,3   | -1,6 |       |
| Ind     | 0     | 6    | 6     |
|         | -1,4  | 1,0  |       |
| Total   | 18    | 35   | 53    |

(p=0,006; prueba exacta de Fisher)

De los residuos estandarizados se desprende que es sobre todo sorprendente que *anda* en posición final del GF solo pueda adoptar una función apelativa, como en el ejemplo (8):

(8)   \<H3\>No sé por qué.

   \<H1\>|Jaime, cuéntame, *anda*.| \<fático=afirmación\> Digo Jaime, Alfredo. Eh... ¿Estuvis-
   tes (sic) tú pendiente... pendiente... de una manera pues así, ya, como muy... eh...
   de una manera interesado, estuviste (sic) tú pendiente de las... de las imágenes de la
   televisión, cuando se anunciaba: "Ya, ya se acaba la guerra". \<fático=interrogación\>
   (CORLEC)

Es posible que la posición dentro del GF se relacione con la posición que ocupa
el marcador dentro de la unidad del discurso (según la TUD (7.1)), ya que hemos
constatado que *anda* con valor apelativo, más frecuentemente que los demás
marcadores, prefiere la posición final de acto (7.3); de ahí que *anda* suela ocurrir
en posición final del GF.

Ahora bien, dado que no hay una relación de uno a uno entre funciones y
posiciones dentro del GF, deben intervenir otros aspectos que determinen las
pausas y con eso los límites de los GGFF. Muchos de estos tienen que ver con el
carácter espontáneo y no planificado de la lengua hablada que implica vacilaciones, solapamientos, correcciones, etc. Considérese el ejemplo (6) en el que una
duda por parte del hablante crea una pausa y delimita el GF (|*Es decir*|, \<fático=-
duda\> |*Vas y te quita la silla [...]*|).

Para resumir, en cuanto a la posición del marcador dentro del GF hemos
constatado algunas tendencias:

1)   Los marcadores ocupan más frecuentemente una posición media dentro del
     GF y, en contra de lo que muchos autores afirman (9.1.1), es poco frecuente
     que formen un GF completo.
2)   La posición inicial dentro del GF es, además, más frecuente que la posición
     final. Dicho de otro modo, los marcadores aparecen más frecuentemente
     integrados en el grupo fónico que le sigue.
3)   Con respecto a las funciones, con función apelativa y, sobre todo, metadis-
     cursiva los cuatro marcadores prefieren una posición media. Con función
     expresiva, al contrario, la posición inicial del GF es la más frecuente.

## 9.3 El perfil prosódico del marcador

En este apartado ofrecemos una descripción de la configuración prosódica de los
marcadores mismos. Concretamente, estudiamos las tendencias de las curvas de
intensidad (9.3.1) y de las curvas melódicas (9.3.2), la F0 y la intensidad media
(9.3.3 y 9.3.4), y la duración de los marcadores (9.3.5).

### 9.3.1 La curva de intensidad

Para este parámetro solo se toman en consideración los ejemplos de los marcadores que constituyen un GF independiente (son 28 ejemplos en total).[13] Tenemos en cuenta las tendencias de las curvas de intensidad, esto es, pueden ser ascendentes o descendentes. De una prueba exacta de Fisher resulta que no existe relación estadísticamente significativa entre las funciones y la curva de intensidad:

**Tabla 35:** Curvas de intensidad por función

|       | Descendente | Ascendente | Total |
|-------|-------------|------------|-------|
| AP    | 7           | 4          | 11    |
|       | 63,63%      | 36,36%     | 100%  |
| EXP   | 8           | 4          | 12    |
|       | 66,67%      | 33,33%     | 100%  |
| MD    | 3           | 2          | 5     |
|       | 60%         | 40%        | 100%  |
| Total | 18          | 10         | 28    |
|       | 64,29%      | 35,71%     | 100%  |

(p=1,000; prueba exacta de Fisher)

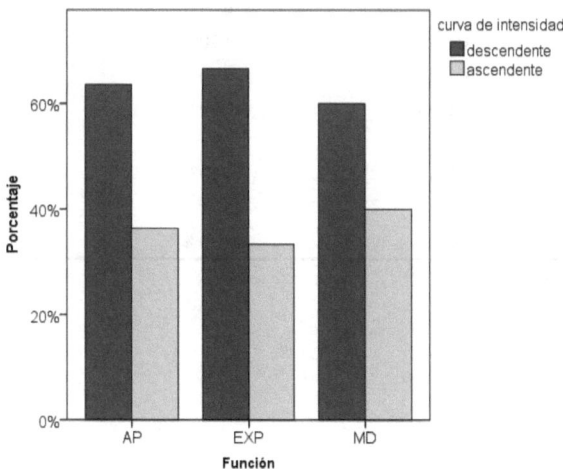

**Figura 41:** Diagrama de la curva de intensidad por función

---

**13** De estos 28 ejemplos de marcadores que constituyen un GF independiente 6 son ejemplos de *anda*, 4 de *vamos*, 3 de *vaya* y 15 de *venga*.

De la Tabla 35 y de la Figura 41 concluimos que los marcadores objeto de estudio demuestran, en general, una curva de intensidad descendente (64,29%, (18/28)). Aun así, la curva de intensidad no tiene función distintiva, ya que la distribución de las curvas no varía según la función. Dicho de otro modo, las funciones se comportan de manera bastante similar en cuanto a la curva de intensidad presentada.

### 9.3.2 La curva melódica

En la sección precedente, hemos estudiado si la distinción entre una curva de intensidad ascendente o descendente ayuda a distinguir entre las funciones de los marcadores, lo que no dio un resultado significativo. En esta sección, examinamos si los marcadores que constituyen un GF completo presentan un ascenso o un descenso en su melodía (F0).[14] Una prueba exacta de Fisher muestra que las tendencias de la curva melódica no se asocian significativamente con las funciones:

**Tabla 36:** Curvas melódicas por función

|       | Descendente | Ascendente | Total |
|-------|-------------|------------|-------|
| AP    | 9           | 0          | 9     |
|       | 100%        | 0%         | 100%  |
| EXP   | 8           | 4          | 12    |
|       | 66,67%      | 33,33%     | 100%  |
| MD    | 3           | 1          | 4     |
|       | 75%         | 25%        | 100%  |
| Total | 20          | 5          | 25    |
|       | 80%         | 20%        | 100%  |

(p=0,143; prueba exacta de Fisher)

---

14 Se dispone de 25 ejemplos con información sobre la F0 de la primera y segunda sílaba de los marcadores (6 ejemplos de *anda*, 4 de *vamos*, 3 de *vaya* y 12 de *venga*)

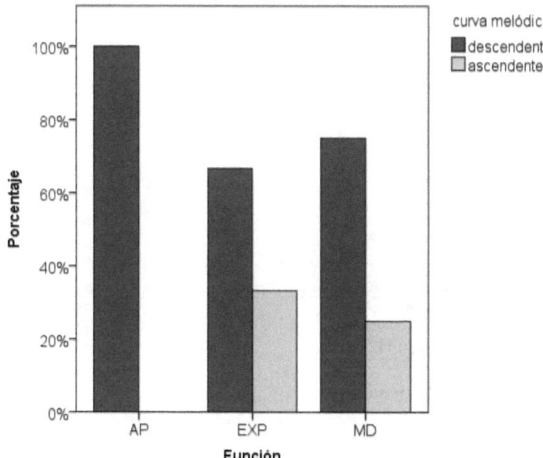

**Figura 42:** Diagrama de la curva melódica por función

La Tabla 36 nos enseña que en general es más frecuente una curva melódica descendente (80%, (20/25)). Estos resultados confirman las conclusiones de Martínez/Domínguez (2006, 262) sobre los marcadores del habla de Mérida.

El análisis estadístico muestra que las funciones y las curvas melódicas de los marcadores no se asocian. A pesar de ello, constatamos una tendencia llamativa: con un valor apelativo, los marcadores en el corpus presentan exclusivamente una curva melódica descendente. El ejemplo (9) del marcador *venga* con función apelativa y su curva estilizada en la Figura 43 ilustran la curva melódica descendente:[15]

(9)   \<H2> Yo estaba deseando...
      \<H1> ¿Sí?
      \<H2> A ver...
      \<H1> Pero, por favor... A ver, que alguien diga uno, dos y tres.
      \<H2> *Venga*.
      \<H3> Uno, dos y tres. (CORLEC)

---

**15** La estilización de la curva melódica se logró al aplicar el análisis melódico del habla propuesto por Cantero Serena/Font Rotchés (2009).

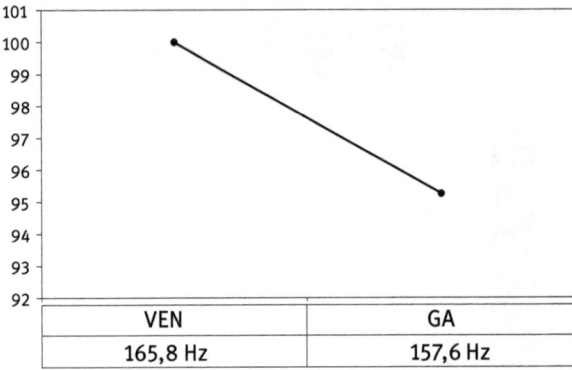

**Figura 43:** Curva melódica estilizada descendente de *venga*

El descenso en la melodía de los marcadores con función apelativa no es de extrañar, puesto que unidades lingüísticas con función exhortativa suelen presentar
una curva melódica descendente, dicho de otro modo, la entonación volitiva
se caracteriza prototípicamente por una curva descendente (Hidalgo Navarro/
Cabedo Nebot 2012; Rodríguez Ponce 2005). Visto que disponemos de no más de
25 ejemplos, es deseable ampliar el corpus para poder pronunciarnos claramente
sobre las tendencias de la estructura melódica de los marcadores de este estudio.

A pesar de que los datos no nos permitan constatar conclusivamente una asociación significativa entre las funciones y su curva melódica, podemos concluir
tentativamente que la entonación tiene cierta función distintiva en el sentido de
que cuando el marcador se realiza con entonación ascendente resulta ser muy
poco probable que el marcador tenga función apelativa.

### 9.3.3 La intensidad media

Al igual que la curva de intensidad, tampoco la intensidad media de los marcadores tiene función distintiva: una prueba de Kruskal-Wallis demuestra que no
hay relación estadísticamente significativa entre la intensidad media (esto es, del
marcador entero) y las funciones de un marcador (p=0,769).[16] En otras palabras,

---

**16** La prueba de Kruskal-Wallis es un método no paramétrico (esto es, que se basa en la distribución y no en los promedios de los datos continuos) para determinar si un grupo de datos
proviene de la misma población. Se compara, pues, la distribución de los datos de la variable dependiente entre dos o más muestras (o poblaciones) independientes. La prueba genera un valor

las distribuciones de las intensidades medias de los ejemplos de la muestra no difieren significativamente según la función del marcador:

**Tabla 37:** Mediana de las intensidades medias por función

|  | # | Mediana (dB) |
|---|---|---|
| AP | 59 | 81,88 |
| EXP | 81 | 80,99 |
| MD | 82 | 81,08 |

(H=0,526; df=2; p=0,769)

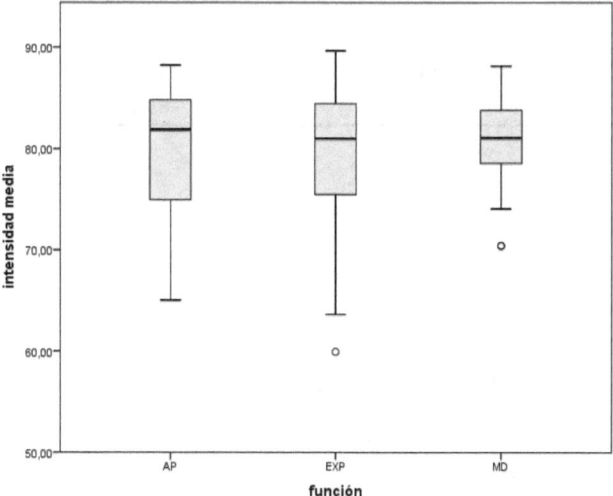

**Figura 44:** Diagrama de caja de la distribución de las intensidades medias por función[17]

De esto se concluye que la intensidad media con la que se emite el marcador no parece contribuir directamente a la distinción entre las tres macrofunciones.

---

p que rechaza la hipótesis nula (de que los datos provienen de la misma población) cuando es < 0,05. Cuando se comparan más de dos poblaciones conviene realizar una comparación directa por pares para comparar todas las poblaciones entre sí.

**17** En un diagrama de caja se representa la distribución de datos numéricos. En las cajas se encuentra el 50% de los datos. La línea en el centro de cada caja representa la mediana. Los valores que se alejan más de la mediana se encuentran entre las pequeñas líneas horizontales, los valores atípicos están indicados con pequeños círculos y los valores extremos se indican con asteriscos.

### 9.3.4 La F0 media

Como es bien sabido, en español se usa el tono con objetivo pragmático-discursivo y no para contrastes léxicos (lo que es el caso en las lenguas tonales, como el chino mandarín) (Cantero Serena 2002). Efectivamente, el análisis de la F0 en el corpus muestra que para los marcadores la altura tonal se asocia con las funciones, puesto que una prueba de Kruskal-Wallis revela una relación estadísticamente significativa entre las funciones y la F0 media:[18]

**Tabla 38:** F0 media por función

|  | # | Mediana (semitonos) |
|---|---|---|
| AP | 55 | 92,37 |
| EXP | 81 | 93,45 |
| MD | 82 | 89,28 |

(H=5,477; df=2; p=0,001)

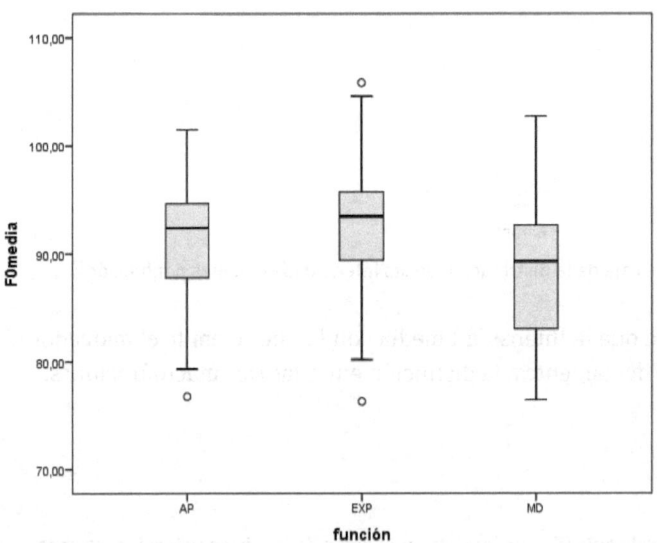

**Figura 45:** Diagrama de caja de la F0 media por función

---

18 No se ha podido observar la F0 de cuatro ejemplos, de ahí que el cálculo se haya realizado sobre 218 ejemplos.

A primera vista, destaca la F0 media baja de los marcadores con función metadiscursiva: la comparación de las tres funciones entre sí (la comparación directa por pares realizada mediante una prueba de Kruskal-Wallis) revela que la F0 media de los marcadores con función metadiscursiva es significativamente más baja que la F0 media de los marcadores con función expresiva (p=0,001) y con función apelativa (p=0,049):[19]

| Sample1-Sample2 | Test Statistic | Std. Error | Std. Test Statistic | Sig. | Adj.Sig. |
|---|---|---|---|---|---|
| MD-AP | 26,366 | 10,993 | 2,398 | ,016 | ,049 |
| MD-EXP | 46,231 | 9,881 | 4,679 | ,000 | ,000 |
| AP-EXP | -19,865 | 11,021 | -1,803 | ,071 | ,214 |

**Figura 46:** Comparaciones directas por pares: la F0 media y las funciones

Constatamos, pues, que la distribución de la F0 media de los marcadores con función metadiscursiva difiere significativamente de la distribución de las demás funciones. Se destaca, más en particular, que la mediana de la F0 es más baja para los marcadores con función metadiscursiva. Así, los resultados muestran que para expresar sentimientos, subrayar opiniones o para animar o exhortar a alguien los hablantes hacen vibrar las cuerdas vocálicas con una frecuencia más alta (11). Los marcadores con función metadiscursiva, en cambio, suelen tener una F0 media más baja, por lo que suelen tener una prominencia prosódica menos marcada en el discurso (10):

(10)  84,56 semitonos: <H2> Bueno, la operación en sí duró unas cuatro horas, lo que pasa que luego a la espera de la llegada del... del... del injerto, *vamos*, del... del pulmón del donante (CORLEC)

(11)  96,63 semitonos: <H3>Mira, guapas, os acordáis de todo, *vamos*.

---

**19** Cuando se ejecuta una prueba de Kruskal-Wallis con el objetivo de comparar solo dos poblaciones, el programa SPSS reduce la prueba automáticamente a una prueba U de Mann-Whitney. De hecho, la prueba de Kruskal-Wallis es una extensión de la prueba U de Mann-Whitney para la comparación de tres o más poblaciones. Así, por ejemplo, cuando se ejecuta una comparación directa por pares o cuando hay datos no disponibles y se comparan, por tanto, solo dos poblaciones, el programa ejecuta una prueba de U de Mann-Whitney.

En el ejemplo (10) la F0 media es relativamente baja (84,56 semitonos) y el marcador *vamos* tiene valor reformulativo. En el ejemplo (11), al contrario, la F0 media es alta (96,63 semitonos) y el marcador se usa para expresar asombro.

La comparación de las medianas de la F0 media entre los marcadores y según función revela diferencias significativas:

**Tabla 39:** Medianas de la F0 media según la función y el marcador

| | ANDA | VAMOS | VAYA | VENGA |
|---|---|---|---|---|
| AP | 92,80 | Ø | Ø | 91,40 |
| EXP | 95,59 | 92,12 | 93,45 | 91,91 |
| MD | Ø | 88,47 | 92,85 | 98,04 |

Entre los marcadores con valor apelativo no existen diferencias significativas según la prueba de Kruskal-Wallis (H=0,515; df=1 p=0,473). En cambio, para la función expresiva, la misma prueba estadística revela diferencias significativas entre los marcadores (H=14,807; df=3; p=0,002). Para determinar qué marcadores difieren significativamente en cuanto a su F0 media aplicamos una comparación directa por pares. La prueba indica que para los marcadores con función expresiva la mediana de la F0 media de *anda* es alta en comparación con *vamos* (U(1)= 146; Z=-2,720; p=0,007) y en comparación con *venga* (U(1)=118; Z=3,502; p=0,001) (entre la F0 media de *anda* y *vaya* no hay diferencia significativa). Dicho de otro modo, el valor expresivo de *anda* suele presentar una F0 media más alta que los marcadores *vamos* y *venga* con este mismo valor.

Para la función metadiscursiva también se constatan diferencias significativas (H=9,409; df=2; p=0,009). Más en particular, una comparación directa por pares revela que el marcador *vamos* con valor metadiscursivo suele tener una F0 media más baja que *venga* con el mismo valor (U(1)=21; Z=-2,889; p=0,004) (la F0 media de *vaya* con función metadiscursiva no demuestra diferencias significativas con *vamos* o *venga*). Este resultado no es de extrañar, dado que las funciones metadiscursivas de *vamos* y *venga* difieren sustancialmente: mientras que *vamos* se usa mayoritariamente para regular el desarrollo del discurso (se ocupa de la estructura del discurso en un micro-nivel, ya que tiene valor reformulativo, continuativo o de apoyo modal-enunciativo (6.5)), la función metadiscursiva de *venga* es la de terminar la conversación (se sitúa en un macro-nivel de la estructuración del discurso). Como hemos visto ya en el Capítulo 7, los dos valores metadiscursivos (micro-nivel o macro-nivel de la estructura discursiva) se comportan también de manera diferente en cuanto a su posición dentro del discurso: con valor metadiscursivo *venga*, contrariamente a *vamos*, puede constituir una intervención independiente. Del estudio prosódico resulta que la diferencia pragmática se refleja no solo en el comportamiento distribucional sino también en la realización prosódica de los marcadores: el marcador *vamos* que actúa en un micro-nivel de la estructuración del discurso demuestra menos prominencia prosódica que el marcador *venga* que actúa en un macro-nivel de la estructuración del discurso.

En pocas palabras, en el corpus los valores metadiscursivos de *vamos* resultan ser poco prominentes prosódicamente, ya que tienen una F0 media relativamente baja, lo cual parece apuntar, de manera reservada, a que estos valores metadiscursivos son los más pragmaticalizados, puesto que son menos propicios a realizarse con prominencia prosódica (Dehé/Wichmann 2010) (9.1.1). No son de ignorar, sin embargo, las diferencias en la realización tonal entre los cuatro marcadores (en particular con función expresiva y metadiscursiva).

### 9.3.5 La duración del marcador

Los cuatro marcadores objeto de este estudio tienen un número diferente de fonemas, lo cual puede influir en la duración de los marcadores. Por eso, hace falta incluir en el análisis estadístico el parámetro *marcador* (una segunda variable independiente) que permite verificar si la diferencia en duración se debe a la forma (*anda, vamos, vaya* o *venga*) y/o a la función (apelativa, expresiva o metadiscursiva). La prueba apropiada es un análisis de varianza con clasificación doble, esto es, con dos variables independientes (*marcador* y *función*) y una variable dependiente (*duración*).[20] La prueba calcula un valor p para la relación entre el marcador y su duración, para la relación entre la función y la duración del marcador y para la relación entre la interacción entre la función y el marcador,

---

**20** La prueba no paramétrica de Kruskal-Wallis no permite incluir dos variables independientes, por lo que nos vemos obligadas a recurrir a un análisis de varianza con clasificación doble y basarnos así en los promedios y no en la distribución de los valores de la muestra. Un análisis de varianza verifica la hipótesis nula de que las medias de X poblaciones (X >2) son iguales, frente a la hipótesis alternativa de que por lo menos una de las poblaciones difiere de las demás en cuanto a su valor esperado. En un análisis de varianza con clasificación doble (o con dos factores) se consideran dos variables independientes. Es posible que ninguna de las dos variables independientes actúe, que las dos variables independientes actúen de manera independiente o que las dos variables independientes actúen juntas. Por eso, la prueba calcula un valor p para la relación entre la primera variable independiente y la variable dependiente, para la relación entre la segunda variable independiente y la variable dependiente, y para la interacción de las dos variables independientes en relación con la variable dependiente.

por un lado, y la duración del marcador, por el otro lado. El análisis estadístico muestra que en el corpus no existe una correlación significativa ni entre el marcador y la duración ($F_{(3, 213)}$=0,917; p=0,433), ni entre la función y la duración ($F_{(2, 213)}$=1,116; p=0,329), tampoco la interacción entre la función y el marcador se asocia con la duración del marcador ($F_{(3, 213)}$=1,073; p=0,362).[21]

A pesar de que no exista correlación estadísticamente significativa entre las funciones y la duración, es interesante considerar el diagrama de caja de las duraciones de los marcadores según sus funciones (Figura 47):

**Tabla 40:** Medias de la duración de los marcadores por función

|  | # | Mediana (s.) |
|---|---|---|
| AP | 59 | 0,27 |
| EXP | 81 | 0,31 |
| MD | 82 | 0,31 |

($F_{(3, 213)}$=1,073; p=0,362)

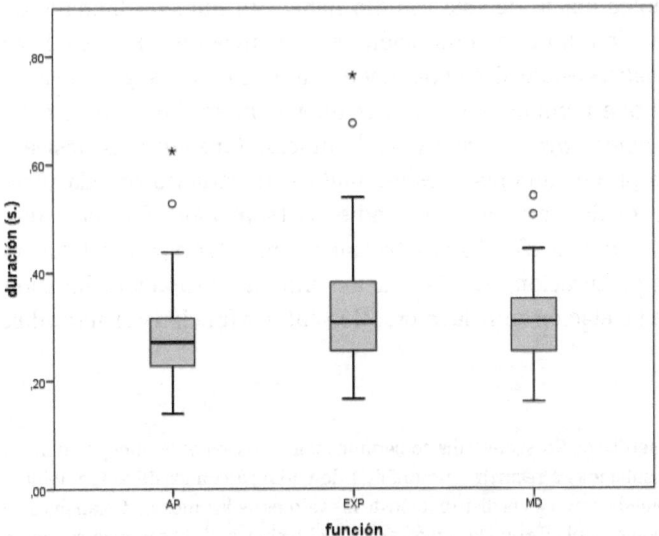

**Figura 47:** Diagrama de caja de la duración de los marcadores por función

---

21 Es evidente que la duración de enunciación de un marcador también depende del tempo de habla de un hablante. Sin embargo, nuestro corpus consiste en 92 conversaciones de diferentes hablantes. El corpus consiste, pues, en una mezcla representativa de hablantes por lo que el factor de los hablantes individuales se vuelve insignificante.

Para cada función hay uno o varios valores atípicos (°) y para la función apelativa y expresiva incluso hay un valor extremo (*). Resalta que todos estos valores se desvían hacia arriba, lo que implica que estos seis valores atípicos o extremos muestran una duración excepcionalmente alargada. Cuando examinamos de cerca estos ejemplos, constatamos que las pronunciaciones alargadas de los marcadores con valor metadiscursivo se deben a una pronunciación esmerada del marcador *vamos* (en los dos casos), ya que, contrariamente a lo que suele pasar, se pronuncia la consonante fricativa final de una manera marcada. Con respecto a los valores atípicos o extremos de las demás funciones, el alargamiento parece implicar una estrategia comunicativa; así, el prolongamiento vocálico de la segunda vocal para los marcadores *anda* (función apelativa y expresiva) y de la primera vocal del marcador *venga* (función apelativa) conceden mayor énfasis pragmático, como ilustra el ejemplo (12):

(12)  <H3> Y después va a hacer una fiesta popular regalando... bueno, tapas de jamón a manta pa<palabra cortada>... pero eso para la gente de la calle.
<H1> ¡*Anda*...!
<H3> <simultáneo> Para el público de a pie.
<H2> Sí... </simultáneo> ¿pero de pata negra? (CORLEC)

El marcador *anda* se pronuncia en 0,76 segundos y con un alargamiento marcado de la última vocal (la mediana de la duración de los marcadores con función expresiva es 0,31 segundos). El hablante alarga la última vocal para intensificar su asombro, lo cual confirma que para los marcadores, la duración es, en cierta medida, un medio distintivo. En otras palabras, el hablante alarga su pronunciación con el objetivo estratégico-comunicativo de poner énfasis en lo expresado.

Con respecto a la comparación entre los marcadores, una prueba de Kruskal-Wallis revela que con función expresiva el marcador *venga*, en comparación con *anda* (U(3)=173; Z=-2,429; p=0,015), *vamos* (U(3)=56; Z=-2,882; p=0,004) y *vaya* (U(3)=43, Z=-2,825, p=0,005), presenta una duración reducida (H=12,478; df=3;p=0,006):

**Tabla 41:** Duración mediana (s.) de los marcadores por función

|     | ANDA | VAMOS | VAYA | VENGA |
|-----|------|-------|------|-------|
| AP  | 0,27 | Ø     | Ø    | 0,27  |
| EXP | 0,31 | 0,32  | 0,39 | 0,26  |
| MD  | Ø    | 0,31  | 0,33 | 0,30  |

(H=12,478; df=3; p=0,006)

En la muestra usada para el análisis prosódico el marcador *venga* con función expresiva se usa primordialmente para expresar el acuerdo:

(13)  \<H3\>Ya, pero almohadones, no.
      \<H1\>Almohadones sueltos no. Vienen en juego.
      \<H2\>¿Llevamos una azul y otra salmón? ¿Esta salmón?
      \<H4\>Bueno, como quieras, si la verda\<(d)\>...
      \<H3\>*Venga*, sí. Si te hace ilusión. (CORLEC)

En este ejemplo el marcador se pronuncia en 0,26 segundos. La duración relativamente reducida de *venga* con este valor se explica por ser un valor menos enfático pragmáticamente que, entre otros, los valores de sorpresa o de desacuerdo. La duración reducida de *venga*, contrariamente a *anda, vamos* y *venga*, obedece, por tanto, al principio de iconicidad, más en particular, al principio de cantidad que postula que más forma corresponde a más significado o, en este caso, a más carga emocional (Haiman 1985). Conforme a este principio, el marcador *venga*, que expresa un valor poco enfático pragmáticamente (el acuerdo), se pronuncia más brevemente que los marcadores *anda, vamos, vaya* y *venga* con valores más cargados emocionalmente (de rechazo o de desacuerdo).

## 9.4 La ubicación prosódica del marcador dentro del contexto

En este apartado estudiamos los rasgos prosódicos que caracterizan el contexto inmediato de los marcadores. Concretamente, examinamos la duración de las pausas que preceden y que siguen a los marcadores (9.4.1), y los reajustes de intensidad y de F0 que preceden y que siguen a los marcadores (9.4.2).

### 9.4.1 La duración de las pausas

En el apartado 9.2 ya se ha mostrado que la presencia o ausencia de pausas se asocia estadísticamente con la función que tiene un marcador (la posición dentro de un GF). En esta sección averiguamos si existe una relación entre la función del marcador y la duración de la ausencia de sonido entre el segmento que precede y/o el que sigue al marcador. Aplicamos una prueba de Kruskal-Wallis, ya que comparamos la distribución de los valores (la duración de las pausas) entre tres poblaciones (las tres macrofunciones). Según esta prueba, la duración de las pausas que separan el marcador de otro segmento prosódico no se relaciona estadísticamente con las funciones de un marcador, ni la duración de la pausa que precede (H=0,591; df=2; p=0,744) ni de la que sigue (H=0,356; df=2; p=0,837):[22]

**Tabla 42:** Duración de las pausas que preceden por función

|                | #  | Mediana (s.) |
|----------------|----|--------------|
| Apelativa      | 28 | 0,31         |
| Expresiva      | 41 | 0,27         |
| Metadiscursiva | 18 | 0,31         |
| Total          | 87 | 0,29         |

(H=0,591; df=2; p=0,744)

**Tabla 43:** Duración de las pausas que siguen por función

|                | #  | Mediana (s.) |
|----------------|----|--------------|
| Apelativa      | 20 | 0,28         |
| Expresiva      | 25 | 0,23         |
| Metadiscursiva | 27 | 0,35         |
| Total          | 72 | 0,28         |

(H=0,356; df=2; p=0,837)

Para comparar los marcadores, exploramos en la Tabla 44 las medianas de las pausas que siguen a los marcadores según sus funciones.[23] La comparación (ejecutada con una prueba de Kruskal-Wallis) expone una alta mediana de las pausas que siguen al marcador *vaya* con función expresiva (H=8,535; df=3; p=0,36), en particular en comparación con *vamos* (U(3)=41; Z=-2,66; p=0,008) y con *venga* (U(3)=13; Z=-2,079; p=0,038). En la Tabla 44 se presenta la duración (en segundos) de cada marcador según su función. También está indicado el número de ejem-

---

**22** Para calcular la mediana de la pausa que precede y que sigue solo se consideran, respectivamente los marcadores que se encuentran en posición inicial del GF o que constituyen un GF independiente y los marcadores en posición final del GF o que constituyen un GF independiente. **23** Una prueba de Kruskal-Wallis para comparar las pausas que preceden a los marcadores por función no produjo un resultado estadísticamente significativo.

plos en el que se basa la mediana, ya que solo se consideran los marcadores que aparecen en posición final o los que constituyen un GF completo:

**Tabla 44:** Medianas de la duración (s.) de las pausas que siguen a los marcadores según su función

|      | ANDA   | VAMOS   | VAYA    | VENGA   |
|------|--------|---------|---------|---------|
| AP   | 0,64 s. | Ø      | Ø       | 0,28 s. |
|      | 4      |         |         | 16      |
| EXP  | 0,29 s. | 0,20 s. | 0,73 s. | 0,18 s. |
|      | 6      | 8       | 7       | 4       |
| MD   | Ø      | 0,35 s. | Ø       | 0,36 s. |
|      |        | 25      |         | 2       |

Cuando examinamos más de cerca las pausas que siguen al marcador *vaya*, su duración no parece asociarse con su comportamiento funcional. Resulta simplemente que hay más ejemplos con pausas posteriores más largas que *anda, vamos* o *venga*. En el ejemplo (14) la pausa que sigue al marcador dura 1,5 segundos, pero la pausa alargada no parece funcionar como recurso estratégico-discursivo:

> (14)  <H1> Estaba trabajando en algo de encuestas, y después se ha metido a otra cosa... No sé. No sé... no sé dónde.
> <H3> Pero ¿ha hecho alguna carrera?
> <H1> Creo que... no.
> <H2> ¿No?
> <H1> Que no
> <H2> ¡*Vaya*!
> <H1> Estaba haciendo Económicas, pero... no debe haber pas<(d)>o de... primero.
> (CORLEC)

Los resultados se basan en un muestreo limitado, ya que solo se consideran los marcadores que se encuentran en posición final o independiente del GF. Se necesita, por tanto, una base de datos más amplia que permite verificar si la duración más larga de las pausas que siguen a *vaya* se relaciona con su comportamiento funcional o con otro parámetro prosódico (por ejemplo, la posición dentro del GF).

### 9.4.2 Los reajustes de intensidad y de F0

En la presente sección examinamos los reajustes, tanto de la intensidad como de la F0, que preceden y que siguen al marcador. Dado que comparamos los valores de una variable continua entre tres muestras (la función apelativa, expresiva y metadiscursiva) aplicamos una prueba de Kruskal-Wallis. Según la prueba los marcadores no resaltan en la cadena prosódica por una bajada o subida anterior o posterior de la intensidad o de la F0 según sus funciones. La prueba demuestra que ni las tendencias de los reajustes F0 (primer reajuste: H=3,576; df=2; p=0,167 y segundo reajuste: H=5,477; df=2; p=0,065), ni las de intensidad (primer reajuste: H=5,827; df=2; p=0,054 y segundo reajuste: H=1,339; df=2; p=0,512) tienen función distintiva. La única tendencia llamativa es que, con función expresiva, la media del primer reajuste de intensidad (5,63 dB) es más grande que con las demás funciones, sobre todo en comparación con la función metadiscursiva (2,01 dB):

**Tabla 45:** Medias de los primeros reajustes de intensidad por función

|  | # | Media (dB) |
|---|---|---|
| AP | 28 | 4,25 |
| EXP | 41 | 5,63 |
| MD | 18 | 2,01 |
| Total | 87 | 3,90 |

(H=5,827; df=2; p=0,054)

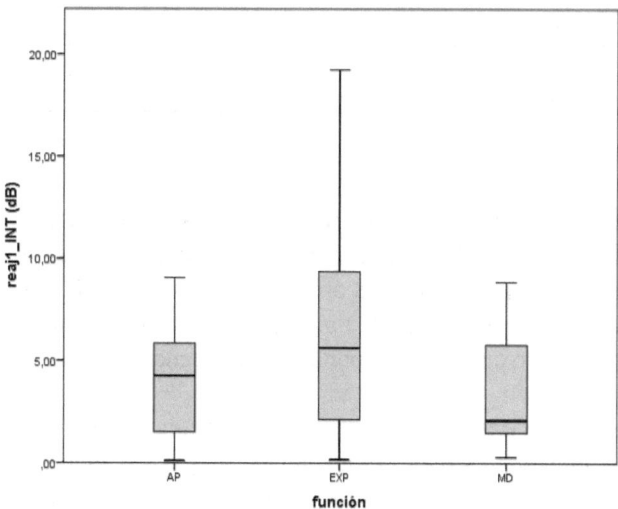

**Figura 48:** Diagrama de caja de los primeros reajustes de intensidad por función

Cuando analizamos más detenidamente los primeros reajustes de intensidad para los marcadores con función expresiva, resulta que en un 68,3% (28/48) se trata de un reajuste de intensidad positiva, es decir, una subida significativa de la intensidad del primer morfema del marcador para con el último morfema del grupo fónico que precede. De esto se concluye que los marcadores expresivos se resaltan para con el segmento que precede, particularmente por una subida en la intensidad, contrariamente a los marcadores con función metadiscursiva, cuya intensidad se adhiere mejor a la intensidad del segmento que precede.

En cuanto a la comparación entre los marcadores, mediante una prueba de Kruskal-Wallis, destaca una diferencia en la función metadiscursiva entre *vamos* y *venga*: el primer reajuste de intensidad de *venga* con función metadiscursiva es significativamente más grande que el de *vamos* con la misma función (de *vaya* no hay ejemplos en el corpus del marcador con función metadiscursiva en posición inicial o independiente y *anda* nunca tiene función metadiscursiva). La Tabla 46 recoge las medianas de los primeros reajustes de intensidad de los marcadores *vamos* y *venga*, y el número de ejemplos en el que se basan las medianas, ya que solo se consideran los marcadores que ocurren en posición inicial del GF o los que constituyen un GF completo:

**Tabla 46:** Medianas de los primeros reajustes de intensidad de los marcadores con valor metadiscursivo

|      | VAMOS   | VENGA   |
|------|---------|---------|
| MD   | 1,89dB  | 6,36dB  |
|      | 15      | 3       |

(H=4,298; df=1; p=0,038)

En esta diferencia significativa se parece reflejar nuevamente la diferencia pragmática entre estos dos marcadores (6.5): el marcador *vamos* se ocupa del desarrollo del discurso y demuestra, por tanto, menos prominencia prosódica. El marcador *venga*, en cambio, se usa como fórmula de despedida y prosódicamente resalta más para con el segmento que precede, por lo menos en cuanto a la intensidad.

En resumen, el reajuste de intensidad resulta tener una función distintiva limitada: suelen ser más limitados los reajustes de intensidad que preceden a los marcadores con valor metadiscursivo que con los otros valores. Asimismo, por un primer reajuste de intensidad más alto del valor metadiscursivo de cierre del discurso (*venga*), este se distingue del valor metadiscursivo de desarrollo del discurso (*vamos*) que resalta significativamente menos en la cadena prosódica para con el segmento que precede.

## 9.5 Conclusiones

En este apartado hemos examinado el comportamiento prosódico de los cuatro marcadores y hemos indagado en la asociación entre su configuración prosódica y sus funciones pragmáticas; en concreto, hemos averiguado si las tres macrofunciones se distinguen significativamente con respecto a varios parámetros prosódicos. Este análisis prosódico ha arrojado varios resultados interesantes:

1) Una primera conclusión es que se asocia la función pragmática con la posición del marcador dentro del GF: marcadores con una función expresiva se encuentran más frecuentemente en posición inicial del GF mientras que los con valor metadiscursivo prefieren claramente la posición media del GF. Además, resulta llamativo que, a pesar de lo que suele afirmarse en la bibliografía, los marcadores no suelan constituir GGFF autónomos. Muestran una tendencia, al contrario, a ocupar una posición media dentro del GF.

2) Destaca que los marcadores mantienen una relación más estrecha con el enunciado que les sigue, dado que es más frecuente una pausa anterior que posterior.

3) En cuanto a la F0 y la curva melódica de los cuatro marcadores, hemos constatado que, independientemente de las funciones, una curva melódica ascendente es poco frecuente para los cuatro marcadores. Además, se ha comprobado que son factores importantes a la hora de diferenciar varios usos discursivos. Así, la F0 media de los marcadores con función metadiscursiva es significativamente más baja que la F0 media de los que desempeñan otra función en el discurso. La función apelativa, a su vez, se caracteriza por una curva melódica descendente en el corpus.

4) También la duración del marcador tiene un objetivo estratégico-comunicativo. Más en particular, un alargamiento puede dar mayor énfasis a lo expresado. No obstante, la duración de los marcadores no se relaciona estadísticamente con las funciones.

5) Finalmente, los marcadores con función expresiva demuestran una mediana del primer reajuste de intensidad más grande que las otras dos funciones, es decir, con respecto a la intensidad, los marcadores con función expresiva se resaltan más del segmento que les precede que los marcadores con otras funciones.

Por todo ello, postulamos que los resultados corroboran, de manera reservada, la hipótesis de que un mayor grado de pragmaticalización conlleva una pérdida de prominencia prosódica (Wichmann et al. 2010), al menos en cuanto al valor metadiscursivo; resalta la prominencia prosódica limitada del valor metadiscursivo para con los demás valores. La integración prosódica de los marcadores con valor metadiscursivo dentro de su entorno se refleja en la alta frecuencia de la posición media dentro del GF, la mediana baja de los primeros reajustes de intensidad y de la mediana de F0 media significativamente más baja que con los otros valores. Estos resultados parecen confirmar la cadena de desarrollo propuesta por Heine et al. (1991) según la cual el valor textual o metadiscursivo es el más pragmaticalizado, en comparación con la cadena propuesta por Traugott/König (1991), que implica un cambio de un valor conceptual a un uso textual y luego expresivo (3.3). Para poder confirmar o, eventualmente, ajustar esta hipótesis, sería interesante someterla a un estudio más detenido con un corpus más amplio, es decir, un estudio con el objetivo de verificar la relación entre los rasgos prosódicos y el desarrollo diacrónico de un conjunto de marcadores conversacionales más variado (*bueno, mira, claro, sabes*, etc.).

Además de las diferencias prosódicas entre las tres funciones, hemos constatado también diferencias entre los marcadores. Primero, el marcador *venga* con función expresiva demuestra una duración relativamente reducida en comparación con los demás marcadores con función expresiva. Esta diferencia se debe a la índole de la función expresiva que para *venga* es muy distinta: el marcador *venga* expresa el acuerdo con lo dicho o lo ocurrido mientras que *anda, vamos* y *vaya* indican en la muestra las actitudes de sorpresa o de rechazo del hablante. En segundo lugar, la diferencia pragmática entre los marcadores *vamos* y *venga* con función metadiscursiva se refleja en dos parámetros prosódicos: (1) la mediana de las F0 medias de *vamos* es más baja, (2) igual que el primer reajuste de intensidad. Por consiguiente, en la función metadiscursiva el marcador *vamos* parece integrarse prosódicamente más profundamente en el discurso que *venga*, lo cual obedece a una integración pragmática más profunda de *vamos*, ya que este marcador se ocupa de estructurar el micro-nivel del discurso.

Los resultados más llamativos del análisis prosódico se reúnen en la tabla recapitulativa siguiente.

**Tabla 47:** Cuadro recapitulativo de los resultados del análisis prosódico

| ANDA, VAMOS, VAYA Y VENGA<br>– Posición media del GF<br>– Curva melódica descendente | | |
|---|---|---|
| AP<br>– Curva melódica<br>descendente | →EXP<br>– Posición inicial del GF<br>– Primer reajuste de intensidad<br>grande | →MD<br>– Posición media del GF<br>– F0 media baja |
| | VENGA vs. ANDA, VAMOS, VAYA<br>– Duración reducida | VAMOS vs. VEN̈GA<br>– F0 media baja<br>– Primer reajuste de<br>intensidad baja |

La primera fila de la Tabla 47 recoge los rasgos prosódicos que caracterizan a los cuatro marcadores aquí estudiados. En las tres columnas se representan los rasgos prosódicos más prototípicos de cada una de las funciones, estos rasgos distinguen cada función de las otras dos. Las flechas indican la cadena de pragmaticalización seguida por los marcadores y basada en los datos prosódicos (apelativa > expresiva > metadiscursiva). Por último, en la tercera fila se presenta el comportamiento particular de *venga* con función expresiva y se recogen los rasgos prosódicos que caracterizan al marcador *vamos* cuando tiene función metadiscursiva.

Los resultados de este estudio prosódico, aunque sea un empeño exploratorio, subrayan la importancia de implicar la prosodia en el estudio de las funciones de los marcadores. La prosodia es un aspecto esencial de la caracterización de los marcadores y la inclusión de este aspecto vuelve más concreta y completa la definición del fenómeno. Además, estudios prosódicos más amplios, esto es, que constan de un corpus más variado en cuanto al registro, el tipo de marcadores, las variaciones regionales, etc. contribuirán a distinguir entre estos varios niveles de uso de los elementos que pertenecen a la heterogénea categoría de los marcadores.

# Capítulo 10
# Las construcciones intensificadoras

En este capítulo nos dedicamos al estudio de las construcciones intensificadoras en las que entran *anda* y *vaya* (*anda que Juan/vaya que sí/vaya tiempo que tenemos por Gante*). Constituyen usos especializados de los marcadores, tanto desde el punto de vista semántico (expresan la intensificación) como sintáctico (llevan un complemento o un sintagma nominal). Justo por eso, vale detenerse en su funcionamiento. De acuerdo con los objetivos de este estudio, examinamos de qué manera van de la mano la función específica de intensificación y las construcciones particulares en las que entran *anda* y *vaya*. Además, nos preguntamos por qué los marcadores *anda* y *vaya*, contrariamente a *vamos* y *venga*, adquieren función intensificadora llevando un complemento o un SN. Para empezar, presentaremos una descripción del concepto *intensificación* (10.1) y revisaremos los estudios existentes que analizan las características semántico-pragmáticas y sintácticas de los dos tipos de construcciones intensificadoras, a saber, los marcadores que llevan complemento (10.1.1) y el marcador *vaya* que intensifica un sintagma nominal (10.1.2). En la sección 10.2 expondremos los resultados de nuestro análisis de corpus que focaliza en (a) la comparación entre [*anda* + complemento] y [*vaya* + complemento] (10.2.1), y en (b) los valores y las particularidades sintácticas de la construcción [*vaya* + SN] (10.2.2).

## 10.1 *Anda* y *vaya* como operadores de intensificación

La intensificación es un fenómeno lingüístico muy heterogéneo y complejo. Ante todo, es una categoría pragmática que reúne varios recursos lingüísticos que se usan para «reforzar la verdad de lo expresado y, en ocasiones, para hacer valer su [del hablante] intención de habla» (Briz Gómez 1998, 114). La intensificación se relaciona, por tanto, con la gradación (es un concepto escalar), con la cuantificación (eleva el grado de la cantidad o cualidad), y con la superlación (el grado máximo) (Albelda Marco 2005). Además, la intensificación puede realizarse en dos niveles, es decir, en el *enunciado* (lo dicho) o en la *enunciación* (el decir). En el primer caso se intensifica el contenido proposicional, más particularmente la cantidad o la cualidad del contenido al que se refiere (Briz Gómez 1998, 127):

(1)    A: La familia posee dos casas, un apartamento en la playa, un *Maserati*, dos *Bentley* clásicos, una piscina cubierta en su jardín, ...
       B: ¡Qué familia más rica!

En este ejemplo, con la enumeración en el enunciado del hablante A se logra un efecto de intensificación de la cantidad de cosas lujosas que posee la familia. En cambio, la intensificación de la enunciación implica exclusivamente modificaciones pragmáticas de la actitud del hablante o de la fuerza ilocutiva, como en los casos siguientes:

(2)  Es muy rico, *de verdad* (Briz Gómez 1998)

(3)  A: tú lo que pasa es que tienes miedo
     B: *¿¡miedo yo!?*

En el ejemplo (2), *de verdad* realza la certeza de lo dicho en el enunciado precedente. En (3) se usa una interrogación exclamativa en eco para reforzar el desacuerdo del hablante.

Los recursos de intensificación pueden ser suprasegmentales, morfológicos, sintácticos, no-verbales, etc.; todos estos recursos se llaman *operadores de intensificación* o *intensificadores* (Briz Gómez 1998, 116). Uno de estos operadores de intensificación de la enunciación o de la actitud del hablante es el uso de los marcadores objeto de estudio. Más en particular, en el corpus los marcadores *anda* y *vaya* entran en construcciones intensificadoras, dado que el marcador realza lo dicho en su complemento o valoriza de manera enfática el sintagma nominal con que se combina:[1]

(4)  *ANT: [<] <sí> [///] no / no //$ la Plaza los Cubos no //$ la Plaza de España //$ justamente / donde está ahí +$ hay una / enorme / tienda / de productos / chinos //$
     *ANA: sí ?$
     *ANT: sí sí //$ ahí seguro que encuentras +$ *anda que* no hay una comunidad de chinos aquí en España //$ (C-ORAL-ROM)

(5)  TL10MALCE4G03: joder está ganado el <navn>Juan</navn> que no ha ido en su puta vida al colegio
     TL10MALCE4G01: *anda que* no si yo en mi clase siempre ganaba a esto cuando llovía en el recreo chaval (COLAm)

(6)  A: § IMAGINO que todo el mundo tendrá comida familiar y todo eso (7'')
     B: *anda que* tú... como para ayudarme a mí (3'') (Val.Es.Co)

(7)  A: = cuando llame le dices que vas a trabajar
     D: ¿ha llamao (sic)?
     D: ¿por qué?
     A:¡Jose!
     D: °( (( )) )°

---

1 Castillo Lluch (2008, 1750) da ejemplos del marcador *vamos* que entra en construcciones intensificadoras (*vamos que no/ vamos si sabe*). En nuestro corpus, no obstante, no aparecen estas construcciones.

B: ((Juan Luis)) ha traído el metro/// ¡ah! toma

A: *¡vaya que* no! pero→§ (Val.Es.Co)

(8) Por eso no se lo recomiendo a nadie, *vaya con* la experiencia. (CREA; España: oral, 1996)

(9) //$ y claro / y yo diciendo / madre mía / *vaya* conversación //$ (C-ORAL-ROM)

En los ejemplos anteriores, se distinguen dos tipos de construcciones intensificadoras, a saber, los marcadores *anda* y *vaya* que llevan un complemento (4) (5) (6) (7) (8) y el marcador *vaya* que intensifica un sintagma nominal (9). Por su carácter sintáctico y pragmático tan especializado y tan distinto en comparación con los marcadores de uso *suelto*, optamos por dedicar un capítulo a las construcciones intensificadoras. Con base en los estudios anteriores nos detenemos a continuación en los rasgos semántico-pragmáticos y sintácticos de los dos tipos de construcciones intensificadores: (a) los marcadores con complementos (10.1.1) y (b) *vaya* como intensificador de un SN (10.1.2). Luego, nos proponemos verificar las afirmaciones de estos estudios, examinando las construcciones en el corpus que manejamos (10.2).

### 10.1.1 Los marcadores llevan complementos

Rodríguez Ramalle (2007) indaga en el funcionamiento pragmático-semántico de los marcadores que llevan un complemento: [marcador + complemento]. Discierne tres aspectos fundamentales de su carácter pragmático que ejemplificamos mediante el caso siguiente:

(10) ¿Usted nunca dice nunca jamás de Nunca. De participar un día en el psoe? ¿De formar No. Parte del psoe? Bueno, yo es que no tengo que decir de nunca jamás de nada. De nada. Pero desde luego no tengo ningún feeling para irme al psoe, y *anda que* no ha habido mejor oportunidad, porque ahora para estar en la oposición, hijo mío, pues ya, estamos todos en la oposición. (CREA; España: Oral, 1996)

En primer lugar, se usa este tipo de construcciones para afirmar la información del complemento: el hablante afirma que ahora es la mejor oportunidad para irse al PSOE (la partícula *no* sí parece tener carga negativa, cf. *infra*). Además, la afirmación es siempre enfática, esto es, *anda* cuantifica el grado de la afirmación. Por eso ya no es necesario añadir una gradación al verbo (²anda que *realmente* no ha habido mejor oportunidad). Según alega Sancho Cremades (2006a; 2006b; 2008), el carácter enfatizado se manifiesta en la posición focal del marcador (la posición inicial), en el orden de palabras dentro del complemento que es más frecuentemente VS (*¡Vaya que es simpática María!*) y en la manifestación fonológica del grupo fónico en el que se encuentran los marcadores, ya que posee una entonación enfática. Un tercer aspecto de su pragmática es la evidencialidad, puesto que el complemento retoma necesariamente un texto anterior. En el ejemplo (10) el texto anterior al que se refiere es muy amplio, dado que se ha estado hablando de la pérdida de votos del partido político Izquierda Unida, del que el hablante es miembro, y del éxito del partido PSOE. De ahí que el hablante afirme de modo enfático que no ha habido mejor oportunidad para cambiar de partido político. Más en particular, según Rodríguez Ramalle (2007), es la conjunción *que* la que lleva la carga evidencial. Por eso señala Santos Río (2003) que la construcción *vaya que* es similar a expresiones como *por supuesto que* o *naturalmente que*.

Rodríguez Ramalle (2007, 120) resume el funcionamiento de las construcciones [marcador + complemento] de la manera siguiente:

> [...] conllevan una opinión afirmativa de carácter enfático, expresada en ocasiones mediante la gradación, junto con la existencia de un contexto previo, considerado como fuente u origen de la afirmación y sobre el que se asienta la nueva afirmación de carácter enfático que realiza el hablante.

A esto añade Sancho Cremades (2006b) que [*vaya* + complemento] tiene otro valor distinto de la afirmación enfática, a saber, puede expresar una hipótesis no deseada:

(11)  Por cierto, le advertí: "Cuidado, *vaya que* se te manche el móvil con el tinte, que ya somos muchas las que hemos pasado por tan traumática experiencia" (Elvira Lindo, en: Sancho Cremades 2006, 127)

Santos Río (2003, 190) menciona también el valor hipotético para la construcción [*anda* + complemento]:

(12)  *Anda que* si no llegas a venir (, la que se hubiera preparado). (Santos Río 2003)
(13)  *Anda que* como no venga (, la hemos hecho buena). (Santos Río 2003)

Cuando expresa una hipótesis, el complemento lleva una oración subordinada condicional introducida por *si* (12) o lleva un verbo en modo subjuntivo (11) (13).

Sintácticamente, el marcador va seguido de un complementador (*que*) que es el núcleo del sintagma complementador (SC). El sintagma flexivo (SF) (la oración) complementa al complementador dentro del SC: [[$_{SC}$Vaya] [$_{C'}$[que] [$_{SF}$es simpática María]] (Sancho Cremades 2008, 206). El complementador *que* integra el marcador en el resto del enunciado (es un *que soldador* según Pons Bordería (1998)).

En cuanto a la construcción [marcador + complemento] los autores añaden algunas particularidades más. En primer lugar, con el marcador *anda* el sintagma flexivo puede ser un mero pronombre o un nombre propio:

(14)  \<H1\> Pues porque he engorda\<(d)\>o \</simultáneo\> en este...
      \<H2\> Fin de semana...
      \<H1\> Este puente \</simultáneo\> he debido \<(d)\>e engordar dos kilos, de verdad...
      \<H2\> Jo, pues *anda que* yo... (CORLEC)

En este ejemplo es evidente la referencia al contexto previo (Rodríguez Ramalle 2007): el hablante \<H2\> indica que el *yo* supera el grado en que el hablante \<H1\> ha engordado (Sancho Cremades 2006a). Dicho de otro modo, el hablante \<H2\> enfatiza que opina que ella misma ha engordado más de dos kilos, es decir, más que su interlocutor. Sancho Cremades (2006a, 2060) observa que con este uso, *anda que* está reforzado frecuentemente por el marcador *pues* (como en el ejemplo (14)). Como conector pragmático reactivo el valor de *pues* se relaciona con la modalidad (8.1.3.2) y es, por lo tanto, compatible con la expresión *anda que* (véase también Santos Río (2003, 190)).

Una segunda particularidad concierne al marcador *vaya*, que en algunos ejemplos va acompañado de *si* (Sancho Cremades 2006b, 127):

(15)  Cuando me lo eche la vista encima lo mato, *vaya si* lo mato... (Rodríguez Méndez 1982, en Sancho Cremades (2006b)).

La construcción *vaya si* tiene básicamente el mismo valor que *vaya que* y afirma enfáticamente un complemento relacionado con un contexto previo, como ejemplifica el ejemplo (15).

Finalmente, el marcador *anda* se combina muy a menudo con un sintagma complementador que contiene la partícula negativa *no*, como en el ejemplo (4) que retomamos aquí:

(16)  *ANT: [\<] \<sí\> [////] no / no //\$ la Plaza los Cubos no //\$ la Plaza de España //\$ justa-
      mente / donde está ahí +\$ hay una / enorme / tienda / de productos / chinos //\$
      *ANA: sí ?\$
      *ANT: sí sí //\$ ahí seguro que encuentras +\$ *anda que no* hay una comunidad de
      chinos aquí en España //\$ (C-ORAL-ROM)

La partícula *no* en este contexto ha perdido completamente su carga negativa (Rodríguez Ramalle 2007) y funciona para reforzar la afirmación del hablante (*claro que hay una comunidad de chinos en España*). El uso tan frecuente de *no* en combinación con *anda que* es un indicio para Sancho Cremades (2006a, 2058) de que es uno de los usos más gramaticalizados, o por lo menos más convencionalizados de este tipo de construcciones. El autor alega que el uso de *no* originó en las réplicas en eco:

(17)  A: María no es simpática.
      B: ¡*Anda que no* es simpática María! (Sancho Cremades 2006a, 2058)

A partir de las réplicas en eco el valor ponderativo de la partícula *no* en estos contextos se ha convencionalizado.[2] Por consiguiente, también cuando no aparece negación previa, como en (16), *no* tiene carga ponderativa. El autor añade que cuando el complemento de *anda que* no lleva *no*, solo es posible una interpretación irónica. Por lo tanto, según él, la expresión *¡Anda que es simpática María!* solo puede interpretarse de manera irónica (implicando que María no es simpática).

Al lado del complemento introducido por *que*, Sancho Cremades (2006b, 126) señala que *vaya* y *anda* también pueden llevar un SP introducido por la preposición *con:*

(18)  *Vaya con* el niño (Sancho Cremades 2006b)

Según Santos Río (2003), la construcción «indica sorpresa enfática, acompañada o no de disgusto o protesta, relacionada con la entidad nombrada en el sintagma nominal». El sustantivo lleva obligatoriamente un especificador definido (Sancho Cremades 2006b, Santos Río 2003).[3]

Octavio de Toledo y Huerta (2001–2002) demuestra que las construcciones [*vaya* + complemento] y [*vaya* + SN] aparecieron en el siglo XVIII y originaron a partir del uso suelto del marcador, lo cual significa que la forma *vaya* ha sufrido dos procesos de cambio sucesivos: a saber, de forma verbal a marcador y de marcador a operador de intensificación. Según Octavio de Toledo y Huerta (2001–2002), estos dos procesos forman parte de un macroproceso de gramaticalización. El nuevo contexto en el que aparece la forma *vaya* presenta particularidades pragmáticas: se especializa en la intensificación y demuestra particularidades sintácticas, ya que intensifica siempre las propiedades de un complemento o de un SN. Dicho de otro modo, los cambios semánticos y los cambios sintácticos van a la par. Esta evolución de *vaya* es, además, prueba de que la lengua está en continua evolución y que, por tanto, el proceso de gramaticalización es un continuo. Concretamente, Octavio de Toledo y Huerta (2001–2002) traza el desarrollo diacrónico desde la forma verbal *vaya* hasta el uso como marcador y su uso como intensificador de completivas y sintagmas nominales. Constata que, a partir del uso de *vaya* con comentario que explica el valor de *vaya* (principalmente de sorpresa) (*vaya, que es una bobada*), durante el siglo XVII *vaya* se reanaliza como marcador ponderativo enfático con completiva (*vaya que es una bobada*).

---

**2** La negación es, en general, un recurso semántico que se usa en el lenguaje coloquial para la afirmación: *¡No eres tú guasón ni ná!* (Briz Gómez 1998, 123).
**3** Octavio de Toledo y Huerta (2001–2002, 56) constata que el uso de la construcción [vaya + con + SN] se introdujo en el siglo XVIII.

En resumen, de la literatura existente sobre el tema aprendemos que la construcción [marcador + complemento] expresa una afirmación enfática evidencial. Asimismo, la construcción puede adquirir un valor hipotético. En el caso de *vaya* el complementador es *que* o *si* sin que implique necesariamente un cambio de significado. En cuanto al marcador *anda*, el complemento puede ser un pronombre o un nombre propio que indica que lo señalado en el complemento es superior a lo que ha sido mencionado en un contexto previo. Con este marcador, además, el complemento lleva la partícula *no* que se usa para dar mayor énfasis o la construcción obtiene valor irónico. Finalmente, tanto *vaya* como *anda* pueden llevar un SP introducido por la preposición *con* también con valor de énfasis.

### 10.1.2 *Vaya* como intensificador de un sintagma nominal

El uso de [*vaya* + sintagma nominal] es incluso más gramaticalizado que la construcción [marcador + complemento], dado que esta primera construcción cumple con los procesos de: (a) reducción del alcance, (b) fijación posicional e (c) integración en un conjunto reducido y cohesionado (Octavio de Toledo y Huerta 2001–2002):[4]

    (19)   *Vaya* un coche que se ha comprado. (Sancho Cremades 2006b)

Según Santos Río (2003, 639), la construcción en la que *vaya* se integra en un SN es una expresión de ponderación enfática que aporta la idea de grandeza o importancia, ya sea en sentido positivo o negativo. Aun así, su uso en un contexto despreciativo resulta ser cinco veces más probable que en un contexto apreciativo (Tanghe 2013, 764). Según alega Octavio de Toledo y Huerta (2001–2002, 57), este valor negativo originó del uso de la construcción como expresión reactiva con carga de parodia irónica:

    (20)   ¡*Vaya* un médico que tiene mi madre!
         – Sí, ¡*vaya* un médico!, a mi padre le recetó un diluyente de la sangre y solo le dolía la cabeza. (Tanghe 2013)

---

**4** Octavio de Toledo y Huerta (2001–2002, 56) y Tanghe (2013, 765) sitúan la primera ocurrencia de la construcción [vaya + determinante + N] en el siglo XVIII. El uso de la construcción [vaya + N], esto es, con ausencia de determinante, se considera el último paso en la evolución de *vaya* y apareció por primera vez en las fuentes escritas a principios del siglo XX (Octavio de Toledo y Huerta 2001–2002, 58).

Formalmente, el sustantivo puede tomar la forma de adjetivo nominalizado (*vaya soso que eres*), puede llevar un determinante (*Vaya esa casa*), ser argumento (*vaya casa ha comprado*) o llevar una relativa (*vaya casa que ha comprado*). Además, el SN puede tener la estructura focalizadora en la que la palabra que expresa la cualidad es el núcleo del SN (*vaya desastre de fiesta*) (Sancho Cremades 2006b; Tanghe 2013). En los párrafos siguientes, entramos en detalle sobre estos rasgos sintácticos de la construcción intensificadora [*vaya* + SN].

Primeramente, al contrario de otras palabras intensificadoras (como *qué*), el marcador *vaya* solo intensifica un SN y nunca un adjetivo o un adverbio. Octavio de Toledo y Huerta (2001–2002) ha trazado el desarrollo diacrónico de la construcción [vaya + SN] y, muestra que la construcción originó de la construcción [vaya + complemento introducido por *que*]:

> (21) Tenga usted buenos días,/señor Cuervo, mi dueño;/*Vaya que* estáis donoso/mono, lindo en extremo (Samaniego, *Fábulas*, 5.9.9–12, en Octavio de Toledo y Huerta 2001–2002: 56)

La posibilidad de dar un paso de intensificador de un complemento a intensificador de un SN se explica por el carácter nominal de la frase completiva, ya señalado por Alarcos Llorach (1994, 227) (Tanghe 2013). Según este autor, las conjunciones subordinantes (*que* o *si*) transponen la completiva a un elemento con función de sustantivo por ser adyacente subordinado a un núcleo verbal.

Además de eso, el sustantivo intensificado por *vaya* puede llevar un artículo definido o indefinido (*vaya el coche/vaya un coche*), un demostrativo (*vaya esa humildad*) o un posesivo (*vaya nuestra admiración*) (Tanghe 2013, 757).[5] En estos casos, el determinante ocupa la posición del especificador del sustantivo, mientras que cuando no lleva determinante el marcador *vaya* es especificador. Por consiguiente, cuando lleva determinante, el marcador es externo a la estructura sintáctica del SN ([*vaya*] [$_{SN}$ [$_{especificador}$un [$_{núcleo}$día]]]) (Tanghe 2013, 757).[6] De todos modos, cuando está presente un artículo, este añade un valor de intensificación (Octavio de Toledo y Huerta 2001–2002).[7] Sin embargo, parece que la tendencia a usar con el sustantivo un especificador otro que *vaya*, está en descenso, puesto

---

5 En un estudio empírico anterior (Tanghe 2013, 757) se ha constatado que el sustantivo lleva más frecuentemente un artículo indefinido (en casi un 95%). Además, *vaya* puede intensificar también un SN ya intensificado por el cuantificador exclamativo *qué*: *¡Vaya qué día!*
6 Según la *stratal uniqueness law* (Blake 1990, 12) una función sintáctica solo puede presentarse una vez dentro de un estrato, por lo tanto, dentro del SN no puede haber más de un especificador.
7 El valor enfático del artículo ya ha sido señalado por varios autores, entre ellos Briz Gómez (1998); Fernández Lagunilla (1983); Sancho Cremades (2008): *¡Una insensatez que condujese borracho!* (Sancho Cremades 2008).

que sobre todo desde los años 60 del siglo XX el marcador prefiere funcionar cada vez más como especificador dentro del SN (Tanghe 2013, 766).

En cuanto a la función del SN, se presentan dos opciones: (1) el sustantivo intensificado es el núcleo del SN y lleva una oración subordinada relativa (22) o (2) el SN es argumento dentro de la frase (23):

> (22)  ¡Pues *vaya* un regalito que nos endilga el querido primogenitor! (CREA: España; libros, 2000, en Tanghe 2013, 759)
>
> (23)  ¡Joder, *vaya* machote se va a hacer! (CREA; España: revistas, 2001, en Tanghe 2013, 760)

Es más frecuente la construcción con subordinada (en casi el 90%), lo cual se explica por el origen verbal del marcador: «si *vaya* ha retenido parte de su carácter predicativo evitará la presencia de otro verbo finito en la misma frase» (Tanghe 2013, 759). Por otro lado, es llamativo que cuando el sustantivo es argumento de una frase, este sustantivo nunca lleve especificador otro que *vaya* (Tanghe 2013, 767). Esta tendencia es un indicio de que la construcción está fijándose y que el marcador *vaya* pierde cada vez más su carácter verbal.

Finalmente, menciona Sancho Cremades (2006b, 125) que es frecuente la combinación del marcador *vaya* con un SN con estructura marcada, es decir, con un núcleo que expresa la cualidad y que, por tanto, resulta focalizado:

> (24)  ¡Pues *vaya* mierda de rey! (Siete Vidas, en Sancho Cremades 2006a, 126)

Así, el núcleo del SN (la cualidad *mierda*) lleva un atributo (*de rey*) que denota la cosa o persona a la que se aplica la cualidad.[8]

En cuanto al origen de las construcciones intensificadoras con *vaya*, Octavio de Toledo y Huerta (2001–2002) y Company Company (2008) postulan que la forma *vaya* ha sufrido dos procesos de gramaticalización sucesivos. En un primer proceso de cambio, la forma ha sufrido un proceso de *subjetivización* de verbo a marcador polisémico: (a) se ha ampliado su alcance, (b) ha perdido la posibilidad de contraer relaciones sintácticas, (c) su forma se ha fijado y (d) se ha debilitado su significado referencial. En el segundo proceso de cambio, de marcador a intensificador, la forma sufre cambios semánticos y sintácticos profundos: (a) contrae relación sintáctica con nombres (tiene función intraproposicional) y (b) funciona como cuantificador intensivo de ellos. La forma sigue teniendo valor subjetivo, porque evalúa la calidad del nombre. Es importante observar que no es adecuado

---

**8** A esta construcción suelen referirse con un ejemplo francés: *ce fripon de valet* (Sancho Cremades 2006b, 1254).

hablar de un regreso a la gramática, ya que la forma *vaya* no vuelve a su categoría gramatical originaria, ni a su valor originario. Tampoco es un ejemplo de la *polipragmaticalización* (1.2.2.2), dado que el uso intensificador deriva del uso discursivo de *vaya* (Company Company 2008). Más bien, la evolución diacrónica de *vaya* es prueba de que el proceso de *gramaticalización* es un macroproceso que incluye cualquier tipo de rutinización de valores (inter)subjetivos, independiente de la direccionalidad del cambio (Traugott 1995b).

Resumiendo, por su valor ponderativo de sorpresa y por llevar una oración explicativa que justifica los motivos de la sorpresa (*vaya que se admitiera su entrada*), los marcadores *anda* y *vaya*, contrariamente a *vamos* y *venga*, se han reanalizado como elementos exclamativos de grado. El marcador *vaya* incluso ha continuado gramaticalizándose hasta integrarse en el SN funcionando como cuantificador del sustantivo (*vaya estilo*). En lo que sigue, examinamos las particularidades semántico-pragmáticas y sintácticas de estas construcciones intensificadoras en el corpus con el fin de averiguar en qué medida un significado especializado (la intensificación) se transmite por construcciones igual de particulares.

## 10.2 *¡Vaya que sí!*, las construcciones intensificadoras en el corpus

En este apartado nos proponemos verificar las afirmaciones de la literatura existente sobre el comportamiento de *anda* y *vaya* en construcciones intensificadoras en el corpus de lengua hablada que manejamos en esta investigación. En el primer apartado, examinamos la construcción de los marcadores que llevan un complemento (10.2.1) para luego analizar la construcción más gramaticalizada en la que *vaya* intensifica un SN (10.2.2).

### 10.2.1 La construcción intensificadora [marcador + complemento]

En esta sección estudiamos las particularidades de la construcción [marcador + complemento], dedicando especial atención a los parámetros siguientes (basados en estudios anteriores (10.1.1)):

a)  El valor expresado por la construcción:
    –  afirmación enfática evidencial (con o sin ironía)
    –  valor hipotético
b)  Forma del complemento:

- – oración completa
- – sintagma adverbial
- – pronombre o nombre propio
- c) La presencia o no de la partícula *no* en el complemento
- d) Forma del complementador:
  - – *que*
  - – *si*
  - – construcción con *con*
- e) El modo (indicativo o subjuntivo) del verbo en el complemento

Ante todo, conviene mencionar que el corpus demuestra un gran desequilibrio en cuanto a las frecuencias de *anda* y *vaya* con complementos:

**Tabla 48:** Las construcciones intensificadoras de *anda* y *vaya*

|  | QUE | SI | CON | Total |
|---|---|---|---|---|
| ANDA | 53 | 0 | 1 | 54 |
| VAYA | 8 | 0 | 2 | 10 |
| Total | 61 | 0 | 3 | 64 |

Resalta que en el corpus los marcadores solo llevan complementos introducidos por *que* y, con menor frecuencia, por *con*. Además, resulta ser menos frecuente el uso de *vaya* con función intensificadora de un complemento.

En cuanto al valor de la construcción [marcador + que + ...], ambos marcadores se usan tanto para afirmar enfáticamente el contenido del complemento (25) (26) como para expresar una hipótesis (27) (28), siendo esa primera función la más frecuente:

**Tabla 49:** Valores de las construcciones intensificadoras [marcador + complemento]

|  | Afirmación enfática | Hipótesis | Total |
|---|---|---|---|
| ANDA | 47 | 6 | 53 |
|  | 88,68% | 11,32% | 100% |
| VAYA | 7 | 1 | 8 |
|  | 87,5% | 12,5% | 100% |
| Total | 54 | 7 | 61 |
|  | 88,52% | 11,48% | 100% |

(25) T L 10 MALLC2J02:  es que no pensé al final que iba a hacer tanto o que iba que me iba a pegar tanto

T L 10                  ... como estaba en casa y estaba a la sombra y tal <música/>

T L 10 MALCC2J03:   2[pero es que es cas ]

   MALLC2J02:   2[pero luego en el coche . puff *anda que* no pegaba y encima con el calor ]

T L 10 MALLC2J02:   me estaba dando algo (COLAm)

(26) Yo voy a tener a Pilar al tanto de cada información que vaya recibiendo, que yo vaya buscando, que la voy a encontrar, *vaya que* la voy a encontrar, como María Castaño que me llamo. (CREA; España: Oral, 1991)

(27) Es que no te entiendo, Manolo, pero cómo me puedes hablar tú de coherencia si les dijiste a los tuyos que se abstuvieran en lo de la otan. Hablarme a mí de coherencia, *anda que* si Marx levantara la cabeza ¿Qué pasa? ¿Chulo yo? de qué. Si Marx levantara la cabeza qué pasaría si Se la volvía a de un guantazo. (CREA; España: Oral, 1986)

(28) T L 10 MAESB2G03: que a lo mejor no te lo corrijo

T L 10 porque uno no puede llegar tarde

T L 10 MAESB2G04: <crujido de papeles> pero el cabrón se ha acordado porque ha dicho esto es grave

T L 10 porque que esté repartiendo y le digo a lo mejor no te lo corrijo

T L 10 MAESB2J03: 2[se lo ha dicho en serio además tenía que haber cabreado ]

MAESB2G04: 2[joder unn (sic) cabreo llevaba ]

T L 10 MAESB2G03: joder *vaya que* si se lo dice en serio

T L 10 MAESB2G04: 1[pero yo diciendo yo soy <navn>Matojo</navn> ] (COLAm)

En los ejemplos (25) (*por supuesto que pegaba*) y (26) (*claro que la voy a encontrar*), los marcadores enfatizan lo dicho en el complemento. El uso de *anda* es más frecuente que *vaya* (Tabla 49), lo cual conlleva más variación en el uso de *anda*. Así, *anda* presenta un valor particular del que carece *vaya*: cuando el complemento es un pronombre (29), un nombre propio (30), un sintagma nominal (31) o un sintagma preposicional (32), se suele afirmar de manera enfática el grado superior de este complemento en comparación con el enunciado que precede:

(29) <H2> Tú no has trabaja<(d)>o en tu vida.

<H1> *Anda que* tú, guapo, que te tenemos que sacar de la cama. (CORLEC)

(30) Anatole Frances no estaba mal. Pues *anda que* Kierkegaard. (CREA; España: Oral, 1988)

(31) C: Y SE INFLAMAN LOS HUESOS CON EL FRÍO↓ SI NO TE SABE MAAL§

A: § [pos *anda que* esta mañana→] (Val.Es.Co)

(32) T L 10 MALCC2G03: el <navn>Ali</navn> cuando llega ya la la una ya no se pone más

T L 10 MALCC2G03: pero que si a mi (sic) me ha dicho que hasta antes de irse se puso una

T L 10 NOSPEAKER: <Pausa/>

T L 10 MALCC2G01: *anda que* a <navn>Susana</nav (COLAm)

El marcador *anda* tiene en el 20,75% (11/53) de los casos este valor de grado superior. En el capítulo 10.1.1 hemos visto que, según Sancho Cremades (2006a), es frecuente que con este uso le precede el marcador *pues*, como en (30) y (31). Sin embargo, en el corpus constatamos que la combinación con *pues* no se restringe a este valor. Es más bien el uso reactivo de la construcción el que desencadena el uso de *pues:*

> (33)  ¿Y es verdad que hay piedras que ayudan a enamorar y que y que no son las más caras precisamente? Precisamente, no tienen por qué ser diamantes o zafiros o Sí. o rubís que son carísimos, ¿no? Existe, por ejemplo, la adularia La adularia, *pues, anda que no he regalado yo adularias a , la adularias es Sí, claro, porque eres Cuando a a María Eugenia, en Oviedo, precisamente, le regalé una adularia Claro, pero yo te dije que sin diamantes nada adularia adularia y por ahí. (CREA; España: Oral, 1997)

En el ejemplo (33) el hablante afirma que ha regalado adularias como reacción al enunciado del interlocutor (*existe, por ejemplo, la adularia*). La afirmación va introducida por el marcador *pues* que se usa frecuentemente como marcador pragmático reactivo (Fuentes Rodríguez 2009).

Luego, llama la atención que de todas las construcciones [marcador + que + oración] (tanto con *anda* como con *vaya*) casi la mitad lleva la partícula negativa en la oración (47,5%, 29/61). Sin embargo, la partícula ha perdido claramente toda carga negativa y se usa como elemento enfático:

> (34)  *ANT: sí sí //$ ahí seguro que encuentras +$ *anda que no* hay una comunidad de chinos aquí en España //$
> *ANA: sí //$ <hay un montón> //$ (C-ORAL-ROM)
>
> (35)  T L 10  y llega y se y se fueran {toas|todas} por él flipa llababa (sic) el <navn>Jota</navn> un moco impresionante/
> T L 10 MALCC2G03: 1[*vaya que no* se coloca dice]
> MALCC2G02: 1[joe ya]
> T L 10 MALCC2G03: y el <navn>Alvarito</navn> que te crees que tampoco\
> T L 10 MALCC2G03: lo que pasa es que eso ese {paece|parece} que se mete menos y {paece|parece} que se mete menos y {paece|parece} que no ha hecho algún {pecao|pecado}
> T L 10 MALCC2G03: pero se mete una y se la mete {to|todo} {escondío|escondido} ahí
> T L 10 MALCC2G03: y {paece|parece} que ha hecho ya a a lo más grande . lo que no hace nadie
> T L 10 NOSPEAKER: <Pausa/>
> T L 10 MALCC2G03: *vaya que* el <navn>Jota</navn> *no* te jode
> T L 10 NOSPEAKER: <Pausa/> (COLAm)

En el ejemplo (34), por la respuesta de ANA *(sí, hay un montón)* queda claro que la partícula *no* no niega que haya una comunidad de chinos en España sino que, al contrario, pone énfasis en la afirmación del complemento. Cuando no hay partícula negativa en el complemento afirmado por *anda*, el corpus confirma que la interpretación puede ser irónica (Sancho Cremades 2006b) (10.1.1) (36), pero no lo es necesariamente (37):

(36) ¿Sufrió mucho Alcalá cuando cuando la guerra? sufrió mucho mucho mucho. Ahí en la calle donde la fábrica de hielo, ahí tiraron una bomba y ¡madre mía! Mataron a la madre de mi amiga, \*la\* Estrella, que se le quedaron los sesos pegados en el techo. . Y la la Magistral de al lado de la plaza de los Santos Niños, *anda que* estaba toda buena Toda destrozada. (CREA; España: Oral, s.d.)

(37) Esto es el cantueso cantueso y esto es jaguarzo. Ése está a punto de florecer, no, todavía no, *anda que* le le queda para flo para florecer a éste, casi tres meses. Luego sale En Junio. En Mayo. En Junio. En Junio en Junio. En Mayo. En Junio, sí, porque en Segovia lo echan al paso de la procesión del Corpus. (CREA; España: Oral, s.d.)

Desafortunadamente, no disponemos de suficientes ejemplos del marcador *vaya* para poder sacar conclusiones generales, pero de todos modos en los ejemplos del que disponemos no observamos interpretación irónica del complemento cuando no lleva la partícula *no:*

(38) Yo voy a tener a Pilar al tanto de cada información que vaya recibiendo, que yo vaya buscando, que la voy a encontrar, *vaya que* la voy a encontrar, como María Castaño que me llamo. (CREA; España: Oral, 1991)

Cuando los marcadores enfatizan una hipótesis, la construcción [marcador + complemento] presenta otras características, como en (27) y (28) que retomamos aquí:

(39) Es que no te entiendo, Manolo, pero cómo me puedes hablar tú de coherencia si les dijiste a los tuyos que se abstuvieran en lo de la otan. Hablarme a mí de coherencia, *anda que* si Marx levantara la cabeza ¿Qué pasa? ¿Chulo yo? de qué. Si Marx levantara la cabeza qué pasaría si Se la volvía a de un guantazo. (CREA; España: Oral, 1986)

(40) T L 10 MAESB2G03: que a lo mejor no te lo corrijo
T L 10  porque uno no puede llegar tarde
T L 10 MAESB2G04: <crujido de papeles> pero el cabrón se ha acordado porque ha dicho esto es grave
T L 10  porque que esté repartiendo y le digo a lo mejor no te lo corrijo
T L 10 MAESB2J03: 2[se lo ha dicho en serio además tenía que haber cabreado ]
MAESB2G04: 2[joder unn (sic) cabreo llevaba ]
T L 10 MAESB2G03: joder *vaya que* si se lo dice en serio
T L 10 MAESB2G04: 1[pero yo diciendo yo soy <navn>Matojo</navn> ] (COLAm)

La hipótesis enfatizada suele ser no deseada por el hablante (*si Marc se levantara de cabeza, estaría avergonzado*). Sintácticamente con este valor el complemento siempre consiste en una oración subordinada condicional introducida por *si* (*anda que si/vaya que si*). La oración principal que complementaría a esta subordinada queda sobreentendida por el contexto (*estaría avergonzada por lo que estás diciendo)*. Siendo una oración subordinada condicional introducida por *si*, el verbo está en presente de indicativo (40) o en (imperfecto o pluscuamperfecto de) subjuntivo (39) según el grado de certeza de la hipótesis.

Para terminar, en el corpus observamos dos ejemplos de *vaya* ((41) y (42)) y uno de *anda* (43) que llevan un SP introducido por *con*:

(41) Era una mirada que era tan profunda que dolía. Digo: "¡*vaya con* la mirada!", y yo miré a la mirada y las miradas se entrechocaron y del choque surgieron miles de estrellitas de distintos colores. (CREA; España: Oral, 1990)

(42) No, porque no me gustaría estar así. Me gustaría cerrar los ojos y abrirlos y descubrir algo nuevo. Por eso no se lo recomiendo a nadie, *vaya con* la experiencia. (CREA; España: Oral, 1996)

(43) yo estaba... ade además me lo disputaba con mi abuela, ¿sabes? Mi abuela era la que tratar de recogerlos para llevárselos allá, pero yo... y luego me los requisaba si podía , pero yo trataba de que no lo hiciera. Y yo... bueno, pues manejaba dinero y de ahí pues el vicio, el tabaco, el tal. El rey ??? O sea que él... ... porque era el que manejaba dinero fresco a cada momento. . Luego ... ¡*Anda anda con* Vicente! ... bueno, pues todos las... los castillos y todo eso era como quien dice el amo el amo de llaves. . Allí en el tiempo que estuve no había ni borrachos... Así que sólo te faltaba cobrar comisión a los a los turistas. Bueno pues ... Hemos terminado. Vicente. (CREA; España: Oral, s.d.)

En los ejemplos con *vaya* ((41) y (42)) las construcciones tienen claramente un valor de disgusto o irritación (porque la mirada dolía (41) o porque no recomienda la experiencia a nadie (42)), como ha sido señalado por Santos Río (2003). En el ejemplo (43), la construcción [*anda* con + SN] tiene también carga negativa, más concretamente de exasperación (parafraseable por es «Ah, otra vez este tipo»). Por consiguiente, a pesar del número limitado de ejemplos, concluimos que en el corpus los marcadores en la construcción [*anda/vaya* con + SN] enfatizan la cualidad negativa del SN.

Para concluir, el marcador *anda,* y con menor frecuencia el marcador *vaya,* pueden afirmar enfáticamente un complemento [marcador + que complemento] o expresar una hipótesis no deseada [marcador + que si + oración]. En tales construcciones los marcadores no se comportan de la misma manera (en cuanto al tipo de complemento y el valor de ironía) por lo menos en el corpus estudiado. De todos modos, hace falta ampliar el corpus para poder estudiar más detenidamente el comportamiento de *vaya* como marcador intensificador de complementos. La baja frecuencia de ocurrencias de *vaya* en el lenguaje en general (Capítulo 6) podría explicarse por la especialización del marcador en otra construcción intensificadora, a saber [*vaya* + SN]. Esta construcción no solo es muy frecuente en el corpus, sino que, además, es un uso observado únicamente con el marcador *vaya*.

### 10.2.2 La construcción intensificadora [*vaya* + SN]

Es interesante observar el comportamiento de *vaya* como intensificador de un sintagma nominal, ya que puede integrarse profundamente en el SN ocupando la función de especificador (*vaya propuesta*).[9] A fin de examinar el grado de gramaticalización y las particularidades semántico-pragmáticas y sintácticas de la construcción [*vaya* + SN] verificamos los resultados de estudios anteriores en un corpus de lengua hablada, considerando los parámetros siguientes (basados en estudios anteriores (10.2.2)):

a) El valor pragmático de la construcción:
   - ponderación apreciativa
   - ponderación despreciativa
b) Presencia o no y tipo de determinante:
   - artículo definido
   - artículo indefinido
   - posesivo
   - demostrativo
c) Naturaleza del nombre intensificado:
   - sustantivo
   - adjetivo nominalizado
d) Estructura sintáctica y composición del sintagma nominal:
   - SN escueto o no (*vaya juego*)
   - con o sin oración relativa (*vaya juego que está dando*)
   - argumento de una frase o no (*vaya juego está dando*)
e) Si en el SN se focaliza la cualidad (*vaya una mierda de rey*)

En el corpus de *vaya* se destacan 138 ocurrencias del marcador como intensificador de un sintagma nominal, lo cual implica que este uso del marcador es casi tan frecuente como su uso como marcador *escueto* con 149 ocurrencias en el corpus.[10] El análisis de estos 138 ejemplos confirma, en líneas generales, las tendencias constatadas y descritas en estudios anteriores (10.2.1). Primeramente, por lo que

---

**9** Aunque sea interesante constatar que existe un uso lexicalizado a partir de la construcción [vaya + SN], no hemos retenido los ejemplos de *vaya tela,* porque es una expresión fija que se usa para expresar la sorpresa o el énfasis de cantidad, como en *Vaya tela... menudos dirigentes y estadistas que tenemos...* (Sanmartín Sáez 2006, 777).

**10** Esta cifra incluye los ejemplos de la categoría X, es decir, los ejemplos de los cuales no se ha podido determinar su valor por falta de contexto.

respecta al valor de las construcciones el marcador afirma enfáticamente las cualidades positivas (44) o negativas (45) del sintagma nominal:

> (44) Muy bien, *vaya* punto el que ha ganado aquí, Álex (CREA; España: Oral, 1996)
> (45) \<H1> ¡*Vaya* lío! \</simultáneo>, ¿no? *Vaya* lío hemos tenido ocasión de escuchar durante \<simultáneo> unos instantes, ¿no? (CORLEC)

En el ejemplo (44) el marcador pondera con apreciación el punto que ha ganado, mientras que en (45) se pondera el carácter despreciativo del lío que han tenido ocasión de escuchar. De todos modos, la ponderación despreciativa (90%, 108/120) resulta ser efectivamente más frecuente que la apreciativa (10%, 12/120).[11]

En cuanto al comportamiento sintáctico de la construcción y del sustantivo intensificado en particular, resalta que es muy poco frecuente la presencia de un determinante (6,5%, 9/138). El determinante puede ser un artículo definido (1/9) (46) o un demostrativo (1/9) (48), pero más frecuentemente es un artículo indefinido (7/9) (47) que añade un valor de intensificación a la construcción ya intensificadora (10.1.2):

> (46) *SEV: pero vamos digo / pero que va a decir / *vaya la* tía esta / le digo que la voy a llamar y ahora no lo coge \<hhh> //$ (C-ORAL-ROM)
> (47) B: porque si es verdad to(do) lo que dicen↑/ ¡*vaya una* puñeta! (Val.Es.Co)
> (48) es damos las gracias enormemente por acordarse de dos gentes de pueblo, como dicen ustedes que además *Vaya vaya esa* humildad y ¿no termina no termina una canción como esta (sic) siendo una losa, impidiendo que salgan otras canciones de Los del Río, Yo creo que no, ¿no?, para nada. (CREA, España: Oral, 1996)

La ausencia tan frecuente de un determinante apunta a que *vaya* ha avanzado mucho en el proceso de gramaticalización, ya que funciona como especificador y se ha integrado, por tanto, profundamente en el SN.

El sustantivo mismo suele ser un sustantivo hecho y derecho (94, 93%, 131/138) (49) y es menos frecuentemente un adjetivo nominalizado (5,07%, 7/138) (50):

> (49) T L 10 MALCE4G01: *vaya* control (COLAm)
> (50) Inf.- ¡Ay!, porque es un señor muy serio. ¡Ay! Claro. Es un señor muy jefe. Sabe estar en su puesto. Alguna vez, sonríe pero, vamos, pocas, pocas. Eso también lo va a oír luego, a lo mejor.
> Enc.- Pues *vaya* soso que es entonces. (MC-NLCH)

---

11 Por falta de contexto no ha sido posible determinar el valor de la ponderación de 18 de los 138 ejemplos del corpus.

El sintagma nominal intensificado, además, suele ocurrir de manera escueta (73,19%, 101/138) (51). Es posible también, pero menos frecuente, que el sustantivo lleve una oración relativa (20,29%, 28/138) (52) o que sea argumento dentro de una frase (6,52%, 9/138) (53):

(51)  T L 10 MALCCEJ03: joder pues *vaya* huelga  (COLAm)

(52)  <H1> O sea, que ahora llevamos psicólogo, malabarista, profesor de solfeo, la orquesta sinfónica de Berlín, la banda del Empastre, un <extranjero>barman</extranjero>. ¡*Vaya* una imagen *que* va a dar <simultáneo> la selección española! (CORLEC)

(53)  MAESB2J02: 2[hala hala xxx que te acabas de portar] T L 10 MAESB2J02: 1[fatal conmigo . oye *vaya* mierda me acabas de hacer]  (COLAm)

Encima, se confirma la tendencia de que un sustantivo que es argumento nunca lleva otro especificador que *vaya* (<sup>?</sup>*vaya* <u>una</u> *mierda me acabas de hacer*).[12] Dado que en estos casos el marcador se integra más profundamente en el SN y la forma *vaya* ha perdido su carácter predicativo, confirmado por el hecho de que no evita la presencia de otro verbo en la misma oración, consideramos la construcción en la que el SN es argumento dentro de una frase como la más gramaticalizada: según Lehmann (1995, 120), cuanto más se integra una forma en un conjunto cohesionado, mayor es el grado de gramaticalización (*paradigmaticity*).

Por lo que atañe a la estructura del sintagma nominal mismo, la construcción en la cual la cualidad es núcleo del SN ocurre en 7 ejemplos del corpus (5,07%):

(54)  T L 10 MALCC2G01: una lata que es energy drink pero que la mezclas T L 10 MALCC2G07: *vaya* mierda de bebida tío (COLAm)

La construcción adquiere una lectura más enfática a causa de la topicalización de la misma cualidad, lo cual resulta muy claro por la comparación con el equivalente sin topicalización: *vaya bebida de mierda tío*.

Aparte de estos rasgos sintácticos y semántico-pragmáticos, hemos constatado algunas tendencias más. Así, la reduplicación del marcador produce un efecto de realce o de intensificación (8.1.3.4).

(55)  *Vaya vaya* regalito, vaya tarta de cumpleaños (CREA; España: Oral, 1997)

Además, al lado de la relativa, el sustantivo puede llevar otros tipos de modificadores, sobre todo sintagmas adjetivales que explicitan el carácter apreciativo o despreciativo del sustantivo:

---

**12** En cambio, cuando el sustantivo lleva una oración relativa, es posible que lleve otro especificador que *vaya*: *pues vaya una porquería / que era ese hospital //* (C-ORAL-ROM).

(56)  ¡*vaya* tos *tonta*! (CREA; España: Oral, s.d.)

Por último, es llamativo que en un 9,4% (13/138) de los ejemplos el sustantivo lleve un sufijo diminutivo (7/13) o aumentativo (6/13):

(57)  Oye, pues *vaya viajecito* que me has dado, de verdad. De verdad, es que no puedes con nada. (CREA; España: Oral, 1990)

(58)  <H1> *Vaya... vaya perlonas* que lleva Mari Carmen. ¿La ha visto? (CORLEC)

Como es bien sabido estos sufijos tienen connotaciones afectivas, de ahí que se denominen *apreciativos* (Lázaro Mora 1999). La alta frecuencia de sufijos apreciativos en estos contextos se explica, de hecho, por el contexto ya valorativo de la intensificación mediante *vaya*. Dicho de otro modo, en la construcción [*vaya* + SN] la derivación con diminutivos o aumentativos de los sustantivos contribuye a la interpretación apreciativa (positiva o negativa) del carácter de estos sustantivos. Así, en los ejemplos (57) y (58) la derivación apreciativa subraya el desprecio al viaje o a las perlas por parte del hablante.

Para terminar, es también frecuente (9,42%, 13/138) que la construcción [*vaya* + SN] se combine con el marcador pragmático *pues*:

(59)  ¿Es éste tu productor? *Pues vaya* merengue de productor que tú tienes, hija. (CREA; España: Oral, 1989)

Los contextos de respuestas evaluativas favorecen la presencia del marcador pragmático *pues* (Fuentes Rodríguez 2009).

Para concluir, acabamos de ver que el marcador *vaya* se presta a intensificar las cualidades negativas o positivas expresadas por los sintagmas nominales. La valoración de este sustantivo se deduce del contexto, de los sufijos apreciativos del sustantivo, de la relativa o del sintagma adjetival que lleva el sustantivo o de una combinación de estos aspectos. La intensificación de la cualidad puede, además, estar realzada por la reduplicación del marcador, por la presencia de un artículo indefinido con el sustantivo o por una estructura que topicaliza la cualidad.

## 10.3 Conclusiones

En el corpus estudiado, los marcadores *anda* y *vaya* se usan en un número considerable de casos como operadores de intensificación que afirman enfáticamente un enunciado. Este valor intensificador se concreta en dos tipos de construcciones en las que: (1) los marcadores llevan un complemento introducido por *que* o por *con* (es más frecuente el marcador *anda* que el marcador *vaya* en esta construcción), o (2) el marcador *vaya* se antepone al SN que intensifica. En cuanto a la sintaxis de la primera construcción [marcador + complemento], el complemento es una oración completa o un sintagma (nominal, adverbial, etc.). Semánticamente, el marcador *anda* puede adquirir valor superlativo cuando intensifica un pronombre, un nombre propio, un SN o un SP (*anda que Antonio/anda que tú*). Además, para conceder aún más énfasis a la afirmación es frecuente añadir la partícula *no* al complemento (*Anda que no hay mucha gente*).

El segundo tipo de construcción intensificadora es [*vaya* + SN]. Los resultados del análisis de corpus confirman los resultados de estudios anteriores. Así, se ha constatado que *vaya* más frecuentemente intensifica una cualidad negativa del sustantivo, que no suele estar presente un determinante y que el sustantivo ocurre más frecuentemente de manera escueta (sin relativa o sin ser argumento dentro de una frase). Cuando el sustantivo no lleva determinante, esto es, cuando el marcador es especificador del sustantivo, y el sustantivo intensificado es argumento dentro de una frase (*vaya casa te has comprado*), el marcador se comporta de manera similar a un verdadero cuantificador (*qué casa te has comprado*).

Ahora bien, estos resultados sugieren que los marcadores *anda* y *vaya*, contrariamente a *vamos* y *venga*, han avanzado más en el proceso de gramaticalización, es decir, han especializado su valor lo que conlleva una pérdida del alcance y de la autonomía sintáctica entrando en construcciones intensificadoras (Octavio de Toledo y Huerta 2001–2002). Además, destaca que en la construcción [marcador + complemento] entra más frecuentemente el marcador *anda*, mientras que solo *vaya* es capaz de intensificar un SN. Dada su integración en un SN, el marcador *vaya* ha dado incluso un paso más avanzado en la gramaticalización.

De lo que precede postulamos, con cierta prudencia, una relación entre el nivel de gramaticalización y la frecuencia de uso *suelto* de los marcadores: los dos marcadores, *anda* y *vaya*, que han sufrido un proceso de gramaticalización de marcador a intensificador se usan menos frecuentemente que *venga* y *vamos* como marcadores *sueltos* en el discurso. Además, el marcador *vaya* que más ha avanzado en este proceso de gramaticalización, ocurre incluso menos frecuentemente en el discurso como marcador *suelto*. Así, parece que cuanto más los marcadores se hayan especializado en el uso intensificador, menos ocurren como marcadores sueltos. Sería interesante verificar esta hipótesis en un corpus diacrónico.

## Conclusión segunda parte:
## Dime cómo se manifiesta, y te diré qué función tiene: la asociación entre forma y función

Con el presente estudio esperamos haber contribuido al estudio de la asociación entre forma y función de los marcadores, teniendo en cuenta la polifuncionalidad de las formas aquí estudiadas. A principios del análisis empírico llevamos a cabo un análisis multivariante que ha generado un árbol de clasificación (Capítulo 5). En este árbol se representan de manera jerárquica los parámetros formales que tienen valor predictivo. Dicho de otro modo, el modelo muestra en qué medida el conocimiento sobre el comportamiento formal de los marcadores nos enseña sobre su comportamiento funcional. En los capítulos que siguen a esta primera aproximación estadística hemos estudiado más detenidamente la asociación entre cada parámetro formal y la clasificación funcional. Además de eso, hemos indagado en los rasgos funcionales y formales de cada marcador y en las diferencias entre las formas. Los resultados demuestran que no hay relaciones de uno a uno, sino que existen tendencias y patrones entre ambos niveles de análisis.

Ante todo, la posición del marcador y la unidad en que se inserta figuran en el árbol como variables que más capacidad de predicción tienen. Efectivamente, hemos constatado varias asociaciones entre los parámetros distribucionales y las funciones de los marcadores. Primeramente, un marcador con función apelativa se emplea frecuentemente en combinación con un comentario que aclara el mandato o el deseo, por lo que suele usarse el marcador como subacto adyacente en posición inicial o final del subacto sustantivo directivo. El marcador *anda*, más que los demás marcadores con función apelativa, prefiere incluso la posición final dentro de la unidad.

En cuanto a la función expresiva, resulta que los marcadores expresan a veces la intención comunicativa sin que dependan directamente para su significado de otra unidad. Por consiguiente, es la función que se realiza más frecuentemente como un acto (en posición inicial o final de la intervención) o como una intervención independiente. Respecto de la comparación entre los marcadores con función expresiva, el marcador *vaya* con valor de desacuerdo tiende a usarse de manera autorreactiva, esto es, en posición final de acto. Además, para expresar el acuerdo, los marcadores *vaya* y *venga* se distinguen no solo en cuanto a sus connotaciones semánticas sino también en cuanto a su comportamiento posicional: *vaya* suele constituir una intervención independiente para indicar el acuerdo moderado, mientras que *venga* suele constituir un subacto adyacente y se acompaña de un comentario que puede atribuir al valor de acuerdo una connotación exhortativa.

Por último, los marcadores con función metadiscursiva suelen incorporarse más profundamente en el discurso, ya que más frecuentemente que las demás funciones ocupan una posición media y porque constituyen subactos adyacentes, esto es, operan en un nivel más profundo del discurso. También con valor metadiscursivo, más específicamente reformulativo, el marcador *vaya* prefiere ocupar la posición final de una unidad, por lo que adquiere connotaciones autorreflexivas.

Al lado de los parámetros distribucionales, la presencia o ausencia del vocativo es también una variable predictora para las funciones de los marcadores (por lo menos, para los marcadores en posición inicial, final o independiente de la unidad discursiva). Cuando el marcador se combina con un vocativo es muy probable que tenga función apelativa. A pesar de ello, también con las demás funciones el marcador puede yuxtaponerse a un vocativo. El marcador y el vocativo suelen *colaborar* para lograr ciertas intenciones comunicativas; así, la combinación de un marcador con valor apelativo y un vocativo suele contribuir a la cortesía positiva (y menos frecuentemente negativa). Al lado de eso, hemos visto que los vocativos que se combinan con un marcador con función apelativa son los más prototípicamente exhortativos, a saber, los nombres propios. En cambio, los vocativos que se combinan con marcadores con función expresiva suelen ser vocativos de trato íntimo, por ejemplo *tío*. Cuando un marcador tiene función expresiva, el vocativo con el que se combina suele tener valor autorreflexivo, esto es, el vocativo valora lo dicho. Por último, la combinación de un vocativo con un marcador con función metadiscursiva es muy limitada y se restringe al marcador *venga* con función de cierre del discurso. En esta combinación el vocativo suele intensificar el acto agradador de imagen de la despedida, esto es, contribuye a la cortesía negativa. Es más, *venga* resulta ser el único marcador que en combinación con un vocativo contribuye a la cortesía negativa, intensificando un acto agradador. De esto se concluye que *venga* es el marcador que más modula la proximidad entre los interlocutores, lo cual se explica por el valor de acercamiento presente en su base léxica.

Una última variable dentro del árbol de clasificación, que menos capacidad de predicción tiene, es la coocurrencia de dos marcadores. A pesar de ello, el análisis de las coocurrencias ha revelado tendencias de preferencias de marcadores con los que combinarse. De hecho, hemos mostrado que las coocurrencias de dos o más marcadores no son casuales, sino que siempre hay cierta afinidad pragmática entre sus constituyentes, esto es, los valores se solapan parcialmente o son complementarios. Cuando se solapan completamente los valores, se trata de una reduplicación de los marcadores con la que se logra una insistencia en su valor apelativo o expresivo (*anda anda, venga venga, vaya vaya*). En el caso de un solapamiento parcial de los valores, los constituyentes presentan un orden libre y suelen servir a la misma intención comunicativa, por lo que forman una unidad discursiva (*venga vale, anda venga,* etc.). Al contrario, cuando los valores de los constituyentes son complementarios sin solaparse, no forman parte de la misma unidad discursiva y sus constituyentes ocurren en un orden fijo (*porque vamos, pues anda,* etc.). De todos modos, cada marcador dentro de la coocurrencia mantiene su propio carácter pragmático, por lo que el valor de la coocurrencia es la suma de los valores de sus constituyentes.

Finalmente, el estudio ofrece prueba de que algunos parámetros prosódicos permiten distinguir entre las distintas funciones. Algunos resultados significativos son (a) que un marcador con función metadiscursiva prefiere ocurrir en posición media del GF, (b) que con entonación ascendente es poco probable que el marcador desempeñe una función apelativa, (c) que van de la mano prominencia pragmática y prosódica de los marcadores, más en particular, los marcadores con función metadiscursiva presentan una mediana de la F0 media más baja en comparación con las demás funciones, y (d) que la función expresiva destaca por su primer reajuste de intensidad tan grande. Además de ello, hemos demostrado que la realización prosódica de los cuatro marcadores difiere bastante. Primero, el marcador *anda* tiene un carácter más tónico (con una F0 media más alta) que los demás marcadores con función expresiva. En segundo lugar, la duración breve del marcador *venga* con valor de acuerdo obedece al principio de iconicidad, más en particular, de cantidad: el acuerdo es una emoción menos fuerte que el rechazo o la sorpresa. Esta carga emocional limitada se corresponde con menos material lingüístico, es decir, se necesita menos tiempo para pronunciar el marcador con valor de acuerdo que un marcador con valor de rechazo o de sorpresa. Por último, la prominencia pragmática limitada de *vamos* con función metadiscursiva concuerda con su integración prosódica en el discurso (F0 media baja y primer reajuste de intensidad baja). Por otro lado, el valor metadiscursivo de despedida, ejercido por *venga,* es más prominente tanto en el nivel pragmático como prosódico (con una F0 media más alta).

Conviene hacer notar que los resultados del análisis empírico revelan que en el campo de la macrofunción metadiscursiva existen dos tendencias: (1) los marcadores *vamos* y *vaya* pueden usarse para estructurar la argumentación interna del discurso, esto es, operan en un micro-nivel del discurso (con valor reformulativo, continuativo o de apoyo modal-enunciativo), mientras que (2) el marcador *venga* opera en un macro-nivel del discurso, dado que puede señalar el fin de la conversación misma. Este comportamiento funcional se refleja en sus rasgos formales, ya que los que operan en un micro-nivel suelen constituir subactos adyacentes, no llevan un vocativo, y demuestran poca prominencia prosódica. Al revés, el marcador *venga,* que opera en el macro-nivel del discurso, puede constituir un acto o una intervención, lleva a menudo un vocativo y demuestra más prominencia prosódica. Aun así, el carácter particular de *venga* con tal valor no lo excluye necesariamente de la macrofunción metadiscursiva, sino que apunta más bien a que este valor de cierre del discurso se encuentra en una fase de transición entre dos funciones: a saber, entre el valor de acuerdo con una oferta de cerrar el discurso (macrofunción expresiva) y el valor de indicar el deseo de terminar el discurso (macrofunción metadiscursiva). La ambigüedad entre las dos funciones no es sino un reflejo del cambio diacrónico y, a este respecto, la función de cierre del discurso de *venga* demuestra menos rasgos prototípicos de la categoría de la función metadiscursiva (la posición discursiva media, la no combinación con un vocativo, etc.).

Así las cosas, los resultados del análisis empírico nos permiten afirmar que existe una asociación entre los parámetros formales estudiados y las funciones de los marcadores. Además, al considerar la forma y la función como aspectos relacionados, se han revelado diferencias tanto sustanciales como sutiles entre los marcadores con valores afines que son difíciles, hasta imposibles, de determinar y describir de manera intuitiva. Por todo ello, concluimos que en un contexto dado no puede emplearse cualquier marcador con cualquier valor. Para que un marcador pueda usarse en determinado contexto, debe ser capaz de comunicar el valor generado por este contexto. Dicho de otro modo, un marcador solo se inserta en determinado contexto cuando su intención comunicativa armoniza con la del contexto.

# Conclusiones generales

En el presente trabajo nos propusimos estudiar, desde un enfoque cognitivo, la polifuncionalidad de los marcadores, y más en particular, de los marcadores derivados de verbos de movimiento en el español peninsular. En la primera parte, profundizamos en algunas cuestiones teóricas tocantes a estas formas y a los marcadores en general. En primer lugar, caracterizamos los marcadores como una categoría heterogénea y dinámica, puesto que (a) pertenecen a varias clases gramaticales (interjecciones, adverbios, sustantivos, etc.) y (b) pueden desempeñar varias funciones. Por eso, adoptamos un enfoque que parte del concepto de prototipicidad al describir sus rasgos semántico-pragmáticos, sintácticos, morfológicos y prosódicos. Más concretamente, planteamos una clasificación funcional en la que se disciernen tres macrofunciones que abarcan cada una varios subvalores. En segundo lugar, expusimos las características de las bases léxicas de los marcadores. Dedicamos especial atención a la semántica y la sintaxis de los verbos *andar, ir* y *venir* y a los valores del imperativo y del subjuntivo. Por fin, argumentamos que, de acuerdo con un enfoque cognitivo, la polifuncionalidad es un reflejo del cambio semántico-pragmático que sufren las unidades lingüísticas y que estos cambios se motivan a partir de la fuente originaria. Concluimos, por tanto, que los significados de *anda, vamos, vaya* y *venga* deben estar interrelacionados y motivados.

De estos fundamentos teóricos surgieron algunas hipótesis que han constituido, a su vez, la base para el estudio empírico. En primer lugar, la presente investigación ha confirmado que persisten en cierta medida los restos del significado léxico en los valores de los marcadores, y que algunas diferencias entre los marcadores están motivadas por los rasgos de sus bases léxicas. En segundo lugar, con el presente estudio hemos podido identificar los rasgos formales que más fuertemente se asocian con las funciones de los marcadores: como los marcadores aquí estudiados son polifuncionales, los rasgos formales desempeñan un papel clave en la descodificación de la función de un marcador en determinado contexto.

Para empezar, las funciones de los marcadores no son aleatorias, sino que se motivan efectivamente a partir de las fuentes léxicas y sus respectivas extensiones metafóricas. Dicho de otro modo, por sus rasgos sintácticos y semánticos, las formas verbales *anda, vamos, vaya* y *venga* se explotan para cumplir funciones (inter)subjetivas. Así, en la función apelativa perdura el valor exhortativo presente en las formas verbales *anda, vamos* y *venga*. Luego, los valores expresivos de los marcadores se explican por una extensión metafórica del concepto de movimiento del dominio espacial hacia el dominio cognitivo. La metáfora responsable es CAMBIO DE ESTADO ES CAMBIO DE LUGAR que deriva de la metáfora más general

LA MENTE COMO CUERPO. Dicho de otro modo, el valor expresivo se realiza porque los humanos concebimos los sentimientos como movimientos entre un estado mental y otro. Finalmente, la función metadiscursiva se restringe a estos marcadores que derivan de verbos que expresan dirección, a saber, *vamos, vaya* (de *ir*) y *venga* (de *venir*). Dado que concebimos el discurso como una trayectoria, el concepto de dirección ha podido extenderse metafóricamente del dominio espacial hacia el dominio discursivo y la metáfora EL DISCURSO ES UN VIAJE permite que estos tres marcadores guíen al interlocutor a través del discurso.

De todo ello se deduce que estas formas verbales se prestan a valores modales y discursivos porque la conceptualización de las bases léxicas es similar a la manera en que se conceptualizan la apelación, los sentimientos y la organización del discurso. De esta manera, los conceptos y las estructuras presentes en las bases léxicas (como la exhortación, el movimiento y la dirección) se transfieren a dominios (inter)subjetivos y discursivos, y determinan en gran medida los valores que las formas pueden desarrollar. En otros términos, los hablantes han podido sacar partido de los rasgos de las bases léxicas para comunicar valores más abstractos. Por consiguiente, una unidad lingüística no se presta a cualquier uso discursivo, sino que la base léxica debe ser capaz de explotarse en un contexto discursivo nuevo. De esta manera y gracias al enfoque comparativo, el análisis de corpus revela diferencias significativas entre los cuatro marcadores; así por ejemplo, para buscar la coparticipación del interlocutor (valor continuativo y de apoyo modal-enunciativo), el hablante puede usar el marcador *vamos*, contrariamente a *vaya*, y esto por su forma de primera persona plural inclusiva. Estos resultados confirman que, de acuerdo con el principio de la economía lingüística, es poco probable que dos o más marcadores desempeñen las mismas funciones comunicativas. Aun así, las diferencias entre estas funciones no siempre son evidentes, y pueden ser sutiles, como demuestran los marcadores aquí estudiados.

En lo que concierne a la relación entre forma y función, los análisis estadísticos y cualitativos han demostrado que los rasgos formales desempeñan un papel decisivo para desentrañar los distintos valores de un marcador. A lo largo del tiempo, se han convencionalizado varias de las explotaciones o *implicaturas conversacionales* de las formas *anda, vamos, vaya* y *venga*. Además, los valores convencionalizados se han acumulado, por lo que una forma es capaz de transmitir varios valores. De ahí que el concepto de *polifuncionalidad* haya sido fundamental en este estudio: este concepto implica la relación de los valores (inter)subjetivos con la base léxica y, al mismo tiempo, se refiere a las redes pragmáticas entre los valores actuales de un marcador. Por la pluralidad de valores de cada uno de los marcadores de este estudio, los hablantes necesitan indicios para la codificación de la intención comunicativa transmitida, y los oyentes para su descodificación. En este proceso interpretativo resulta clave el reconocimiento de la asociación entre forma y función de una unidad lingüística. Efectivamente, en nuestro estudio vemos comprobada la hipótesis según la cual se refleja la función del marcador en su uso concreto y formal. Nos centramos en algunos parámetros formales y determinamos que el más distintivo en la relación entre forma y función es la posición del marcador, antes de la unidad en la que se inserta, la presencia del vocativo y la coocurrencia con otro marcador.

En efecto, algunas funciones se muestran más propicias para encontrarse en cierta posición. Sin embargo, al mismo tiempo es imprescindible tener en cuenta la unidad en que se inserta un marcador, puesto que los datos han mostrado que el nivel en el que opera el marcador determina su libertad posicional: cuanto más profundamente está incorporado el marcador en la estructura del discurso, menos libertad posicional tiene.

Segundo, el tipo de marcador con el que se combina puede desvelar su función. De hecho, los marcadores que coocurren no desarrollan un valor propio y distinto de la suma de sus valores, aunque sus valores son siempre afines pragmáticamente (se solapan o son compatibles); de esa manera, los marcadores discursivos (*y, pero,* etc.) suelen combinarse prototípicamente con marcadores con función de apoyo modal-enunciativo, mientras que los marcadores modales (*vale, a ver, hombre*) se combinan más frecuentemente con marcadores con función apelativa o expresiva. Además, la reduplicación de un marcador ocurre sobre todo con marcadores con función apelativa o expresiva. Los dos, o más, marcadores dentro de una coocurrencia sirven, por tanto, a una intención comunicativa similar, o por lo menos afín.

Asimismo, también cuando un marcador se combina con un vocativo ambos sirven intenciones comunicativas afines. Como cabía esperar, es frecuente la presencia de un vocativo con un marcador con función apelativa y, en menor medida, expresiva. El vocativo sirve, sin embargo, a otro objetivo según la función del marcador, a saber, se usa ante todo con valor de cortesía (positiva o negativa) con un marcador con función apelativa, y con valor autorreflexivo con un marcador con función expresiva.

Finalmente, resulta interesante explorar la interfaz entre la prosodia y las funciones de los marcadores, ya que algunas funciones se caracterizan por una realización prosódica particular. Además, algunos de estos rasgos prosódicos se relacionan con otros parámetros formales. Así, por ejemplo, la incorporación más profunda del marcador *vamos* con función metadiscursiva, tanto en un nivel pragmático como en un nivel distribucional (posición media y realizado como subacto adyacente) se refleja también en su realización prosódica poco prominente (suele tener una F0 baja).

Por último, el punto culminante de la relación entre forma y función son las construcciones intensificadoras en las que entran *anda* y *vaya*. Estos dos marcadores han dado un paso más allá en el proceso de gramaticalización en la que se ha ido especializando su uso, de modo que el uso de *anda* y *vaya* como operadores de intensificación demuestra que un significado particular (la intensificación) se vehicula mediante una forma igual de particular (el marcador lleva un complemento (*anda que no ha llovido*) o un sintagma nominal (*vaya tiempo*)).

Sea cual sea, pese a que el conocimiento sobre determinados rasgos formales de un marcador permita predecir su función, no siempre es fácil discernir la función de un marcador en un contexto dado, ya que también en el nivel sintagmático los marcadores son polifuncionales. Así, hemos visto que *venga* cuando se usa como fórmula de despedida puede también expresar el acuerdo con una oferta de cerrar el discurso. Esta polifuncionalidad sintagmática es prueba de que las fronteras entre las macrocategorías propuestas son borrosas y que se sitúan en un continuo, lo cual, a su vez, es un reflejo de su desarrollo histórico, visto que los valores ambiguos constituyen una huella de la evolución o el pasaje entre dos valores discursivos.

Por lo que respecta a la naturaleza de los marcadores, hemos mostrado con este estudio que la función discursiva, la posición, las combinaciones y la prosodia de los marcadores no son módulos autónomos, sino que están todos interrelacionados. Conviene, por tanto, estudiar las interfaces entre estos niveles, teniendo en cuenta la polifuncionalidad de los marcadores. Además de eso, la interrelación de los módulos formales y funcionales permite desambiguar la función e interpretar la intención comunicativa de un marcador mediante sus rasgos formales (la posición, la prosodia, las colocaciones, etc.). A este respecto, el proceso interpretativo de los marcadores no difiere del de otras unidades polisémicas (como los sustantivos polisémicos) que se basa también en las colocaciones, en la posición y en la prosodia (para el lenguaje hablado), entre otros.

Por otro lado, el análisis empírico ha subrayado que los marcadores *anda*, *vamos*, *vaya* y *venga*, y los marcadores en general, se distinguen de otras unidades polisémicas en cuanto al tipo de significado que adquieren en el discurso: contrariamente a, por ejemplo, las unidades léxicas que tienen un significado principalmente conceptual, se considera que los marcadores contribuyen a la interpretación del discurso y al procesamiento de las inferencias. El estudio detenido de las formas seleccionadas ha demostrado, sin embargo, que es imposible descartar por completo el contenido conceptual (el significado de la base léxica) en el marcador. En primer lugar, porque son los rasgos de la base léxica que determinan el desarrollo de los valores modales o discursivos. En segundo lugar, porque las instrucciones procedimentales «requieren una representación proposicional sobre la que operar» (Leonetti/Escandell Vidal 2012, 158). En el análisis empírico hemos constatado que, en determinados contextos, las formas estudiadas pueden constituir una intervención completa y comunicar su propia intención comunicativa sin que dependan de una proposición. De esto se desprende que las funciones que puede tener un marcador en esta posición (la función apelativa, expresiva y la estructuración del discurso en un macro-nivel) mantienen más contenido conceptual. En cambio, la función de estructurar el discurso en un micro-nivel (realizada por *vamos* y *vaya*) es más procedimental, ya que el marcador necesariamente depende de un segmento proposicional y porque guía las operaciones inferenciales a partir de estos segmentos. Por consiguiente, esta última función ha mantenido menos del contenido conceptual de los verbos de movimiento y argumentamos, por lo tanto, que es la función más pragmaticalizada. A ese respecto, un estudio de un conjunto más amplio y variado de marcadores permitiría examinar el lazo entre el grado de contenido procedimental y los rasgos sintácticos, morfológicos y prosódicos de los marcadores.

Como consecuencia de lo que precede, llegamos a la conclusión de que la polifuncionalidad de los marcadores es de una naturaleza particular: los hablantes optan por recurrir a unidades léxicas existentes (como los verbos de movimiento en la presente tesis) para indicar valores que se sitúan en niveles de la interacción, de la valoración o del desarrollo del discurso. De este modo se crean unidades (tales como *anda, vamos, vaya* y *venga*) que, según el contexto, adquieren valores conceptuales o valores más procedimentales. La reunión de los dos extremos del continuo, el valor conceptual (como formas verbales) y el valor procedimental (como estructuradores del micro-nivel del discurso), en una misma unidad lingüística es justamente lo que particulariza la polifuncionalidad de las formas aquí estudiadas y de otras que se usan como marcadores (*hombre, bueno, ¿sabes?*, etc.).

Por todo lo anterior, este estudio constituye una defensa a favor del análisis empírico y cuantitativo-cualitativo y, sobre todo, de un enfoque integrador de la descripción de los marcadores: la presente investigación ha demostrado que, a fin de obtener una imagen completa de su funcionamiento, no es suficiente estudiar el significado de un marcador sin profundizar en la manera en que se vehicula este significado (posición, combinaciones, prosodia). Asimismo, a la hora de describir el funcionamiento de uno o varios marcadores, un enfoque integrador destacará sus particularidades y las diferencias entre los marcadores, por sutiles que sean.

Sin embargo, el presente estudio no cubre sino una faceta en la investigación de los marcadores. Constituye un comienzo para otros estudios, según esperamos, aún más integradores, ya que quedan varias pistas por explorar. Primeramente, nos hemos centrado en los aspectos puramente formales en el nivel del discurso, pero es bien sabido que los marcadores varían según un número mayor de factores. Conforme propone Aijmer (2013), la variación funcional de los marcadores se explica por factores no solo en el nivel del discurso, sino que también conviene considerar factores contextuales, tales como el tipo de texto, la situación social, la variedad regional, el papel del hablante, etc. Efectivamente, el presente estudio se restringe al español peninsular, pero sabemos que la presencia y el funcionamiento de estos marcadores varían según la variante geográfica (Carbonero Cano/Santana Marrero 2010). Además, no hemos considerado la variación en cuanto al tipo de texto en el corpus (conversación coloquial, entrevista, etc.). Finalmente, cabe verificar los factores sociolingüísticos y determinar en qué medida la edad, el sexo, la clase social del hablante, etc. influyen en la selección y el uso de un marcador. Incluyendo todos estos factores, se obtendrá una descripción aún más detenida del funcionamiento de los marcadores.

En cuanto a la metodología, en este estudio hemos realizado una comparación *intralingüística*, esto es de diferentes marcadores de una misma lengua. Varios estudios han mostrado ya que un estudio *interlingüístico*, esto es entre dos o más lenguas, contribuye a un mejor conocimiento del comportamiento de los marcadores (Altenberg/Granger 2002; Tanghe/Jansegers 2014). Estudiar los equivalentes en un corpus paralelo (de traducciones) y sus rasgos funcionales y formales en un corpus comparable proporcionaría una imagen aún más completa de los marcadores estudiados. Además de eso, sería interesante estudiar, desde un enfoque cognitivo e interlingüístico, en qué medida otras lenguas han explotado también los valores de movimiento y dirección presentes en los verbos de movimiento, puesto que «estos conceptos suelen ser concebidos de forma similar en comunidades lingüísticas y étnicas muy distintas» (Romero Aguilera 2006, 55).

Para terminar, cabe ampliar el corpus con ejemplos de otros tipos de marcadores, ya que opinamos que otros microsistemas de marcadores con un origen afín podrían disfrutar de un enfoque integrador y comparativo para su descripción. Pensamos, por ejemplo, en los marcadores derivados de verbos de percepción (*oye*, *mira*) o de verbos epistémicos (*¿sabes?*, *¿entiendes?*).

# Bibliografía

Ahern, Aoife, *El subjuntivo: contextos y efectos*, Madrid, Arco Libros, 2008.

Aijmer, Karin, *Understanding pragmatic markers. A variational pragmatic approach*, Edinburgh, Edinburgh University Press, 2013.

Aikhenvald, Alexandra, *Imperatives and commands*, Oxford, Oxford University Press, 2010.

Alarcos Llorach, Emilio, *Sobre el imperativo*, Archivum: Revista de la Facultad de Filología 21 (1971), 389–395.

Alarcos Llorach, Emilio, *Gramática de la lengua española*, Madrid, Espasa Calpe, 1994.

Albelda Marco, Marta, *La intensificación en el español coloquial*, Valencia, Servicio de Publicaciones de la Universitat de València, 2005.

Alonso Cortés, Ángel, *Las construcciones exclamativas. La interjección y las expresiones vocativas*, en: Bosque, Ignacio/Demonte, Violeta (edd.), *Gramática descriptiva de la lengua española*, vol. 3, Madrid, Real Academia Española/ Espasa Calpe, 1999, 3994–4050.

Alonso Cortés, Ángel, *Lingüística*, Madrid, Cátedra, 2008.

Altenberg, Bengt/Granger, Sylviane (edd.), *Lexis in contrast: corpus-based approaches*, Amsterdam, John Benjamins, 2002.

Anscombre, Jean-Claude/Ducrot, Oswald, *L'argumentation dans la langue*, Bruxelles, Mardaga, 1983.

Austin, John Langshaw, *How to do things with words*, Cambridge (Mass.), Harvard University Press, 1962.

Azofra Sierra, María Elena, *Procesos de formación de conectores aditivos en español medieval*, RILCE. Revista de filología hispánica 28:2 (2012), 351–384.

Barcelona, Antonio, et al., *Lingüística cognitiva*, Barcelona, Anthropos, 2012.

Bazzanella, Carla, *Segnali discorsivi*, en: Renzi, Lorenzo, et al. (edd.), *Grande grammatica italiana di consultazione*, vol. 3, Bologna, Il Mulino, 1995, 225–257.

Beeching, Kate/Detges, Ulrich, *Discourse functions at the left and right periphery: crosslinguistic investigations of language use and language change*, Leiden/Boston, Brill, 2014.

Beinhauer, Werner/Alonso, Dámaso/Huarte Morton, Fernando, *El español coloquial*, Madrid, Gredos, 1991.

Bermejo Calleja, Felisa, *Función semántico-pragmática del conector discursivo «y» en la conversación*, Artifara 4 (2004), http://www.cisi.unito.it/artifara/rivista4/testi/conector. asp (28.04.2016).

Blake, Berry, *Relational grammar*, London, Routledge, 1990.

Blakemore, Diane, *Semantic constraints on relevance*, Oxford, Blackwell, 1987.

Blakemore, Diane, *Understanding utterances*, Oxford, Blackwell, 1993.

Blakemore, Diane, *Relevance and linguistic meaning. The semantics and pragmatics of discourse markers*, Cambridge, Cambridge University Press, 2010.

Blas Arroyo, José Luis, *Un caso de variación pragmática sobre la ampliación significativa de un marcador discursivo en el español actual. Aspectos estructurales y sociolingüísticos*, Analecta Malacitana. Revista de la Sección de Filología de la Facultad de Filosofía y Letras 21 (1998), 543–572.

Boersma, Paul/Weenink, David (2013), *Praat: doing phonetics by computer. Version 5.3.53*, http://www.praat.org/ (28.04.2016).

Boons, Jean-Paul, *La notion sémantique de déplacement dans une classification syntaxique des verbes locatifs*, Langue française 76 (1987), 5–40.

Borreguero Zuluoga, Margarita, *A vueltas con los marcadores del discurso: de nuevo sobre su delimitación y sus funciones*, en: Ferrari, Angela, et al. (edd.), *Testualità. Fondamenti, unità, relazioni*, Firenze, Franco Cesati, 2015, 151–170.

Brandimonte, Giovanni, *Breve estudio contrastivo sobre los vocativos en el español y el italiano actual*, en: de Santiago Guervós, Javier, et al. (edd.), *Actas del XXI Congreso Internacional de la ASELE*, Salamanca, Imprenta Kadmos, 2010, 249–262.

Brinton, Laurel J., *Pragmatic markers in English: grammaticalization and discourse functions*, Berlin/New York, De Gruyter Mouton, 1996.

Brinton, Laurel J., *From matrix clause to pragmatic marker. The history of look-forms*, Journal of Historical Pragmatics 2:2 (2001), 177–199.

Briz Gómez, Antonio, *Los conectores pragmáticos en español coloquial (II): su papel metadiscursivo*, Español actual 59 (1993), 39–56.

Briz Gómez, Antonio, *Hacia un análisis argumentativo de un texto coloquial. La incidencia de los conectores pragmáticos*, Verba 21 (1994), 369–395.

Briz Gómez, Antonio, *El español coloquial en la conversación: esbozo de pragmagramática*, Barcelona, Ariel, 1998.

Briz Gómez, Antonio, *El uso de «o sea» en la conversación*, en: de Kock, Josse (ed.), *Gramática española, enseñanza e investigación: lingüística con corpus. Catorce aplicaciones sobre el español*, Salamanca, Ediciones Universidad, 2001, 287–318.

Briz Gómez, Antonio, *Límites para el análisis de la conversación. Órdenes y unidades*, Revista Internacional de Lingüística Iberoamericana 5 (2007), 23–37.

Briz Gómez, Antonio/Grupo Val.Es.Co., *Corpus de conversaciones coloquiales*, Madrid, Arco Libros, 2002.

Briz Gómez, Antonio/Pons Bordería, Salvador, *Unidades, marcadores discursivos y posición*, en: Loureda Lamas, Óscar/Acín Villa, Esperanza (edd.), *Los estudios de marcadores del discurso en español, hoy*, Madrid, Arco Libros, 2010, 327–358.

Briz Gómez, Antonio, et al. (edd.), *Diccionario de partículas discursivas del español*, 2008, www.dpde.es (28.04.2016).

Brown, Penelope/Levinson, Stephen C., *Politeness. Some universals in language usage*, Cambridge, Cambridge University Press, 1987.

Brugman, Claudia Marlea, *The story of «over»*, Berkeley, University of California, 1981.

Brugman, Claudia Marlea/Lakoff, George, *Radial network*, en: Geeraerts, Dirk (ed.), *Cognitive linguistics. Basic readings*, Berlin/New York, De Gruyter Mouton, 2006, 109–140.

Bühler, Karl, *Teoría del lenguaje*, Madrid, Revista de Occidente, 1950.

Bybee, Joan L./Hopper, Paul J., *Frequency and the emergence of linguistic structure*, Amsterdam, John Benjamins, 2001.

Cabedo Nebot, Adrián, *Segmentación prosódica en la conversación coloquial: sobre el grupo entonativo como mecanismo demarcativo de unidades mínimas*, Valencia, Universitat de València, 2009.

Cabedo Nebot, Adrián, *Sobre prosodia, marcadores del discurso y unidades del discurso en español: evidencias de un corpus oral español espontáneo*, Onomazein 28 (2013), 201–213.

Cabedo Nebot, Adrián, *On the delimitation of discursive units in colloquial Spanish: Val.Es.Co application model*, en: Pons Bordería, Salvador (ed.), *Discourse segmentation in romance languages*, Amsterdam, John Benjamins, 2014.

Cabedo Nebot, Adrián/Hidalgo Navarro, Antonio, *Vamos*, en: Briz Gómez, Antonio, et al. (edd.), *Diccionario de partículas discursivas*, http://dpde.es/, 2004 (28.04.2016).

Cantero Serena, Francisco José, *Teoría y análisis de la entonación*, Barcelona, Edicions de la Universitat de Barcelona, 2002.

Cantero Serena, Francisco José/Font Rotchés, Dolors, *Protocolo para el análisis melódico del habla*, Estudios de Fonética Experimental 18 (2009), 17–32.

Carbonero Cano, Pedro/Santana Marrero, Juana de Jesús, *Marcadores del discurso, variación dialectal y variación social*, en: Loureda Lamas, Óscar/Acín Villa, Esperanza (edd.), *Los estudios sobre marcadores del discurso en español, hoy*, España, Arco Libros, 2010, 497–522.

Cascón Martín, Eugenio, *Español coloquial: rasgos, formas y fraseología de la lengua diaria*, Madrid, Edinumen, 1995.

Castillo Lluch, Mónica, *La formación de los marcadores discursivos «vaya, venga, anda» y «vamos»*, en: Company Company, Concepción (ed.), *Actas del VII congreso internacional de historia de la lengua española*, Madrid, Arco Libros, 2008, 1739–1752.

Cestero Mancera, Ana María/Moreno Fernández, Francisco, *Usos y funciones de «vale» y «¡venga!» en el habla de Madrid*, Boletín de Lingüística 29 (2008), 65–84.

Cifuentes Honrubia, José Luis, *Lengua y espacio: introducción al problema de la deixis en español*, Alicante, Universidad de Alicante, 1989.

Cifuentes Honrubia, José Luis, *Verbos deícticos en español*, en: Cuniţă, Alexandra, et al. (edd.), *Studii de Lingvistică şi Filologie Romanică. Hommages offerts à Sandra Reinheimer Rîpeanu*, Bucarest, Universidad de Bucarest, 2007, 99–112.

Company Company, Concepción, *¿Gramaticalización o desgramaticalización? Reanálisis y subjetivización de verbos como marcadores discursivos en la historia del español*, Revista de filología española 84 (2004), 29–66.

Company Company, Concepción, *The directionality of grammaticalization in Spanish*, Journal of Historical Pragmatics 9:2 (2008), 200–224.

Cortés Rodríguez, Luis, *Sobre conectores, expletivos y muletillas en el español hablado*, Málaga, Ágora, 1991.

Cortés Rodríguez, Luis, *Las unidades del discurso oral*, Boletín de Lingüística 17 (2002), 7–29.

Cortés Rodríguez, Luis/Camacho Adarve, María Matilde, *Unidades de segmentación y marcadores del discurso: elementos esenciales en el procesamiento discursivo oral*, Madrid, Arco Libros, 2005.

Coseriu, Eugenio, *Lecciones de lingüística general*, Madrid, Gredos, 1981.

Crego García, María Victorina, *El complemento locativo en español. Los verbos de movimiento y su combinatoria sintáctico-semántica*, Santiago de Compostela, Universidad de Santiago de Compostela, 2000.

Cresti, Emanuela/Moneglia, Massimo, *C-ORAL-ROM. Integrated Reference Corpora for Spoken Romance Languages*, Amsterdam, John Benjamins, 2005.

Croft, William/Cruse, D. Alan, *Cognitive linguistics*, Cambridge, Cambridge University Press, 2004.

Cuenca, Maria Josep, *La connexió i la construcció del text*, Articles. Revista de didàctica de la llengua i de la literatura 17 (1999), 77–90.

Cuenca, Maria Josep, *Defining the indefinable? Interjections*, Syntaxis. An International Journal of Syntactic Research 3 (2000), 29–44.

Cuenca, Maria Josep, *Los conectores parentéticos como categoría gramatical*, Lingüística Española Actual 23:2 (2001), 211–235.

Cuenca, Maria Josep, *Two ways to reformulate: a contrastive analysis of reformulation markers*, Journal of Pragmatics 35 (2003), 1069–1093.

Cuenca, Maria Josep, *El receptor en el text: el vocatiu*, Estudis Romànics 26 (2004), 39–63.

Cuenca, Maria Josep, *Sintaxi catalana*, Barcelona, Universitat oberta de Catalunya, 2005.

Cuenca, Maria Josep, *The fuzzy boundaries between discourse marking and modal marking*, en: Degand, Liesbeth, et al. (edd.), *Discourse markers and modal particles: categorization and description*, Amsterdam, John Benjamins, 2013, 191–216.

Cuenca, Maria Josep/Hilferty, Joseph, *Introducción a la lingüística cognitiva*, Barcelona, Ariel, 1999.

Cuenca, Maria Josep/Marín, Maria Josep, *Verbos de percepción gramaticalizados como conectores. Análisis contrastivo español-catalán*, en: Maldonado, Ricardo (ed.), *Estudios cognoscitivos del español, monográfico de la Revista Española de Lingüística Aplicada*, Logroño, Asociación Española de Lingüística Aplicada, 2000, 215–238.

Cuenca, María Josep/Marín, Maria Josep, *Co-occurence of discourse markers in Catalan and Spanish oral narrative*, Journal of Pragmatics 41 (2009), 899–914.

Cuenca, Maria Josep/Torres Vilatarsana, Marta, *Usos de hombre/home y mujer/dona como marcadores del discurso en la conversación*, Verba 35 (2008), 235–256.

Cuyckens, Hubert/Zawada, Britta, *Polysemy in cognitive linguistics*, Amsterdam, John Benjamins, 1997.

Daniels, Kelsey, *On the grammaticalization of «venga» 'come' as a discourse marker in Peninsular Spanish*, en: Devos, Maud/van der Wal, Jenneke (edd.), *«Come» and «go» off the beaten grammaticalization path*, Berlin/Boston, De Gruyter Mouton, 2014, 219–248.

Davoine, Jean-Pierre, *... des connecteurs phatiques, «tu penses!», «penses-tu!, «remarque», «écoute», ...*, en: Kerbrat-Orecchioni, Catherine (ed.), *Le discours polémique*, Lyon, Presses Universitaires de Lyon, 1980, 83–107.

de Luna Moreno, Carmen, *Cualidades gramaticales y funcionales de las interjecciones españolas*, en: Kotschi, Thomas, et al. (edd.), *El español hablado y la cultura oral en España e Hispanoamérica*, Madrid, Iberoamericana, 1996, 95–115.

Degand, Liesbeth, *«So very fast then». Discourse markers at left and right periphery in spoken French*, en: Ghezzi, Chiara/Molinelli, Piera (edd.), *Discourse functions at the left and right periphery: crosslinguistic investigations of language use and language change*, Leiden, Brill, 2014, 151–178.

Degand, Liesbeth/Simon, Anne Catherine, *On identifying basic discourse units in speech: theoretical and empirical issues*, Discours. Revue de linguistique, psycholinguistique et informatique 4 (2009), https://discours.revues.org/5852 (28.04.2016).

Dehé, Nicole/Wichmann, Anne, *The multifunctionality of epistemic parentheticals in discourse. Prosodic cues to the semantic-pragmatic boundary*, Functions of Language 17:1 (2010), 1–28.

Dervillez-Bastuji, Jacqueline, *Structures des relations spatiales dans quelques langues naturelles: introduction à une théorie sémantique*, Langues et cultures 13 (1982), 419–423.

Dobrushina, Nina/Goussev, Valentin, *Inclusive imperative*, en: Filimonova, Elena (ed.), *Clusivity. Typology and case studies of the inclusive-exclusive distinction*, Amsterdam, John Benjamins, 2005, 179–211.

Dorta Luis, Josefa/Domínguez García, Noemí, *Funciones discursivas y prosodia del marcador «entonces»*, Anuario de Letras 41 (2003), 65–84.

Dostie, Gaétane, *Pragmaticalisation et marqueurs discursifs: analyse sémantique et traitement lexicographique*, Bruxelles, De Boeck Duculot, 2004.

Dostie, Gaétane, *La réduplication pragmatique des marqueurs discursifs. De là à là là*, Langue française 2:154 (2007), 45–60.

Dostie, Gaétane, *Les associations de marqueurs discursifs – De la cooccurrence libre à la collocation*, Linguistik Online 62:5 (2013), http://www.linguistik-online.de/62_13/dostie. html (28.04.2016).

Ducrot, Oswald, *Les échelles argumentatives*, Paris, Éditions de Minuit, 1980.

Duncan, Starkey, *Some signals and rules for taking turns in conversation*, Journal of Personality and Social Psychology 23:2 (1972), 283–292.

Ebert, Karen H., *«Come» and «go» as discourse connectors in Kera and other Chadic languages*, en: Shay, Erin/Seibert, Zygmunt (edd.), *Motion, Direction and Location in Languages: in honor of Zygmunt Frajzyngier*, Amsterdam, John Benjamins, 2003, 111–122.

Edeso Natalías, Verónica, *Usos discursivos del vocativo español*, Español actual 84 (2005), 123–142.

Edeso Natalías, Verónica, *Contribución al estudio de la interjección en español*, Frankfurt am Main, Peter Lang, 2009.

Edeso Natalías, Verónica, *«Vaya» como elemento textual*, Español actual 94 (2010), 169–180.

Enghels, Renata, et al., *Panorama de los corpus y textos del español peninsular contemporáneo*, en: Iliescu, Maria/Roegiest, Eugeen (edd.), *Manuel des anthologies, corpus et textes romans*, Berlin/Boston, De Gruyter, 2015, 147–170.

Estellés Arguedas, María/Pons Bordería, Salvador, *Absolute initial position*, en: Pons Bordería, Salvador (ed.), *Discourse segmentation in Romance languages*, Amsterdam, John Benjamins, 2014, 121–155.

Evert, Stefan, *Corpora and collocations*, en: Lüdeling, Anke/Kytö, Merja (edd.), *Corpus linguistics. An international handbook*, Berlin/New York, De Gruyter Mouton, 2008, 1212–1248

Fernández, Cristina, *hombre*, en: Briz Gómez, Antonio, et al. (edd.), *Diccionario de partículas discursivas* (2004), http://dpde.es/ (29.04.2016).

Fernández Lagunilla, Marina, *El comportamiento de «un» con sustantivos y adjetivos en función de predicado nominal. Sobre el llamado «un» enfático*, en: Lázaro Carreter, Fernando (ed.), *Serta Philologica*, Madrid, Cátedra, 1983, 195–208.

Field, Andy, *Discovering statistics using SPSS*, London, SAGE, 2011.

Fischer, Kerstin (ed.), *Approaches to discourse particles*, Amsterdam, Elsevier, 2006 (= 2006a).

Fischer, Kerstin, *Towards an understanding of the spectrum of approaches to discourse particles: introduction to the volume*, en: Fischer, Kerstin (ed.), *Approaches to discourse particles*, Oxford/Amsterdam, Elsevier, 2006, 427–447 (= 2006b).

Foolen, Ad, *De betekenis van partikels*, Nijmegen, University of Nijmegen, 1993.

Fraser, Bruce, *What are discourse markers?*, Journal of Pragmatics 31 (1999), 931–952.

Fraser, Bruce, *Towards a theory of discourse markers*, en: Fischer, Kerstin (ed.), *Approaches to discourse particles*, Oxford/Amsterdam, Elsevier, 2006, 189–204.

Fraser, Bruce, *An account of discourse markers*, International Review of Pragmatics 1 (2009), 1–28.

Frege, Gottlob, *Escritos lógico-semánticos*, Madrid, Tecnos, 1974.

Freites Barros, Francisco, *El marcador de discurso «claro»: funcionamiento pragmático, metadiscursivo y organizador de la estructura temática*, Verba 33 (2006), 261–279.

Fuentes Rodríguez, Catalina, *Conclusivos y reformulativos*, Verba 20 (1993), 171–198.

Fuentes Rodríguez, Catalina, *Pero, ¿Cuál es su valor?*, Philologia hispalensis 12 (1998), 123–145 (= 1998a).

Fuentes Rodríguez, Catalina, *«Vamos»: un conector coloquial de gran complejidad*, en: Martín Zorraquino, María Antonia/Montolío Durán, Estrella (edd.), *Marcadores del discurso. Teoría y análisis*, Madrid, Arco Libros, 1998, 177–192 (= 1999b).

Fuentes Rodríguez, Catalina, *Diccionario de conectores y operadores del español*, Madrid, Arco Libros, 2009.

García Dini, Encarnación, *Algo más sobre el vocativo*, Atti del XVII convegno [Associacione Ispanisti Italiani] (1998), 57–62.

García Negroni, María Marta, *Reformulación parafrástica y no parafrástica y ethos discursivo en la escritura académica en español. Contrastes entre escritura experta y escritura universitaria avanzada*, Letras de hoje 44:1 (2009), 46–56.

Geeraerts, Dirk, *Diachronic prototype semantics. A contribution to historical lexicology*, Oxford, Clarendon Press, 1997.

Geeraerts, Dirk (ed.), *Cognitive linguistics: basic readings*, Berlin/New York, De Gruyter Mouton, 2006.

Geeraerts, Dirk, *The doctor and the semantician*, en: Glynn, Dylan/Fischer, Kerstin (edd.), *Quantitative methods in cognitive semantics: corpus-driven approaches*, Berlin, De Gruyter Mouton, 2010, 63–78.

Ghezzi, Chiara, *The development of discourse and pragmatic markers*, en: Ghezzi, Chiara/Molinelli, Piera (edd.), *Discourse and pragmatic markers from Latin to the Romance languages*, Oxford, Oxford University Press, 2014, 10–20.

Ghezzi, Chiara/Molinelli, Piera (edd.), *Discourse and pragmatic markers from Latin to the Romance languages*, Oxford, Oxford University Press, 2014 (= 2014a).

Ghezzi, Chiara/Molinelli, Piera, *Introduction*, en: Ghezzi, Chiara/Molinelli, Piera (edd.), *Discourse and pragmatic markers from Latin to the Romance languages*, Oxford, Oxford University Press, 2014, 1–20 (= 2014b).

Ghezzi, Chiara/Molinelli, Piera, *Italian «guarda, prego, dai». Pragmatic Markers and the left and right periphery*, en: Beeching, Kate/Detges, Ulrich (edd.), *Discourse functions at the left and right periphery: crosslinguistic investigations of language use and language change*, Leiden, Brill, 2014, 117–150 (= 2014c).

Givón, Talmy, *Syntax: an introduction*, Amsterdam, John Benjamins, 2001.

Glynn, Dylan/Fischer, Kerstin (edd.), *Quantitative methods in cognitive semantics: corpus-driven approaches*, Berlin/New York, De Gruyter Mouton, 2010.

Goffman, Erving, *On facework: an analysis of ritual elements of social interaction*, Psychiatry: Journal for the study of interpersonal processes 18:3 (1955), 213–231.

Gómez Montoya, John Jairo, *El vocativo en la interacción escritor-lector*, Mutatis Mutandis (2009), 313–326.

González Ollé, Fernando, *«Vamos». De subjuntivo a marcador (con un excurso sobre «imos»)*, en: Álvarez de Miranda, Pedro/Polo Polo, José (edd.), *Lengua y diccionarios. Estudios*, España, Arco Libros, 2002, 117–135.

Gras Manzano, Pedro, et al., *Forma, función y evolución del marcador conversacional «venga» en español*, Actas del VI Congreso de Lingüística General 2:1 (2004), 1621–1636.

Gravetter, Frederick J./Wallnau, Larry B., *Essentials of statistics for the behavioral sciences*, Saint Paul (Minn.), West publishing Co., 1995.

Grice, H. Paul, *Utterer's meaning, sentence meaning, and word meaning*, Foundations of Language 4 (1968), 117–137.

Grice, H. Paul, *Logic and conversation*, en: Cole, Peter (ed.), *Syntax and semantics*, vol. 3: *Speech Acts*, San Diego, Academic Press, 1975.

Grupo Val.Es.Co., *Un sistema de unidades para el estudio del lenguaje coloquial*, Oralia: Análisis del discurso 6 (2003), 7–61.

Grupo Val.Es.Co., *Las unidades del discurso oral. La propuesta Val.Es.Co de segmentación de la conversación (coloquial)*, Estudios de Lingüística del Español 35:1 (2014), 11–71.

Haegeman, Liliane/Hill, Virginia, *The syntacticization of discourse*, en: Folli, Raffaella, et al. (edd.), *Syntax and its limits*, Oxford, Oxford University Press, 2013, 370–408.

Haiman, John, *The iconicity of grammar: isomorphism and motivation*, Language 56:3 (1980), 515–540.

Haiman, John, *Iconic and economic motivation*, Language 59 (1983), 781–819.

Haiman, John, *Iconicity in syntax*, Amsterdam/Philadelphia, John Benjamins, 1985.

Halliday, Michael Alexander Kirkwood, *Language structure and language function*, en: Lyons, John (ed.), *New horizons in linguistics*, Londres, Penguin, 1970, 140–165.

Hanks, Patrick, *The linguistic double helix: norms and exploitations*, en: Hlaváčka, Dana, et al. (edd.), *After half a century of Slavonic natural language processeing (Festschrift for Karel Pala)*, Brno, Masaryk University, 2009, 63–80.

Haverkate, Henk, *La cortesía verbal: estudio pragmalingüístico*, Madrid, Gredos, 1994.

Heine, Bernd, *Cognitive foundations of grammar*, Oxford, Oxford University Press, 1997.

Heine, Bernd, et al., *Grammaticalization: a conceptual framework*, Chicago, University of Chicago Press, 1991.

Heringer, Hans Jürgen, *Ja, ja, die Partikeln! Können wir Partikelbedeutungen Prototypisch Erfassen?*, Zeitschrift für Phonetik, Sprachwissenschaft und Kommunikationsforschung 41 (1988), 730–754.

Hidalgo Navarro, Antonio, *Los marcadores del discurso y su significante: en torno a la interfaz marcadores-prosodia en español*, en: Loureda Lamas, Óscar/Acín Villa, Esperanza (edd.), *Los estudios de los marcadores del discurso en español, hoy*, Madrid, Arco Libros, 2010, 61–92.

Hidalgo Navarro, Antonio/Cabedo Nebot, Adrián, *La enseñanza de la entonación en el aula de E/LE*, Madrid, Arco Libros, 2012.

Hidalgo Navarro, Antonio/Padilla, Xose, *Bases para el análisis de las unidades menores del discurso oral: los subactos*, Oralia: Análisis del discurso 9 (2006), 109–143.

Hidalgo Navarro, Antonio/Quilis Merín, Mercedes, *Fonética y fonología españolas*, Valencia, Tirant lo Blanch, 2002.

Hidalgo Navarro, Antonio/Quilis Merín, Mercedes, *La voz del lenguaje: fonética y fonología del español*, Valencia, Tirant Humanidades, 2012.

Hopper, Paul J., *Emergent grammar and the a priori grammar postulate*, en: Tannen, Deborah (ed.), *Linguistics in contact*, LSA Linguistics Institute, Georgetown University, 1988, 117–134.

Hopper, Paul J., *On some principles of grammaticization*, en: Traugott, Elizabeth C./Heine, Bernd (edd.), *Approaches to grammaticalization*, Amsterdam, John Benjamins, 1991, 17–36.

Hummel, Martin, *El valor básico del subjuntivo español y románico*, Cáceres, Universidad de Extremadura, 2004.

Hummel, Martin, *Polifuncionalidad, polisemia y estrategia retórica: los signos discursivos con base atributiva entre oralidad y escritura*, Berlin/Boston, De Gruyter, 2012.

Ibarretxe-Antuñano, Iraide, *Polysemy and metaphor in perception verbs: a cross-linguistic study*, Edinburgh, University of Edinburgh, 1999.

IBM Corp. (2013), *IBM SPSS Statistics for Windows*. Version 22.0. Amonk, NY, IMB Corp.

Jakobson, Ramon, *Closing statements: linguistics and poetics*, en: Sebeok, Thomas A. (ed.), *Style in language*, Cambridge (Mass.), MIT Press, 1960, 350–377.

Janda, Laura A., *Cognitive linguistics: the quantitative turn: the essential reader*, Berlin/Boston, De Gruyter Mouton, 2013.

Johnson, Mark, *The body in the mind: the bodily basis of meaning, imagination and reason*, Chicago (Ill.), University of Chicago Press, 1987.

Jørgensen, Myre, *Corpus Oral de Lenguaje Adolescente de Madrid* http://www.colam.org/om_prosj-espannol.html (28.04.2016).

Kerbrat-Orecchioni, Catherine, *¿Es universal la cortesía?*, en: Bravo, Diana/Briz Gómez, Antonio (edd.), *Pragmática sociocultural: estudios sobre el discurso de cortesía en español*, Barcelona, Ariel, 2004, 39–53.

Kövecses, Zoltán, *Metaphor: a practical introduction*, Oxford, Oxford University Press, 2002.

Lakoff, George, *Women, fire, and dangerous things: what categories reveal about the mind*, Chicago (Ill.), University of Chicago Press, 1987.

Lakoff, George, *The Invariance Hypothesis: is abstract reason based on image-schema?*, Cognitive Linguistics 1:1 (1990), 39–74.

Lakoff, George, et al., *Master metaphor list*, Berkeley, University of California Berkeley, 1991.

Lakoff, George/Johnson, Mark, *Metaphors we live by*, Chicago (Ill.), University of Chicago Press, 2003.

Lakoff, George/Turner, Mark, *More than cool reason: a field guide to poetic metaphor*, Chicago (Ill.), University of Chicago Press, 1989.

Lamíquiz, Vidal, *El superlativo iterativo*, Boletín de Filología Española 38–39 (1971), 15–22.

Lamiroy, Béatrice, *Les verbes de mouvement emplois figurés et extensions métaphoriques*, Langue française 76 (1987), 41–59.

Lamiroy, Béatrice, *Léxico y gramática del español: estructuras verbales de espacio y de tiempo*, Barcelona, Anthropos, 1991.

Lamiroy, Béatrice/Swiggers, Pierre, *The status of imperatives as discourse signals*, en: Fleischman, Suzanne/Waugh, Linda R. (edd.), *Discourse pragmatics and the verb: the evidence from Romance*, London, Routledge, 1991, 120–146.

Landone, Elena, *Los marcadores del discurso y la cortesía verbal en español*, Bern/New York, Peter Lang, 2009.

Langacker, Ronald W., *Foundations of cognitive grammar*, vol. 1: *Theoretical prerequisites*, Stanford (Calif.), Stanford University Press, 1987.

Langacker, Ronald W., *Cognitive grammar. A basic introduction*, Oxford, Oxford University Press, 2008.

Lázaro Mora, Fernando, *La derivación apreciativa*, en: Bosque, Ignacio/Demonte, Violeta (edd.), *Gramática descriptiva de la lengua española*, vol. 3, Madrid, Espasa Calpe, 1999, 4645–4682.

Leech, Geoffrey, *The distribution and function of vocatives in American and British English conversation*, en: Hasselgård, Hilde/Oksefjell, Signe (edd.), *Out of corpora*, Amsterdam, Rodopi, 1999, 107–118.

Lehmann, Christian, *Thoughts on grammaticalization*, München, Lincom Europa, 1995.

Leonetti, Manuel/Escandell Vidal, María Victoria, *El significado procedimental: rutas hacia una idea*, en: Mendivil Givó, José Luis/Horno Chéliz, María del Carmen (edd.), *La sabiduría de Mnemósine. Ensayos de historia de la lingüística ofrecidos a José Francisco Val Álvaro*, Zaragoza, Prensas Universitarias de Zaragoza, 2012, 157–167.

Lewandowska-Tomaszczyk, Barbara, *Polysemy, prototypes, and radial categories*, en: Geeraerts, Dirk/Cuyckens, Hubert (edd.), *The Oxford handbook of cognitive linguistics*, Oxford, Oxford University Press, 2007, 139–169.

Lewis, Diana M., *Discourse markers in English: a discourse-pragmatic view*, en: Fischer, Kerstin (ed.), *Approaches to discourse particles*, Amsterdam, Elsevier, 2006, 43–59.

Lichtenberk, Frantisek, *Semantic change and heterosemy in grammaticalization*, language 67:3 (1991), 475–509.

Llamas Saíz, Carmen, *Los marcadores del discurso y su sintaxis*, en: Loureda Lamas, Óscar/ Acín Villa, Esperanza (edd.), *Los estudios sobre marcadores del discurso en español, hoy*, Madrid, Arco Libros, 2010, 183–239.

Llopis Cardona, Ana, *Aproximación funcional a los marcadores discursivos: Análisis y aplicación lexicográfica*, Frankfurt am Main, Peter Lang, 2014.

Locke, John, *An essay concerning human understanding*, London, Balne, 1836.

López Serena, Araceli, *Más allá de los marcadores del discurso*, en: de Bustos Tovar, José Jesús, et al. (edd.), *Sintaxis y análisis del discurso hablado en español. Homenaje a Antonio Narbona*, Sevilla, Universidad de Sevilla, 2011, 275–294.

Loureda Lamas, Óscar/Acín Villa, Esperanza, *Los estudios sobre marcadores del discurso en español, hoy*, Madrid, Arco Libros, 2010.

Loureda Lamas, Óscar/Pons Rodríguez, Lola, *Sobre la creación de la partículas discursivas en español: tradicionalidad y gramaticalización*, en: Bernsen, Michael, et al. (edd.), *Historische Sprachwissenschaft als philologische Kulturwissenschaft*, Bonn, Bonn University Press bei V&R unipress, 2015, 335–351.

Mairal Usón, Ricardo, *Teoría lingüística: métodos, herramientas y paradigmas*, Madrid, Centro de Estudios Ramón Areces, 2012.

Marcos Marín, Francisco (ed.), *Corpus de Referencia de la Lengua Española Contemporánea CORLEC*, Madrid, Universidad Autónoma de Madrid, 1992.

Marín, Maria Josep, *Marcadors discursius procedents de verbs de percepció: argumentació implícita en el debat electoral*, Valencia, Universitat de València. Facultat de filologia, 2005.

Martín Butragueño, Pedro, *Prosodia del marcador «bueno»*, Anuario de Letras 44 (2006), 17–76.

Martín Zorraquino, María Antonia, *Los marcadores del discurso desde el punto de vista gramatical*, en: Martín Zorraquino, María Antonia/Montolío Durán, Estrella (edd.), *Los marcadores del discurso. Teoría y análisis*, Madrid, Arco Libros, 1998, 19–53.

Martín Zorraquino, María Antonia, *Los marcadores del discurso en español: balance y perspectivas para su estudio*, Análisis del discurso: lengua, cultura, valores: actas del I congreso internacional (2002), 43–64.

Martín Zorraquino, María Antonia, *Los marcadores del discurso y su morfología*, en: Loureda Lamas, Óscar/Acín Villa, Esperanza (edd.), *Los estudios sobre marcadores del discurso en español, hoy*, Madrid, Arco Libros, 2010, 93–182.

Martín Zorraquino, María Antonia/Montolío Durán, Estrella (edd.), *Los marcadores del discurso. Teoría y análisis*, Madrid, Arco Libros, 1998.

Martín Zorraquino, María Antonia/Portolés, José, *Los marcadores del discurso*, en: Bosque, Ignacio/Demonte, Violeta (edd.), *Gramática descriptiva de la lengua española*, Madrid, Espasa Calpe, 1999, 4051–4214.

Martínez, Hernán/Domínguez, Carmen Luisa, *Análisis prosódico de algunos marcadores discursivos en el habla de Mérida, Venezuela*, Lingüística Española Actual 28 (2006), 247–264.

Matte Bon, Francisco, *Gramática comunicativa del español. De la lengua a la idea*, vol. 1, Madrid, Edelsa, 2009.

Miguel Bañón, Antonio, *El vocativo. Propuestas para su análisis lingüístico*, Barcelona, Ocaedro, 1993.

Miller, George Armitage/Johnson-Laird, Philip Nicholas, *Language and perception*, Cambridge (Mass.), Belknap Press of Harvard University Press, 1976.

Moeschler, Jacques, *Connecteurs, encodage conceptuel et encodage procédural*, Cahiers de linguistique française 24 (2002), 265–292.

Monjour, Alf, *«¡Ah, vaya! Ya llegamos a donde íbamos» – «Aha! Da sind wir beim springenden Punkt»... ¡Vaya marcador del discurso!*, en: Aschenberg, Heidi/Loureda Lamas, Óscar (edd.), *Marcadores del discurso: de la descripción a la definición*, Madrid/Frankfurt am Main, Iberoamericana/Vervuert, 2011, 243–373.

Montañez Mesas, Marta Pilar, *Marcadores del discurso y posición final*, Estudios de Lingüística 21 (2007), 261–280.

Montolío Durán, Estrella, *La toería de la relevancia y el estudio de los marcadores discursivos*, en: Martín Zorraquino, María Antonia/Montolío Durán, Estrella (edd.), *Los marcadores del discurso. Teoría y análisis*, Madrid, Arco Libros, 1998, 93–119.

Mosegaard Hansen, Maj-Britt, *Some common discourse particles in spoken French*, en: Mosegaard Hansen, Maj-Britt/Skytte, Gunver (edd.), *Le discours: cohérence et connexion*, Copenhague, Museum Tusculanum Press, 1996, 105–149.

Mosegaard Hansen, Maj-Britt, *The function of discourse particles. A study with special reference to spoken standard French*, Amsterdam/Philadelphia, John Benjamins, 1998 (= 1998a).

Mosegaard Hansen, Maj-Britt, *The semantic status of discourse markers*, Lingua 104 (1998), 235–260 (= 1998b).

Mosegaard Hansen, Maj-Britt, *From prepositional phrase to hesitation marker. The semantic and pragmatic evolution of French «enfin»*, Journal of Historical Pragmatics 6:1 (2005), 37–68.

Mosegaard Hansen, Maj-Britt, *Particles at the semantics/pragmatics interface: synchronic and diachronic issues. A study with special reference ot the french phasal adverbs*, Oxford, Elsevier, 2008.

Murillo Ornat, Silvia, *English explicatory reformulative discourse markers: conceptual or procedural?*, en: Navarro, María Pilar (ed.), *Transcultural communication pragmalinguistic aspects*, Zaragoza, Anubar, 2000, 131–138.

Murillo Ornat, Silvia, *Los marcadores del discurso y su semántica*, en: Loureda Lamas, Óscar/Acín Villa, Esperanza (edd.), *Los estudios sobre marcadores del discurso, hoy*, Madrid, Arco Libros, 2010, 241–280.

Nakazawa, Tsuneko, *Motion event and deictic motion verbs as path-conflating verbs*, en: Müller, Stefan (ed.), *Proceedings of the thirteenth international conference on head-driven phrase structure grammar*, Stanford, Center for the Study of Language and Information, 2006, 284–304.

Nakazawa, Tsuneko, *A typology of the ground of deictic motion verbs as path-conflating verbs: the speaker, the addresse, and beyond*, Poznán Studies in Contemporary Linguistics 43:2 (2007), 59–82.

Nuyts, Jan, *Aspects of a cognitive-pragmatic theory of language: on cognition, functionalism and grammar*, Amsterdam, John Benjamins, 1992.

Ocampo, Fransisco, *Mirá: from verb to discourse particle in Rioplatense Spanish*, en: Collentine, Joseph, et al. (edd.), *Selected proceedings of the 11th Hispanic Linguistics symposium*, Somerville, Cascadilla Proceedings Project, 2009, 254–267.

Octavio de Toledo y Huerta, Álvaro S., *¿Un viaje de ida y vuelta?: la gramaticalización de «vaya» como marcador y cuantificador*, Anuari de filologia 23–24 (2001–2002), 47–71.

Padilla García, Xose A., *Vale*, Diccionario de partículas discursivas (2004), http://dpde.es/ (28.04.2016).

Paillard, Denis, *Les mots du discours comme mots de langue*, Le gré des langues 14 (1998), 10–41.

Payrató, Lluís, *L'enunciació i la modalitat oracional*, en: Solà, Joan, et al. (edd.), *Gramática del català contemporani*, vol. 3, Barcelona, Empúries, 2002, 1139–1220.

Pereira, Daniel Ignacio, *Análisis acústico de los marcadores discursivos «a ver, bueno, claro, vale, ¿cómo?» y «ya»*, Onomazein 24 (2011), 85–100.

Plett, Heinrich P., *Textwissenschaft und Textanalyse*, Heidelberg, Quelle & Meyer, 1975.

Polanco Martínez, Fernando, *Redes polisémicas y niveles de interpretación. Representación semántica de unidades lingüísticas complejas: el caso de «vamos»*, Estudios de Lingüística Universidad de Alicante 27 (2013), 199–249 (= 2013a).

Polanco Martínez, Fernando, *«Vino mucha gente, buena bebida, buena música... vamos, que fue genial». La función de la partícula «que» en enunciados recapitulativos: el caso de «vamos/vaya, que + enunciado verbal» en español coloquial*, Onomazein 28 (2013), 128–142 (= 2013b).

Polanyi, Livia, et al., *A rule based approach to discourse parsing*, proceedings of the 5th SIGdial workshop on discourse and dialogue, Cambridge (Mass.), Association for Computational Linguistics, 2004, 108–117.

Pons Bordería, Salvador, *Conexión y conectores: estudio de su relación en el registro informal de la lengua*, Valencia, Universitat de València, 1998.

Pons Bordería, Salvador, *Bueno*, en: Briz Gómez, Antonio/Grupo Val.Es.Co (edd.), *Diccionario de partículas discursivas* (2004), http://dpde.es/ (28.04.2016) (= 2004a).

Pons Bordería, Salvador, *Pues*, en: Briz Gómez, Antonio/Grupo Val.Es.Co (edd.), *Diccionario de partículas discursivas* (2004), http://dpde.es/ (28.04.2016) (= 2004b).

Pons Bordería, Salvador, *A functional approach for the study of discourse markers*, en: Fischer, Kerstin (ed.), *Approaches to discourse particles*, Oxford, Elsevier, 2005, 77–100.

Pons Bordería, Salvador, *Do discourse markers exist? On the treatment of discourse markers in Relevance Theory*, Journal of Pragmatics 40 (2008), 1411–1434 (= 2008a).

Pons Bordería, Salvador, *La combinación de marcadores del dicurso en la conversación coloquial: interracciones entre posición y función*, Estudos Linguísticos/Linguistic Studies 2 (2008), 141–159 (= 2008b).

Pons Bordería, Salvador, *Un solo tipo de reformulación*, Cuadernos de AISPI 2 (2013), 151–170.

Pons Bordería, Salvador, *Paths of grammaticalization in Spanish «o sea»*, en: Ghezzi, Chiara/ Molinelli, Piera (edd.), *Discourse and pragmatic markers from Latin to the Romance languages*, Oxford University Press, 2014, 109–138.

Porroche Ballesteros, Margarita, *Las llamadas conjunciones como elementos de conexión en el español conversacional: «pues/pero»*, en: Kotschi, Thomas (ed.), *El español hablado y la cultura oral en España e Hispanoamérica*, Frankfurt am Main, Vervuert, 1996, 71–94.

Portolés, José, *Del discurso oral a la gramática: la sistematización de los marcadores discursivos*, en: *Actas del I Simposio sobre análisis del discurso oral*, Almería, 1995, 149–171.

Portolés, José, *La teoría de la argumentación en la lengua y los marcadores del discurso*, en: Martín Zorraquino, María Antonia/Montolío Durán, Estrella (edd.), *Marcadores del discurso. Teoría y análisis*, Madrid, Arco Libros, 1998, 71–91 (= 1998a).

Portolés, José, *Marcadores del discurso*, Barcelona, Ariel, 1998 (= 1998b).

Portolés, José, *Pragmática para hispanistas*, Madrid, Editorial Síntesis, 2004.

Portolés, José, *Criterios de descripción de los marcadores discursivos. La importancia de la escritura*, IV Coloquio Internacional: Marcadores del discurso en las lenguas románicas: un enfoque contrastivo, Universität Heidelberg, 2015 (Ponencia sin publicar).

Pusch, Claus D., *Marqueurs discursifs et subordination syntaxique: la construction inférentielle en français et dans d'autres langues romanes*, en: Drescher, Martina/Frank-Job, Barbara (edd.), *Les marqueurs discursifs dans les langues romanes. Approches théoriques et methodologiques*, Frankfurt am Main, Peter Lang, 2008, 173–188.

Quilis, Antonio, *Principios de fonología y fonética españolas*, Madrid, Arco Libros, 1998.

Radden, Günter, *Motion metaphorized: the case of «coming» and «going»*, en: Casad, Eugeen H. (ed.), *Cognitive linguistics in the Redwoods: the expansion of a new paradigm in linguistics*, Berlin/New York, De Gruyter Mouton, 1995, 423–458.

RAE, Real Academia Español, *Nueva gramática de la lengua española. Sintaxis II*, Madrid, Asociación de Academias de la Lengua Española, Espasa Libros, 2009.

Real Academia Española, Banco de datos (CREA), *Corpus de Referencia del Español Actual*, http://www.rae.es/ (28.04.2016).

Real Academia Española y Asociación de Academias de la Lengua Española, *Diccionario panhispánico de dudas*, http://www.rae.es/ (28.04.2016).

Ridruejo Alonso, Emilio, *Modo y modalidad. El modo en las subordinadas sustantivas*, en: Demonte, Violeta/Bosque, Ignacio (edd.), *Gramática descriptiva de la lengua española*, vol. 2, Madrid, Espasa Calpe, 1999, 3209–3252.

Rodríguez Ponce, María Isabel, *Clases de oraciones según el modus*, E-excelence. Biblioteca de recursos electrónicos de humanidades, 1–21, (2005).

Rodríguez Ramalle, Teresa María, *Las interjecciones llevan complementos, «¡vaya que sí!» análisis de las interjecciones con complemento en el discurso*, Español actual 87 (2007), 111–125.

Roegiest, Eugeen, *Les prépositions «a» et «de» en espagnol contemporain. Valuers contextuelles et signification générale*, Gent, Rijksuniversiteit Gent, 1980.

Romera, Magdalena/Elordieta, Gorka, *Características prosódicas de la unidad funcional del discurso «entonces»: implicaciones teóricas*, Oralia: Análisis del discurso 5 (2002), 247–263.

Romero Aguilera, Laura, *La gramaticalización de verbos de movimiento como marcadores del discurso*, Res Diachronicae 5 (2006), 46–56.

Ruiz Campillo, José Plácido, *El concepto de no-declaración como valor del subjuntivo. Protocolo de instrucción operativa de la selección modal en español*, en: Carmen Pastor (ed.), *Actas del programa de formación para profesorado de ELE 2006–2007*, Múnich, Instituto Cervantes, 2007, http://cvc.cervantes.es/ensenanza/biblioteca_ele/publicaciones_centros/munich_2006–2007.htm (28.04.2016).

Ruiz de Mendoza Ibáñez, Francisco José, *Metaphor, metonymy and conceptual interaction*, Atlantis: Revista de la Asociación Española de Estudios Anglo-Norteamericanos. AEDEAN 19:1 (1997), 281–295.

Samper Padilla, José Antonio, *Macrocorpus de la norma lingüística culta de la principales ciudades del mundo hispánico*, Las Palmas de Gran Canaria, Universidad de Las Palmas de Gran Canaria, 1998.

Sancho Cremades, Pelegrí, *Construcciones idiomáticas e ironía: el español «anda que no» y el valenciano coloquial «diràs que no»*, en: Casado Velarde, Manuel, *Análisis del discurso:*

*lengua, cultura, valores: actas del I congreso internacional*, vol. 2, Madrid, Arco Libros, 2006, 2051–2065 (= 2006a).

Sancho Cremades, Pelegrí, *Interjecciones intensificadoras en español y en catalán*, Lingüística Española Actual 28:1 (2006), 91–133 (= 2006b).

Sancho Cremades, Pelegrí, *La sintaxis de algunas construcciones intensificadores en español y en catalán coloquiales*, Verba 35 (2008), 199–233.

Sanmartín Sáez, Julia, *Diccionario de argot*, Madrid, Espasa, 2006.

Santos Río, Luis, *Diccionario de partículas*, Salamanca, Luso-Española de ediciones, 2003.

Schiffrin, Deborah, *Discourse markers*, London, Cambridge University Press, 1987.

Searle, John, *Actos de habla*, Madrid, Cátedra, 1994.

Siepmann, Dirk, *Les marqueurs de discours polylexicaux en français scientifique*, Revue française de linguistique appliquée 12:2 (2007), 123–136.

Sonnenhauser, Barbara/Aziz Hanna, Patrizia Noel (edd.), *Vocative! Addressing between system and performance*, Berlin/Boston, De Gruyter Mouton, 2013.

Soriano, Cristina, *La metáfora conceptual*, en: Ibarretxe, Iraide/Valenzuela, Javier (edd.), *Lingüística cognitiva*, Barcelona, Anthropos, 2012, 97–121.

Sperber, Dan/Wilson, Deirdre, *Relevance: communication and cognition*, Harvard, Harvard University Press/Blackwell, 1986.

Steen, Gerard/Gibbs, Ryamond W., *Introduction*, en: Steen, Gerard/Gibbs, Raymond W. (edd.), *Metaphor in cognitive linguistics*, Amsterdam, John Benjamins, 1997, 1–8.

Sweetser, Eve, *From etymology to pragmatics: metaphorical and cultural aspects of semantic structure*, Cambridge, Cambridge University Press, 1990.

't Hart, Johan, et al., *A perceptual study of intonation: an experimental-phonetic approach to speech melody*, Cambridge, Cambridge University Press, 1990.

Talmy, Leonard, *Lexical typologies*, en: Shopen, Timothy (ed.), *Language typology and syntactic description*, Cambridge, Cambridge University Press, 2007, 66–168.

Tanghe, Sanne, *Acerca de los intensificadores «vaya» y «qué»: un estudio comparativo*, Bulletin of Hispanic Studies 90:7 (2013), 751–769.

Tanghe, Sanne, *Prosodia y polifuncionalidad de los marcadores «anda, vamos, vaya» y «venga»*, Círculo de Lingüística Aplicada a la Comunicación 62 (2015), 125–147.

Tanghe, Sanne/Jansegers, Marlies, *Marcadores del discurso derivados de los verbos de percepción: un análisis comparativo entre el español y el italiano*, Revue Roman 49:1 (2014), 1–31.

Tanghe, Sanne/Vanderschueren, Clara, *«¡Anda ya, venga ya!» Paralelismos y divergencias de dos marcadores relacionados*, III Colóquio Internacional de Marcadores discursivos nas Línguas Românicas: um enfoque contrastivo (2013) (Ponencia sin publicar).

Tesnière, Lucien, *Eléments de syntaxe structurale*, París, Klincksieck, 1959.

Torres Sánchez, María Ángeles, *La interjección*, Cádiz, Universidad de Cádiz, Servicio de publicaciones, 2000.

Traugott, Elizabeth C., *On the expression of spatio-temporal relations in language*, en: Greenberg, Joseph Harold (ed.), *Universals of human language*, vol. 3: *Word structure*, 1978, 369–400.

Traugott, Elizabeth C., *The role of the development of discourse markers in a theory of grammaticalization*, Paper presented at ICHL XII, Manchester, 1995 (= 1995a), http://web.stanford.edu/~traugott/papers/discourse.pdf (28.04.2016).

Traugott, Elizabeth C., *Subjectification in grammaticalisation*, en: Stein, Dieter/Wright, Susan (edd.), *Subjectivity and subjectivisation*, Cambridge, Cambridge University Press, 1995, 31–54 (= 1995b).

Traugott, Elizabeth C., *Subjectification and the development of epistemic meaning: the case of promise and threaten*, en: Swan, Toril/Jansen Westvik, Olaf (edd.), *Modality in Germanic languages*, Berlin/New York, De Gruyter Mouton, 1997, 185–210.

Traugott, Elizabeth C./König, Ekkehard, *The semantics-pragmatics of grammaticalization revisited*, en: Traugott, Elizabeth C./Heine, Bernd (edd.), *Approaches to grammaticalization*, vol. 1, Amsterdam, John Benjamins, 1991, 189–218.

Tuggy, David, *Schematic network: ambiguity, polysemy, and vagueness*, en: Geeraerts, Dirk (ed.), *Cognitive linguistics: basic readings*, Berlin/New York, De Gruyter Mouton, 2006, 167–184.

Van Olmen, Daniël, *Imperatives of visual versus auditory perception as pragmatic markers in English and Dutch*, English text construction 3 (2010), 74–94.

Van Olmen, Daniël, *«Zeg, zwijg 'ns». Verdere ontwikkelingen van de imperatief van «zeggen» in het Engels en het Nederlands*, Studies of the Belgian Linguistics Circle 6 (2011), http://uahost.uantwerpen.be/linguist/SBKL/sbkl2011/olm2011.pdf (28.04.2016).

Vigara Tauste, Ana María, *Aspectos del español hablado: aportaciones al estudio del español coloquial*, Madrid, Sociedad general española de librería, 1990.

Waltereit, Richard, *Imperatives, interruption in conversation, and the rise of discourse markers*, Linguistics 40:5 (2002), 987–1010.

Waltereit, Richard, *Comparer la polysémie des marqueurs discursifs*, en: Drescher, Martina/Frank-Job, Barbara (ed.), *Les marqueurs discursifs dans les langues romanes. Approches théoriques et méthodologiques*, Frankfurt am Main, Peter Lang, 2006, 141–151 (= 2006a).

Waltereit, Richard, *The rise of discourse markers in Italian: a specific type of language change*, en: Fischer, Kerstin (ed.), *Approaches to discourse markers*, Amsterdam, Elsevier, 2006, 61–76 (= 2006b).

Waltereit, Richard, *À propos de la genèse diachronique des combinaisons de marqueurs. L'exemple de «bon ben» et «enfin bref»*, Langue française 157:2 (2007), 94–109.

Waltereit, Richard/Detges, Ulrich, *Different functions, different histories. Modal particles and discourse markers from a diachronic point of view*, Catalan Journal of Linguistics 6 (2007), 61–80.

Watts, Richard J., *Politeness*, Cambridge, Cambridge University Press, 2004.

Wehrlich, Egon, *A text grammar of English*, Heidelberg, Quelle & Meyer, 1976.

Wichmann, Anne, et al., *How prosody reflects semantic change: a synchronic case study of «of course»*, en: Davidse, Kristin, et al. (edd.), *Subjectification, intersubjectification and grammaticalization*, Berlin/New York, De Gruyter Mouton, 2010, 103–154.

Wilk-Raçieska, Joanna, *Esbozo del estudio de las funciones semántico-pragmáticas de «ya»*, Estudios de Lingüística Universidad de Alicante 26 (2012), 383–404.

Wilson, Deirdre, *Linguistic form and relevance*, Lingue 90 (1993), 1–25.

Wilson, Deirdre/Sperber, Dan, *Relevance Theory*, en: Horn, Laurence R./Ward, Gregory (edd.), *The handbook of pragmatics*, Oxford, Blackwell, 2004, 607–632.

Wittgenstein, Ludwig, *Philosophical investigations (traducido por George E. M. Anscombe)*, Oxford, Blackwell, 1953.

Yus Ramos, Francisco, *Relevance-theoretic concerns*, Revista alicantina de estudios ingleses 10 (1997), 235–248.

Zipf, George K., *Human behavior and the principle of least effort*, Cambridge (Mass.), Addison-Wesley, 1949.

# Índice